Introducción a UNIX
Un enfoque práctico

Introducción a UNIX
Un enfoque práctico

Amir AFZAL
Strayer College

Traducción:
Sebastián Dormido Canto
Departamento de Informática y Automática
Universidad Nacional de Educación a Distancia

Coordinación de la traducción:
Sebastián Dormido Bencomo
Departamento de Informática y Automática
Universidad Nacional de Educación a Distancia

Revisión técnica:
Luis Joyanes Aguilar
Facultad de Informática
Universidad Pontificia de Salamanca. Campus de Madrid

PRENTICE HALL

Madrid • Upper Saddle River • Londres • México • Nueva Delhi • Rio de Janeiro
Santafé de Bogotá • Singapur • Sydney • Tokio • Toronto

datos de catalogación bibliográfica

Amir AFZAL
Introducción a UNIX. Un enfoque práctico
PRENTICE HALL IBERIA, Madrid, 1997

ISBN: 84-8322-001-6
MATERIA:
      Informática   631.3

Formato: 195 × 250 mm   Páginas: 480

Amir AFZAL
Introducción a UNIX. Un enfoque práctico

DERECHOS RESERVADOS
© 1997 respecto a la primera edición en español por:
PRENTICE HALL International (UK) Ltd.
Campus 400, Maylands Avenue
Helmel Hempstead
Hertfordshire, HP2 7EZ
Simon & Schuster International Group
A Viacom company

ISBN: 84-8322-001-6
Depósito Legal: TO-1527-1997

Traducido de:
UNIX Unbounded. A Begining Approach
PRENTICE HALL, INC
Simon & Schuster International Group
A Viacom Company
Copyright © MCMXCVII
ISBN: 0-13-328246-5

Edición en español:
Editor: Andrés Otero
Diseño de cubierta: DIGRAF
Composición: Ángel Gallardo
Impreso por: GRAFILLES (Grupo Fuproin)

IMPRESO EN ESPAÑA - PRINTED IN SPAIN

Este libro ha sido impreso con papel y tintas ecológicos

Contenido

3

¿Cómo empezar? 31

4

El Editor vi: Introducción 53

6

El Editor vi: Una última mirada 117

7

El sistema de archivos de UNIX (continuación) 149

10

Desarrollo de Programas 263

11

Programación del Shell 277

13

Prólogo

En Strayer College, donde soy profesor, ofrecemos dos cursos de sistemas operativos. En uno se estudia específicamente UNIX y el otro trata los sistemas operativos en general, presentándose brevemente el sistema operativo UNIX. He tenido la oportunidad de revisar o elegir los libros de texto de UNIX para estos dos cursos. Existe una gran cantidad de libros excelentes, que cubren cada uno de los aspectos del sistema operativo UNIX. Sin embargo la mayoría de los libros que he revisado son demasiado detallados, repletos de información que no es apropiada para un curso de introducción de UNIX, con demasiados tecnicismos, o más parecidos a manuales de referencia que a libros de texto.

La reducción del precio de adquisición del sistema operativo UNIX en los microcomputadores y los recientes avances hardware han impulsado la aceptación y popularidad de UNIX en el entorno de los micros. En consecuencia hay estudiantes y usuarios principiantes en UNIX con suficientes conocimientos informáticos pero sin experiencia en ningún sistema operativo.

Este libro va dirigido a este grupo de usuarios y estudiantes. No es un libro de sistemas operativos "per se", ni un manual de referencia de UNIX. Es un libro de texto escrito de una manera tutorial, entendido como una herramienta de enseñanza/ aprendizaje en un entorno de clase/laboratorio. Es un libro introductorio para cursos de iniciación de sistemas operativos. Se introducen los conceptos de los sistemas operativos en general, continuando con una presentación de UNIX y del entorno UNIX. Cubre los temas necesarios para que el usuario de UNIX pueda funcionar independientemente y pueda realizar todos los días, sus trabajos rutinarios. También da a los lectores una buena base de conocimiento de forma que puedan continuar con cursos o libros más avanzados.

Escribí este libro apoyándome fundamentalmente en mi experiencia como profesor de UNIX. La organización de los capítulos, y los ejemplos son los que normalmente utilizo en mis clases de UNIX. Este libro es una introducción pero no es un libro simple. No intenté modificar el aspecto técnico del material para tratar de darle una explicación engañosa, ni utilicé historias irrelevantes para hacer el material más ligero o interesante. Y como he prometido a mis estudiantes, no usé la palabra *obviamente* en el contexto de significar que el material es tan simple u obvio que no necesita ninguna explicación.

Los capítulos son cortos, y en aquellos casos donde la extensión del material de un tema requiere más páginas se presenta en dos capítulos. En la medida de lo posible, el formato de los capítulos se mantiene idéntico. Sin embargo, la consistencia se sacrifica cuando el formato no sirve como un vehículo apropiado para presentar el material.

Cada capítulo comienza con una explicación general de los conceptos y puntos básicos. Ejemplos sencillos clarifican las explicaciones o muestran la utilización de las órdenes, seguido por ejemplos más detallados y complejos cuando el capítulo avanza. Cada capítulo finaliza con cuestiones y una sección de repaso y cuando resulta apropiado o necesario se añaden ejercicios prácticos para utilizar en un terminal.

El Capítulo 1 describe brevemente los fundamentos del hardware y del software y explica términos y conceptos básicos de los computadores. Presenta los tipos de software y pone el énfasis en el software del sistema. Explica la importancia del sistema operativo y explora sus funciones primarias.

El Capítulo 2 presenta una breve historia del sistema operativo UNIX. Explora el desarrollo de UNIX a lo largo de los años, analiza las principales versiones de UNIX y explica algunas de las características importantes del sistema.

El Capítulo 3 explica como comenzar y finalizar una sesión de UNIX. Se introducen órdenes simples de UNIX y se muestran sus aplicaciones. Se explora el proceso de establecer contacto con UNIX y se analizan algunas de sus operaciones internas.

El Capítulo 4 es el primero de los dos capítulos que trata el editor vi del sistema operativo UNIX. Después de una breve introducción de los editores que están soportados por UNIX, se introduce el editor vi y el resto del capítulo presenta las órdenes básicas necesarias para hacer una tarea de edición sencilla.

El Capítulo 5 es el primero de los dos capítulos que estudian la estructura de archivos del sistema UNIX. Trata los conceptos básicos de archivos y directorios y su disposición en una estructura arborescente jerárquica. Presenta las órdenes que facilitan la manipulación del sistema de archivos.

El Capítulo 6 es el segundo capítulo acerca del editor vi. Muestra más cosas de la potencia de edición y flexibilidad que tiene vi, presentando las órdenes más avanzadas de vi y explica diversas formas de como se puede personalizar el editor vi.

El Capítulo 7 es el segundo capítulo sobre el sistema de archivos de UNIX y sus órdenes asociadas. Presenta más órdenes de manipulación de archivos, explica los operadores de redirección de E/S del shell, y los comodines (metacaracteres) de sustitución de archivos.

El Capítulo 8 trata el shell y su función dentro del sistema UNIX. Explica las características y capacidades del shell, las variables shell y los metacaracteres del shell. También se tratan los archivos de arranque y la gestión de procesos bajo UNIX.

El Capítulo 9 se concentra sobre las utilidades de comunicación de UNIX. Explica las facilidades de correo electrónico (correo) de UNIX y muestra las órdenes y opciones disponibles. Analiza las variables del shell y otras que afectan al entorno del correo. Muestra como hacer un archivo de arranque que personaliza el uso de las utilidades del correo.

El Capítulo 10 estudia los elementos esenciales del desarrollo de programas. Se explican los pasos en el proceso de creación de un programa. Crea un ejemplo de un programa sencillo en C y recorre el proceso de escritura del código fuente para convertirlo en un programa ejecutable.

El Capítulo 11 se concentra en la programación del shell. Explica sus capacidades como un lenguaje de alto nivel interpretado. Estudia las construcciones y particularidades de la programación del shell. Muestra la creación, depuración y ejecución de programas del shell.

El Capítulo 12 se construye sobre las órdenes y conceptos del capítulo previo y amplía aún más las órdenes y técnicas de la programación shell. También presenta un sencillo programa de aplicación y muestra el proceso de desarrollar programas utilizando el lenguaje del shell.

El Capítulo 13 presenta algunas órdenes adicionales de UNIX que son importantes. Los puntos principales de este capítulo son las órdenes para disco, órdenes de gestión de archivos y la seguridad.

El Apéndice A es un índice rápido de las órdenes tratadas en este libro. Las órdenes se relacionan por orden alfabético.

El Apéndice B es un índice de las órdenes, clasificadas de acuerdo con su función.

El Apéndice C es un resumen de las órdenes y sus opciones presentadas en tablas similares al resumen de órdenes que hay al final de los capítulos.

El Apéndice D es un resumen de las órdenes del editor vi.

El Apéndice E es una tabla de los códigos ASCII.

El Apéndice F es una lista de algunos de los libros que he evaluado.

Agradecimientos

Este libro no hubiera sido posible sin la ayuda y asistencia de muchos de mis colegas y del personal de Strayer College y de mis amigos en la industria. Estoy agradecido a todos ellos. La que sigue es sólo una pequeña lista de ellos.

Gracias a Ron Bailey, presidente de Strayer College, por su asistencia continua en éste y en mis otros proyectos.

Gracias a la profesora Susan Bahcall por la lectura de muchas de las versiones preliminares de este libro corrigiendo su gramática, estilo y haciendo críticas constructivas.

Gracias a mis colegas y al personal de Strayer College por su asistencia, aliento y servicios.

Gracias a los estudiantes de mis clases de C y UNIX; son la razón principal de haber escrito este libro.

Gracias a Frank Erwin, presidente de RBH y a su personal por proporcionarme tiempo de computador y otros servicios.

Gracias al personal técnico de Prentice Hall, en particular a Alice Barr, quién comenzó todo. Gracias a Holly Hodder, quien después de haber visto sólo la estructura y un capítulo de mi libro, decidió ir adelante con él. Gracias a Charles Stewart quien tomó el control en mitad del proyecto y acompañó el libro hasta el final.

Gracias a los revisores quienes criticaron algunas versiones preliminares.

Finalmente, gracias a mi esposa por su paciencia y a mis tres hijos que se vieron privados de jugar a los juegos de computador mientras yo lo utilizaba.

Agradecimientos del equipo de traducción

A los profesores de sistemas Operativos, **Juan Ignacio Pérez Cavanillas** y **Enrique Torres Franco,** del Departamento de Lenguaje y Sistemas Informáticos e Ingeniería de Software de la Facultad de Informática y Escuela Universitaria de Informática de la *Universidad Pontificia de Salamanca en Madrid,* que han leído con todo detenimiento las galeradas de este libro y han probado y ejecutado en máquinas UNIX todos y cada uno de los programas contenidos en el libro y además de detectar errores han sugerido mejoras notables a la traducción.

Madrid, Julio de 1997

Cómo leer este libro

Si esta es la primera vez que va a estudiar el sistema operativo UNIX, le sugiero que empiece por el primer capítulo y continúe los capítulos en el orden en el que se presenta.

Si ya conoce algunos aspectos del sistema operativo UNIX, le sugiero que navegue a través de los capítulos para ver aquellas cosas que conozca y lea los principales puntos como un repaso que le ayude a entender los siguientes capítulos. La mayoría de los capítulos están relacionados entre sí, en el sentido de que el conocimiento del capítulo previo le sirve (y a veces le es necesario) para comprender el siguiente.

Una serie de ejemplos concretos clarifican los conceptos y muestran las diferentes formas en que se puede utilizar una orden. Se le anima a que los pruebe en su sistema.

UNIX introduce numerosos dialectos y es fácilmente modificable. Esto significa que puede encontrar discrepancias entre el manual y la realidad, y algunas de las visualizaciones en pantalla o secuencias de órdenes en este libro pueden no coincidir exactamente con la de su sistema.

Notas Tipográficas

A lo largo del texto de este libro ciertas palabras se enfatizan usando diferentes tipos de letras. A lo largo de este texto, las palabras en **negrita** son órdenes de UNIX o caracteres específicos que debe escribir como parte de un ejemplo; las palabras escritas en el tipo sans serif son nombres de directorios, nombres de caminos o nombres de archivos, las palabras en *itálica* son palabras clave o términos introducidos por primera vez; a continuación se muestra un ejemplo de la pantalla de un terminal. Esto es lo que se espera que vea en su sistema cuando practique las órdenes.

```
UNIX System V release 4.0
login: david
password:
```

Lo que sigue es un ejemplo de secuencia de órdenes. Los caracteres que escribe están indicados en negrita. La información de la derecha es el comentario de la acción que se ejecuta a la izquierda, este formato se utiliza cuando es necesaria la explicación de las órdenes o de las salidas que produce UNIX línea a línea.

$ pwd [Retorno].................... verifica el directorio actual
/usr/david .... está en david
$ cd fuente [Retorno]............. cambio al directorio fuente

Iconos

Los iconos se utilizan a lo largo del texto para atraer su atención, dar algunas características o presentar la acción a tomar. Hay cuatro iconos utilizados a lo largo del texto.

Nota
- *Cataloga los puntos importantes*
- *Llama la atención sobre aspectos particulares o una visualización por pantalla*

Bandera
- Llama la atención para comunicar los errores comunes del usuario
- Se advierte de las consecuencias de su acción

Computador
- Muestra como funcionan las órdenes del sistema
- Permite que intente las órdenes en su sistema

☐ Caja
- Muestra una secuencia de teclas que se deben pulsar para una tarea específica

Convenios de teclado

[ ]: Las teclas del teclado se representan situando el carácter específico entre corchetes. Por ejemplo [A] significa presionar A mayúscula en el teclado.

[Retorno]: Esto es la tecla retorno, a veces llamada CR (retorno de carro) o tecla de entrada. Normalmente se presiona esta tecla al final de la orden o de la línea entrada.

[Ctrl-d]: Esto significa mantener simultáneamente presionadas la tecla etiquetada Ctrl (de control) y la tecla correspondiente a la letra [d]. Otros caracteres de control que precisan la tecla Ctrl y una letra se muestran de forma análoga.

Capítulo 1

Primero lo primero

Este capítulo describe brevemente los fundamentos hardware y software del computador así como sus términos y conceptos básicos. Se presentan los tipos de software, se explica la importancia del sistema operativo y se examinan sus funciones principales.

En este capítulo

1.1. INTRODUCCIÓN

La mayoría de la gente adquiere el conocimiento fundamental acerca de los computadores recibiendo cursos de introducción de computadores o utilizándolos en el trabajo o en el hogar. En el caso de que no haya recibido ningún curso de informática (o haya olvidado lo que sabía), este capítulo comienza con una breve introducción a los computadores en general y explica algunos términos comunes del hardware y del software.

1.2. COMPUTADORES: UNA VISIÓN PANORÁMICA

¿Qué es un computador? El *diccionario Collegiate de Merrian Webster* define *computador* como "un dispositivo electrónico programable que puede almacenar, recuperar y procesar datos". Este capítulo amplía esta definición y examina cada componente del computador.

Los computadores pueden ser clasificados según sus tamaños, capacidades y velocidades en los cuatro grupos siguientes:

- Supercomputadores
- Grandes computadores
- Minicomputadores
- Microcomputadores

Estos grupos son un tanto arbitrarios; los sistemas de la gama baja de un grupo se pueden solapar con los sistemas de la gama alta del siguiente.

Supercomputadores Los *supercomputadores* son los computadores más rápidos y más caros y son unas mil veces más veloces que los grandes computadores. Los supercomputadores se diseñan para las aplicaciones más exigentes desde un punto de vista computacional, tales como la predicción del tiempo, modelado tridimensional y animaciones por computador. Todas estas tareas requieren un gran número de cálculos complejos y precisan un supercomputador para realizarlos. Los supercomputadores normalmente tienen cientos de procesadores y se usan con los últimos y más caros dispositivos.

Los supercomputadores son usados en otras muchas aplicaciones. Incluso Hollywood utiliza las capacidades gráficas avanzadas de los supercomputadores para crear los efectos especiales en las películas.

Grandes computadores Son sistemas diseñados para cubrir las necesidades de procesamiento de información de las grandes organizaciones. Pueden soportar varios cientos de usuarios y ejecutar simultáneamente cientos de programas. Tienen grandes capacidades de *entrada/salida* (E/S) y permiten una gran capacidad de almacenamiento primario y secundario. La gran mayoría de los grandes computadores se emplean en entornos de grandes empresas, como bancos y hospitales, y en otras grandes instituciones como en Universidades. Son costosos y normalmente requieren un personal cualificado para su uso y mantenimiento.

Ver página XXII para una explicación de los iconos utilizados para resaltar información en este capítulo.

Tabla 1.1. Clasificación de los computadores

Clase	Especificaciones típicas	Velocidad aproximada
Microcomputador	8 Mb de memoria principal 240 Mb de memoria de disco monousuario	5 millones de instrucciones por segundo
Minicomputador	16 Mb de memoria principal 1 Gb de memoria de disco 1 unidad de cinta 64 usuarios interactivos	25 millones de instrucciones por segundo
Gran computador	256 Mb de memoria principal 10 Gb de memoria de disco Unidades de cintas múltiples 512 usuarios interactivos 4 procesadores	50 millones de instrucciones por segundo
Supercomputadores	1 Gb de memoria principal 10 Gb de memoria de disco 64 procesadores	2.000 millones de operaciones en coma flotante por segundo

 Los dispositivos de E/S son los medios a través de los cuales un computador se comunica con el mundo exterior (personas u otros computadores). Difieren en velocidad y medios de comunicación.

Minicomputadores Hasta finales de los sesenta, todos los computadores eran grandes computadores, y sólo las grandes organizaciones podían disponer de ellos. Posteriormente fueron apareciendo los *minicomputadores*. Sus primeras funciones implicaban la realización de tareas especializadas, y al principio se utilizaron en las universidades y en entornos científicos. Rápidamente se hicieron populares en las empresas de pequeño y medio tamaño en las cuales era necesario un procesamiento de datos. Algunos de los "minis" de hoy día compiten con los grandes computadores en potencia y capacidad, y la mayoría son computadores de propósito general. Al igual que los grandes computadores, los minicomputadores son capaces de proporcionar servicios de procesamiento de información a varios usuarios y ejecutar varios programas simultáneamente. Sin embargo, son más baratos y más fáciles de instalar y mantener que los grandes computadores.

Microcomputadores También llamados *computadores personales o PC's*, son los más baratos y los más populares del mercado. Son bastante pequeños, adecuados para situar sobre un escritorio o en un maletín. Los *microcomputadores* varían en sus costes y potencias. Algunos modelos compiten con los minicomputadores y grandes computadores antiguos. Son capaces de ejecutar muchas aplicaciones comerciales y pueden funcionar como unidades independientes o estar conectados con otros computadores para ofrecer sus capacidades.

La Tabla 1-1 muestra las clases de computadores, sus especificaciones típicas (tamaño de memoria, número de usuarios, etc.), y sus velocidades aproximadas.

1.3. HARDWARE

Independientemente de la complejidad o sencillez de un computador, éste tiene cuatro funciones fundamentales: *entrada*, *proceso*, *salida* y *almacenamiento*. Además, en los computadores se diferencian dos partes: el *hardware* y el *software*. Esas dos partes se complementan la una a la otra, y la integración de ambas permite a los computadores realizar sus funciones fundamentales.

La Figura 1.1 muestra las cuatro funciones de un computador y los dispositivos hardware típicos asociados a cada función.

La mayoría de los computadores tienen cinco componentes hardware básicos que funcionan conjuntamente para llevar a cabo las tareas requeridas por el computador. El número, la implementación, la complejidad y la potencia de esos componentes varía de un computador a otro. Sin embargo, las funciones realizadas por cada uno de ellos son generalmente bastante iguales. Esos componentes son los siguientes:

- Dispositivos de entrada
- Procesador
- Memoria interna
- Unidad de almacenamiento interno
- Dispositivos de salida

A la forma en que esos componentes se ordenan y organizan se le denomina *configuración del hardware del sistema*. Por ejemplo, en un sistema el procesador y la unidad de almacenamiento externo pueden estar alojados en un único componente; y en otro sistema, pueden ser componentes independientes.

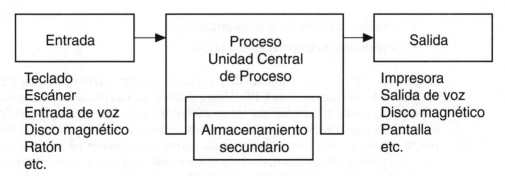

Unidad de disquetes, Unidad de disco duro, etc.

Figura 1.1. Las cuatro partes funcionales de un computador.

1.3.1. Dispositivos de entrada

Los *dispositivos de entrada* se utilizan para introducir la instrucción o los datos dentro del computador. Se dispone de numerosos dispositivos de entrada y su número sigue creciendo. Los dispositivos de entrada más conocidos son: el teclado, el lápiz óptico, el escáner y el ratón; siendo el teclado el más utilizado.

Algunos dispositivos se pueden utilizar como dispositivos de entrada o de salida, por ejemplo, los discos magnéticos y las pantallas táctiles.

1.3.2. Procesador

El *procesador* es la parte inteligente del computador. Se llama *unidad central de proceso*, o *CPU (Central Processing Unit),* y dirige las actividades del computador. La CPU controla la realización de tareas como puede ser el envío de datos desde el teclado a la memoria principal, manipulación de los datos almacenados, o el envío de los resultados de una operación a la impresora. La CPU consta de tres bloques básicos:

- La Unidad Aritmético Lógica (ALU)
- Los registros
- La Unidad de Control (CU)

La CPU se llama también el cerebro, el corazón o el elemento pensante del computador.

Unidad Aritmético Lógica   La *Unidad Aritmética Lógica*, o *ALU (Arithmetic and Logic Unit),* es la parte de circuitería electrónica de la CPU que controla todàs las operaciones aritméticas y lógicas. Las *operaciones aritméticas* incluyen la suma, la resta, la multiplicación y la división. También pueden ser implementadas funciones más avanzadas como la exponenciación y los logaritmos. Las *operaciones lógicas* incluyen comparaciones de letras, números, o caracteres especiales para reconocer si son iguales, mayores o menores unos que otros.

Resumiendo, la ALU es responsable de:

- La realización de operaciones aritméticas
- La realización de operaciones lógicas

Registros   Un pequeño conjunto de posiciones de almacenamiento temporal está generalmente localizado dentro de la **CPU**. Esas celdas de almacenamiento se denominan *registros*. Un registro puede almacenar una instrucción o un dato. Los registros se utilizan para almacenar datos o instrucciones que se necesitan inmediata, rápida y frecuentemente. Por ejemplo, si se van a sumar dos números, cada uno se almacena en un registro. La ALU lee esos números y almacena el resultado de la suma en otro registro. Como los registros están localizados en la CPU, otros componentes de ella pueden acceder rápidamente a sus contenidos.

Resumiendo, los registros se usan para:

- Almacenar instrucciones y datos dentro de la CPU.

Unidad de Control   La *unidad de control* es una parte de la circuitería electrónica de la CPU que dirige y coordina los otros componentes del sistema para ejecutar los programas. No ejecuta las instrucciones por si misma; sino que envía señales a través de circuitos apropiados para activar los otros elementos. Es la responsable del movimiento de datos e instrucciones desde la memoria principal y del control de la ALU. Cuando las instrucciones y los datos de un programa se necesitan por la CPU, la unidad de control es la encargada de moverlos del almacenamiento primario a los registros.

Resumiendo, la unidad de control es la responsable de:

- Activar a otros componentes.
- Transferir instrucciones y datos desde la memoria principal a los registros.

1.3.3. Memoria interna

Un computador es una máquina de dos estados. Esos dos estados pueden ser interpretados como 0 y 1, sí y no, alto y bajo, etc. Casi cualquier dispositivo que pueda almacenar cualquiera de los dos estados puede servir como unidad de almacenamiento. Sin embargo, la mayoría de los computadores utilizan circuitos integrados de memoria, que guardan dígitos binarios o bits. Cada bit puede ser o un 0 o un 1, y representa un estado u otro. Un computador pequeño podría tener bastante memoria para almacenar millones de bits; uno más grande podría almacenar miles de millones. La diferencia es de grado, no de funcionalidad de la memoria.

La memoria interna (también llamada memoria principal o primaria) guarda:

- Las instrucciones del programa actual.
- Los datos que van a ser procesados por el programa.
- Los resultados intermedios de la ejecución de las instrucciones del programa.

La memoria principal es un almacenamiento temporal y retiene los datos sólo durante la ejecución del programa.

La memoria principal está formada por celdas que guardan los programas y sus datos asociados que están actualmente ejecutándose. La ejecución de los programas requiere un gran movimiento de datos entre la memoria principal y la CPU.

La CPU es un dispositivo rápido; así pues es deseable implementar la memoria principal utilizando dispositivos que sean capaces de realizar accesos rápidos. En el hardware actual, la memoria principal está implementada con dispositivos semiconductores basados en el silicio llamados *chips de memoria*. Los computadores normalmente tienen dos tipos de memoria principal:

- Memoria de acceso aleatorio (RAM).
- Memoria de solo lectura (ROM).

Memoria de acceso aleatorio   La *memoria de acceso aleatorio* (RAM) es la memoria de trabajo del computador. Proporciona la velocidad de acceso que requiere la CPU y permite a la CPU leer y escribir en una localización específica de memoria referenciada por su dirección. Mientras el computador está conectado, los programas y datos están almacenados temporalmente en la RAM. Los datos almacenados en la RAM pueden ser cambiados, modificados y borrados.

La RAM es una memoria volátil y no proporciona un almacenamiento permanente. Cuando se apaga el computador (o la RAM se desactiva por cualquier otra causa), su contenido se pierde.

Memoria de solo lectura   El segundo tipo de memoria, *memoria de solo lectura* (ROM), contiene permanentemente almacenados los programas y los datos que el fabricante sitúa en el sistema. La CPU sólo puede leer instrucciones de la ROM; éstas no pueden ser alteradas ni borradas y tampoco se puede escribir sobre ellas. Cuando se apaga el computador no se pierde la información almacenada en la ROM. Los programas en la ROM se llaman a veces *firmware*, algo entre hardware y software.

Representación de los datos

Estamos acostumbrados a utilizar el sistema numérico decimal. El sistema decimal (base 10) consiste en 10 dígitos cuyo rango va del 0 al 9. Por el contrario, los computadores funcionan con un sistema binario (base 2) que consiste en dos dígitos, el 0 y el 1.

Bit (dígito binario)   Cada *bit* puede guardar o un 0 o un 1. Un bit es la unidad más pequeña de información que un computador puede entender.

Byte   La memoria de un computador debe ser capaz de almacenar letras, números y símbolos y un único bit por sí solo no es capaz de esto. Los bits se combinan para representar algunos datos significativos. A un grupo de ocho bits se le denomina *byte* y con un byte se puede representar un carácter. Un carácter podría ser una letra mayúscula y minúscula, número, signo de puntuación y símbolo especial.

ASCII   Cuando se introducen datos en el computador (letras, números y símbolos), el sistema debe cambiarlos a un formato que el computador entienda. El Código Estándar Americano para Intercambio de Información (ASCII) es uno de los esquemas de código utilizados para representar caracteres de un byte de ocho bits.

El código ASCII puede representar un máximo de 256 caracteres, incluyendo las letras mayúsculas y minúsculas, los números, los signos de puntuación y los símbolos especiales.

Palabra   Los bytes son adecuados para almacenar caracteres pero son demasiado pequeños para almacenar un número. De hecho, el 256 es el número más grande que se puede almacenar en un byte. En realidad, para ser de alguna utilidad, los computadores necesitan espacio para números grandes. La mayoría de los computadores son capaces de manipular un grupo de bytes denominado *palabra*. El tamaño de la *palabra* depende del sistema y podría variar desde 16 bits (2 bytes) a 32 bits (4 bytes) o incluso 64 bits (8 bytes).

Jerarquía de memoria

La unidad básica de almacenamiento es un *bit*. Los bits se agrupan para formar un *byte*; y los bytes se agrupan para formar una *palabra*. La Figura 1.2 muestra la jerarquía de memoria y el valor numérico que cada tamaño de almacenamiento puede almacenar.

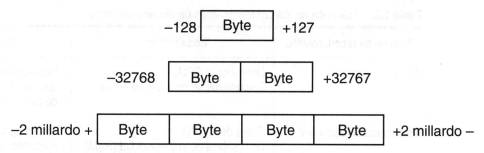

Figura 1.2. La jerarquía de memoria

Tamaño de memoria La letra *K* se utiliza para expresar el tamaño de la memoria principal, o el espacio del disco. La K que significa kilo, representa *mil* en el sistema métrico. Sin embargo, cuando se mide la memoria del computador, la K quiere decir *kilobytes*, que representan 1.024 bytes de almacenamiento (2 elevado a 10). Por ejemplo, 32K de memoria se refieren a 32.768 bytes (32 veces 1024). Existen otras medidas referentes al tamaño de la memoria de un computador:

- *megabyte* (MB) es aproximadamente un millón de bytes.
- *gigabyte* (GB) es aproximadamente mil millones de bytes.

Direccionamiento de memoria

Se puede pensar en la *memoria principal* (almacenamiento primario) como una secuencia de celdas de memoria continuas o adyacentes. Cada unidad de almacenamiento físico (celda) está asignada a una única dirección que corresponde a su localización en la secuencia. En los computadores direccionables por byte, cada byte en la memoria tiene su propia *dirección electrónica*, un nombre de código identifica su localización exacta en memoria.

En la mayoría de los computadores, las direcciones de los bytes ó palabras están asignadas secuencialmente, 0, 1, y así sucesivamente. La CPU utiliza estas direcciones para especificar qué instrucciones o datos han de ser cargados (leídos) y cuáles han de ser escritos. Por ejemplo, si se introduce la letra H desde el teclado, el carácter se lee en memoria principal y se almacena en una dirección específica, por ejemplo en la dirección 1000. La dirección 1000 referencia a un único byte de memoria, y en cualquier momento el sistema puede referenciar y procesar el dato almacenado en esta dirección.

La CPU requiere instrucciones y datos de cualquier parte de la memoria principal; así que es necesario que la memoria principal sea lo que se conoce como dispositivo de acceso aleatorio. Debe tener la capacidad de especificar una posición específica que se va a leer o en la que se va a escribir.

1.3.4. Almacenamiento externo

El almacenamiento externo o secundario es una extensión *no volátil* de la memoria principal. La memoria principal es cara, y en la mayoría de los computadores es un recurso escaso. La memoria principal es *volátil*; se pierde su contenido cuando se corta la corriente. Por consiguiente, es recomendable salvar los programas y datos en otro medio. El medio de almacenamiento secundario podría ser un disquete, un disco duro y/o una cinta magnética.

Tabla 1.2. Resumen de los diferentes tipos de almacenamiento

Tipo de almacenamiento	Localización	Utilización
Registros	Dentro de la CPU Dispositivos de muy alta velocidad	Instrucciones que se están ejecutando actualmente; parte de los datos relacionados
Almacenamiento primario	Fuera de la CPU Dispositivos de alta velocidad (RAM)	Todo o parte del programa en ejecución; parte de los datos asociados
Almacenamiento secundario	Dispositivos electromagnéticos u ópticos de baja velocidad	Programas que no están ejecutándose; grandes cantidades de datos

1. *El almacenamiento secundario es una extensión de la memoria principal y no una sustitución. Un computador no puede ejecutar un programa o manipular datos almacenados en un disco a menos que los datos sean copiados con anterioridad en la memoria principal.*
2. *La memoria principal guarda los programas y datos actuales mientras el almacenamiento secundario es para el almacenamiento a largo plazo.*

La Tabla 1.2 resume los distintos tipos de dispositivos de almacenamiento de un computador y sus contenidos normales.

1.3.5. Dispositivos de salida

Un dispositivo básico de salida es la *pantalla*. Los términos CRT (tubo de rayos catódicos), VDT (terminal de visualización de vídeo) y *monitor* se refieren a dispositivos tipo TV que visualizan imágenes de caracteres. La imagen visualizada en la pantalla es temporal y se denomina *copia soft*. Dirigiendo la salida a una impresora, se obtiene una copia permanente denominada *copia dura* (copia impresa). Por supuesto, se disponen de otros dispositivos de salida, incluyendo respuesta de voz o un trazador gráfico para generar copias impresas de salidas gráficas.

1.4. *OPERACIÓN DE PROCESO*

Cuando un computador ejecuta un programa se genera una cadena compleja de eventos. Para empezar, el programa y sus datos asociados están cargados en la memoria principal. La *unidad de control* (CU) lee la primera instrucción y sus datos de entrada desde la memoria principal en la CPU. Si es una instrucción que implica cálculo (o es de comparación), la unidad de control indica a la ALU qué función hay que efectuar, donde están localizados los datos de entrada y donde almacenar los datos de salida. Algunas instrucciones, tales como la entrada y la salida a un almacenamiento secundario o a dispositivos de E/S, se ejecutan por la propia unidad de control. Después de la ejecución de la primera instrucción, se lee y se ejecuta la siguiente instrucción. Este proceso continúa hasta la última instrucción del programa que se lee desde la memoria principal en los registros de la CPU y se ejecuta.

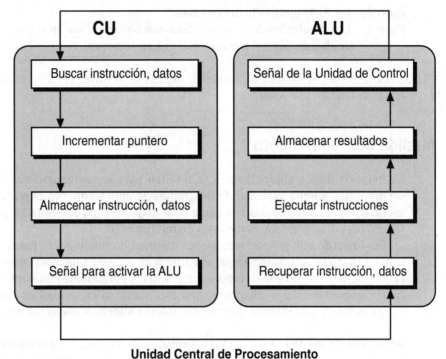

Unidad Central de Procesamiento

Figura 1.3. Secuencia de la operación del procesador.

La ALU reconoce cada instrucción mediante un único número denominado código de instrucción o código de operación o código op.

Los pasos requeridos para procesar cada instrucción pueden agruparse en dos fases: el *ciclo de instrucción* y el *ciclo de ejecución*. En la Figura 1.3 se muestra la operación de los ciclos de instrucción y ejecución, seguidos por una explicación de la secuencia de eventos.

Ciclo de instrucción   La secuencia de eventos durante el *ciclo de instrucción*, también llamado *ciclo de búsqueda*, es la siguiente:

Paso 1:   La unidad de control lee una instrucción desde la memoria principal y la pone en un registro de la CPU llamado *registro de instrucción*.

Paso 2:   La unidad de control incrementa el *contador del registro de instrucción* para mostrar la localización de la siguiente instrucción en la memoria principal.

Paso 3:   La unidad de control genera una señal a la ALU para ejecutar la instrucción.

Ciclo de ejecución   La secuencia de eventos durante el ciclo de ejecución es la siguiente:

Paso 1:   La ALU accede al código de operación de la instrucción en el registro de instrucción para determinar la función a realizar y para obtener los datos de entrada de la instrucción.

Paso 2:   La ALU ejecuta la instrucción.

Paso 3:   Los resultados de la instrucción son almacenados en registros y se devuelven a la
unidad de control para ser escritos en memoria.

*El ciclo de instrucción se realiza en la unidad de control; el ciclo de ejecución se realiza en
la unidad aritmético lógica.*

1.4.1. Medida del rendimiento

La mayoría de los computadores se diseñan para ser computadores de propósito general;
soportan una amplia variedad de programas de aplicación. No es posible para los fabricantes de computadores conocer la carga de trabajo de cada computador para poder proporcionar así las correspondientes medidas de rendimiento.

En lugar de ello proporcionan estas medidas de rendimiento para diferentes acciones de
la máquina tales como ejecutar una instrucción, acceder a memoria principal o leer de un disco magnético. La medida de rendimiento se da generalmente como una medida específica de
cada componente del computador, una medida de la capacidad de comunicación entre las
componentes y una medida general que intenta sintetizar todas las medidas de rendimiento.

Velocidad de la CPU   En la CPU, la primera consideración del rendimiento es la velocidad a
la que una instrucción puede ser ejecutada. Ésta está normalmente especificada en términos de
millones de instrucciones por segundo (MIPS). Desafortunadamente no todas las instrucciones
tardan el mismo tiempo en ejecutarse. Algunas instrucciones, como la suma de números enteros, se ejecutan rápidamente; otras, como la división de números fraccionarios (coma flotante)
podrían ejecutarse más lentamente. La medida que está especialmente orientada al cálculo de
números fraccionarios es *millones de operaciones de coma flotante por segundo* (MFLOPS).

*La medida del rendimiento de los MFLOPS se da normalmente para estaciones de trabajo
y supercomputadores. Es de esperar que las aplicaciones ejecutadas en esas máquinas realicen mayoritariamente cálculos en coma flotante.*

Tiempo de acceso   La velocidad a la cual la CPU puede recuperar datos del almacenamiento o dispositivos entrada/salida (E/S) depende del *tiempo de acceso*. Este tiempo se
mide normalmente en microsegundos (millonésimas de segundo) o nanosegundos (milmi-
llonésimas de segundo).

Capacidad del canal   Cuando el *tiempo de acceso* está fijado para un dispositivo específico, no hay garantía de que el canal de comunicación entre el dispositivo y la CPU sea capaz
de soportar esa velocidad. La capacidad del canal de comunicación para soportar el movimiento de datos entre la CPU y un dispositivo, o viceversa, está normalmente especificada
como una *velocidad de transferencia de datos*. Esta velocidad especifica la cantidad de datos
que pueden ser transferidos por el canal en un intervalo de tiempo especificado (por ejemplo, un millón de datos por segundo).

Rendimiento total   El rendimiento total de un computador es una combinación de la velocidad de la CPU, el tiempo de acceso del almacenamiento y de los dispositivos E/S, y la

capacidad de los canales de comunicación conectados a la CPU. Las diferentes aplicaciones crean diferentes demandas en los distintos componentes del computador. Así pues, la medida del rendimiento total es válida sólo para situaciones particulares o clases de aplicaciones.

1.5. ¿QUÉ ES EL SOFTWARE?

Un computador fuera de la línea de montaje sin software es sólo una máquina (hardware) y no es capaz de hacer nada. Es el software quien da al computador sus diferentes capacidades. A través del software, un computador puede tomar cualquiera de sus muchas personalidades. Con el software correcto, un computador puede llegar a ser un procesador de texto, una calculadora, una base de datos o un sofisticado dispositivo de comunicación (o incluso todos ellos a la vez).

 En general, los programas del computador se llaman software. Se ejecutan numerosos programas en la misma máquina (hardware) para realizar diferentes tareas.

Programa Un *programa* es un conjunto de instrucciones que dirigen las actividades de un computador. Consta de instrucciones que están en una secuencia lógica para realizar una operación específica. Los programas se escriben en uno de los lenguajes de programación disponibles del computador. Los lenguajes de programación del computador son necesarios para facilitar la creación de programas de aplicación. Hay disponible un amplio número de herramientas de desarrollo de programas para ayudar a los programadores en la producción de programas de aplicación y del sistema.

Categorías del software El software del computador se puede dividir en dos tipos: *software del sistema y software de aplicación*. El sistema operativo es el software más importante del sistema y el único necesario para que el computador funcione. Sin embargo es el software de aplicación el que hace que el computador sea útil en diferentes entornos y en muchos trabajos. La Figura 1.4 muestra las categorías generales del software y ejemplos de sus programas software asociados.

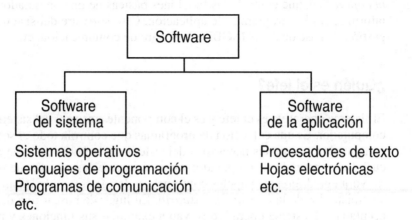

Figura 1.4. Tipos de software.

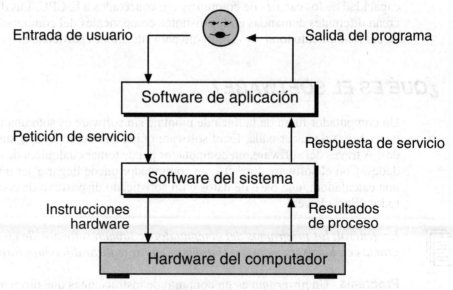

Figura 1.5.   Interacción del usuario con los niveles de software.

Los usuarios interaccionan con el software del aplicación y parte del software del sistema. La Figura 1.5 muestra una estructura por niveles del software. La ventaja de este enfoque es que el usuario y los programadores de aplicaciones no necesitan comprender y tratar con los detalles técnicos del proceso físico. Con este esquema, los detalles físicos de la máquina y muchas tareas de procesamiento básico están contenidos dentro del software del sistema y escondidas para el usuario.

1.5.1. Software del sistema

El *software del sistema* es un conjunto de programas que mayoritariamente controla el rendimiento interno de un computador. El software más importante en esta categoría es el *sistema operativo*, que controla las funciones básicas de un computador y proporciona una plataforma para los programas de aplicación. Otro software del sistema incluye un sistema de gestión de base de datos (SGBD), software de comunicación, etc.

¿Quién es el jefe?

El sistema operativo es el jefe y es el componente software del sistema más importante de un computador. Es una colección de programas que controla todo el software y hardware en un computador. Las partes necesarias del sistema operativo se cargan en la memoria principal cuando se enciende el computador y permanecen en esta hasta que se apaga. El sistema operativo juega diferentes papeles como *proveedor de servicios*, *administrador de hardware* y suministrador de la *interfaz del usuario*. En lugar de buscar una definición universalmente aceptada del sistema operativo se van a examinar sus funciones y responsabilidades. Estos son los principales objetivos y funciones de un sistema operativo:

- Proporcionar una interfaz para los usuarios y los programas de aplicación para funciones hardware de bajo nivel.
- Gestionar los recursos hardware a los usuarios y sus programas de aplicación.
- Cargar y aceptar los programas de aplicación a petición de los usuarios.
- Administrar el almacenamiento secundario.

Las partes necesarias del sistema operativo están siempre residentes en la memoria principal.

El sistema operativo como gestor de recursos

El sistema operativo controla los recursos del computador: la memoria principal, el tiempo de la CPU y los dispositivos periféricos. En cualquier computador, se ejecutan varios programas a la vez. Todos ellos compiten por los recursos disponibles y es el sistema operativo el que los gestiona de acuerdo con su disponibilidad y según sea la prioridad de los programas que están en ejecución. El sistema operativo gestiona el tiempo de la CPU. Hay que tener en cuenta que sólo hay una CPU y muchos usuarios, y sólo uno de ellos puede ser atendido cada vez.

El sistema operativo supervisa y gestiona la memoria principal entre programas que tienen diferentes tamaños y requisitos de memoria, evitando que se mezclen entre sí. Coordina la utilización de los dispositivos periféricos, incluyendo cosas tales como los turnos para leer o escribir en el disco y que tarea va primero a la impresora.

El sistema operativo responde continuamente a los requisitos de los recursos del programa, resuelve los conflictos de recursos que se produzcan y optimiza la gestión de los mismos.

El sistema operativo como interfaz de usuario

El sistema operativo proporciona los medios para que los usuarios se comuniquen con el computador. Todos los sistemas operativos proporcionan un conjunto de órdenes para dirigir la operación del computador, una *interfaz de usuario dirigida por órdenes*. La sintaxis de la orden es difícil de aprender, de recordar y de usar. Una alternativa es la *interfaz de usuario dirigida por menús*, que proporciona un conjunto de menús y permite a los usuarios elegir las funciones deseadas desde los menús. Otra alternativa común es una interfaz de usuario gráfica dirigida por iconos, denominada *interfaz gráfica de usuario* (IGU, Graphic User Interface — GUI). Se pueden ejecutar la mayoría de las órdenes del sistema operativo manejando los símbolos gráficos sobre la pantalla. Por ejemplo, el símbolo gráfico (*icono*) de una carpeta de archivos puede representar archivos, o un dibujo de una máquina de escribir puede representar un procesador de textos. Esta metáfora visual para órdenes y funciones proporciona una interfaz fácil de aprender. Con una IGU, los usuarios pueden elegir un icono, mediante un dispositivo de apuntamiento, como puede ser un ratón, para activar programas.

Modelo del sistema operativo

Utilizando la estructura por niveles del software, se puede ver el sistema operativo como un conjunto de niveles de software. La Figura 1.6 muestra un modelo de sistema operativo y sus niveles de programas. La entrada de un usuario o un programa de aplicación viaja a través de los niveles hasta alcanzar el hardware y los resultados producidos por este hardware

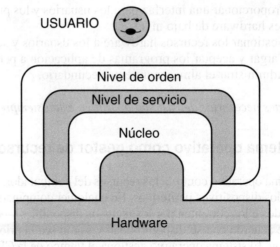

Figura 1.6. Niveles del sistema operativo.

regresa al usuario a través de los mismos niveles. Analicemos la responsabilidad de cada uno de los niveles.

Nivel del núcleo **(kernel)** El *kernel* es el nivel más interno del software del sistema operativo. Es el único nivel que interacciona directamente con el hardware. Proporciona una medida de la independencia de la máquina con el sistema operativo. Al menos en teoría un sistema operativo puede modificarse para interaccionar con diferentes conjuntos de hardware únicamente cambiando el kernel. Proporciona la mayoría de las funciones básicas de un sistema operativo, incluyendo la carga y ejecución de programas así como la distribución de los recursos hardware (tiempo de la CPU, acceso a los controladores de disco, etc) para programas individuales. La interacción entre hardware y software se localiza en este nivel y aísla a los usuarios del nivel de aplicación del conocimiento directo de las especificidades del hardware.

Nivel de servicio El *nivel de servicio* acepta peticiones de servicio desde el *nivel de orden* o de los programas de aplicación y las traduce en un conjunto de instrucciones detalladas para el kernel. Los resultados del procesamiento, si los hay, se devuelven al programa que solicitó el servicio. El nivel de servicio consta de un conjunto de programas que proporcionan los siguientes tipos de servicios:

- Acceso a dispositivos de E/S —por ejemplo, el movimiento de datos desde una aplicación a una impresora o terminal.
- Acceso a dispositivos de almacenamiento —por ejemplo, el movimiento de datos desde una unidad de cinta o un disco magnético a un programa de aplicación.
- Manipulación de archivos —por ejemplo, la apertura y cierre de archivos, la lectura de un archivo y la escritura en un archivo.
- Otros servicios tales como gestión de ventana, acceso a redes de comunicación, servicios básicos de bases de datos.

Nivel de orden El *nivel de orden*, también llamado el *shell* (*shell* = concha, caparazón) (debido a que es el nivel más externo) proporciona la interfaz de usuario y es la única parte del sistema operativo con la que los usuarios pueden interaccionar directamente. El nivel de orden responde a un conjunto de órdenes específicas soportadas por cada sistema operativo. El conjunto de las órdenes y sus requisitos de sintaxis se conoce como un *lenguaje de órdenes*. Existen otras alternativas al lenguaje de orden.

Entornos de sistemas operativos

Las funciones del sistema operativo pueden llevarse a cabo de muchas formas. En entornos monousuarios, como en la mayoría de los microcomputadores, todos los recursos disponibles se asignan a un solo programa. Ese programa es el único programa en el computador. En computadores más grandes (y en redes de microcomputadores), donde más de un usuario está compartiendo los recursos, el sistema operativo debe resolver conflictos que surgen de la petición del mismo recurso por diferentes programas. Exploremos algunos conceptos y terminología básica que describen los diferentes sistemas operativos y sus entornos.

Aunque algunos programas pueden estar en la memoria de un microcomputador, sólo un programa está activo en cada momento.

Monotarea Un sistema operativo *monotarea* se diseña para ejecutar sólo un proceso cada vez. Esta es la disposición usual con el entorno *monousuario* y está restringida generalmente a microcomputadores y ciertas aplicaciones especializadas.

Multitarea Un sistema operativo *multitarea* (*multiprogramación*) es capaz de ejecutar más de un programa cada vez para un usuario. Puede ejecutar algunos programas en un segundo plano (background) mientras se están realizando otras tareas en primer plano. Por ejemplo, se puede indicar al sistema operativo que ordene un gran archivo en segundo plano mientras está escribiendo en primer plano informes que utilizan un editor de texto. El sistema operativo informa al usuario cuándo se acaba una de las tareas que se están ejecutando en segundo plano. Multitarea es la capacidad que permite a un usuario (terminal) ejecutar más de un programa de forma concurrente.

Multiusuario En un entorno multiusuario, más de un usuario (terminal) puede usar el mismo computador. El sistema operativo multiusuario es un software complejo que proporciona servicios concurrentemente a todos los usuarios. Los programas de los usuarios están en la memoria principal y parece que se ejecutan simultáneamente; sin embargo, sólo hay una CPU, y el procesador sólo puede ejecutar un programa en un momento. El sistema operativo multiusuario aprovecha la diferencia de velocidad entre el computador y sus dispositivos periféricos (discos, impresoras, etc.). En comparación con la velocidad del procesador, los dispositivos de entrada/salida son muy lentos. Así, cuando un programa está esperando por su petición de E/S, el procesador tiene mucho tiempo libre y puede dirigir su atención a otro programa en la memoria. El proceso de conmutación de programas se oculta al usuario y le puede dar la ilusión que es el único que está utilizando el sistema.

La Figura1.7 muestra un ejemplo de un sistema *multiusuario*. Hay cuatro usuarios, una impresora y otros dispositivos de E/S. Los usuarios comparten el mismo computador central y sus recursos.

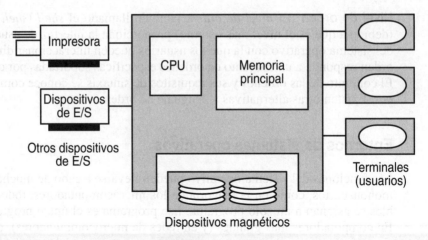

Figura 1.7. Un sistema informático multiusuario.

El sistema operativo multiusuario es capaz de proporcionar servicios a muchos usuarios (terminales) utilizando el mismo computador.

Otra forma de preparar un sistema multiusuario es conectar dos o más computadores juntos y crear una red. La Figura 1.8 muestra una red que consta de cuatro computadores. Tres de los computadores operan como máquinas monousuarios y el otro está funcionando como un servidor que proporciona espacio de disco a los otros.

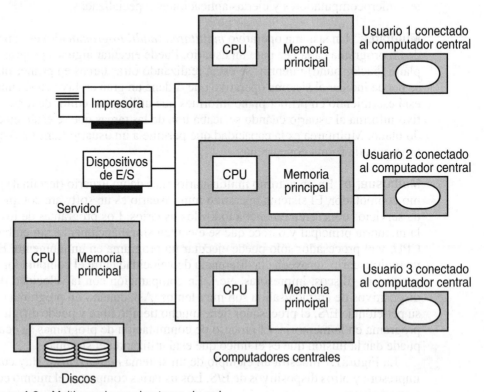

Figura 1.8. Multiusuario en el entorno de red.

Tiempo compartido   Un sistema operativo de *tiempo compartido* se diseña para entornos de procesamiento interactivo donde se requiere la participación activa del usuario. Se refiere a múltiples usuarios que comparten el tiempo de un único computador. Un sistema operativo de tiempo compartido asigna un intervalo de tiempo a cada tarea de usuario. Rápidamente conmuta entre tareas y cada vez ejecuta una pequeña parte de ellas.

Bach (lotes)   El sistema operativo por *lotes* se diseña para ejecutar programas que no requieren la intervención activa del usuario (*proceso por lotes*). Un *proceso por lotes* normalmente emplea dispositivos de E/S no interactivos, por ejemplo discos o escáner de documentos para la entrada de información y devuelve los resultados a esos mismos dispositivos. El procesamiento por lotes se usa especialmente sólo en entornos de procesamiento de grandes transacciones, por ejemplo, el procesamiento nocturno de cheques de un banco.

Limitación de la capacidad de memoria

¿Cómo puede ser de grande un programa? Recuerde que el programa entero y sus datos asociados deben estar en la memoria a lo largo de su ejecución. Por esta razón la capacidad de la memoria principal del computador se convierte en el factor que limita el tamaño de un programa de aplicación. Sin embargo, eso no es tan restrictivo como pudiera parecer a primera vista. El computador es una máquina secuencial; ejecuta una instrucción cada vez en cada ciclo de procesamiento, de forma que no es necesario que la aplicación completa esté continuamente en la memoria principal.

Memoria virtual   Cuando se dispone de *memoria virtual*, los programas se subdividen en porciones más pequeñas llamadas *páginas*. Bajo el control del sistema operativo sólo las páginas necesarias de un programa se transfieren a la memoria principal para permitir que el proceso continúe. Este enfoque le permite usar un programa relativamente grande con exigencias mínimas de espacio de memoria principal.

 Dentro de un sistema de memoria virtual, los dispositivos de almacenamiento secundario se pueden considerar como una extensión de la memoria principal.

1.5.2. Software de aplicación

El software de aplicación se diseña y escribe para resolver problemas o proporcionar procesos automatizados y permitir una mayor eficiencia en el trabajo personal, en el mundo industrial y en los entornos científicos. Hay programas de aplicación disponibles para la mayoría de las necesidades de procesamiento de datos. Puede comprar programas genéricos tales como un sistema de pago de nóminas, sistemas de inventario, procesadores de texto, hojas de cálculo electrónicas, etcétera. Todo lo que necesita hacer es seleccionar el programa de aplicación correcto para la tarea. Si no se encuentra a gusto con los programas de aplicación genéricos, puede escribir sus propios programas utilizando cualquiera de los lenguajes de programación que hay disponibles.

Ejercicios de Repaso

1. ¿Qué es la CPU? ¿Cuáles son sus componentes principales?
2. ¿Qué son los registros? ¿Cuáles son sus funciones?
3. ¿Qué es la memoria principal ?
4. Explique los pasos del ciclo de instrucción. Explique los pasos del ciclo de ejecución.
5. ¿Qué es el conjunto de instrucciones de un computador?
6. Explique las diferencias entre un sistema monotarea y otro multitarea.
7. Explique las diferencias entre un sistema monousuario y otro multiusuario.
8. ¿Qué es el software del sistema?
9. ¿Qué es un software de aplicación?
10. ¿Cuáles son los principales componentes (funciones) de un sistema operativo?
11. Explique los niveles de software del sistema operativo.
12. ¿Qué es el núcleo? ¿Qué función realiza?
13. ¿Qué es un nivel de servicio? ¿Qué función realiza?
14. ¿Cuáles son las diferencias entre el almacenamiento primario y el secundario?
15. Explique lo que se entiende por memoria virtual. ¿Por qué se utiliza?

Capítulo 2

Sistema operativo UNIX

Este capítulo describe brevemente la historia del sistema operativo UNIX. Se examina el desarrollo de UNIX a lo largo de los años, se discuten las principales versiones del UNIX y se explican algunas de las características más importantes del sistema.

En este capítulo

2.1. SISTEMA OPERATIVO UNIX: UNA BREVE HISTORIA

A principio de los años sesenta, muchos computadores trabajaban en *modo batch* (por lotes), ejecutando programas sencillos. Los programadores usaban tarjetas perforadas para introducir sus programas y esperaban la salida en la impresora. El sistema operativo UNIX nació en 1969 como respuesta a la frustración de los programadores y a la necesidad de nuevas herramientas informáticas.

El sistema operativo UNIX es el niño prodigio de Ken Thompson y Dennis Ritchie, dos investigadores de los laboratorios Bell. Al mismo tiempo, Ken Thompson trabajó en un programa de simulación del movimiento de los planetas en el sistema solar llamado Space Travel. El programa estaba bajo un sistema operativo llamado *Multics*, uno de los primeros sistemas operativos que proporcionaba un entorno multiusuario, y se ejecutaba en un computador General Electric de la serie 6000. Pero Multics era grande, lento, y requería recursos esenciales del computador. Thompson encontró un computador más pequeño adonde transfirió el programa Space Travel para ejecutarlo en él. El computador más pequeño fue una máquina poco utilizada la PDP-7, construida por Digital Equipment Corporation (DEC). En ese computador, Thompson creó un nuevo sistema operativo que llamó UNIX, y a ese sistema operativo adaptó algunos de los conceptos avanzados de Multics. Existían ya otros sistemas operativos distintos de Multics que tenían más o menos las mismas capacidades y UNIX se aprovechó del trabajo que se había realizado en aquellos sistemas operativos, al combinar algunos de los aspectos más deseables de cada uno de ellos.

UNIX se transfirió en 1970 al PDP-11/20 y posteriormente al PDP-11/40, PDP-11/45 y finalmente al PDP-11/70. Cada una de estas máquinas tenían características que gradualmente se añadían a la complejidad del hardware que UNIX podía soportar. Dennis Ritchie y otros en los Laboratorios Bell continuaron el proceso de desarrollo de UNIX incorporando utilidades (tales como un procesador de texto).

Como la mayoría de los sistemas operativos, UNIX fue originalmente escrito en lenguaje ensamblador. El *lenguaje ensamblador* es un conjunto de instrucciones primitivas que dependen de la arquitectura del computador. Los programas escritos en este lenguaje dependen de la máquina y trabajan sólo en un computador (o una familia de computadores). Por tanto, transferir UNIX de un computador a otro requería una reescritura importante de los programas.

Thompson y Ritchie eran usuarios experimentados de Multics, que fue escrito en un lenguaje de alto nivel llamado PL/1 y eran conocedores de las ventajas de utilizar un lenguaje de alto nivel para escribir sistemas operativos. (Un lenguaje de alto nivel es mucho más fácil de utilizar que el lenguaje ensamblador). Decidieron reescribir el sistema operativo UNIX en un lenguaje de alto nivel. El lenguaje que eligieron fue C. El lenguaje de programación C es un lenguaje de propósito general con las características de las órdenes y estructuras de los lenguajes de alto nivel actuales. En 1973, Ken y Dennis reescribieron satisfactoriamente UNIX en C.

Ver página XXII para una explicación de los iconos utilizados para resaltar información en este capítulo.

Aproximadamente un 95% del sistema operativo UNIX está escrito en C. Una parte muy pequeña de UNIX está todavía escrita en lenguaje ensamblador; esa parte está mayoritariamente concentrada en el núcleo, la parte que interacciona directamente con el hardware.

Las universidades y colegios han jugado un papel importante en la popularidad del sistema operativo UNIX. En 1975 los Laboratorios Bell ofrecieron, a un coste mínimo, el sistema operativo UNIX a las instituciones educativas. Cursos de UNIX se incorporaron en el curriculum de Ciencias de la Computación y de esta forma los estudiantes se familiarizaron con UNIX y su sofisticado entorno de programación. Cuando esos estudiantes se graduaron y comenzaron a trabajar, llevaron este sistema operativo al mundo comercial y UNIX se introdujo en la industria.

Hay dos versiones principales del sistema operativo UNIX:

- UNIX versión V de AT&T
- UNIX de Berkeley

Otras variedades de UNIX se basan en una u otra de estas dos versiones.

2.1.1. Sistema V de UNIX

En 1983, AT&T lanzó el estándar de UNIX System V, que se basaba en el UNIX que AT&T utilizaba internamente. El esfuerzo en el desarrollo de UNIX continuó y se añadieron otras características o se mejoraron las ya existentes. A lo largo de los años, UNIX creció en tamaño, así como en su número de herramientas y utilidades. Las mejoras y las nuevas características se incorporaron en el sistema operativo UNIX en versiones posteriores. AT&T introdujo UNIX System V versión 3.0 en 1986 y UNIX System V versión 4.0 en 1988.

UNIX System V versión 4.0 fue un esfuerzo para fusionar las características más populares del UNIX de Berkeley y de otros sistemas UNIX. Esta unificación ayudó a simplificar el producto de UNIX y redujo la necesidad de crear nuevas variantes UNIX a los fabricantes.

Este libro describe las órdenes aplicables al UNIX System V versión 4.0.

2.1.2. UNIX de Berkeley

El grupo de investigación de sistemas informáticos de la Universidad de California en Berkeley añadió nuevas características e hizo cambios significativos al sistema operativo UNIX. Esta versión de UNIX se denominó Distribución Estándar de Berkeley (BSD Berkeley Standard Distribution) del sistema de UNIX, y fue distribuida a otros colegios y universidades.

2.1.3. Estándar de UNIX

El sistema operativo UNIX está disponible en todo tipo de computadores (micro-computadores, minicomputadores, grandes computadores y supercomputadores) y es un sistema operativo importante en la industria del computador. Cuando la mayoría de los sistemas basados en UNIX se introdujeron en el mercado, y estuvieron disponibles la mayor parte de los programas de aplicación, comenzó un esfuerzo hacia la estandarización de UNIX. UNIX System V versión 4.0 de AT&T fue un esfuerzo para estandarizar el sistema UNIX y volver a facilitar la escritura de las aplicaciones que operaban en todas las versiones. El estándar de UNIX escrito por AT&T se llamó *"System V Interface Definition"* (SVID). Otras compañías que comercializan sistemas operativos UNIX o productos relacionados con UNIX se han unido y desarrollado un estándar denominado *" Portable Operating System Interface for Computer Environments"* (POSIX). POSIX está basado principalmente en el "System V Interface Definition".

2.1.4. Visión general del sistema operativo UNIX

Un sistema informático típico está formado por el hardware, el software del sistema y el software de aplicación. El *sistema operativo* es un software del sistema que controla y coordina las actividades del computador. Al igual que otros sistemas operativos, el sistema operativo UNIX es una colección de programas que incluye editores de texto, compiladores y otros programas de utilidad del sistema.

La Figura 2.1 muestra la arquitectura del sistema operativo UNIX. El sistema operativo UNIX se implementa como un modelo software con una estructura de niveles.

Kernel (núcleo)   El *kernel* de UNIX, también llamado *sistema operativo base*, es el nivel que gestiona todas las funciones que dependen del hardware. Esas funciones se extienden sobre un número de módulos dentro del *kernel* de UNIX. El nivel del *kernel* consta de módulos muy cercanos al hardware que en su mayor parte están protegidos de los programas de aplicación; los usuarios no tienen acceso directo a él.

1. *Los programas de utilidad y las órdenes de UNIX no forman parte del kernel.*
2. *Los programas de aplicación de un usuario están protegidos de las escrituras por equivocación de otros usuarios.*

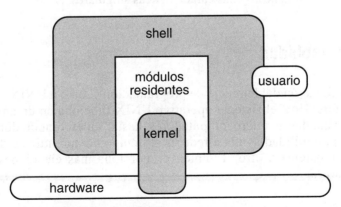

Figura 2.1.   Componentes del sistema UNIX.

Nivel de módulos residentes   El nivel *de módulos residentes* proporciona rutinas de servicios que realizan los servicios pedidos por los usuarios. Estos servicios incluyen control de entrada/salida, servicios de accesos a archivo/disco (llamado *sistema de archivo*) y servicios de creación y terminación de procesos. Los programas de aplicación utilizan una llamada al sistema para acceder a este nivel.

Nivel de utilidad   El *nivel de utilidad* es la interfaz de usuario de UNIX comúnmente denominada *shell*. El shell y cada una de las órdenes y utilidades de UNIX son programas independientes. Son parte del software de distribución de UNIX pero no se consideran parte del kernel. Hay más de 100 órdenes y utilidades en UNIX que proporcionan varios tipos de servicios y programas de aplicación a los usuarios.

Computador virtual   El sistema operativo UNIX gestiona un entorno de ejecución a cada usuario en el sistema. Este entorno, o *computador virtual*, consta de un terminal para la interfaz de usuario y acceso compartido a otros recursos del computador tales como memoria, dispositivos de disco y el más importante la CPU. UNIX, un sistema operativo multiusuario, está implementado como una colección de computadores virtuales. Para los usuarios, parece que cada uno de ellos tiene su propio pseudo-computador. Los computadores virtuales son más lentos que el computador base debido a que comparten la CPU y otros recursos hardware con otros computadores virtuales.

Procesos   El sistema operativo UNIX gestiona recursos y programas a los usuarios por medio de procesos. Cada proceso tiene un número de identificación de proceso, y un conjunto de recursos se asocia con ese número. Cada uno se ejecuta en el entorno de un computador virtual. Lo que realmente quiere decir es que un proceso se ejecuta en un computador virtual de la misma forma que si tuviese dedicado una única CPU.

2.2. CARACTERÍSTICAS DE UNIX

Esta sección explica brevemente algunas características del sistema operativo UNIX. UNIX tiene algunas características que son comunes a la mayoría de los sistemas operativos; aunque también tiene algunas características singulares.

2.2.1. Transportabilidad

La utilización del lenguaje de programación C hizo a UNIX un sistema operativo transportable. Hoy, el sistema operativo UNIX funciona en un amplio abanico de máquinas que van desde microcomputadores hasta supercomputadores. La característica de transportabilidad ayuda a reducir el tiempo de aprendizaje del usuario cuando cambia de un sistema a otro. También proporciona más elecciones entre los vendedores de hardware.

2.2.2. Capacidad multiusuario

Bajo UNIX, un número de usuarios puede compartir los recursos del computador de una manera simultánea. Dependiendo de la máquina que se utilice, UNIX puede ser capaz de soportar más de cien usuarios y cada uno ejecutar diferentes programas a la vez. UNIX proporciona medidas de seguridad que permite a los usuarios acceder sólo a los datos y programas para los que tiene permiso.

2.2.3. Capacidad multitarea

UNIX permite al usuario iniciar una tarea y proceder a realizar otras mientras la original está siendo ejecutada. UNIX también permite a los usuarios conmutar una y otra vez entre tareas.

2.2.4. Sistema de archivo jerárquico

UNIX proporciona a los usuarios la capacidad de agrupar datos y programas de forma que proporcionen una gestión fácil. Los usuarios pueden encontrar los datos y localizar los programas sin dificultad.

2.2.5. Operaciones de entrada y salida independientes de dispositivos

Las operaciones de entrada y salida son independientes del dispositivo porque UNIX trata a todos los dispositivos (impresoras, terminales y discos) como archivos. Con UNIX se pueden redirigir las salidas de las órdenes a cualquier dispositivo o archivo. Este proceso de redirección es también posible con los datos de entrada. Se puede redirigir la entrada del terminal para que ésta provenga del disco.

2.2.6. Interfaz de usuario: Shell

La interfaz de usuario UNIX se diseñó en un principio para usuarios con conocimientos de programación. Los programadores experimentados encuentran UNIX fácil, conciso y elegante. Por otro lado, los principiantes lo encuentran duro, no muy amigable y a veces difícil de aprender; no proporciona realimentación (mensajes de aviso o informativos de un programa a un usuario, no se trata de información de salida de un programa) o avisos. Por ejemplo, la orden **rm *** borra todos los archivos silenciosamente sin ningún tipo de aviso.

La interacción del usuario con UNIX se controla por un programa llamado *shell*, que es un poderoso intérprete de órdenes. El shell es la cara de UNIX y la parte con la que la mayoría de usuarios interaccionan. Sin embargo, el shell es sólo una parte del sistema operativo y una forma de interaccionar con UNIX. El shell realmente no es una parte del sistema operativo, así que puede ser modificado. Un usuario podría elegir un shell técnico (*interfaz de usuario que opera por órdenes*), o preferir la selección de órdenes desde un menú (*interfaz de usuario que funciona con menús*) o señalando dibujos (iconos), que se denomina *interfaz gráfica de usuario* (IGU). Puede incluso escribir su propio interfaz de usuario.

El shell de UNIX, un complejo y sofisticado interfaz de usuario, proporciona una gran cantidad de características innovadoras y excitantes. Puede crear nuevas funciones combinando las órdenes existentes. Por ejemplo, la orden **date | lp** combina las dos órdenes **date** y **lp** para imprimir la fecha actual en la impresora.

Shell Script (guiones) Muchas aplicaciones de procesamiento de datos se ejecutan frecuentemente (diaria, semanalmente u otros intervalos de tiempo). En otras situaciones, un conjunto de órdenes deben introducirse muchas veces. Escribir el mismo conjunto de órdenes una y otra vez es molesto y propenso a cometer errores. Una manera de eliminar esta dificultad es escribir un guión. Un guión es un archivo que está formado por una serie de órdenes.

El shell de UNIX es un lenguaje de programación muy sofisticado. Los Capítulos 11 y 12 explican las capacidades y métodos de programación de un guión en el shell de UNIX.

2.2.7. Utilidades

El sistema UNIX incluye más de cien programas de utilidad, también llamados *órdenes*. Las utilidades son parte del sistema UNIX estándar y están diseñadas para realizar una gran cantidad de funciones solicitadas por los usuarios. Estas utilidades incluyen lo siguiente:

- Utilidades de edición de texto y de formateado de texto (Véanse los Capítulos 4 y 6).
- Utilidades de manejo de archivo (Véanse los Capítulos 5 y 7).
- Utilidades de correo electrónico (e-mail) (Véase el Capítulo 9).
- Herramientas del programador (Véase el Capítulo 10).

2.2.8. Servicios del sistema

El sistema UNIX proporciona una serie de servicios que facilitan la administración y el mantenimiento del sistema. Una descripción de estos servicios se sale fuera del alcance de este texto. Sin embargo, a continuación se mencionan algunos de estos servicios:

- Servicio de administración del sistema.
- Servicio de reconfiguración del sistema.
- Servicio de mantenimiento del sistema de archivos.
- Servicio de transferencia de archivo (llamado UUCP que es el acrónimo de "UNIX to UNIX file copy").

Ejercicios de repaso

1. ¿Cuáles son las dos grandes versiones del sistema UNIX ?
2. ¿Qué es el kernel o núcleo?
3. ¿Qué es el shell?
4. Explique brevemente el concepto de computador virtual.
5. ¿Qué es un proceso?
6. ¿Por qué fue reescrito UNIX? ¿Qué lenguaje de computador se utilizó?
7. ¿Es UNIX un sistema operativo multiusuario y multitarea?
8. ¿Es UNIX transportable?
9. ¿Qué es un guión o shell script?

Capítulo 3

¿Cómo empezar?

Este capítulo explica como empezar y como finalizar (conectarse y desconectarse) una sesión de UNIX. A continuación, se presenta la función de las contraseñas y como cambiar su contraseña. Después de mostrar el formato de la línea de orden, el capítulo introduce algunas órdenes sencillas de UNIX y explica sus aplicaciones. También describe como corregir errores de escritura. Finalmente, analiza con más detalle el proceso de conexión con UNIX, y presenta algunas operaciones internas de UNIX.

En este capítulo

3.1. ESTABLECIENDO CONTACTO CON UNIX

El proceso de establecer contacto con el sistema operativo UNIX consta de una serie de indicadores y entradas de usuarios que comienzan y finalizan una sesión. Una *sesión* es el periodo de tiempo que se está utilizando el computador.

3.1.1. Conexión al sistema

UNIX es un sistema operativo multiusuario, y probablemente no sea la única persona que utiliza el sistema. El proceso de identificarse uno mismo y permitir que UNIX sepa quien quiere usar el sistema se denomina *proceso de conexión al sistema*. Lo primero que debe hacer para utilizar el sistema UNIX es conectarse.

Para conseguir la atención del sistema operativo UNIX, se necesitan unos medios de comunicarse con él. En la mayoría de los casos, un teclado (entrada) y una pantalla (salida) proporcionan los medios de comunicación. Para comenzar, encienda la pantalla de visualización de su computador, y empiece el proceso de conexión al sistema presionando [Retorno]. Cuando UNIX está preparado para la conexión, visualiza algunos mensajes (estos varían de un sistema a otro) y aparece el indicador de **login:** (Véase la Figura 3.1).

```
UNIX System V release 4.0
login:
```

Figura 3.1. El indicador de login.

Nombre de login   La mayoría de los sistemas UNIX requieren que prepare una cuenta antes de que utilice el computador. Cuando su cuenta está creada, su *nombre de login* (también llamado *Id de usuario o nombre de usuario*) y su contraseña también se establecen. El Id de un usuario lo da normalmente el administrador del sistema (o su profesor si se encuentra trabajando en el computador de un colegio o una universidad). Su Id de usuario es único y le identifica frente al sistema.

Para contestar al indicador de **login:** escriba su Id de usuario y presione [Retorno]. Después de escribir su Id de usuario (para este ejemplo se usará **david**), el sistema UNIX visualiza el indicador de **password:** para teclear la contraseña (Véase la Figura 3.2).

```
UNIX System V release 4.0
login: david
password:
```

Figura 3.2. El indicador de la contraseña.

Ver página XXII para una explicación de los iconos utilizados para resaltar información en este capítulo.

```
UNIX System V release 4.0
login: david
password:

Bienvenido al sistema UNIX super duper
Sat Nov 29 15:40:30 EDT 2001
* Este sistema se apagará de 11:00 a 13:00
* Este mensaje es de su amigo el administrador del sistema!
```

Figura 3.3. El proceso de conexión

Si no le ha sido asignada una contraseña a su cuenta, UNIX no visualiza el indicador de **password:** y el proceso de conexión finaliza.

Contraseña   Al igual que con el Id de usuario, el administrador del sistema suministra una contraseña. Una contraseña es una secuencia de letras y dígitos utilizadas por UNIX para verificar que el usuario está autorizado para utilizar ese Id de usuario.

Escriba su contraseña, y presione [Retorno]. Con el objeto de proteger su contraseña del resto de los usuarios, UNIX no devuelve un eco de las letras que escribe; no las verá en la pantalla. UNIX verifica su Id de usuario y su contraseña; si son correctas, hay una pausa mientras el sistema inicia su sesión.

Después de comprobar el Id de usuario y la contraseña, UNIX visualiza algunos mensajes. A menudo se visualiza la fecha, seguido con un "mensaje del día" (que contiene mensajes del administrador del sistema). El sistema UNIX indica que está preparado para recibir sus órdenes visualizando el indicador del sistema. El *indicador estándar* normalmente es un signo dólar ($) o un signo de tanto por ciento (%). A partir de ahora se supondrá que el indicador es un signo dólar ($), y será visualizado como primer carácter de línea (Véase la Figura 3.3).

3.1.2. Cambio de su contraseña: la orden *passwd*

La orden **passwd** cambia su contraseña actual, y si no tiene contraseña, se la crea.

Escriba **passwd** y presione [Retorno]. UNIX visualiza el indicador de **Old password:** en el caso de tener asignada contraseña (Véase la Figura 3.4).

```
$ passwd
Changing password for david
Old password
```

Figura 3.4. Indicador de **Old password:**, para cambiar la contraseña.

```
$ passwd
Changing password for david
Old password:
New password:
```

Figura 3.4. Indicador de **New password:**, para establecer la contraseña.

 Por razones de seguridad, UNIX nunca visualiza su contraseña en pantalla.

UNIX verifica su contraseña, para asegurarse que un usuario no autorizado no cambia su contraseña. (UNIX no visualiza el indicador de **Old password:** si no le ha introducido todavía la contraseña). Introduzca su contraseña actual y presione [Retorno]. A continuación UNIX visualiza el indicador de **New password:** (véase Figura 3.5).

Después de introducir su nueva contraseña, UNIX muestra el indicador de **Re-enter new password:** . Reescriba la nueva contraseña. UNIX verifica que no se ha cometido un error la primera vez que introdujo la nueva contraseña (véase la Figura 3.6).

Si escribió la misma nueva contraseña ambas veces, UNIX habrá cambiado su contraseña.

```
$ passwd
Changing password for david
Old password:
New password:
Re-enter new password:
```

Figura 3.5. Indicador de **Re-enter new password:**, para comprobar la contraseña tecleada.

 Asegúrese de recordar su nueva contraseña; la necesitará la próxima vez que quiera conectarse al sistema.

Formato de la contraseña La orden **passwd** no acepta sólo una secuencia de caracteres alfanuméricos como contraseña. Su contraseña debe cumplir los siguientes criterios:

- La nueva contraseña debe diferir de la antigua en al menos tres caracteres.
- La contraseña debe tener al menos seis caracteres y debe contener por lo menos dos caracteres y un número.
- La contraseña debe ser diferente de la identificación del usuario.

Si UNIX detecta algún error con su contraseña visualiza un mensaje de error y muestra otra vez el indicador de **New password:** (véase la Figura 3.7).

Password is too short - must be at least 6 digits.
New password:

Password must differ by at least 3 positions
New password:

Figura 3.7. Mensaje de error de la contraseña.

3.1.3. Desconexión del sistema

El proceso de salir del sistema cuando ha finalizado se denomina *desconexión del sistema.* Cuando quiera desconectarse del sistema, el signo del indicador debe visualizarse en la pantalla; no se puede desconectar el sistema en mitad de un proceso. Para desconectarse, presione [Ctrl-d]. (Esto significa presionar la letra d mientras se tiene pulsada la tecla de control (Ctrl). Cuando esta secuencia de teclas se presiona, no se visualiza nada en la pantalla; sin embargo, el sistema reconoce la orden. El sistema UNIX primero contesta visualizando los mensajes de desconexión que su administrador del sistema ha preparado. Después la pantalla muestra el mensaje estándar de bienvenida al sistema y el indicador de **login:**. Esto le permite saber que se ha desconectado y que el terminal está preparado para el siguiente usuario.

La sesión de terminal, que se muestra en la Figura 3.8, representa los procesos de conexión y desconexión del sistema.

Apagar el terminal sin la desconexión del sistema no finaliza su sesión con UNIX.

UNIX System V release 4.0
login: **david**
password:
Bienvenido al sistema UNIX super duper
Sat Nov 29 15:40:30 EDT 2001
* Este sistema se apagará de 11:00 a 13:00
* Este mensaje es de su amigo el administrador del sistema!

$ [Ctrl-d]

UNIX system V release 4.0
login:

Figura 3.8. Los procesos de conexión y de desconexión.

3.2. UTILIZACIÓN DE ALGUNAS ÓRDENES SENCILLAS

Cuando esté usando un sistema UNIX, tendrá a su disposición cientos de órdenes y utilidades UNIX. Algunas órdenes básicas las usará frecuentemente, otras ocasionalmente, y algunas no las usará nunca. La parte difícil de los sistemas que tienen un conjunto rico de órdenes es aprender a dominar los detalles de cada una. Afortunadamente, la mayoría de las órdenes UNIX tienen la misma estructura básica, y en la mayoría de los sistemas UNIX hay una ayuda incorporada disponible para asistirle.

3.2.1. La línea de orden

Todos los sistemas operativos tienen órdenes que facilitan el uso del sistema. Al escribir las órdenes, se comunica al sistema UNIX lo que tiene que hacer. Por ejemplo, la orden **date** comunica al sistema que visualice la fecha y la hora; para ver esto, escriba **date** y presione [Retorno]. Esta línea de instrucción se conoce como *línea de orden*. UNIX interpreta la presión de la tecla [Retorno] como el final de la línea de orden y contesta mostrando en la pantalla la fecha y el día:

```
Sat Nov 29 14:00:42 EDT 2001
$_
```

Cada vez que le comunica una orden a UNIX, este la ejecuta y visualiza un nuevo indicador, avisando que está preparado para la siguiente orden.

3.2.2. Estructura básica de la línea de orden

Cada línea de orden está formada por tres campos:

- Nombre de la orden
- Opciones
- Argumentos

La Figura 3.9 muestra la forma general de una orden UNIX.

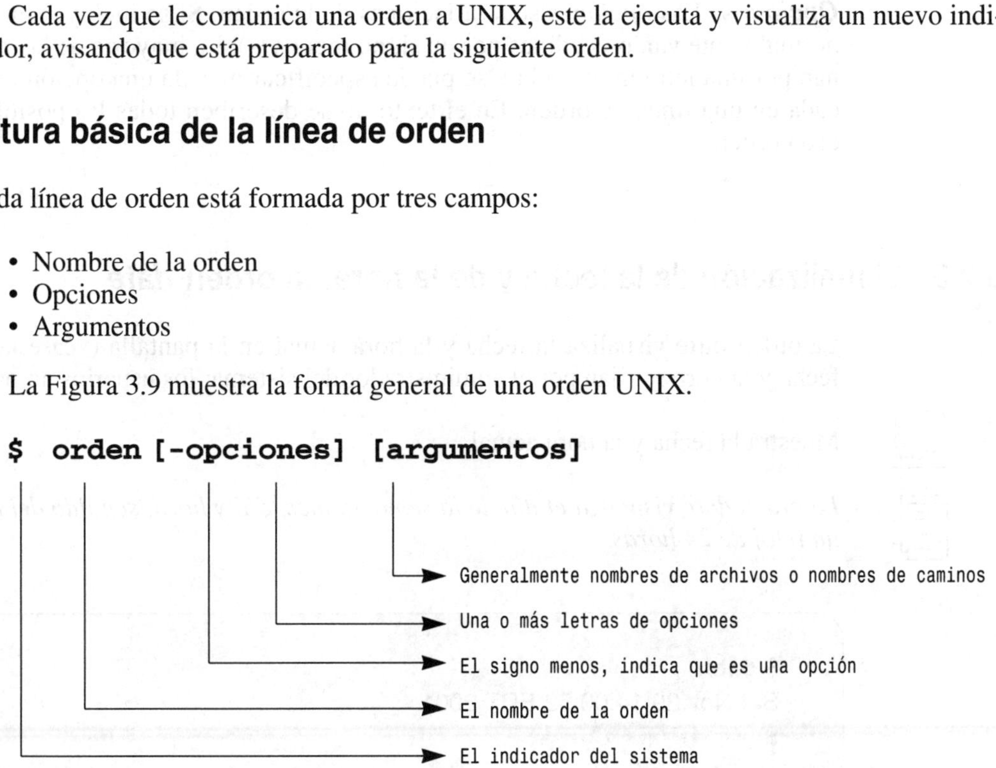

```
$ orden [-opciones] [argumentos]
```

Generalmente nombres de archivos o nombres de caminos
Una o más letras de opciones
El signo menos, indica que es una opción
El nombre de la orden
El indicador del sistema

Figura 3.9. El formato de la línea de orden.

1. *Los campos están separados por uno o más espacios.*
2. *Los campos encerrados entre corchetes [...] son opcionales para la mayoría de las órdenes.*

Debe avisar que ha completado la entrada de una orden presionando [Retorno] al final de cada orden.

Nombre de orden Cualquier orden o programa de utilidad válido en UNIX funciona como un *nombre de orden*. Bajo UNIX, las órdenes y utilidades son diferentes; sin embargo, en este texto, la palabra *orden* incluye ambas.

UNIX es un sistema sensible a mayúsculas y sólo acepta nombres de órdenes en minúsculas.

Argumentos Los *argumentos* son órdenes que realizan algún tipo de operación, como imprimir un archivo o visualizar información. Las órdenes a menudo necesitan operar algo, lo que significa que se debe proporcionar información adicional. La información adicional que necesita la orden para operar se denomina un *argumento*. Por ejemplo, si la orden es **print**, tendrá que comunicar a UNIX que quiere imprimir (el nombre de un archivo) y dónde buscar el archivo que desea imprimir (en alguna parte del disco). El nombre del archivo más el lugar donde está localizado en el disco es un ejemplo de *campo de argumento*.

Opciones Las *opciones* son variaciones de la orden. Si se incluyen en la línea de orden normalmente van precedidas por un signo menos (-). La mayoría de las opciones se designan por una letra minúscula y se puede especificar más de una opción puede ser especificada en una línea de orden. En el texto no se describen todas las posibles opciones para cada orden.

3.2.3. Visualización de la fecha y de la hora: la orden *date*

La orden **date** visualiza la fecha y la hora actual en la pantalla (véase la Figura 3.10). La fecha y la hora se fijan por el administrador del sistema; los usuarios no pueden cambiarlas.

Muestra la fecha y la hora actual.

*La orden **date** visualiza el día de la semana, mes, día y hora, seguido del año. UNIX utiliza un reloj de 24 horas.*

```
$ date
Sat Nov 29 14:00:52 EDT 2001
$ _
```

Figura 3.10. La orden **date**.

3.2.4. Visualización de los nombres de usuario: la orden *who*

La orden **who** relaciona los nombres de conexión, líneas del terminal y tiempos de conexión de los usuarios que están actualmente conectados al sistema. Se puede usar la orden *who* para comprobar el nivel de actividad en el sistema o averiguar si alguna persona en particular está conectado al sistema (véase la Figura 3.11).

```
$ who
  david   tty04  Nov 28:08:27
  daniel  tty10  Nov 28 08:30
```

Figura 3.11. La orden **who**.

¿Quién está conectado al sistema?

1. *La primera columna muestra el nombre de conexión del usuario.*
2. *La segunda columna identifica el terminal que está siendo usado.*
3. *El número tty da alguna indicación acerca de la localización del terminal.*
4. *La tercera y cuarta columna muestra la fecha y la hora en la que cada usuario se conectó.*

Si escribe **who am I** o **who am i**, UNIX visualiza quién considera el sistema que es (véase la Figura 3.12).

Who am I?

```
$ who am i
  david   tty04  Nov 28:08:27
$ _
```

Figura 3.12. La orden **who** con el argumento **am i**.

Las opciones de *who*

La Tabla 3.1 enumera algunas de las opciones de la orden **who**. Están disponibles otras opciones, pero vamos a practicar con esas sin entrar en detalle.

1. Debe haber un espacio entre la orden y la opción.
2. Las opciones están precedidas por el signo menos.
3. No hay espacio entre el signo menos y la letra de opción.

4. Las letras de opción deben ser escritas como se indican, mayúsculas o minúsculas.

Tabla 3.1. Opciones de la orden **who**

Opción	Operación
-q	El **who** rápido; simplemente visualiza los nombres y números de usuarios
-H	Visualiza una cabecera encima de cada columna
-b	Da la fecha y la hora del último rearranque
-s	Visualiza simplemente las columnas de nombre, línea de acceso al terminal y fecha

Ejemplos de opciones utilizadas

Los ejemplos siguientes muestran como el uso de opciones en la línea de orden pueden cambiar el formato de salida y el nivel de detalles visualizados.

La opción **-H** visualiza las cabeceras de las columnas.

```
$ who -H
NAME        LINE       TIME
david       tty04      Nov 28 08:27
daniel      tty10      Nov 28 08:30
$ _
```

Figura 3.13. La orden **who** con la opción **-H**.

La opción **-q** presenta una lista rápida y el número de usuarios.

```
$ who -q
david daniel
# users=2
$ _
```

Figura 3.14. La orden **who** con la opción **-q**.

La opción **-b** muestra la hora y la fecha de la última inicialización.

```
$ who -b
system boot Nov 27 08:37
$ _
```

Figura 3.15.   La orden **who** con la opción **-b**.

3.2.5. Visualización del calendario: La orden *cal*

La orden **cal** visualiza el calendario del año especificado. Si se especifican el año y el mes, sólo se visualiza ese mes. El mes y el año son ejemplos de argumentos de la línea de orden. El argumento por defecto para la orden **cal** es el mes actual (véase Figura 3.16).

 Visualizar el calendario de mes de Noviembre del año 2001.

```
$ cal 11 2001
November 2001
  S   M  Tu   W  Th   F   S
                  1   2   3
  4   5   6   7   8   9  10
 11  12  13  14  15  16  17
 18  19  20  21  22  23  24
 25  26  27  28  29  30
$ _
```

Figura 3.16.   La salida de la orden **cal**.

1. *Escribir el año especificado con todas sus cifras. Por ejemplo, escriba* **cal 1998** *(y no* **cal 98***).*

2. *Utilizar el número del mes (del 01 al 12) y no el nombre del mes.*

3. *La orden* **cal** *sin argumentos visualiza un calendario del mes actual.*

4. *La orden* **cal** *con el argumento del año pero sin el argumento del mes visualiza un calendario del año especificado.*

3.3. ¿CÓMO OBTENER AYUDA?

UNIX no abandona a los usuarios principiantes ni a los experimentados olvidadizos. Las órdenes **learn** y **help** son dos programas que proporcionan ayuda para utilizar el sistema operativo UNIX. Esos programas están designados para ser amigables, y se pretende que puedan ser utilizados incluso por principiantes, sin necesitar asistencia alguna. Sin embargo estas órdenes varían de un sistema a otro, y pueden o no estar instaladas en su sistema.

3.3.1. Utilización de la orden *learn*

La orden **learn** arranca un programa de instrucción asistido por computador que está organizado en una serie de cursos y lecciones. Visualiza el menú de los cursos y guía al usuario para seleccionar cursos, presenta la descripción de los cursos, etcétera.

Para usar la orden **learn**, escriba **learn** en la línea de orden y presione [Retorno]. Si el programa **learn** está instalado en su sistema, se visualizará el menú principal de **learn** (véase Figura 3.17); si no, verá un mensaje de error similar al siguiente:

learn: not found.

```
$ learn
These are the available courses
    files
    editor
    vi
    more files
    macros
    eqn
    c
If you want more information about the courses, or if you hare never used
'learn' before, press RETURN; otherwise type the name of th course you want,
followed by RETURN
```

Figura 3.17. Menú principal de la utilidad *learn*.

3.3.2. Utilización de la orden *help*

El programa **help** es más conocido que el programa **learn** y está instalado en la mayoría de los sistemas UNIX. La orden **help** le presenta una jerarquía de menús y una serie de selecciones y preguntas de menú que le conducen a la descripción de las órdenes más utilizadas en UNIX. Para usar la orden **help**, escriba **help** en la línea de orden y presione [Retorno]. UNIX visualiza el menú principal de **help** (véase la Figura 3.18). Si **help** no está instalado en su sistema, verá el siguiente mensaje de error:

help: not found

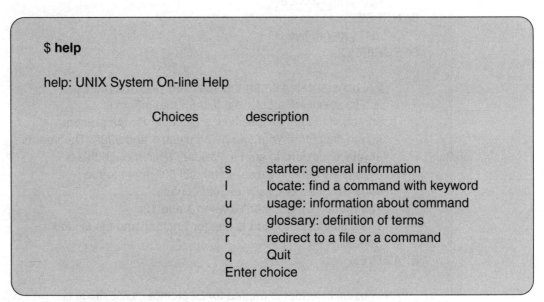

```
$ help

help: UNIX System On-line Help

            Choices          description



            s       starter: general information
            l       locate: find a command with keyword
            u       usage: information about command
            g       glossary: definition of terms
            r       redirect to a file or a command
            q       Quit
            Enter choice
```

Figura 3.18. Menú principal de la utilidad *help.*

3.3.3. ¿Cómo obtener más información?: El manual de UNIX

Puede encontrar una descripción detallada del sistema UNIX en un documento llamado *manual de usuario*. Su instalación puede tener una copia impresa de este manual. La versión electrónica del manual está almacenada en el disco y se denomina manual en línea. Si el manual en línea está instalado en su sistema puede visualizar fácilmente las páginas de la documentación del sistema en su terminal. Sin embargo el manual de usuario de UNIX está escrito de una manera concisa y es difícil de leer. Es más parecido a una guía de referencia que a un verdadero manual de usuario y será más útil para usuarios experimentados que conozcan el uso básico de la orden pero hayan olvidado como usarla exactamente.

3.3.4. Utilización del manual electrónico: La orden *man*

La orden **man** (manual) muestra las páginas del documento del sistema en línea. Para conseguir información acerca de una orden, escriba **man** seguido del nombre de la orden. Cuando comience a aprender nuevas órdenes, puede utilizar **man** para obtener los detalles de estas. Por ejemplo, para buscar más información acerca de la orden **cal**, escriba **man cal** y

```
CAI(1)          User Environment Utilities     CAL(1)


NAME
      cal - print calendar
SYNOPSIS
      cal [ [ month ] year ]
DESCRIPTION

      Cal prints a calendar for the specified year, If a month
      is also specified, a calendar just for that month is
      printed. If neither is specified, a calendar for the present
      month is printed. Year can be between 1 and 9999. The year is
      always considere to start in January even though this is
      historically naive.   Beware that "cal 83" refers to the
      early Christian era, not the 20th century.
      The month is a number between 1 and 12.
      The calendar produced is that for England and the United
      States.
EXAMPLES

      An unusual calendar is printed for September 1752. That is
      the month 11 days were skipped to make up for lack of leap
      year adjustments. To see this calendar, type: cal 9 1752
```

Figura 3.19. Visualización de **cal** con la utilidad *man*.

presione [Retorno]. UNIX contesta mostrando una página similar a la de la Figura 3.19. Tenga paciencia; a veces el sistema tarda en buscar la orden deseada.

El manual de usuario de UNIX está organizado en secciones, y el número entre paréntesis después del nombre de la orden se refiere al número de la sección en el manual que contiene la descripción. Por ejemplo "CAL(1)" se refiere a la sección 1, de la sección de órdenes del usuario. Las otras secciones incluyen órdenes de administración del sistema, juegos, etc.

3.4. *CORRECCIÓN DE ERRORES DE MECANOGRAFIADO*

Incluso los mecanógrafos más experimentados cometen errores o se despistan cuando escriben órdenes. El programa shell interpreta la línea de orden después de que presione [Retorno]. Mientras no finalice su línea de orden (presionando [Retorno]), tendrá la oportunidad de corregir sus errores de escritura o suprimir toda la línea de orden. Inténtelo en su sistema; si no funciona pida ayuda al administrador del sistema.

Si escribe mal el nombre de una orden y finaliza la línea de orden presionando [Retorno], UNIX visualiza un mensaje de error genérico (véase la Figura 3.20).

Contesta con el mismo mensaje de error si escribe una orden que no está instalada en su sistema.

La orden date está mal escrita.

```
$ daye
daye: not found
$ _
```

Figura 3.20.   Mensaje de error de UNIX.

Borrar caracteres   Utilice la tecla de retroceso (Back Space) para borrar caracteres. Cuando presione la tecla de retroceso, el cursor se mueve hacia la izquierda y el carácter sobre el que se mueve se borra. Una manera alternativa de retroceso es [Ctrl-h]; presione una vez para cada carácter que quiera borrar. Por ejemplo si escribe **calendar** y luego presiona la tecla de retroceso cinco veces, el cursor se mueve sobre los cinco últimos caracteres y queda en la pantalla **cal**. Después puede presionar [Retorno] para ejecutar la orden **cal**. El carácter que borra en la línea de orden un carácter cada vez, se denomina *carácter de borrado*.

Borrar una línea completa   Se puede borrar una línea completa en cualquier momento antes de escribir [Retorno] al final de la línea de orden. Cuando presione el carácter [Ctrl-u], se borra la línea de orden completa y el cursor se mueve a una línea en blanco. Por ejemplo, suponga que escribe **passwd** y luego decide no cambiar su contraseña. Puede presionar [Ctrl-u], y se borra la orden **passwd**. El carácter que borra la línea completa se denomina *carácter de eliminación*.

[Ctrl-u] se considera un único carácter aunque incluye dos teclas.

Terminar con la ejecución de un programa   Si tiene poco tiempo, y el programa en ejecución tarda mucho en ejecutar su tarea, puede querer terminar la ejecución del programa. El carácter que termina la ejecución del programa se denomina *carácter de interrupción*. En la mayoría de los sistemas, [Del] ó [Ctrl-c] se asigna como carácter de interrupción. Este carácter detiene el programa en ejecución y provoca la visualización del indicador del shell ($).

3.5. *UTILIZACIÓN DE SHELLS Y SUS UTILIDADES*

Mucha de la fuerza y flexibilidad del UNIX viene de sus shells. El *shell* es un programa que maneja la interacción del usuario con el sistema UNIX. Las órdenes UNIX se procesan por un shell que se encuentra entre el usuario y las demás partes del sistema operativo. Cada vez que escriba una orden y presione [Retorno], envía una orden al shell. El shell analiza la línea que ha escrito y prosigue para cumplir su petición. El shell es un interprete de órdenes. Si escribe la orden **date**, el shell localiza donde se encuentra el programa date y lo ejecuta. Así el usuario está, técnicamente hablando, tratando con el shell y no con UNIX.

Ordenes del shell   Algunas órdenes son parte del programa del shell; estas *órdenes incorporadas* son reconocidas por el shell y ejecutadas internamente.

Programas de utilidad   La mayoría de las órdenes UNIX son programas ejecutables (utilidades) que el shell localiza y ejecuta.

 En este libro la palabra *orden* se utiliza para referirse tanto a las órdenes del shell como a los programas de utilidad.

3.5.1. Clases de Shells

El shell es sólo un programa. Como otros programas el shell no tiene privilegios especiales en el sistema. Esta es una de las razones por las que existen algunas variantes en el programa shell. Si es un programador profesional, con algún esfuerzo y dedicación podrá crear su propio programa shell. Dos de los shell más utilizados son: el Bourne Shell y el C Shell.

Bourne Shell   El Bourne Shell viene con la versión estándar de UNIX de los laboratorios Bell. Este libro supone que tiene Bourne Shell y el indicador correspondiente es el signo dólar ($).

C Shell   El C Shell se desarrolló en la Universidad de California en Berkeley y es parte del paquete BSD ("Berkeley Software Distribution"). El indicador para el C Shell es el signo de tanto por ciento (%).

3.6. *ALGO MÁS ACERCA DEL PROCESO DE CONEXIÓN*

Cuando arranca el sistema UNIX, se carga la parte residente del sistema operativo (núcleo) en la memoria principal. El resto de los programas del sistema operativo (utilidades) se almacenan en el disco del sistema y se transfieren a memoria sólo cuando se solicita que se ejecute la orden. El programa shell se carga también en memoria para su ejecución siempre que se conecte al sistema. El apredizaje de la secuencia de sucesos que ocurren cuando se conecta al sistema le ayudarán a comprender mejor la operación interna de UNIX.

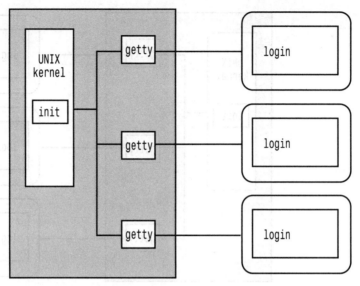

Figura 3.21. Getty visualiza el indicador de **login:**.

Después que UNIX completa el proceso de arranque un programa denominado *init* acti-va un programa llamado *getty* para cada puerto terminal del sistema. El programa getty visualiza el indicador de **login:** del terminal asignado, y espera a que escriba su Id de usua-rio (véase la Figura 3.21).

Cuando introduzca su Id de usuario, el programa getty lo lee e inicia otro programa, lla-mado *login*, para completar el proceso de conexión del sistema. Los caracteres escritos en el terminal se asocian al programa login, que presumiblemente son la identificación de usuario (nombre de conexión). Posteriormente, el programa *login* comienza su ejecución y visuali-

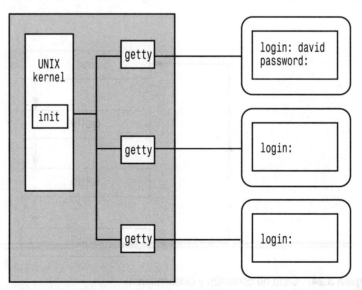

Figura 3.22. La conexión visualiza el indicador de contraseña.

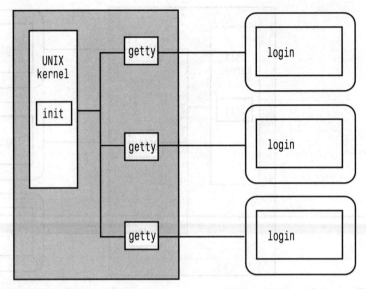

Figura 3.23. El shell visualiza el indicador $.

za el indicador de **password:** en el terminal. El programa *login* espera a que introduzca su contraseña (véase la Figura 3.22).

Después de que haya escrito su contraseña, el programa *login* verifica su Id de usuario y su contraseña. A continuación comprueba el nombre del programa a ejecutar. En la mayoría de los casos será el programa shell. Si es el Bourne Shell (el shell estándar), se visualiza el indicador $. Ahora el shell está preparado para aceptar sus órdenes (véase la Figura 3.23).

Cuando desconecta el sistema, el programa shell termina y el sistema UNIX comienza un nuevo programa getty en el terminal y espera a que alguien se conecte. Este ciclo continúa mientras el sistema esté encendido y funcionando (véase la Figura 3.24).

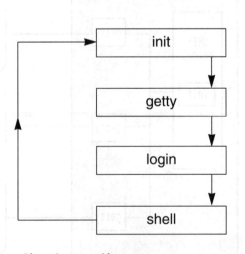

Figura 3.24. Ciclo de conexión y desconexión.

Resumen de las órdenes

En este capítulo se han presentado las siguientes órdenes (utilidades) de UNIX. Para refrescar su memoria, el formato de la línea de orden se repite en la Figura 3.25.

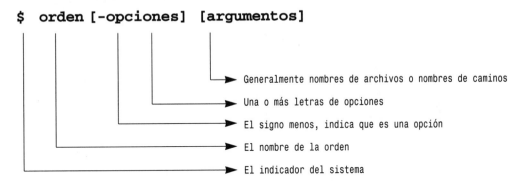

Figura 3.25. El formato de la línea de orden.

date
Visualiza el día de la semana, el mes, la fecha y la hora.

cal
Visualiza el calendario del año especificado o el mes de un año.

who
Lista los nombres de conexión, líneas de acceso al terminal y tiempos de conexión de los usuarios que están actualmente conectados al sistema.

Opción	Operación
-q	El **who** rápido; simplemente visualiza los nombres y números de usuarios
-H	Visualiza una cabecera encima de cada columna
-b	Da la fecha y la hora del último rearranque
-s	Visualiza simplemente las columnas de nombre, línea de acceso al terminal y fecha

learn
Arranca un programa de instrucción asistido por computador que está organizado en una serie de cursos y lecciones. Visualiza el menú de los cursos y le permite seleccionar la lección que desee.

help
Trae a la pantalla una serie de menús y preguntas que le dirigen en la descripción de las órdenes de UNIX utilizadas más frecuentemente.

man
Esta orden muestra las páginas del sistema de documentación en línea.

passwd
Esta orden cambia la contraseña de conexión.

Ejercicios de repaso

1. ¿Qué es el proceso de conexión al sistema?

2. ¿Qué es el proceso de desconexión del sistema?

3. ¿Por qué se le asigna un nombre de conexión al sistema?

4. ¿Cuál es la secuencia de sucesos que ocurre en el proceso de conexión?

5. ¿Qué es el programa shell, y cuál es su papel en el entorno UNIX?

Sesión con el terminal

Antes de que empiece su primera sesión con el terminal, emplee algunos minutos en determinar la siguiente información acerca de su sistema.

Averigüe su nombre de conexión (Id de usuario).

Si su sistema necesita una contraseña para conectarse, averigüela.

Localice cuáles son las siguientes teclas:

- La tecla de retroceso
- La tecla de eliminación
- La tecla de interrupción

Ahora que se encuentra preparado comience encendiendo su terminal y espere al indicador de **login**:

1. Utilice su Id de usuario y su contraseña, para conectarse al sistema. Anote los mensajes que van apareciendo en la pantalla

2. Compruebe el signo del indicador y averigüe que clase de shell está utilizando

3. Utilice la orden **who** para determinar quien está conectado al sistema.

4. Utilice las opciones de la orden **who** para conocer el número de usuarios en el sistema y la última hora en que el sistema fue inicializado.

5. Averigüe las utilidades de ayuda que están disponibles en su sistema.

6. Utilice la orden **date** para ver la fecha y la hora actual.

7. Utilice la orden **cal** para buscar el día de su cumpleaños.

8. Mire el calendario del año 2001.

9. Utilice la orden **passwd** para cambiar su contraseña.

10. Intente introducir nuevas contraseñas que no reúnan el formato adecuado, así se familiarizará con el tipo de mensajes de error que visualiza UNIX.

11. Después de que haya cambiado satisfactoriamente su contraseña, desconéctese y vuelva a conectarse, utilizando su nueva contraseña.

12. Intente corregir sus errores de mecanografiado utilizando la tecla de retroceso.

13. Intente finalizar una línea de orden utilizando la tecla de eliminación.

14. Desconéctese para terminar su sesión.

## Capítulo 4

El Editor vi: Introducción

El Capítulo 4 es el primero de los dos capítulos que explica el editor vi del sistema operativo UNIX; el Capítulo 6 será el segundo. El capítulo comienza con una presentación de los editores en general donde se ven sus clases y sus aplicaciones. Después de una breve descripción de los editores soportados por UNIX, se introduce el editor vi. El resto del capítulo presenta las órdenes básicas necesarias para realizar trabajos de edición sencillos con el editor vi. Se estudian los conceptos y operaciones básicas del editor vi:

- los diferentes modos del editor vi
- buffers (memorias intermedias) de memoria
- proceso de apertura de un archivo para editarlo
- guardar un archivo
- salir de vi

En este capítulo

4.1. ¿QUÉ ES UN EDITOR?

La edición de un archivo de texto es una de las operaciones más frecuentes que se utilizan en un computador. De hecho, más tarde o más temprano, la mayoría de las cosas que quiera realizar requerirán alguna edición de archivo.

Un editor (un editor de texto) es una herramienta que facilita la creación de nuevos archivos y la modificación de los ya existentes. Los archivos pueden contener notas, informes, código de programas fuentes, etc. Un editor es un tipo de procesador de texto sencillo. No tiene las características tipográficas (negrita, centrado, subrayado, etc.) que tienen los procesadores de texto.

Por lo menos con cada sistema operativo se suministra un programa editor. Hay dos clases generales de editores:

- editores de línea
- editores de pantalla completa

El editor de línea   En un *editor de línea*, la mayoría de los cambios se aplican a una línea o a un grupo de líneas a la vez. Para realizar un cambio, debe especificar primero el número de línea en el texto y después el cambio. Los editores de línea normalmente son difíciles de utilizar, ya que no se puede ver el alcance y el contexto de la tarea de edición. Son buenos para operaciones globales como búsquedas, reemplazamientos y copias de grandes bloques de texto en un archivo.

El editor de pantalla   Un *editor de pantalla* visualiza una pantalla completa del texto que se edita y le permite mover el cursor a lo largo de la pantalla para realizar cambios. Cualquier cambio que se realice se aplica al archivo y se obtiene una respuesta inmediata en la pantalla. Se puede ver fácilmente el resto del archivo moviendo toda la pantalla a la vez. Los editores de pantalla son más cómodos que los editores de línea; y son preferibles para los trabajos de edición diarios.

4.1.1. Editores soportados por UNIX

El sistema operativo UNIX soporta tanto editores orientados a línea como editores orientados a pantalla, así que podrá crear y modificar archivos de una manera fácil y eficiente. Por nombrar unos pocos, *emacs* y *ex* son editores de línea y *vi* es un editor de pantalla bajo UNIX.

Un editor de línea llamado *ed* es un editor antiguo suministrado con las primeras versiones del sistema operativo UNIX. Actualment, se suministra la familia de editores ex con la mayoría de los sistemas operativos UNIX. Al principio el editor ex proporcionaba una facilidad gráfica que mostraba una pantalla completa de texto y le permitía trabajar con la pantalla completa en lugar de una línea cada vez. Para utilizar esta capacidad había que dar a ex la orden **vi** (*visual*); sin embargo, la utilización del modo visual del editor ex llegó a ser tan popular que los creadores del editor ex proporcionan un editor vi autónomo. Esto significa que puede utilizar **vi** sin la necesidad de iniciar el editor ex.

Ver página XXII para una explicación de los iconos utilizados para resaltar información en este capítulo.

Tabla 4.1. Algunos de los editores soportados por UNIX

Editor	Categoría
ed	El editor original orientado a línea
ex	Un superconjunto más sofisticado del editor ed
vi	Un editor visual orientado a pantalla
emacs	Un editor orientado a pantalla de dominio público

El formateador de texto Los editores UNIX no son programas de formateado de texto. No proporcionan funciones como el centrado de una línea o el ajuste de unos márgenes, cosas que están disponibles con cualquier programa de procesamiento de textos. Para formatear el texto, UNIX soporta utilidades como *nroff* y *troff*.

Los formateadores de textos se utilizan normalmente para preparar documentos. La entrada a estos programas son archivos de texto que se crean utilizando editores de texto como el editor vi. La salida de esos programas se pagina, y se puede visualizar el texto formateado en la pantalla o enviarlo a una impresora. La Tabla 4.1 muestra algunos de los editores del sistema operativo UNIX y sus categorías.

4.2. EL EDITOR vi

El editor vi es un editor de texto orientado a pantalla que se encuentra disponible en la mayoría de los sistemas operativos UNIX, que proporciona algunas de las facilidades de los procesadores de texto. Como vi se basa en el editor de línea ex, es posible utilizar órdenes ex desde vi. Cuando utilice vi, los cambios en sus archivos se reflejarán en la pantalla del terminal, y la posición del cursor en la pantalla le indicará la posición dentro del archivo. Se dispone de más de cien órdenes en vi, que proporcionan mucha capacidad y también el desafío de aprenderlas. Pero, no se asuste. Sólo son necesarias unas pocas órdenes para realizar un pequeño trabajo de edición.

Se dispone de dos versiones de vi para realizar tareas específicas: el *editor view* y el *editor vedit*. Estas versiones son las mismas que el editor vi excepto que ciertas banderas (opciones) están prefijadas. No todos los sistemas disponen de esas versiones. Al final de los dos capítulos sobre vi de este libro será capaz de personalizar el entorno de vi de acuerdo con sus propias necesidades.

El editor *view* El *editor view* es es la versión del editor vi con el permiso de solo lectura activado. El editor view es útil cuando se quiere ver el contenido de un archivo sin modificarlo. El editor view le evita modificar su archivo sin darse cuenta, el archivo permanecerá intacto.

El editor *vedit* El *editor vedit* es la versión del editor vi con varios permisos activos. El editor vedit está destinado para los principiantes; sus permisos activos le hacen más fácil aprender a usar vi.

4.2.1. Modos de operación de vi

El editor vi tiene dos modos básicos de operación: modo de orden y modo de entrada de texto. Algunas órdenes son aplicables sólo en el modo de orden, y otras funcionan sólo en el modo de entrada de texto. Durante una sesión de edición en vi, se puede cambiar de un modo a otro.

Modo de orden Cuando inicia el editor vi, comienza en el modo de orden. En este modo, las entradas de teclas (una tecla o una secuencia de teclas que se presionen) se interpretan como órdenes. Las teclas no se reflejan en la pantalla, pero se llevan a cabo las órdenes asociadas con la tecla o teclas especificadas. Mientras el editor vi se encuentre en modo de orden, presionando una tecla o secuencia de teclas se pueden borrar líneas, buscar una palabra, mover el cursor en la pantalla y realizar un gran número de otras operaciones útiles.

Algunas órdenes en este modo comienzan con dos puntos [:], con una barra inclinada a la derecha [/] o con un signo de interrogación [?]. El editor vi visualiza estas órdenes en la última línea de la pantalla; para señalar el final de una línea de orden en este tipo de órdenes se presiona [Retorno].

Modo de entrada de texto En modo de entrada de texto, el teclado se convierte en una máquina de escribir. vi visualiza cualquier tecla o secuencia de letras que presione, y estas teclas no se interpretan como una orden sino como un texto que se quiere escribir dentro de un archivo.

Línea de estado La línea inferior de la pantalla, normalmente la línea número 24, se utiliza por vi para dar alguna realimentación (información) acerca de la operación de edición. Los mensajes de errores y otros mensajes informativos se visualizan en la línea de estado. vi también visualiza las órdenes que empiezan con :, /, ? en la línea número 24.

4.3. ÓRDENES BÁSICAS DEL EDITOR vi

El trabajo de edición básico normalmente incluye las siguientes operaciones:

- Creación de un archivo nuevo o modificación de uno existente (operación de abrir archivo)
- Entrada de texto
- Borrado de texto
- Búsqueda de texto
- Cambio de texto
- Guardar el archivo y salir de la sesión de edición (operación de cerrar archivo)

En las siguientes secciones se recorren unas cuantas sesiones de edición, se explora la forma de trabajar con el editor vi y se muestran las órdenes necesarias de edición tanto desde el modo de orden como desde el modo de entrada de texto.

Confiar únicamente en el libro de texto para aprender el editor vi (o cualquier otro editor) no es una buena idea. Es muy recomendable que después de una lectura inicial del capítulo, se practiquen los ejemplos y los ejercicios de la sesión con el terminal en el sistema.

Consideraciones   Para no repetir la preparación de los ejemplos en cada sección, resumimos a continuación las hipótesis generales que son aplicables a todos ellos:

- La *línea actual* es la línea en la que se encuentra el cursor.
- El subrayado (_) indica la posición del cursor en la línea.
- El archivo miprimero se utiliza para mostrar las operaciones de las distintas teclas y órdenes. Cuando es necesario, los ejemplos se ilustran sobre pantallas. Si hay varias pantallas, la de arriba muestra el estado actual del texto, y las siguientes muestran los cambios en la pantalla después de aplicar las teclas u órdenes especificadas sobre el texto.
- Para ahorrar espacio, sólo se muestra la parte relevante en la pantalla.
- Los ejemplos no tienen continuidad; los cambios de edición no se mantienen de un ejemplo a otro.

4.3.1. Acceso al editor vi

Como con cualquier otro programa software, lo primero que hay que aprender de vi es a iniciar y a finalizar el programa. Esta sección muestra como llamar al editor vi para crear y guardar un pequeño archivo de texto.

Inicio de vi

Para iniciar el editor vi, escriba **vi** y presione [Barra Espaciadora], escriba el nombre del archivo (en este ejemplo **miprimero**) y presione [Retorno].

Si el archivo miprimero ya existe, vi visualiza la primera página (23 líneas) del archivo en la pantalla. Si miprimero es un archivo nuevo, vi borra la pantalla, muestra la pantalla limpia y posiciona el cursor en la esquina superior izquierda de la pantalla. La pantalla se llena de tildes (~) en la primera columna. El editor vi está en modo de orden y está preparado para aceptar sus órdenes. La Figura 4.1 muestra la pantalla limpia del editor vi.

1. *La línea de estado muestra el nombre del archivo y una indicación de que es un archivo nuevo.*
2. *Para ahorrar espacio, las pantallas que se muestran en este libro no se presentan completas (24 líneas).*

Para introducir un texto, el editor vi debe estar en modo de entrada de texto. Asegúrese que la tecla de letras mayúsculas no está fijada y presione [i] (para insertar). vi no visualiza la letra *i* pero cambia al modo de entrada de texto. Ahora escriba las líneas que se muestran en ~

```
~
~
~
~
"miprimero" [new file]
```

Figura 4.1. La pantalla en blanco del editor vi.

la Figura 4.2. El editor vi visualiza todo lo que escriba en la pantalla. Utilice [Tecla de Retroceso] para borrar caracteres, y presione [Retorno] al final de cada línea para pasar a la siguiente. No se centre en la sintaxis del texto; el objetivo es crear un archivo y guardarlo.

La historia de vi
vi es un editor de texto interactivo que es soportado por la mayoría de los sistemas operativos UNIX.
~
~
~
~
~
~
"miprimero" [new file]

Figura 4.2. La pantala del editor vi.

Asegúrese que la tecla de letras mayúsculas no está fijada porque las letras mayúsculas y las minúsculas tienen diferentes significados en el modo de orden.

1. *Mientras el editor vi se encuentra en el modo de orden, la mayoría de las órdenes se inician tan pronto como presione una tecla; no se necesita presionar [Retorno] para indicar el final de una línea de orden.*

2. *El editor vi no proporciona una realimentación visual del modo en que se encuentra (este problema se estudiará en el Capítulo 6).*

3. *Si el archivo no llena toda la pantalla, el editor vi coloca en la primera columna de las líneas restantes tildes (~).*

4. *Si su pantalla no es parecida a la mostrada, probablemente su terminal no está preparado o lo está incorrectamente (este problema se estudiará en el Capítulo 8).*

Finalizar vi

Para guardar un archivo que se ha creado o se ha editado con vi, vi debe estar en el modo de orden. Para hacer eso, presione [Esc]; si está activado el sonido en su terminal, oirá un pitido que le indica que vi se encuentra en modo de orden. Las órdenes de guardar un archivo y salir de vi comienzan con dos puntos [:]. Presione [:] para situar el cursor en la última línea de la pantalla del terminal. Después escriba **wq** (para *escribir* y *salir*) y presione [Retorno]. El editor vi guarda el archivo (llamado "miprimero") y devuelve el control al shell. El shell visualiza el indicador del signo de dólar. El $ indica que se encuentra fuera del editor vi; el sistema está preparado para la próxima orden. La Figura 4.3 muestra la visualización del editor vi después de introducir **:wq**.

```
La historia de vi
vi es un editor de texto interactivo que es soportado por la mayoría de los
sistemas operativos UNIX.
~
~
~
~
:wq
"miprimero" 3 lines 106 characters
$ _
```

Figura 4.3. La pantalla del editor vi después de ejecutar la orden **wq**.

 La realimentación del editor vi aparece en la última línea de la pantalla. Muestra el nombre del archivo seguido del número de líneas y de caracteres que tiene el archivo.

4.3.2. Modo de entrada de texto

Si se quiere escribir un texto en un archivo hay que estar en modo entrada de texto. Sin embargo, cada tecla para cambiar al modo entrada de texto lo hace de manera diferente. La situación del texto en el archivo depende de la posición del cursor en la pantalla y de la tecla que se elija para entrar en el modo de entrada de texto de vi.

La Tabla 4.2 resume las teclas que cambian al editor vi del modo de orden al modo de entrada de texto. Por ejemplo, vamos a utilizar miprimero, el archivo creado en la sección anterior. Suponga que el archivo está en la pantalla y que quiere introducir el número **999** (El número **999** no tiene nada en especial, es sólo un ejemplo, puede escribir cualquier cosa que desee), también suponga que el cursor se encuentra sobre la letra *m* de la pala-

Tabla 4.2. Las teclas de vi para el cambio de modo

Tecla	Operación
i	Inserta el texto de entrada antes del carácter sobre el que se encuentra el cursor.
I	Sitúa el texto de entrada al comienzo de la línea actual.
a	Añade el texto de entrada después del carácter sobre el que se encuenta el cursor.
A	Sitúa el texto de entrada después del último carácter de la línea actual.
o	Abre una línea en blanco debajo de la línea actual y sitúa el cursor al comienzo de la nueva línea.
O	Abre una línea en blanco encima de la línea actual y sitúa el cursos al comienzo de la nueva línea.

bra *mayoría* como indica el subrayado. Dependiendo de la tecla que elija para entrar en el modo de entrada de texto, el **999** se situará en una posición diferente dentro de su archivo.

Insertar texto: utilizando [i] o [I]

Presionando [i] o [I] coloca al editor vi en modo de entrada de texto. Sin embargo, cada tecla le sitúa en un lugar distinto dentro del archivo: presionando [i] coloca el texto a insertar antes de la posición del cursor, y presionando [I] lo coloca al comienzo de la línea actual. Haga lo siguiente para experimentar con [i]:

☐ Presione [i]; vi entra en modo de entrada de texto.

☐ Presione [9] tres veces; el *999* aparece delante de *m*.

> La historia de vi
> El editor vi es un editor de texto interactivo soportado por la <u>m</u>ayoría de los sistemas operativos UNIX.

> La historia de vi
> El editor vi es un editor de texto interactivo soportado por la 999<u>m</u>ayoría de los sistemas operativos UNIX.

El cursor permanece sobre la letra *m*, y el editor vi permanece en modo de entrada de texto hasta que presione [Esc] para volver al modo de orden.

Haga lo siguiente para experimentar con [I]:

☐ Presione [I]; vi cambia al modo de entrada de texto y mueve el cursor al comienzo de la línea actual.

☐ Presione [9] tres veces; el *999* aparece al comienzo de la línea actual, y el cursor se mueve a la *E*.

> La historia de vi
> El editor vi es un editor de texto interactivo soportado por la <u>m</u>ayoría de los sistemas operativos UNIX.

> La historia de vi
> 999<u>E</u>l editor vi es un editor de texto interactivo soportado por la mayoría de los sistemas operativos UNIX.

El cursor permanece sobre la letra *E*, y el editor vi permanece en modo de entrada de texto hasta que presione [Esc] para volver al modo de orden.

Añadir texto: utilizando [a] o [A]

Presionando [a] o [A] el editor vi se sitúa en modo de entrada de texto. Sin embargo, cada tecla le sitúa en un lugar distinto dentro del archivo: presionando [a] coloca el texto a insertar después de la posición del cursor, y presionando [A] lo coloca al final de la línea actual. Haga lo siguiente para experimentar con [a]:

☐ Presione [a]; vi cambia al modo de entrada de texto y el cursor se mueve a la *a*, la siguiente letra hacia la derecha.
☐ Presione [9] tres veces; el *999* aparece después de la *m*.

> La historia de vi
> El editor vi es un editor de texto interactivo soportado por la m̲ayoría de los
> sistemas operativos UNIX.

> La historia de vi
> El editor vi es un editor de texto interactivo soportado por la m999a̲yoría de
> los sistemas operativos UNIX.

El cursor permanece sobre la letra *a*, y el editor vi permanece en modo de entrada de texto hasta que presione [Esc] para volver al modo de orden.

Haga lo siguiente para experimentar con [A]:

☐ Presione [A]; vi cambia al modo de entrada de texto y mueve el cursor al final de la línea actual.
☐ Presione [9] tres veces; el *999* aparece después de la letra *s* de la palabra *los*, el último carácter de la línea actual.

> La historia de vi
> El editor vi es un editor de texto interactivo soportado por la m̲ayoría de los
> sistemas operativos UNIX.

> La historia de vi
> El editor vi es un editor de texto interactivo soportado por la mayoría de los999_
> 999_ sistemas operativos UNIX.

El cursor se mueve al final de la línea, y el editor vi permanece en modo de entrada de texto hasta que presione [Esc] para volver al modo de orden.

Abrir una línea: utilizando [o] u [O]

Presionando [o] u [O] se sitúa el editor vi en modo de entrada de texto. Presionando [o] se abre una línea en blanco encima de la línea actual, y presionando [O] se abre una línea en blanco debajo de la línea actual. Haga lo siguiente para experimentar con [o]:

☐ Presione [o]; vi cambia al modo de entrada de texto, abre una línea debajo de la línea actual, y mueve el cursor al comienzo de la línea.

☐ Presione [9] tres veces; el *999* aparece en la línea nueva.

> La historia de vi
> El editor vi es un editor de texto interactivo soportado por la mayoría de los
> sistemas operativos UNIX.

> La historia de vi
> El editor vi es un editor de texto interactivo soportado por la mayoría de los
> 999_
> sistemas operativos UNIX.

El cursor se mueve al final de la nueva línea, y el editor vi permanece en modo de entrada de texto hasta que presione [Esc] para volver al modo de orden.

Haga lo siguiente para experimentar con [O]:

☐ Presione [O]; vi cambia al modo de entrada de texto, abre una línea encima de la línea actual, y mueve el cursor al comienzo de la línea.

☐ Presione [9] tres veces; el *999* aparece en la línea nueva.

> La historia de vi
> El editor vi es un editor de texto interactivo soportado por la mayoría de los
> sistemas operativos UNIX.

> La historia de vi
> 999_
> El editor vi es un editor de texto interactivo soportado por la mayoría de los
> sistemas operativos UNIX.

El cursor se mueve al final de la línea nueva, y el editor vi permanece en modo de entrada de texto hasta que presione [Esc] para volver al modo de orden.

 Evite el uso de las teclas de flecha en el modo de entrada de texto. En algunos sistemas las teclas se interpretan como caracteres ASCII y los códigos ASCII se insertan dentro del archivo.

Utilización de [Barra Espaciadora], [Tabulador], [Tecla de Retroceso] y [Retorno]

Mientras se encuentre en el modo de entrada de texto, el editor vi visualiza en la pantalla las letras que escriba, pero no todas las teclas del teclado producen un carácter visualizable. Por ejemplo, cuando presiona [Retorno], su intención es mover el cursor a la línea siguiente, y no espere ver un símbolo de [Retorno] en la pantalla. Como sabe hasta ahora, dependiendo del modo del editor vi, las teclas tienen diferentes significados. Considere la utilización de estas teclas en el modo de entrada a texto.

[Barra Espaciadora] y [Tabulador]   Presionando [Barra Espaciadora] siempre se produce un espacio antes de la posición del cursor. Presionando [Tabulador] normalmente se producen ocho espacios. El tamaño del tabulador es modificable y puede fijarse a cualquier número de espacios (Véase el Capítulo 6).

[Tecla de Retroceso]   Presionando [Tecla de Retroceso] se mueve el cursor un carácter a la izquierda sobre el texto escrito actualmente.

[Retorno]   Presionando [Retorno] siempre se abre una línea nueva. Dependiendo de la posición del cursor en la línea actual, se abre una línea por encima o por debajo de la línea actual:

- Si el cursor se encuentra al final de la línea o no hay texto a la derecha de él, entonces presionando [Retorno] se abre una línea vacía por debajo de la línea actual.
- Si el cursor está en el primer carácter de la línea actual, entonces presionando [Retorno] se abre una línea vacía por encima de la línea actual.
- Si el cursor está en alguna parte de la línea con texto a la derecha de él, entonces presionando [Retorno] se divide la línea en dos y el texto a la derecha del cursor se mueve a la línea nueva.

 La explicación de arriba se aplica sólo cuando el editor vi está en el modo entrada de texto.

4.3.3. Modo de orden

Cuando inicia el editor vi, se entra en el modo de orden. Si vi está en el modo entrada de texto y quiere cambiar al modo de orden, presione [Esc]. Para asegurarse que vi está en modo de orden, puede presionar [Esc] dos veces. Si presiona [Esc] mientras el editor vi se encuentra en el modo de orden, no pasa nada, y vi permanece en el mismo modo.

Teclas de movimiento del cursor

Para borrar, corregir o insertar texto, se necesita mover el cursor a la posición específica en la pantalla. Mientras está en modo de orden, utilice las teclas de flecha (teclas de control del cursor) para mover el cursor por la pantalla. En algunos terminales, las teclas de flecha no funcionan como se explica o no están disponibles. En estos casos, puede utilizar las teclas [h], [j], [k] y [l] para mover el cursor a la izquierda, abajo, arriba y a la derecha respectivamente. Presionando cualquier tecla de movimiento del cursor, se mueve el cursor un espacio, una palabra, o una línea a la vez.

La Tabla 4.3 resume las teclas de movimiento del cursor y sus aplicaciones. Cada aplicación de la tecla se explica en los ejemplos y en las sesiones con el terminal. La Figura 4.4 muestra el efecto de estas teclas de movimiento del cursor en la pantalla.

[j] y [k] Las teclas [j] o [Flecha hacia abajo] mueven el cursor una línea hacia abajo a la misma posición que estaba en la línea anterior. Las teclas [k] o [Flecha hacia arriba] mueven el cursor una línea hacia arriba. Cuando no hay una línea debajo de la línea actual (final del archivo), o la línea actual es la primera línea (comienzo del archivo), oirá un pitido y el cursor permanecerá en la línea actual. Estas teclas no permiten pasar de la última línea del archivo a la primera y viceversa.

Tabla 4.3. Las teclas de movimiento de cursor de vi.

Tecla	Operación
[h] o [Flecha hacia la izquierda]	Mueve la posición del cursor un espacio hacia la izquierda.
[j] o [Flecha hacia abajo]	Mueve la posición del cursor una línea hacia abajo.
[k] o [Flecha hacia arriba]	Mueve la posición del cursor una línea hacia arriba.
[l] o [Flecha hacia la derecha]	Mueve la posición del cursor un espacio hacia la derecha.
[$]	Mueve la posición del cursor al final de la línea actual.
[w]	Mueve la posición del cursor una palabra hacia delante.
[b]	Mueve la posición del cursor una palabra hacia atrás.
[e]	Mueve la posición del cursor al final de la palabra.
[0] (cero)	Mueve la posición del cursor al comienzo de la línea actual.
[Retorno]	Mueve la posición del cursor al comienzo de la línea siguiente.
[Barra Espaciadora]	Mueve la posición del cursor un espacio a la derecha.
[Tecla de Retroceso]	Mueve la posición del cursor un espacio a la izquierda.

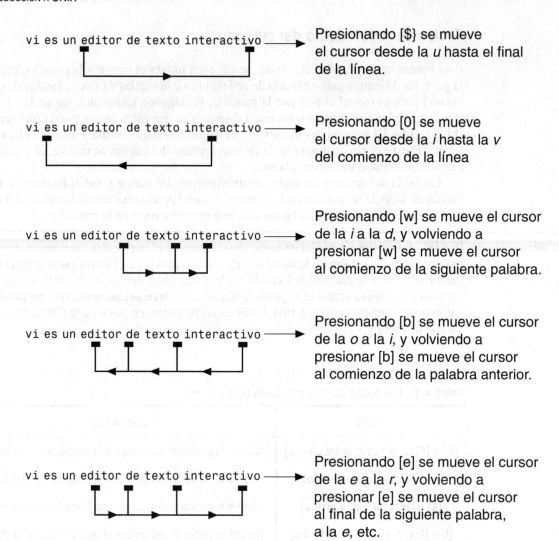

Figura 4.4. El movimiento del cursor en la pantalla.

[h] y [l]   Cada vez que presione las teclas [h] o [Flecha hacia la izquierda], el cursor se mueve un carácter a la izquierda y así hasta que se sitúa sobre el primer carácter de la línea actual; entonces oirá un pitido indicando que no se puede mover más hacia la izquierda. Las teclas [l] (minúscula de L) y [Flecha hacia la derecha] mueven el cursor a la derecha de la misma manera. Estas teclas no permiten pasar del último carácter de una línea al primero y viceversa.

[$] y [0]   Presionando [$] se mueve el cursor al final de la línea actual. Esta tecla no se puede repetir; cuando el cursor está al final de la línea, presionando [$] no cambia nada. Presionando [0] (cero) se mueve el cursor al comienzo de la línea actual de la misma manera.

Tabla 4.4. Las teclas para corregir texto del editor vi

Tecla	Operación
[x]	Borra el carácter especificado por la posición del cursor.
[d][d]	Borra la línea especificada por la posición del cursor.
[u]	Deshace el cambio más reciente.
[U]	Deshace todos los cambios en la línea actual.
[r]	Sustituye el carácter sobre el que se encuentra el cursor.
[R]	Sustituye los caracteres comenzando desde la posición del cursor. También entra en el modo de texto.
[.] (punto)	Repite el último cambio del texto.

[w], [b] y [e]   Cada vez que presione [w], el cursor se mueve al comienzo de la siguiente palabra. Presionando [b] el cursor se mueve a la izquierda al comienzo de la palabra anterior y presionando [e] el cursor se mueve al final de la palabra. Estas teclas sí permiten pasar de una palabra a otra y si es necesario, mueven el cursor a la línea siguiente.

[Retorno]   Cada vez que presione [Retorno], el cursor se mueve al comienzo de la línea siguiente debajo de la línea actual, hasta que alcance el final del archivo.

Corrección del texto

Mientras esté en modo de orden, puede reemplazar (sobreescribir)y borrar caracteres, una línea o un número de líneas. Puede también recuperar algunos de sus errores utilizando la orden de deshacer. Como el nombre indica, se ignora la orden más reciente. Estas órdenes de corrección del texto son aplicables sólo cuando vi está en modo de orden, y la mayoría de ellas no cambian el modo de vi. La Tabla 4.4 resume las teclas de borrado de texto y sus aplicaciones.

Eliminación de caracteres: utilización de [x]

Suponga que tiene el archivo miprimero en la pantalla y quiere corregir algún texto del archivo. El cursor está situado sobre la letra *m* de la palabra *mayoría*. Utilizando [x], puede borrar caracteres empezando desde la posición del cursor:

> La historia de vi
> El editor vi es un editor de texto interactivo soportado por la mayoría de los
> sistemas operativos UNIX.

☐ Presione [x]. El editor vi borra la *m* y el cursor se mueve a la *a*, la siguiente letra a la derecha. El editor **vi** permanece en modo de orden.

> La historia de vi
> El editor vi es un editor de texto interactivo soportado por la a̲yoría de los
> sistemas operativos UNIX.

☐ Presione [x] tres veces más. El editor vi borra la *a*, la *y* y la *o* respectivamente cuando presiona [x] repetidamente.

> La historia de vi
> El editor vi es un editor de texto interactivo soportado por la r̲ía de los
> sistemas operativos UNIX.

El editor vi permanece en modo de orden y el cursor se sitúa sobre la letra *r*. Si quiere borrar más de un carácter en una orden, puede utilizar la orden **n[x]**, donde n es un entero seguido de una letra *x*. Por ejemplo, la orden **5x** borra cinco caracteres empezando desde la posición del cursor.

El factor de repetición puede ser utilizado con otras órdenes vi. Por ejemplo, **dd** *borra una línea y* **3dd** *borra tres líneas.*

Eliminación y recuperación: utilización de [d] [d] y [u]

Utilizando [d] dos veces puede borrar una línea empezando desde la línea actual:

> La historia de vi
> El editor vi es un editor de texto interactivo soportado por la m̲ayoría de los
> sistemas operativos UNIX.

> La historia de vi
> s̲istemas operativos UNIX.

☐ Presione [d] dos veces. El editor vi borra la línea actual, sin tener en cuenta la posición del cursor en la línea.

☐ El editor vi se encuentra en modo de orden, y el cursor se mueve al comienzo de la línea siguiente. Presione [u] y el editor vi deshará la última eliminación.

> La historia de vi
> E̲l editor vi es un editor de texto interactivo soportado por la mayoría de los
> sistemas operativos UNIX.

El editor vi permanece en modo de orden, y el cursor se mueve al comienzo de la línea. Si quiere borrar más de una línea en una orden, puede utilizar la orden **n[d][d]** donde n es un número entero seguido de dos pulsaciones de [d]. Por ejemplo, la orden **5dd** borra cinco líneas empezando desde la línea actual.

Reemplazar texto: utilización de [r], [R] y [U]

Utilizando [r] o [R], puede reemplazar un carácter o caracteres, empezando desde la posición del cursor. Sin embargo, presionando [R] el editor vi se pone en modo de entrada de texto, y debe presionar [Esc] para volver al modo de orden.

Para aprender el funcionamiento de [r], haga lo siguiente:

☐ Presione [r] para reemplazar (sobreescribir) el carácter donde se encuentra el cursor.

☐ Presione [9]. El editor vi responde cambiando la *m* por el *9*. El editor vi permanece en modo de orden y el cursor se queda en la misma posición.

> La historia de vi
> El editor vi es un editor de texto interactivo soportado por la mayoría de los sistemas operativos UNIX.

> La historia de vi
> El editor vi es un editor de texto interactivo soportado por la 9ayoría de los sistemas operativos UNIX.

Para aprender el funcionamiento de [R] y [U], haga lo siguiente:

☐ Presione [R] para reemplazar los caracteres empezando desde la posición del cursor. El editor vi se pone en modo de entrada de texto.

☐ Presione [9] tres veces. El editor vi escribe el *999* después de la posición del cursor sobreescribiendo *may*. El editor **vi** permanece en modo de entrada de texto.

> La historia de vi
> El editor vi es un editor de texto interactivo soportado por la 999oría de los sistemas operativos UNIX.

☐ Presione [Esc] para cambiar al modo de orden.

☐ Presione [U] para deshacer los cambios en la línea actual. El editor vi contesta restaurando la línea actual a su estado anterior.

> La historia de vi
> El editor vi es un editor de texto interactivo soportado por la mayoría de los sistemas operativos UNIX.

Búsqueda de un patrón: utilización de [/] y [?]

El editor vi proporciona operadores para buscar en un archivo una secuencia de caracteres especificada. La barra inclinada a la derecha [/] y el signo de interrogación [?] son las teclas utilizadas para buscar hacia delante y hacia atrás respectivamente a lo largo del archivo. Si edita un archivo grande puede también utilizar estos operadores para situar el cursor en un lugar específico dentro del mismo. Por ejemplo, si quiere buscar la palabra UNIX en el archivo, presione [Esc] (para asegurarse que vi se encuentra en modo orden) y luego escriba **/UNIX** y presione [Retorno].

Cuando presiona [/] vi muestra la / en la parte inferior de la pantalla y espera el resto de la orden. Después de presionar [Retorno], el editor vi empieza a buscar hacia delante la cadena de caracteres UNIX desde la posición actual del cursor. Si se encuentra UNIX en el archivo, vi sitúa el cursor en la primera ocurrencia encontrada.

Puede mover el cursor a la próxima ocurrencia de UNIX que aparece en el archivo presionando [n] (siguiente). Cada vez que presione [n] vi muestra la próxima palabra de la etiqueta que está buscando, así hasta que el editor vi alcanza el final del archivo; luego vuelve al comienzo del archivo y continúa el proceso desde ese punto.

Si prefiere buscar hacia atrás en el archivo, escriba **?UNIX** y presione [Retorno]. El editor vi continua buscando hacia atrás tantas veces como presione [n] después de encontrar cada palabra UNIX.

Repetición del cambio anterior: utilización de [.]

La tecla [.] (punto) se utiliza en el modo de orden para repetir los cambios más recientes en el texto. Esta característica es bastante útil cuando quiera hacer muchos cambios repetitivos en un archivo.

Para practicar con [.], intente lo siguiente:

☐ Presione [d] [d] para borrar la línea actual.

> La historia de vi
> El editor vi es un editor de texto interactivo soportado por la mayoría de los
> sistemas operativos UNIX.

> La historia de vi
> sistemas operativos UNIX.

☐ Utilice las teclas de movimiento del cursor para situar el cursor en otra línea.

> La historia de vi
>
> ~
>
> ~
>
> ~

☐ Presione [.]; el editor vi repite el cambio anterior en el texto y borra la línea actual. El cursor se mueve a la siguiente línea y vi permanece en modo de orden.

Abandonando el editor vi

Hay una única forma de entrar en **vi**, pero hay varias formas de salir de él. El editor vi le da a elegir dependiendo de lo que quiera hacer con el archivo después de editarlo. La Tabla 4.5 resume las órdenes de salida del editor vi.

La orden :wq   La mayoría de las veces al acabar una sesión de edición se utiliza la orden **:wq**, que guarda el archivo y sale del editor vi. UNIX visualiza el indicador de **$**, para informar que ha vuelto al shell. La orden **:ZZ** funciona igual: guarda el archivo y sale del editor vi.

La orden :q   Si quiere utilizar el editor vi para mirar los contenidos de un archivo sin editarlo, entonces la orden **:q** sale del editor vi. Sin embargo, si ha cambiado algo en el archivo y utiliza esta orden para salir, vi contesta mostrando el siguiente mensaje en la línea inferior de la pantalla (un mensaje conciso y típico de UNIX) y el editor vi permanece en la pantalla:

No write since last change (:q! overrrides).

La orden :q!   Si quiere cambiar algo en un archivo y luego decide no guardar los cambios, utilice la orden **:q!** para salir del editor vi. En tal caso, el archivo original permanece intacto y se pierden las modificaciones.

La orden :w   Utilice la orden **:w** para salvar el archivo periódicamente durante el transcurso de una sesión larga de edición, si no quiere perder su trabajo accidentalmente. Si no desea escribir sobre el archivo original, la orden **:w** acepta un nombre nuevo de archivo para guardar los cambios en un nuevo archivo.

Tabla 4.5. Las órdenes de guardar y salir del editor vi

Tecla	Operación
[w] [q]	Escribe (guarda) los contenidos del *buffer* y sale del editor vi.
[w]	Escribe (guarda) los contenidos del *buffer* pero permanece en el editor.
[q]	Sale del editor.
[q] [!]	Sale del editor y abandona los contenidos del *buffer*.
[Z] [Z]	Escribe (guarda) los contenidos del *buffer* y sale del editor vi.

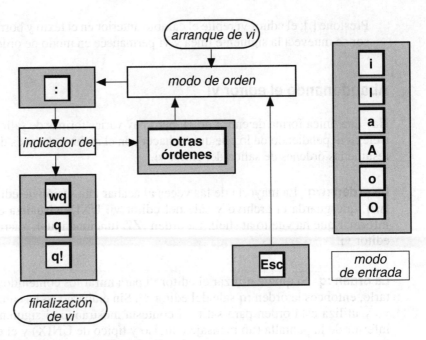

Figura 4.5. Modos de operación del editor vi.

La orden ZZ Utilice la orden **ZZ** (mayúscula de z) para guardar y salir de vi de una manera rápida.

*La orden **ZZ** no está precedida de [:], y no se presiona [Retorno] para completar la orden. Sólo **ZZ** y el trabajo está hecho.*

La Figura 4.5 muestra los modos de operación del editor vi y las secuencias de teclas que cambian de un modo a otro.

1. La mayoría de las órdenes estudiadas empiezan con [:].
2. Presionando [:] se sitúa el cursor en la última línea de la pantalla; vi visualiza en la misma línea cualquier tecla que presione para completar la orden.
3. Recuerde presionar [Retorno] para indicar la finalización de una orden.

4.4. EL BUFFER DE MEMORIA (memoria intermedia)

El editor vi crea un espacio de trabajo temporal para un archivo que se quiera crear o modificar. Si está creando un nuevo archivo, vi abre un espacio de trabajo temporal para su archivo. Si el archivo especificado ya existe, vi copia el archivo original dentro del espacio de trabajo temporal y los cambios que realiza se aplican a esa copia y no al archivo original. Este espacio de trabajo temporal se denomina *buffer* o *buffer de trabajo*. El editor vi utiliza varios buffers para organizar los archivos durante una sesión de edición. Si quiere guardar los cambios realizados debe almacenar el archivo modificado (la copia en el buffer) para sustituir al archivo original. Los cambios no se guardan automáticamente; debe almacenar el archivo mediante una orden de escritura.

Cuando abre un archivo para editar, vi lo copia dentro de un buffer temporal y visualiza las 23 primeras líneas del archivo en la pantalla. Lo que se puede ver en la pantalla es una ventana de 23 líneas del texto que está en el buffer (Véase la Figura 4.6 A). Moviendo esta ventana arriba y abajo sobre el buffer, vi visualiza otras partes del texto. Cuando utiliza las teclas de flecha u otras órdenes para mover la ventana hacia abajo, por ejemplo a la línea 10, desaparecen las primeras 9 líneas de la pantalla, y se ven desde la línea 10 a la 32 del texto (véase la Figura 4.6 B). Utilizando las teclas de flecha y otras órdenes, puede mover la ventana arriba y abajo a cualquier parte del archivo.

Debe recordar escribir (grabar) los cambios antes de salir del editor vi; de otra forma los cambios se perderán.

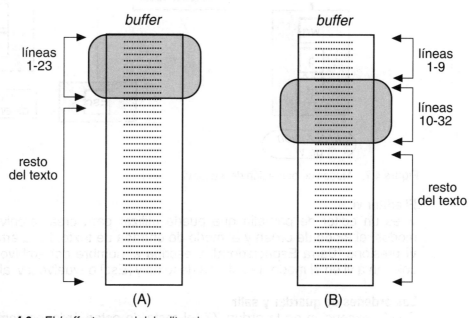

ventana de 23 líneas sobre el *buffer*

Figura 4.6. El *buffer* temporal del editor vi.

Resumen de órdenes

Las siguientes órdenes y operadores del editor vi fueron tratados en este capítulo. Para que sirva de recordatorio, la Figura 4.7 muestra los modos de operación del editor vi.

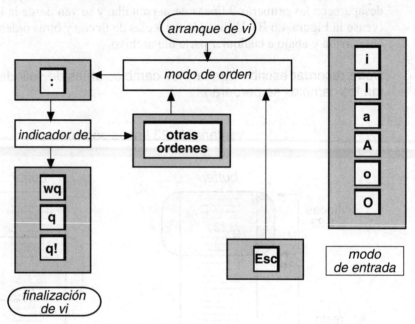

Figura 4.7. Modos de operación del editor vi.

El editor vi
vi es un editor de pantalla que puede utilizar para crear archivos. vi tiene dos modos: el modo de orden y el modo de entrada de texto. Para arrancar vi, escriba **vi** presione [Barra Espaciadora], y escriba el nombre del archivo. Algunas teclas colocan a vi en el modo de entrada de texto y [Esc] devuelve a vi al modo de orden.

Las órdenes de guardar y salir
Con la excepción de la orden ZZ, el resto de estas órdenes comienzan con [:] y debe finalizar su línea de orden con [Retorno].

Tecla	Operación
[w] [q]	Escribe (guarda) los contenidos del *buffer* y sale del editor vi.
[w]	Escribe (guarda) los contenidos del *buffer* pero permanece en el editor.
[q]	Sale del editor.
[q] [!]	Sale del editor y abandona los contenidos del *buffer.*
[Z] [Z]	Escribe (guarda) los contenidos del *buffer* y sale del editor vi.

Tecla	Operación
[h] o [Flecha hacia la izquierda]	Mueve la posición del cursor un espacio hacia la izquierda.
[j] o [Flecha hacia abajo]	Mueve la posición del cursor una línea hacia abajo.
[k] o [Flecha hacia arriba]	Mueve la posición del cursor una línea hacia arriba.
[l] o [Flecha hacia la derecha]	Mueve la posición del cursor un espacio hacia la derecha.
[$]	Mueve la posición del cursor al final de la línea actual.
[w]	Mueve la posición del cursor una palabra hacia delante.
[b]	Mueve la posición del cursor una palabra hacia atrás.
[e]	Mueve la posición del cursor al final de la palabra.
[0] (cero)	Mueve la posición del cursor al comienzo de la línea actual.
[Retorno]	Mueve la posición del cursor al comienzo de la línea siguiente.
[Barra Espaciadora]	Mueve la posición del cursor un espacio a la derecha.
[Tecla de Retroceso]	Mueve la posición del cursor un espacio a la izquierda.

Las teclas de cambio de modo

Estas teclas cambian a vi del modo de orden al modo de entrada de texto. Cada tecla coloca a vi en el modo de entrada de texto de una forma diferente. [Esc] sitúa a vi en el modo de orden.

Tecla	Operación
i	Inserta el texto de entrada antes del carácter sobre el que se encuentra el cursor.
I	Sitúa el texto de entrada al comienzo de la línea actual.
a	Añade el texto de entrada después del carácter sobre el que se encuentra el cursor.
A	Sitúa el texto de entrada después del último carácter de la línea actual.
o	Abre una línea en blanco debajo de la línea actual y sitúa el cursos al comienzo de la nueva línea.
O	Abre una línea en blanco encima de la línea actual y sitúa el cursos al comienzo de la nueva línea.

Teclas para corrección de texto

Estas teclas son todas aplicables solamente en el modo de orden.

Tecla	Operación
[x]	Borra el carácter especificado por la posición del cursor.
[d][d]	Borra la línea especificada por la posición del cursor.
[u]	Deshace el cambio más reciente.
[U]	Deshace todos los cambios en la línea actual.
[r]	Sustituye el carácter sobre el que se encuentra el cursor.
[R]	Sustituye los caracteres comenzando desde la posición del cursor. También entra en el modo de texto.
[.]	Repite el último cambio del texto.

Las órdenes de búsqueda

Estas teclas le permiten buscar una secuencia de caracteres en un archivo hacia adelante o hacia atrás.

Tecla	Operación
[/]	Busca hacia adelante un patrón de caracteres especificado
[?]	Busca hacia atrás un patrón de caracteres especificado

Ejercicios de repaso

1. ¿Qué es un editor?
2. ¿Qué es un formateador de texto?
3. Nombre los editores que soporta el sistema operativo UNIX.
4. Nombres los modos de vi.
5. Nombre las teclas que sitúan al editor vi en modo de entrada de texto.
6. Explique como utiliza los buffers el editor vi.
7. Nombre las órdenes que guardan el archivo y salen del editor vi.
8. Nombre la orden que guarda el archivo y permanece en el editor vi.
9. Nombre la tecla que sitúa al editor vi en el modo de orden.
10. Nombre el operador que borra una línea de texto y el operador que borra cinco.
11. Nombre el operador que borra un carácter y el operador que borra diez.
12. Nombre la tecla que repite el cambio más reciente en el texto.

Sesión con el terminal

En esta sesión con el terminal, cree un pequeño archivo de texto y practique con las teclas de edición que le proporciona vi. Utilice su imaginación. No se limite al archivo pequeño de este ejercicio.

Intente utilizar todas las teclas que se explican en el capítulo.

1. Utilice el editor vi para crear un archivo llamado test y escriba el texto mostrado en la pantalla 1.
2. Guarde este archivo.

Pantalla Nº 1

```
La historia de vi
El editor vi se desarrolló en la Universidad de california, berkeley
como parte del sistema unix de berkeley.
~
~
~
"test" [new file]
```

3. Abra el archivo test otra vez, y añada el texto tal como se muestra en la pantalla 2.

4. Guarde el archivo otra vez.

5. Abra el archivo de texto una vez más y edite el texto como se muestra en la pantalla 3

Pantalla Nº 2

La historia de vi
El editor vi se desarrolló en la Universidad de california
berkeley como parte del sistema unix de berkeley.
Al comienzo el editor vi era parte de otro editor
La parte de vi del editor ex se utilizaba a menudo y llegó a ser muy popular.
Esta popularidad forzó a los creadores a sacar una versión conjunta con
el editor vi.
ahora el editor vi es independiente del editor ex y está disponible en
la mayoría de los sistemas operativos UNIX.
El editor vi es un editor bueno para los trabajos diarios.

Pantalla Nº3

La historia de vi
El editor vi se desarrolló en la Universidad de California
Berkeley como parte del sistema UNIX de Berkeley.
Al comienzo el editor vi (visual) era parte del editor ex
y tenía que estar en el editor ex para utilizar vi.
La parte de vi del editor ex se utilizaba a menudo y llegó a ser
muy popular. Esta popularidad forzó a los creadores a sacar una versión
conjunta con el editor vi.
Ahora el editor vi es independiente del editor ex y está disponible
en la mayoría de los sistemas operativos UNIX.
El editor vi es un editor bueno y eficaz para los trabajos diarios
aunque podría haber sido más cómodo.
~
~
~
~

Capítulo 5

Introducción al sistema de archivos de UNIX

Este es el primero de los dos capítulos que trata la estructura de archivos del sistema UNIX; el Capítulo 7 será el segundo. El Capítulo 5 describe los conceptos básicos de los archivos y de los directorios, y su organización en una estructura de árbol jerárquica. Se estudian las órdenes que facilitan el manejo del sistema de archivos, se explica el convenio para nombrar los archivos y directorios, y se muestra un punto de vista práctico del sistema de archivos y de sus órdenes asociadas (en la sesión de ejercicios con el terminal).

En este capítulo

5.1. ORGANIZACIÓN DEL DISCO

La información que un computador utiliza se almacena en archivos. Las notas que se escriben, los programas que se crean, y el texto que se edita están almacenados en archivos. Pero ¿dónde están los archivos almacenados?, ¿cómo se les puede seguir la pista? A cada archivo se le da un nombre, y normalmente se encuentran guardados en una sección determinada del disco. Pero teniendo en cuenta la capacidad de los discos, ¿cómo mantenerse al tanto de donde se encuentran los archivos en el disco? Se divide el disco en unidades más pequeñas y en subunidades, se da nombre a cada una de ellas, y se almacena la información afín en una unidad determinada.

UNIX sigue la misma idea en el manejo del disco. Mientras se está trabajando en un computador, los archivos con los que se está opererando se encuentran almacenados en la memoria de acceso aleatorio del computador (RAM) o lo que se denomina en general *memoria principal*. UNIX utiliza la RAM como almacenamiento temporal; los archivos se encuentran almacenados normalmente en el disco duro de forma permanente. (El disco duro es el medio más utilizado de almacenamiento de archivos, aunque se pueden almacenar los archivos en otros medios como pueden ser los disquetes o las cintas).

UNIX permite dividir el disco en varias unidades (denominadas *directorios*), y en subunidades (llamadas *subdirectorios*), de este modo es posible anidar directorios dentro de directorios. UNIX proporciona órdenes para crear, organizar y buscar directorios y archivos en el disco.

5.2. TIPOS DE ARCHIVOS EN UNIX

Para el sistema operativo UNIX, un archivo es una secuencia de bytes. UNIX no soporta otras estructuras (como registros o campos), como hacen otros sistemas operativos. UNIX tiene tres categorías de archivos:

Archivos ordinarios Los archivos ordinarios contienen secuencias de bytes que podrían ser códigos de programación, datos, texto, etc. Los archivos que se crean utilizando el editor vi son archivos ordinarios, y la mayoría de los archivos que se manejan son de este tipo.

Archivos directorios Esencialmente, un archivo directorio es un archivo como cualquier otro, y se nombra de la misma manera. Sin embargo, no es un archivo de texto ASCII estándar. El propio archivo directorio es un archivo que contiene información (como nombres de archivos) acerca de otros archivos. Consta de una serie de registros en un formato especial definido por el sistema operativo.

Archivos especiales Los archivos especiales (archivos de dispositivos) contienen información específica correspondiente a los dispositivos periféricos tales como impresoras, discos, etc. UNIX trata a los dispositivos E/S (entrada y salida) como archivos, y todos los dispositivos del sistema (impresora, disquete, terminal, etc) tienen un archivo distinto.

Ver página XXII para una explicación de los iconos utilizados para resaltar información en este capítulo.

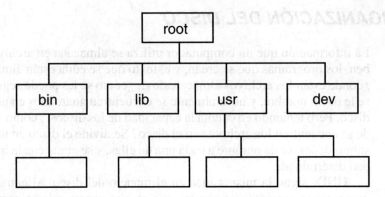

Figura 5.1. Estructura de directorios.

5.3. *TODO LO QUE HAY QUE SABER SOBRE DIRECTORIOS*

Los directorios son la característica esencial del sistema de archivo de UNIX. El sistema de directorios proporciona la estructura para organizar los archivos en el disco. Para visualizar un disco y su estructura de directorios, piense en su disco como si fuera un armario de archivos. Un armario de archivos puede tener varios cajones, que pueden compararse con los directorios del disco. Un cajón puede estar dividido en varias secciones, que son comparables a los subdirectorios.

En UNIX, la estructura de directorios está organizada en niveles; se conoce como una estructura jerárquica. Esta estructura le permite organizar los archivos para que los pueda buscar de una manera fácil. El nivel de directorio más alto se denomina *root* (*raíz*) y todo el resto de directorios cuelgan directa o indirectamente de él. Los directorios no contienen

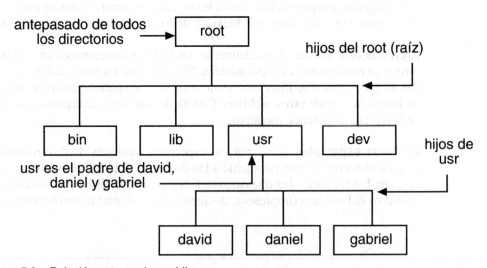

Figura 5.2. Relación entre padres e hijos.

información pero en cambio proporcionan un camino para permitirle organizar y buscar sus archivos. La Figura 5.1 muestra el directorio raíz así como otros directorios.

Un ejemplo de estructura jerárquica es su árbol genealógico. Un matrimonio puede tener un hijo, ese hijo puede tener varios hijos, y cada uno de ellos puede tener más. Los términos *padre* e *hijo* describen la relación entre los niveles de la jerarquía. La Figura 5.2 muestra esta relación. Sólo el directorio raíz no tiene padres. El es el antepasado de todos los directorios.

Una estructura jerárquica de directorios es a menudo presentada como un árbol. El árbol que representa la estructura de archivos esta normalmente dibujado al revés, es decir su raíz arriba. Utilizando esta analogía del árbol, la raíz del árbol es el directorio raíz, las ramas los demás directorios y las hojas los archivos.

El directorio de conexión

El administrador del sistema crea todas las cuentas de los usuarios del sistema y asocia cada una con un directorio determinado. Este directorio es el *directorio de conexión (home)*. Cuando se conecta al sistema, se encuentra situado automáticamente dentro de su directorio. Desde este directorio (directorio de conexión), puede extender su estructura de directorios de acuerdo con sus necesidades. Puede añadir tantos subdirectorios como quiera, y dividiendo los subdirectorios en subdirectorios adicionales, puede continuar extendiendo su estructura de directorios. La Figura 5.3 muestra que el directorio llamado usr tiene tres subdirectorios

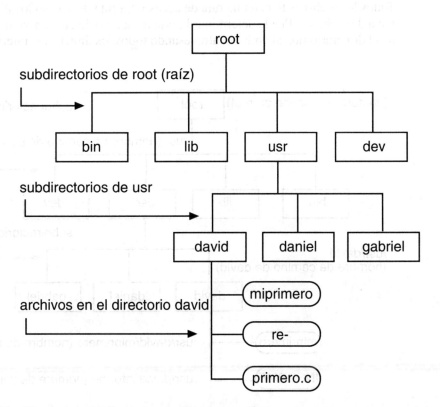

Figura 5.3. Directorios, subdirectorios y archivos.

denominados david, daniel y gabriel. El directorio david contiene tres archivos, pero los otros directorios están vacíos.

1. *La Figura 5.3 no es una estructura de archivos UNIX estándar, la organización de la estructura de archivos varía de una instalación a otra.*

2. *Su identificativo y su nombre de directorio de conexión son normalmente el mismo. Sus identificativos y directorio de conexión se los asigna el administrador del sistema.*

3. *El directorio raíz está presente en todas las estructuras de archivos UNIX.*

4. *El nombre del directorio raíz es siempre una barra inclinada a la derecha (/).*

El directorio de trabajo

Mientras esté trabajando en el sistema UNIX, estará siempre asociado a un directorio. El directorio con el que está asociado, o en el que trabaja, se denomina *directorio de trabajo* o *directorio actual*. Algunas órdenes le permiten ver o cambiar su directorio de trabajo.

5.3.1. Comprensión de los conceptos de caminos y rutas de acceso

Todos los archivos tienen una ruta de acceso. La ruta de acceso localiza al archivo en el sistema de archivos. Puede determinar la ruta de acceso de un archivo trazando un camino desde el directorio raíz al archivo, atravesando todos los directorios intermedios. La Figura 5.4

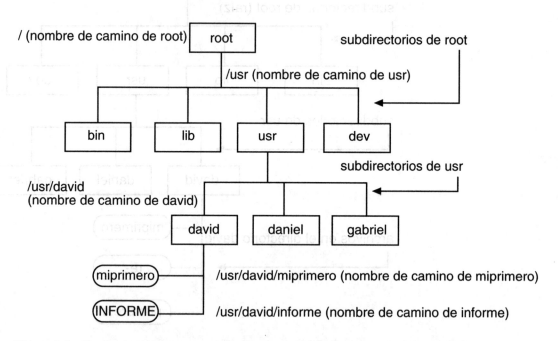

Figura 5.4. Nombres de caminos en una estructura de directorios.

muestra la jerarquía y las rutas de acceso de los directorios y archivos. Por ejemplo, utilizando la Figura 5.4, si su directorio actual es el *raíz*, el camino a un archivo (por ejemplo miprimero) desde el directorio raíz es /usr/david/miprimero.

Al final de cada camino hay un archivo ordinario (denominado *archivo*) o un archivo directorio (denominado *directorio*). Los archivos ordinarios son el final de los caminos y no pueden tener más directorios; al igual que en la analogía del árbol, una hoja no puede tener ramas. Los archivos directorios son los puntos en la estructura que pueden soportar otros caminos, al igual que en un árbol las ramas pueden tener otras ramas.

1. *La barra inclinada a la derecha (/) al comienzo significa el directorio raíz.*

2. *Las demás barras inclinadas sirven para separar los nombres de otros directorios y archivos.*

3. *Los archivos en su directorio de trabajo son accesibles inmediatamente. Para acceder a los archivos que se encuentren en otros directorios es necesario especificar el nombre del archivo particular con su ruta de acceso.*

Camino absoluto   Un *camino absoluto* (camino completo) traza un camino desde el directorio raíz al archivo. Siempre comienza con el nombre del directorio raíz, con la barra inclinada a la derecha (/). Por ejemplo, si su directorio de trabajo es usr, la ruta de acceso absoluto del archivo llamado miprimero que está en el directorio david es /usr/david/miprimero.

1. *El camino absoluto especifica exactamente donde buscar un archivo, por lo que puede ser utilizado para especificar la localización de un archivo en el directorio de trabajo o en cualquier otro directorio.*

2. *Los caminos absolutos siempre comienzan desde el directorio raíz y por tanto tienen al comienzo una barra inclinada a la derecha (/).*

Camino relativo   Un *camino relativo* es una forma más corta de dar la ruta de acceso. Traza un camino desde el directorio de trabajo a un archivo. Al igual que el camino absoluto, el camino relativo puede describir un camino a través de varios directorios. Por ejemplo, si su directorio de trabajo es usr, la ruta de acceso relativo para el archivo denominado INFORME bajo el directorio david es david/INFORME.

No hay una barra inclinada a la derecha inicial (/) en un camino relativo. Siempre se empieza desde el directorio actual.

5.3.2.   Utilización de los nombres de archivos y directorios

Todos los archivos ordinarios y de directorio tienen un nombre. UNIX le da mucha libertad a la hora de nombrar sus archivos y directorios. La longitud máxima de nombre de un archivo depende de la versión de UNIX y del fabricante del sistema. Todos los sistemas UNIX permiten un nombre de archivo de al menos 14 caracteres, y la mayoría soporta nombres de archivos mucho más largos, por encima de 255 caracteres.

Puede nombrar un archivo utilizando una combinación de números y caracteres. La única excepción es el directorio raíz, que se nombra siempre con una barra inclinada a la derecha (/). Ningún otro archivo puede usar este nombre.

Hay caracteres que tienen un significado especial para el *shell* que se esté utilizando. Si esos caracteres se utilizan en un nombre de archivo, el *shell* los interpreta como una parte de una orden y actúa sobre ellos. Aunque hay formas de inhibir esta interpretación de caracteres especiales, una mejor elección es evitar utilizarlos. En particular, conviene evitar los siguientes caracteres en los nombres de archivos:

< >	signos de menor que y mayor que
( )	paréntesis de apertura y cierre
[ ]	corchetes de apertura y cierre
{ }	llaves de apertura y cierre
*	asterisco
¿ ?	signos de interrogación
"	dobles comillas
'	comilla simple
-	signo menos
$	signo dólar
^	acento circunflejo

Para evitar confusiones elija caracteres de la siguiente lista:

letras mayúsculas	(A-Z)
letras minúsculas	(a-z)
números	(0-9)
guión de subrayado	(_)
punto	(.)

UNIX utiliza espacios para indicar dónde finaliza una orden o nombre de archivo y dónde comienza otra. Utilice un punto o un signo de subrayado donde normalmente utilizaría un espacio. Por ejemplo, si quiere poner a un archivo el nombre MI LISTA NUEVA, debe de llamarlo MI_LISTA_NUEVA o MI.LISTA.NUEVA.

El nombre de archivo que elija debería de significar algo. Nombres como *basura*, *jaja*, o *ddxx* son nombres correctos pero al mismo tiempo son elecciones pobres porque no le ayudan a recordar lo que ha almacenado en el archivo. Elija un nombre tan descriptivo como sea posible y asocie el nombre del archivo con los contenidos del archivo. Los siguientes nombres de archivos tienen una sintaxis correcta y también una información conveniente acerca del contenido del archivo:

INFORMES	Enero_lista	mi_memoria
tiendas.lis	Telefonos	editor.c

El sistema operativo UNIX es sensible a mayúsculas: las letras mayúsculas son distintas de las minúsculas. Si quiere puede mezclar mayúsculas y minúsculas en cualquier orden en el nombre de sus archivos. Recuerde, sin embargo, que los archivos MI_ARCHIVO, Mi_Archivo y mi_archivo se consideran diferentes.

UNIX no hace distinción entre los nombres que pueden ser asignados a los archivos normales y los que pueden ser asignados a los archivos directorios. Por tanto, es posible tener un directorio y un archivo con el mismo nombre, por ejemplo, el directorio encontrado+perdido podría contener un archivo llamado encontrado+perdido.

Refiriéndose a la analogía de padres e hijos, como los hijos de un padre, dos archivos en el mismo directorio no pueden tener el mismo nombre. Parece sensato, que los padres pongan diferentes nombres a sus hijos, pero en UNIX es obligatorio. Sin embargo, como los hijos de padres diferentes, los archivos en directorios distintos pueden tener los mismos nombres.

Debe evitar utilizar espacios en el nombre de un archivo.

Extensiones de nombres de archivos La extensión de un nombre de archivo ayuda a clasificar y describir el nombre del archivo. Las extensiones son la parte del nombre del archivo que sigue a un punto y en la mayoría de los casos son opcionales. Algunos compiladores de lenguajes de programación, como el lenguaje C, dependen de una extensión específica en el nombre de archivo (los compiladores se explican en el Capítulo 10). En la Figura 5.5, primero.c en el directorio fuente tiene extensión .c que es una extensión de archivo típica para el lenguaje de programación C.

Si quiere puede utilizar varios puntos dentro del mismo nombre de archivo. Los siguientes ejemplos muestran algunos nombres de archivo con extensión:

```
informe.c          informe.o
memo.04.10
(utilización de más de un punto)
```

5.4. ÓRDENES DE DIRECTORIOS

Ahora que se ha familiarizado con algunos conceptos y definiciones básicas de los archivos, es hora de aprender a trabajar con archivos y directorios. Los siguientes ejemplos y secuencias de órdenes muestran la utilización de órdenes que le permiten manejar sus archivos y directorios.

En los siguientes ejemplos, suponga que su identificativo es david, la Figura 5.5 es su estructura de directorios, y su directorio de conexión es david.

5.4.1. Visualización de la ruta de acceso del directorio actual: la orden *pwd*

La orden **pwd** (imprimir directorio de trabajo) visualiza la ruta de acceso de su directorio de trabajo (actual). Por ejemplo cuando se conecta por primera vez al sistema UNIX, se encuentra en su directorio de conexión. Para visualizar la ruta de acceso de su directorio de conexión, el que en este momento es también su directorio de trabajo, utilice la orden **pwd** después de su conexión al sistema.

Conéctese al sistema y muestre la ruta de acceso de su directorio de conexión.

```
login: david [Retorno] ............  Introduzca su identificativo.
password: ..............................  Introduzca su palabra clave.
welcome to UNIX!
$ pwd [Retorno] ....................  Visualice el camino de su directorio de conexión
/usr/david
$_ ...........................................  Indicador para la próxima orden
```

1. /usr/david *es la ruta de acceso de su directorio de conexión.*

2. /usr/david *es también la ruta de acceso de su directorio de trabajo o actual.*

3. /usr/david *es un camino absoluto, porque comienza con /, que traza el camino de su directorio de conexión desde el directorio raíz.*

4. david *es su identificativo y su nombre de directorio de conexión.*

Localización de un archivo en su directorio de trabajo   Su directorio de trabajo es david, y la Figura 5.5 muestra que su estructura de directorios tiene cinco archivos más un directorio denominado fuente, que contiene un archivo. Desea localizar el archivo denominado miprimero. La ruta de acceso para miprimero, que se encuentra en el directorio david es /usr/david/miprimero. Este es el camino absoluto al archivo. Sin embargo, cuando un archivo se encuentra en su directorio de trabajo, no necesita la ruta de acceso para referenciarlo. El nombre del archivo (en este caso, miprimero) es suficiente.

Localización de un archivo en otro directorio   Cuando un archivo se encuentra en un directorio diferente a su directorio de trabajo, necesita especificar en qué directorio se encuentra el archivo. Suponga que su directorio de trabajo es usr. La ruta de acceso para el archivo denominado primero.c en su directorio fuente es david/fuente/primero.c.

david/fuente/primero.c *es lo que se denomina un* camino relativo. *No comienza desde el directorio raíz.*

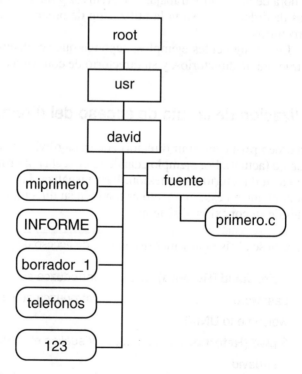

Figura 5.5. Estructura de directorios utilizada en los ejemplos.

5.4.2. Cómo cambiar el directorio de trabajo: la orden *cd*

No siempre se trabaja en su directorio de conexión. Se puede cambiar su directorio de trabajo de manera que sea otro cualquiera. La orden **cd** (cambio de directorio) hace que el directorio especificado sea su directorio de trabajo.

Para cambiar su directorio de trabajo al directorio fuente haga lo siguiente:

    $ pwd [Retorno] .... Comprueba su directorio actual.
    /usr/david

    $ cd fuente [Retorno] .... Cambia al directorio `fuente`.

    $ pwd [Retorno] .... Visualiza su directorio de trabajo.
    /usr/david/fuente

Suponiendo que tiene permiso, cambie su directorio de trabajo a daniel haciendo lo siguiente:

    $ cd /usr/daniel [Retorno] .... Cambia al directorio `daniel`.

    $ pwd [Retorno] .... Comprueba su directorio de trabajo.
    /usr/daniel

    $_ .... Indicador para la próxima orden.

Regreso a su directorio de conexión   Cuando tenga niveles de directorios y su directorio de trabajo se encuentre unos cuantos niveles hacia abajo en la estructura anidada de directorios, conviene ser capaces de volver a su directorio de conexión sin escribir demasiado. Utilice la orden **cd** con **$HOME** (una variable que mantiene la ruta de acceso de su directorio de conexión) como el nombre del directorio. Puede también escribir sólo la orden **cd** seguida de [Retorno]; el valor por defecto es su directorio de conexión.

Utilice la siguiente secuencia de órdenes para practicar el uso de la orden **cd**:

    $ cd $HOME [Retorno] .... Vuelve al directorio de conexión.

    $ cd fuente [Retorno] .... Cambia al directorio `fuente`.

    $ cd [Retorno] .... El nombre del directorio no se especifica;
                                       la opción por defecto es su directorio de conexión.

    $ pwd [Retorno] .... Comprueba si se encuentra en su directorio
                                         base.
    /usr/david

    $ cd xyz [Retorno] .... Cambia al directorio llamado `xyz`. Si no
                                         existe, se visualiza el siguiente mensaje:
    xyz: not a directory

    $_ .... Indicador para la próxima orden.

5.4.3. Creación de directorios

La primera vez que se conecte al sistema UNIX, empieza a trabajar desde su directorio de conexión, que es también su directorio de trabajo. Probablemente no existe ningún archivo o subdirectorio en su directorio de conexión en este momento, y querrá crear su propio sistema de subdirectorios.

Ventajas de la creación de directorios

En UNIX no hay restricciones en la estructura de directorios; si quiere puede guardar todos sus archivos en su directorio de conexión. Aunque crear una estructura de directorios efectiva le lleve algún tiempo, le proporcionará muchas ventajas. Particularmente, cuando tiene un gran número de archivos, las ventajas de crear una estructura de directorios se hacen más claras. Algunas de las ventajas del uso de directorios son:

- Agrupar archivos que están relacionados en un mismo directorio hace más fácil el recordarlos y su acceso.
- Visualizar una lista más corta de sus archivos en la pantalla le permite encontrar un archivo más rápidamente.
- Puede utilizar nombres de archivos idénticos para archivos que estén almacenados en directorios diferentes.
- Los directorios hacen viable compartir una gran capacidad de disco con otros usuarios (quizá otros estudiantes), con un espacio predefinido para cada uno.
- Puede aprovecharse de las órdenes de UNIX que manejan los directorios.

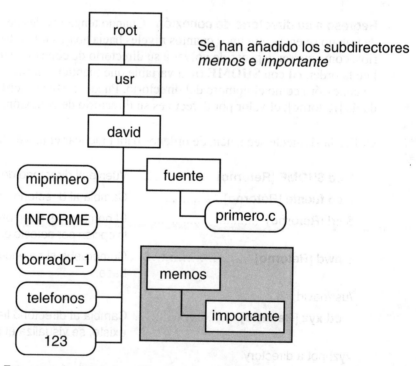

Figura 5.6. Estructura de directorios utilizada en los ejemplos.

La utilización de directorios requiere una planificación cuidadosa. Si agrupa de una manera lógica sus archivos dentro de directorios manejables, su planificación se verá recompensada. Si crea sus directorios de forma aleatoria, tendrá dificultades para encontrar sus archivos y empleará más tiempo en reconocerlos.

Creación de directorios: la orden mkdir

La orden **mkdir** (make directory, creación de directorio) crea un nuevo subdirectorio debajo de su directorio de trabajo o de cualquier otro directorio que especifique como parte de la orden. Por ejemplo, las siguientes secuencias de órdenes muestran como crear subdirectorios debajo de su directorio de conexión o de otros directorios. La Figura 5.6 muestra su estructura de directorios después de que añada los nuevos directorios.

Para crear un directorio llamado memos debajo de su directorio de conexión, haga lo siguiente:

$ cd [Retorno]	Asegúrese de que se encuentra en su directorio de conexión.
$ mkdir memos [Retorno]	Crea un directorio llamado memos.
$ pwd [Retono]	Comprueba donde se encuentra.
/usr/david	
$ cd memos [Retorno]	Cambia al nuevo directorio.
$ pwd [Retorno]	Comprueba donde se encuentra.
/usr/david/memos	
$_	Su directorio actual es memos.

Mientras se encuentra en su directorio de conexión, cree un nuevo subdirectorio llamado importante en el directorio memos.

$ cd [Retorno]	Asegúrese de que se encuentra en su directorio de conexión.
$ mkdir memos/importante [Retorno] .	Especifica la ruta de acceso del nuevo directorio.
$ cd memos/importante [Retorno]	Cambia al nuevo directorio.
$ pwd [Retorno]	Comprueba su directorio de trabajo.
/usr/david/memos/importante	
$_	Ahora su directorio de trabajo es importante.

Una estructura de directorios puede crearse según sus necesidades específicas.

La opción -p Puede crear una estructura de directorios completa utilizando una única línea de orden. Puede utilizar la opción **-p** para crear niveles de directorios debajo de su directorio actual. Por ejemplo, suponga que quiere crear una estructura de directorios de tres niveles de profundidad, comenzando en su directorio de conexión. Las siguientes órdenes muestran como hacerlo, y la Figura 5.7 representa la estructura de directorios después de aplicar esas secuencias de órdenes.

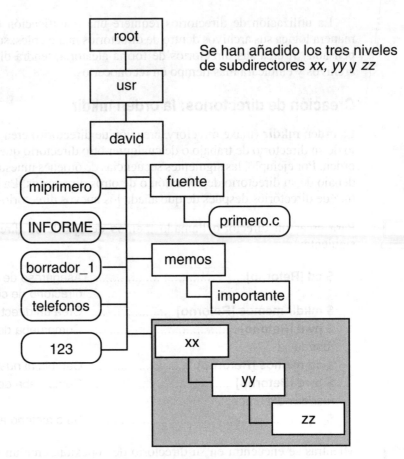

Figura 5.7. Estructura de directorios utilizada en los ejemplos.

 Mientras se encuentra en su directorio de conexión, cree una estructura de directorios de tres niveles haciendo lo siguiente:

$ cd [Retorno]	Asegúrese de que se encuentra en el directorio de conexión.	
$ mkdir -p xx/yy/zz [Retorno]	Crea un directorio llamado xx; en xx crea un directorio llamado yy, y en yy crea un directorio llamado zz.	
$_	Preparado para la próxima orden.	

1. El directorio padre no debe existir. En el ejemplo anterior, no debería haber un directorio llamado zz en su directorio actual.

2. No es necesario que se encuentre en el directorio padre para crear un subdirectorio. Mientras que dé la ruta de acceso del nuevo directorio, puede emitir la orden desde cualquier nivel de directorio.

5.4.4. Eliminación de directorios: la orden *rmdir*

A veces puede darse el caso de tener un directorio que no va a usar ya más, o quizá haya creado un directorio por error. En ambos casos, puede querer eliminar el directorio en cuestión, UNIX tiene una orden para ello.

La orden **rmdir** (*remove directory,* eliminación de directorio) elimina (borra) el directorio especificado. Sin embargo, sólo elimina directorios vacíos (directorios que no contienen otros subdirectorios o archivos que no sean los directorios punto (.) y doble punto (..), que serán explicados más tarde en este capítulo).

Parar eliminar el directorio importante en su directorio memos, haga lo siguiente:

  $ **cd memos [Retorno]** .... Cambia su directorio de trabajo a memos.

  $ **pwd [Retorno]** .... Asegúrese de que se encuentre en memos.

  /usr/david/memos

  $_ .... Sí, se encuentra en él.

  $ **rmdir importante [Retorno]** .... Elimina el directorio importante.

  $_ .... Preparado para la próxima orden.

1. *El subdirectorio* importante *podría eliminarse porque es un directorio vacío.*
2. *Debe de encontrarse en un directorio padre para eliminar un subdirectorio.*

Desde el directorio david, intente eliminar el subdirectorio fuente haciendo lo siguiente:

  $ **cd [Retorno]** .... Cambia al directorio david.

  $ **rmdir fuente [Retorno]** .... Elimina el directorio fuente.

  rmdir: fuente: Directory not empty

  $ **rmdir xyz [Retorno]** .... Elimina un directorio llamado xyz.

  rmdir: xyz: Directory does not exist

  $_ .... Preparado para la próxima orden.

1. *No se puede borrar el subdirectorio* fuente *porque no es un directorio vacío. Hay archivos localizados en él.*
2. **rmdir** *devuelve un mensaje de error si le da un nombre de directorio erróneo o si no puede localizar el nombre del directorio en la ruta de acceso especificado.*
3. *Debe encontrarse en el directorio padre o en un nivel más alto de directorio o bien estar en una rama que no depende del directorio borrar para eliminar subdirectorios (hijos).*

5.4.5. Listado de directorios: la orden *ls*

La orden **ls** (lista) se utiliza para visualizar el contenido de un directorio especificado. Se lista la información en orden alfabético por nombre de archivos, y la lista incluye los nombres de archivos y de directorios. Cuando no se especifica el directorio, se lista el directorio actual. Si en lugar de un nombre de directorio se especifica el nombre de un archivo, entonces **ls** muestra el nombre del archivo con cualquier otra información requerida.

La Figura 5.8 muestra la estructura de directorios utilizada en los ejemplos y en las secuencias de órdenes y las figuras subsiguientes muestran el efecto de las órdenes de los ejemplos en sus archivos y directorios. Por favor siga las figuras para una mejor comprensión de los ejemplos.

1. *Recuerde, un listado de directorios contiene sólo el nombre de los archivos y de los subdirectorios. Otras órdenes le permiten leer el contenido de un archivo.*

2. *Si no se especifica el nombre del directorio, el valor por defecto será el directorio actual.*

3. *El nombre de archivo no indica si es un archivo o un directorio.*

4. *Por defecto, la salida se ordena alfabéticamente; los números van antes que las letras, y las mayúsculas antes que las minúsculas.*

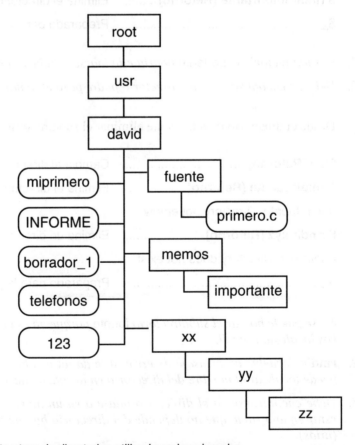

Figura 5.8. Estructura de directorios utilizada en los ejemplos.

Suponga que su directorio actual es **david**, muestre los contenidos de su directorio de conexión escribiendo **ls**. Puede querer listar los contenidos de otros directorios además de su directorio actual. Puede también listar un único archivo para comprobar si existe en el directorio especificado.

```
$ ls
123
Borrador_1
INFORME
memos
miprimero
telefonos
fuente
xx
$_
```

Siendo david su directorio de conexión, liste los archivos en el directorio fuente haciendo lo siguiente:

$ cd [Retorno] .... Asegúrese de que se encuentra en el directorio `david`.

$ ls fuente [Retorno] .... Mientras esté en `david`, visualiza la lista de archivos en el directorio `fuente`.

primero.c

$_ .... Preparado para la próxima orden.

Estando en su directorio de conexión compruebe si existe el archivo primero.c en el directorio fuente.

$ ls fuente/primero.c [Retorno] ...... Visualiza el nombre del archivo `primero.c` en el directorio `fuente` para ver si existe. Si existe, el nombre del archivo se visualiza.

primero.c

$ ls xyz [Retorno] .... Visualiza un archivo llamado `xyz` si existe. Si no existe; aparecerá un mensaje de error.

fuente/xyz: No such a file or directory

$_ .... Preparado para la siguiente orden.

Opciones de ls   Cuando necesite más información de los archivos o quiera listarlos en un formato diferente, utilice la orden **ls** con opciones. Estas opciones versátiles proporcionan capacidades para listar los archivos en formato de columnas, que muestra el tamaño del archivo, o distingue entre nombres de archivos o directorios.

Tabla 5.1. Las opciones de la orden **ls**.

Opción	Operación
-a	Lista todos los archivos, incluidos los ocultos.
-C	Lista los archivos en formato multicolumna. Las entradas se ordenan por columnas.
-F	Pone una barra inclinada a la derecha (/) después de cada nombre de archivo, si ese archivo es un directorio, y un asterisco (*) si se trata de un archivo ejecutable.
-l	Lista los archivos en formato largo y muestra información detallada sobre ellos.
-m	Lista los archivos a lo largo de la página separados por comas.
-p	Pone una barra inclinada a la derecha (/) después de cada nombre de archivo si es un nombre de directorio.
-r	Lista los archivos en orden alfabético inverso.
-R	Lista recursivamente los contenidos de los subdirectorios.
-s	Muestra el tamaño de cada archivo en bloques.
-x	Lista los archivos en formato multicolumna. Las entradas son ordenadas por líneas.

La Tabla 5.1 muestra la mayoría de las opciones de la orden **ls**. Se van a utilizar algunas de estas opciones y observar sus salidas en pantalla.

1. *Todas las letras de opción están precedidas por un guión.*
2. *Debe haber un espacio entre el nombre de la orden y la opción.*
3. *Puede utilizar rutas de acceso para listar los archivos en un directorio que no sea el de trabajo.*
4. *Puede utilizar más de una opción en una línea de orden.*

La opción más informativa es la **-l** (formato largo). El listado producido por la orden **ls** y la opción **-l** muestra una línea para cada archivo o subdirectorio y visualiza algunas columnas de información para cada uno.

Liste los archivos del directorio actual en formato largo haciendo lo siguiente:

☐ Escriba **cd** y presione [Retorno]; luego escriba **ls -l** y presione [Retorno].

La primera línea de salida en la Figura 5.9 muestra el tamaño total de los archivos visualizados. El tamaño indica el número de bloques, normalmente de 512 bytes.

```
$ cd
$ ls -l
total 11
- rw- r– r–     1     david     estudiante     1026   Jun 25   12:28   123
- rw- r– r–     1     david     estudiante      684   Jun 25   12:20   Borrador_1
- rw- r– r–     1     david     estudiante      342   Jun 25   12:28   INFORME
drw- r– r–     1     david     estudiante       48   Jun 25   12:28   memos
- rw- r– r–     1     david     estudiante      342   Jun 25   12:28   miprimero
- rw- r– r–     1     david     estudiante      342   Jun 25   12:28   telefonos
drw- r– r–     1     david     estudiante       48   Jun 25   12:28   fuente
drw- r– r–     1     david     estudiante       48   Jun 25   12:28   xx
$ _
```

Figura 5.9. La orden **ls** y la opción **-l**.

1	2	3	4	5	6	7
-rwx rw----1	david	estudiante	342	Jun 25	12:28	miprimero

Columna 1 .... Está formada por 10 caracteres. El primero indica el tipo de archivo y el resto indican el modo o permisos de acceso al archivo.

Columna 2 .... Está formada por un número que indica el número de enlaces.

Columna 3 .... Indica el nombre del propietario.

Columna 4 .... Indica el nombre del grupo.

Columna 5 .... Indica el tamaño del archivo en bytes.

Columna 6 .... Muestra la fecha y la hora de la última modificación.

Columna 7 .... Muestra el nombre del archivo.

Figura 5.10. La orden **ls** con formato largo.

La Figura 5.10 le da una idea general acerca de las columnas. Mire cada columna y vea qué tipo de información contiene.

Tipo de archivo   La primera columna consta de 10 caracteres y el primer carácter de cada línea indica el tipo de archivo. A continuación se resumen los tipos de archivos.

-   indica un archivo ordinario
d   indica un archivo directorio
b   indica un archivo especial orientado a bloque (dispositivo), por ejemplo discos
c   indica un archivo especial orientado a carácter (dispositivo), por ejemplo impresoras

Tabla 5.2. Los caracteres de permiso de archivos.

Clave	Permisos fijados
[r]	Permiso de lectura autorizado.
[w]	Permiso de escritura autorizado.
[x]	Permiso de ejecución autorizado (permiso para ejecutar el archivo como un programa)
[-] (guión)	Permiso no autorizado.

Modo de acceso de archivo Los siguientes 9 caracteres, que constan de tres conjuntos de letras *r, w, x*, y/o guiones (-), describen el modo de acceso o permisos de cada archivo. Indican cómo pueden acceder a un archivo particular los usuarios del sistema, y se denominan *accesos a un archivo* o *modo de permisos*. Cada conjunto de letras *r, w, x,* y guiones (-) se interpreta tal como describe la Tabla 5.2.

1. *El permiso de ejecución (x) tiene sentido si se trata de un archivo ejecutable (un programa).*

2. *Si aparece un guión en lugar de una letra, el permiso se deniega.*

3. *Si el archivo es un archivo directorio, x se interpreta como permiso para buscar en el directorio un archivo específico.*

Cada conjunto de letras autoriza o deniega el permiso a un grupo diferente de usuarios. El primer conjunto de letras *rwx* autoriza el permiso de lectura, escritura y ejecución al *propietario* (usuario), el segundo conjunto de letras *rwx* es para un *grupo* y el tercero para *otros*. Fijando las letras de acceso para diferentes grupos de usuarios, puede controlar quien tiene permiso en sus archivos y que tipo de accesos tiene. Por ejemplo, suponga que se encuentra en el directorio david, y emite la siguiente orden:

$ **ls -l miprimero [Retorno]** .... Lista `miprimero` en formato largo.

- rwx rw---- 1 david estudiante 342 Jun 25 12:28 miprimero

La salida muestra que miprimero es un archivo ordinario; la primera letra es un guión. El primer grupo de letras (rwx) significa que el *propietario* tiene permiso de lectura, escritura y ejecución. El segundo grupo de letras (rw-) significa que el *grupo* tiene permiso de lectura y escritura, pero el permiso de ejecución está denegado. Los últimos tres caracteres (---), tres guiones, muestra que los *otros* (el resto) tienen denegado todo tipo de acceso.

Número de enlaces La segunda columna muestra un número que indica el número de enlaces. Los enlaces (la orden ln) se discuten en el Capítulo 7. En nuestro ejemplo el número de enlaces para miprimero es 1.

Propietario de archivo La tercera columna muestra el propietario del archivo. Normalmente este nombre es el mismo que el id (identificador) de usuario de la persona que lo creó, en este caso, **david**.

Grupo de archivo La cuarta columna muestra el grupo de usuarios. Todos los usuarios en UNIX tienen un id de usuario y un id de grupo. Ambos los asigna el administrador del sistema. Por ejemplo, la gente que trabaja en un proyecto tiene el mismo id de grupo. En el ejemplo el grupo de archivo es **estudiante**.

Tamaño de archivo La quinta columna muestra el tamaño de archivo, esto es el número de bytes (caracteres). En el ejemplo el tamaño de archivo es 342 bytes.

Fecha y hora La sexta columna muestra la fecha y hora de la última modificación. En el ejemplo miprimero fue modificado por última vez el 25 de junio a las 12:10.

Nombre de archivo La séptima columna (finalmente) muestra el nombre del archivo, en el ejemplo, miprimero.

Situado en david, liste los archivos del directorio fuente en formato largo haciendo lo siguiente:

$ cd [Retorno]	Asegurese de que se encuentra en el directorio de conexión.
$ ls -l fuente [Retorno]	Lista los archivos del directorio fuente.
- rwx rw- - - - - 1 david estudiante ..... 342 Jun 25 12:28 primero.c	
$_	Preparado para la próxima orden.

1. *Está en el directorio de conexión, listando los archivos del directorio* fuente.

2. *Sólo hay un archivo en el directorio* fuente.

3. *Su archivo,* primero.c, *es un archivo ordinario indicado por un guión (-).*

4. *Tiene permiso de lectura, escritura y ejecución (rwx). El grupo de usuarios tiene permiso de lectura y escritura, indicado por (rw-). El permiso se deniega a otros, indicado por (---).*

5. *El archivo* primero.c *tiene un enlace.*

6. *El nombre del propietario es **david**, y el nombre de grupo es **estudiante**.*

7. *El tamaño del archivo* primero.c *es 342 bytes.*

8. *El archivo* primero.c *fue modificado por última vez el 25 de junio a las 12:28.*

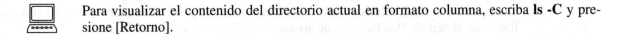

Para visualizar el nombre de los archivos en su directorio de conexión en orden inverso, escriba **ls -r** y presione [Retorno] (Véase la Figura 5.11).

Dese cuenta que la opción es la *r* minúscula.

Para visualizar el contenido del directorio actual en formato columna, escriba **ls -C** y presione [Retorno].

```
$ ls -r
xx
fuente
memos
miprimero
telefonos
INFORME
Borrador_1
123
$_
```

Figura 5.11. La orden **ls** con la opción **-r**.

```
$ ls -C]
123                   Borrador_1        INFORME        memos
miprimero             telefonos         fuente         xx
$ _
```

Figura 5.12. La orden **ls** con la opción **-C**.

Las columnas están ordenadas alfabéticamente a lo largo de la ventana (Véase la Figura 5.12).

Para visualizar los contenidos del directorio actual, separados por comas, escriba **ls -m** y presione [Retorno] (Véase la Figura 5.13).

```
$ ls -m
123, Borrador_1, INFORME, memos, miprimero, telefonos, fuente, xx
$ _
```

Figura 5.13. La orden **ls** con la opción **-m**.

Archivos ocultos

Un nombre de archivo que empiece con un punto se denomina *archivo invisible*, o *archivo oculto* y las órdenes de listado de directorios normalmente no los visualiza. Los archivos de arranque son normalmente ocultos (denominados con el punto al comienzo) así que ellos no llenan su directorio (los ficheros de arranque serán estudiados en el Capítulo 7).

Puede crear su propio archivo oculto en su directorio de conexión o cualquier otro sub-directorio que desee. Para ello basta con comenzar el nombre del archivo con [.]. Dos entradas ocultas especiales, un punto y un doble punto (. y ..), aparecen en todos los directorios excepto en el directorio raíz.

Las entradas de directorio . y .. La orden **mkdir** (crear directorio) automáticamente pone dos entradas en todos los directorios que crea. Son el punto y el doble punto, que representan al directorio actual y un directorio del nivel más alto respectivamente. Utilizando la analogía de padre e hijo, el doble punto (**..**) representa el directorio padre y el punto (**.**) el directorio hijo.

Estas abreviaturas de directorio se utilizan para referirse a los directorios padre y actual en las órdenes de UNIX cuando se requiere la ruta de acceso.

Liste todos los archivos del directorio fuente, incluyendo los archivos ocultos, haciendo lo siguiente:

☐ Escriba **cd fuente** y presione [Retorno] para cambiarse al directorio fuente.

☐ Escriba **ls -a** y presione [Retorno] para listar todos los archivos incluidos los invisibles:

```
.
..
primero.c
```

1. *Aquí el punto (.) significa su directorio actual* (/usr/david/fuente).
2. *Aquí el punto doble (..) significa su directorio padre* (/usr/david).

Cambie su directorio de trabajo al directorio padre haciendo lo siguiente:

$ cd .. [Retorno] .... Cambia al directorio padre (/usr/david).

$ pwd [Retorno] .... Comprueba donde se encuentra.

/usr/david

$_ .... Se le devuelve el indicador y se encuentra en el directorio /usr/david.

1. *Aquí, el punto (.) representa el directorio actual, que es* (/usr/david).
2. *El doble punto (..) representa el directorio padre, que es* (/usr).

Liste los archivos del directorio padre de david, separados por comas, haciendo lo siguiente:

$ cd [Retorno] .... Regresa al directorio david.

$ **ls -m ..** [Retorno] .... Lista los archivos en el directorio padre de `david`,
                                                    el cual es `usr`; muestra los nombres de archivos
                                                    a lo largo de la pantalla, separados por comas.

david, daniel, gabriel

$_ .... Preparado para la próxima orden.

Utilización de opciones múltiples

Puede utilizar más de una opción en una única línea de orden. Por ejemplo, si quiere listar
todos los archivos, incluidos los archivos ocultos (opción **-a**), en formato largo (opción **-l**), y
los nombres de archivos en orden alfabético inverso (opción **-r**), escriba   **ls -mar** o **ls -m -a
-r** y presione [Retorno].

*1. Puede utilizar un guión para empezar las opciones, pero sin dejar espacio entre las
letras de opción.*

2. No importa el orden de las letras de opción en una línea de orden.

*3. Puede utilizar un guión para cada opción, pero debe haber un espacio entre las letras de
opción.*

Liste su directorio de conexión en la pantalla e indique cada nombre de directorio con una
barra inclinada a la derecha (/).

```
$ cd
$ ls -m -p
123, Borrador_1, INFORME, memos/, miprimero, telefonos, fuente/, xx/
$_
```

*Se usan dos opciones, **-m** para presentar los nombres de archivos en la pantalla, y **-p** para
situar una barra inclinada a la derecha (/) al final de cada nombre de directorio.*

Para mostrar todos los nombres de archivos en orden inverso, separados por comas, y para
indicar los archivos de directorio con una barra inclinada a la derecha y los archivos ejecutables con un asterisco, haga lo siguiente:

```
$ cd
$ ls -amF
./, ../, 123, Borrador_1, INFORME, memos/, miprimero, telefonos, fuente/, xx/
$_
```

*1. Se utilizan tres opciones, **-a** para mostrar archivos ocultos, **-m** para presentar los nombres de archivo en la pantalla, **-F** para indicar los directorios y archivos ejecutables
situados con una barra inclinada a la derecha (/) o un asterisco al final de los nombres
de archivos respectivamente.*

*2. Los dos archivos invisibles son archivos directorios, indicados por una barra inclinada
a la derecha al final del nombre.*

Liste todos los archivos del directorio de conexión, en formato columna, en orden inverso.

```
$ cd
$ ls -arC
xx       telefonos     memos        INFORME      123      .
fuente   miprimero     Borrador_1    ..
$_
```

Liste los archivos del directorio david, separados por comas, y muestre el tamaño de cada archivo.

```
$ cd
$ ls -s -m
total 11, 3 123, 2 Borrador_1, 1 INFORME, 1 memos, 1 miprimero,
1 telefonos, 1 fuente, 1 xx
$_
```

1. *El primer campo (total 11) muestra el tamaño total de los archivos normalmente en bloques de 512 bytes.*

2. *La opción* **-s** *da el tamaño del archivo; cada archivo es de al menos un bloque (512 bytes), sin tener en cuenta lo pequeño que sea.*

Liste todos los archivos (incluidos los archivos ocultos), en el directorio david, en formato columna y muestre también su tamaño.

```
$ cd
$ ls -a -x -s
total 13      3  123        1  memos  1  fuente
1 .          3  Borrador_1  1  miprimero 1  xx
1 ..         1  INFORME     1  telefonos
$_
```

1. *El tamaño total son trece bloques, además se añade el tamaño de los dos archivos ocultos.*

2. *La opción* **-x** *formatea las columnas de una manera diferente a* **-C**. *Cada columna está ordenada alfabéticamente.*

Muestre la estructura de directorios a partir de david en formato columna.

```
$ cd
$ ls -R -C
123          Borrador_1    INFORME      memos      miprimero    telefonos
fuente       xx
./memos:
./fuente:
primero.c
./xx:
yy
./xx/yy
zz
./xx/yy/zz:
$_
```

Las opciones de la orden son las letras mayúsculas R y C.

1. *La opción **-R** lista los nombres de archivo en el directorio actual* david, *que tiene tres subdirectorios:* memos, fuente *y* xx.

2. *Cada subdirectorio encontrado se muestra con su nombre de camino seguido de (:)* (./memos:), *y luego lista los archivos en ese directorio.*

3. *Las rutas de acceso son caminos relativos, comienzan en su directorio actual (el signo del directorio actual es el punto al comienzo del camino).*

5.5. VISUALIZACIÓN DEL CONTENIDO DEL ARCHIVO

Hasta aquí en este libro ha aprendido las órdenes de manipulación de archivos para examinar directorios, para localizar archivos y mirar una lista de nombres de archivos. ¿Cómo se puede ver el contenido de un archivo? Es posible que quiera imprimir un archivo para tener una copia impresa de su contenido, o utilizar el editor vi para abrir un archivo y verlo en pantalla. Puede utilizar la orden **cat** para estos propósitos.

También puede utilizar la orden **cat** (*concatenation,* concatenación) para visualizar un archivo (o archivos), para crear archivos y para unirlos. En este capítulo, solo se estudiará la capacidad de visualización. Por ejemplo, para visualizar un archivo llamado miprimero, escriba **cat miprimero** y presione [Retorno].

Si miprimero existe en el directorio actual (si no se especifica la ruta de acceso por defecto se entiende que es el directorio actual), la orden **cat** visualiza el contenido de miprimero en la pantalla (dispositivo de salida estándar). Si especifica dos nombres de archivos, verá el contenido de los dos archivos (uno detrás del otro en el mismo orden en que se han especificado en la línea de orden). Por ejemplo, escriba **cat miprimero tuprimero** y presione [Retorno] para visualizar el contenido de los dos archivos, miprimero y tuprimero, en la pantalla.

Si el archivo es grande, lo que ve en la pantalla son las últimas 23 líneas; el resto de las líneas se mueven hacia arriba delante de sus ojos. A menos que sea un lector rápido, esto no tiene mucha utilidad. Se puede parar este movimiento presionando [Ctrl-s]. Para continuar el movimiento, presione [Ctrl-q].

Es un poco molesto mirar el contenido de un archivo de esta manera. Por favor sea paciente; lo mejor está aún por llegar. UNIX tiene otras órdenes que muestran de una vez una página de un archivo grande.

Cada [Ctrl-s] debe ser cancelado por un [Ctrl-q]. En caso contrario la pantalla permanecerá bloqueada, y su entrada desde el teclado no será efectiva.

5.6. IMPRESIÓN DEL CONTENIDO DE ARCHIVOS

Puede mirar los contenidos de un archivo en la pantalla, utilizando el editor vi o la orden **cat**. Sin embargo, habrá veces que quiera una copia en papel de su archivo.

UNIX proporciona órdenes para enviar sus archivos a la impresora, le da el estado de su tarea de impresión y le permite cancelar su orden de imprimir si cambia de opinión. Se van a estudiar esas órdenes.

5.6.1. Impresión: la orden *lp*

La orden **lp** envía una copia del archivo a la impresora para obtener una copia impresa (en papel) de su archivo. Por ejemplo, suponga que quiere imprimir los contenidos del archivo miprimero, escriba **lp miprimero** y presione [Retorno].

UNIX confirma su petición visualizando el id de la petición, de forma similar al siguiente mensaje:

request id is lp1-8054 (1 file).

 Como siempre, hay un espacio entre la orden (**lp**) y el argumento (nombre de archivo).

Si especifica un nombre de archivo que no existe, o que UNIX no puede localizar, entonces **lp** devuelve un mensaje como al siguiente:

lp: can't access file "xyz"
lp: request not accepted

 Puede especificar varios archivos en una línea de orden.

$ lp miprimero INFORME telefono
[Retorno] ....   Imprime los archivos miprimero,
                                                       INFORME y telefono.
request id is lp1-6877 (3 files)
$_ ....   Preparado para la próxima orden.

Tabla 5.3. Las opciones de la orden **lp**.

Opción	Operación
-d	Imprime en una impresora específica.
-m	Envía el correo al buzón del usuario a la finalización de la petición de impresión.
-n	Imprime un número especificado de copias del archivo.
-s	Suprime los mensajes de aviso o realimentación.
-t	Imprime un título especificado en una página de encabezamiento.
-w	Envía un mensaje al terminal del usuario al finalizar la petición de impresión.

Sólo se produce una página de encabezamiento (primera página) para esta petición. Sin embargo cada archivo se imprime empezando al comienzo de una página.

Cada petición de impresión está asociada con un número de id. Puede utilizar el número de id para referirse al trabajo de impresión, lo mismo cuando quiera cancelar la petición de impresión. La Tabla 5.3 muestra las opciones que puede utilizar para hacer su petición de impresión más específica.

La opción -d Su sistema puede conectarse a más de una impresora. Utilice la opción **-d** para especificar una impresora particular. Si no se especifica la impresora, se utiliza la impresora por defecto (la impresora del sistema).

La siguiente orden muestra un ejemplo de la opción **-d.**

    $ lp -dlp2 miprimero [Retorno] ...... Imprime `miprimero` en la impresora lp2.

    request id is lp2-6879 (1 file)

    $_ .... Preparado para la próxima orden.

Los nombres de las impresoras no son estándares y son diferentes de una instalación a otra.

No hay espacio entre la letra de opción **-d** y el nombre de la impresora **lp2**.

La opción -m Cuando su petición de impresión finaliza de forma normal, la opción **-m** envía un correo a su buzón. (Correo y buzón se estudian en el Capítulo 9).

La siguiente orden muestra un ejemplo de la opción **-m**.

    $ lp -m miprimero [Retorno] .... Imprime el archivo `miprimero`, y envíe correo a
                                                         la terminación de la impresión pedida.

    request id is lp1-6869 (1 file)

    $_ .... Preparado para la próxima orden.

A la terminación de la impresión solicitada, recibirá el correo en su buzón con un mensaje similar al siguiente.

    From LOGIN:
    printer request lp1- 6869 has been printed on the printer lp1

La opción -n Utilice la opción **-n** cuando necesite imprimir más de una copia de su archivo. El valor por defecto es una copia.

La siguiente orden muestra un ejemplo de la opción **-n**.

$ lp -n3 miprimero [Retorno] .... Imprime 3 copias del archivo `miprimero` en la impresora por defecto.

request id lp1-6889 (1 file)

$_ .... Preparado para la próxima orden.

La opción -w La opción **-w** escribe un mensaje en su terminal después de la terminación de la petición de impresión. Si no se ha conectado, le informa enviándole un correo a su buzón.

La siguiente orden muestra un ejemplo de la opción **-w**.

$ lp -w miprimero [Retorno] .... Imprime `miprimero` y muestre un mensaje cuando el trabajo esté realizado.

request id lp1-6872 (1 file)

$_ .... Preparado para la próxima orden.

A la finalización del trabajo de impresión, el sistema normalmente pita para llamar su atención y visualiza un mensaje similar al siguiente:

lp: printer request lp1- 6872 has been printed on the printer lp1.

La opción -t La opción **-t** imprime la cadena especificada en la página de encabezamiento (primera página) de la salida.

La siguiente orden muestra un ejemplo de la opción **-t**.

$ lp -thola miprimero [Retorno] ..... Imprime `miprimero`, e imprima "hola" en la página de encabezamiento.

request id lp1-6889 (1 file)

$_ .... Preparado para la próxima orden.

5.6.2. Cancelación de una petición de impresión: la orden *cancel*

Utilice la orden **cancel** para cancelar una petición de impresión que no desea. Si envía un archivo erróneo a la impresora o decide no esperar a la terminación de un trabajo largo de impresión, entonces la orden **cancel** de UNIX le ayudará. Para utilizar la orden **cancel**, necesita especificar el id del trabajo de impresión, que se proporciona por **lp**, ó el nombre de impresora.

Las siguientes órdenes ilustran la utilización de la orden **cancel**.

$ lp miprimero [Retorno] .... Imprime `miprimero` en la impresora por defecto.

request id lp1-6889 (1 file)

$_ .... Preparado para la siguiente orden.

$ cancel lp1-6889 [Retorno] .... Cancela el trabajo de impresión especificado.

request "lp1-6889" canceled

$_ .... Preparado para la próxima orden.

$ cancel lp1 [Retorno] .... Cancela la petición actual de la impresora "lp1".

request "lp1-6889" canceled

$ cancel lp1-85588 [Retorno] .... Cancela la petición de impresión; id de petición de impresión erróneo; el sistema visualiza un mensaje de error.

cancel: request "lp1-85588" non-existent

$ cancel lp1 [Retorno] .... Cancela la petición que está actualmente en la impresora "lp1"; si no hay un trabajo en la impresora, el sistema le informa.

cancel: printer "lp1" was not busy

$_ .... Preparado para la próxima orden.

1. *Especificando el id de la petición de impresión se cancela el trabajo de impresión incluso si se está imprimiendo actualmente.*

2. *Especificando el nombre de la impresora sólo se cancela la petición que está actualmente imprimiéndose en la impresora especificada. Sus otros trabajos de impresión que están en la cola se imprimirán.*

3. *En ambos casos la impresora se queda libre para imprimir la próxima petición de trabajo.*

5.6.3. Cómo conocer el estado de la impresora: la orden *lpstat*

Se utiliza la orden **lpstat** para obtener información acerca de las peticiones de impresión y del estado de las impresoras. Puede utilizar la opción **-d** para buscar el nombre por defecto de la impresora en su sistema.

Intente las siguientes órdenes de petición para practicar el uso de esta orden:

$ lp fuente /primero.c [Retorno] .... Imprime `primero.c` del directorio `fuente`.

request id lp1-6877 (1 file)

$ lp INFORME [Retorno] .... Imprime el archivo INFORME en la impresora por defecto.

request id lp1-6878 (1 file)

$ lpstat [Retorno] .... Muestra el estado de la petición de impresión.

```
lp1-6877    david    342    jun 11   10:50   on lp1
lp1-6878    david    342    jun 11   11:15   on lp1
```

$ cancel lp1-6877 [Retorno] .... Cancela la petición de impresión especificada.

request "lp1-6877" canceled

$ lpstat -d [Retorno] .... Muestra el nombre de la impresora por defecto.

system default destination: lp1

$ cancel lp1 [Retorno] .... Cancela la petición de impresión que se está imprimiendo actualmente.

 *Si no tiene ninguna petición de impresión en la cola o se encuentra actualmente imprimiendo, la orden **lpstat** no muestra nada, y se visualiza el indicador $.*

5.7. ELIMINACIÓN DE ARCHIVOS

Ya sabe cómo crear archivos y directorios. Sabe cómo eliminar directorios vacíos. Pero, ¿qué se hace si el directorio no está vacío? Debe eliminar todos los archivos y subdirectorios. ¿Cómo elimina (borra) los archivos?

Utilice la orden **rm** (eliminar) para borrar los archivos que no quiera guardar más. Especifique el nombre del archivo para eliminarlo de su directorio de trabajo, o especifique la ruta de acceso para los archivos que quiera borrar en otros directorios. La Figura 5.14 muestra como queda su estructura de directorios después de borrar archivos.

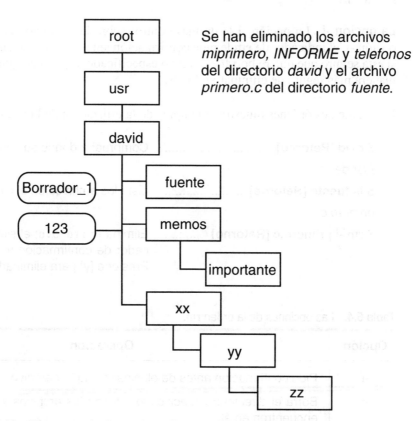

Se han eliminado los archivos *miprimero, INFORME* y *telefonos* del directorio *david* y el archivo *primero.c* del directorio *fuente*.

Figura 5.14. Estructura de directorios utilizada en los ejemplos.

Las siguientes órdenes muestran como utilizar la orden **rm.**

$ cd [Retorno]	Cambia a su directorio de conexión.
S rm miprimero [Retorno]	Elimina `miprimero` desde su directorio de conexión.
$ rm INFORME teléfonos [Retorno] ..	Elimina dos archivos, `INFORME` y `telefonos`.
$ rm xyz [Retorno]	Elimina `xyz`; si el archivo no existe, el sistema reclama mostrando un mensaje de error.

rm: file not found

$_	Preparado para la siguiente orden.

 La orden **rm** no le da ningún aviso, y cuando un archivo está eliminado, lo está para siempre.

Las opciones de rm

Al igual que la mayoría de las órdenes de UNIX, **rm** tiene opciones. Las opciones de **rm** modifican la capacidad de la orden **rm** de diferentes formas. La Tabla 5.4 resume las opciones de **rm**.

La opción -i La opción **-i** le da más control sobre la operación de borrado. Si utiliza la opción **-i**, el indicador de **rm** le pide confirmación antes de borrar cada archivo. Presione [y] si está seguro que quiere borrar el archivo especificado, o [n] si no quiere borrarlo. Esta es la manera más segura de eliminar archivos.

 Las siguientes órdenes muestran ejemplos de la utilización de la opción **-i**:

$ pwd [Retorno]	Comprueba donde se encuentra.
/usr/david	
$ ls fuente [Retorno]	Lista los archivos en el directorio `fuente`.
primero.c	
$ rm -i primero.c [Retorno]	Elimina `primero.c`; el sistema visualiza el indicador de confirmación antes de la eliminación. Presione [y] para eliminarlo.

Tabla 5.4. Las opciones de la orden **rm**.

Opción	Operación
-i	Pide confirmación antes de eliminar cualquier archivo.
-r	Borra el directorio especificado y todos los archivos y subdirectores que se encuentren en él.

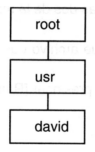

Se han eliminado todos los
archivos y subdirectorios del
directorio david.

Figura 5.15. Estructura de directorios utilizada en los ejemplos.

```
rm: remove primero.c ? y
```
$ **ls fuente [Retorno]** .... Comprueba si el archivo fue borrado.

$ _ .... No existen archivos en el directorio fuente.

La opción -r   La opción **-r** elimina todos los archivos y todos los subdirectorios de un directorio. Puede eliminar una estructura de directorios completa utilizando **rm** con la opción **-r**. Órdenes como ésta son las que hacen que UNIX sea un sistema operativo para adultos.

Se va a analizar una secuencia de órdenes utilizando la opción **-r**. La Figura 5.15 muestra su estructura de directorios después de ejecutar dicha secuencia.

$ **cd [Retorno]** .... Cambia al directorio de conexión.

$ **rm -r [Retorno]** .... Elimina todo lo que hay bajo el directorio david
(de conexión).

$ **ls [Retorno]** .... Lista los archivos que hay en david.

$_ .... Lo siento, no hay nada bajo david; todos están
borrados.

*1.   Utilice la opción **-i** para obtener el indicador de confirmación.*

*2.   Utilice la opción **-r** sólo cuando le sea absolutamente necesario.*

*3.   Utilice **rmdir** para eliminar directorios.*

5.7.1. Antes de eliminar archivos

Bajo UNIX, borrar archivos y eliminar directorios es bastante fácil. Sin embargo, a diferencia de otros sistemas operativos UNIX no le da mensajes de aviso. Antes de saberlo, los archivos se borran y la orden de eliminación es irreversible. Así antes de escribir **rm**, considere los siguientes puntos:

1. Asegúrese de que no son las dos de la mañana cuando comience una gran operación de borrado.

2. Asegúrese de que sabe qué archivo quiere borrar y que conoce su contenido.

3. Piense dos veces antes de presionar [Retorno] para completar la orden.

Resumen de las órdenes

Este capítulo introdujo las siguientes órdenes de UNIX.

pwd (imprimir directorio de trabajo)
Visualiza la ruta de acceso de su directorio de trabajo

cd (cambiar directorio)
Cambia su directorio actual a otro directorio

ls (listar)
Lista los contenidos de su directorio actual o de cualquier directorio que especifique

Opción	Operación
-a	Lista todos los archivos, incluidos los ocultos.
-C	Lista los archivos en formato multicolumna. Las entradas se ordenan por columnas.
-F	Pone una barra inclinada a la derecha (/) después de cada nombre de archivo, si ese archivo es un directorio, y un asterisco (*) si se trata de un archivo ejecutable.
-l	Lista los archivos en formato largo y muestra información detallada sobre ellos.
-m	Lista los archivos a lo largo de la página separados por comas.
-p	Pone una barra inclinada a la derecha (/) después de cada nombre de archivo si es un nombre de directorio.
-r	Lista los archivos en orden alfabético inverso.
-R	Lista recursivamente los contenidos de los subdirectorios.
-s	Muestra el tamaño de cada archivo en bloques.
-x	Lista los archivos en formato multicolumna. Las entradas son ordenadas por líneas.

mkdir (crear directorio)
Crea un nuevo directorio en su directorio de trabajo o en cualquier otro directorio que especifique

Opción	Operación
-p	Le permite crear niveles de directorios en una única línea de orden

lp (impresora de línea)
Imprime (proporciona copia impresa) el archivo especificado

Opción	Operación
-d	Imprime en una impresora específica.
-m	Envía el correo al buzón del usuario a la finalización de la petición de impresión.
-n	Imprime un número especificado de copias del archivo.
-s	Suprime los mensajes de aviso o realimentación.
-t	Imprime un título especificado en una página de encabezamiento.
-w	Envía un mensaje al terminal del usuario al finalizar la petición de impresión.

rm (eliminar)
Elimina (borra) archivos en su directorio actual o en cualquier otro directorio que especifique

Opción	Operación
-i	Pide confirmación antes de eliminar cualquier archivo.
-r	Borra el directorio especificado y todos los archivos y subdirectores que se encuentren en él.

lpstat (Estado de la impresora de líneas)
Proporciona información respecto de sus peticiones de impresión, incluyendo el número id de la petición de impresión que puede utilizarlo para cancelarla

cancel (cancelar peticiones de impresión)
Permite cancelar las peticiones de impresión que están esperando en la cola para ser impresas o que están actualmente en impresión.

Ejercicios de repaso

1. ¿Qué diferencia hay entre un archivo de directorio y un archivo ordinario?

2. ¿Puede utilizar el carácter de la barra inclinada a la derecha (/) en el nombre de un archivo?

3. ¿Cuáles son las ventajas de organizar sus archivos en directorios?

4. ¿Cuál es la diferencia entre un camino relativo y uno absoluto?

5. Una las órdenes mostradas en la columna de la izquierda con la explicación correcta mostrada a la derecha.

1. ls	a. visualiza el contenido del archivo xyz en la pantalla.
2. pwd	b. elimina el archivo xyz.
3. cd	c. pide confirmación antes de eliminar un archivo.
4. mkdir xyz	d. imprime el archivo xyz en la impresora por defecto.
5. ls -l	e. elimina el directorio xyz.
6. cd ..	f. cancela los trabajos de impresión en la impresora lp1.
7. ls -a	g. visualiza el estado de la impresora por defecto.
8. cat xyz	h. lista los contenidos del directorio actual.
9. lp xyz	i. crea un directorio xyz en el directorio actual.
10. rm xyz	j. visualiza la ruta de acceso del directorio actual.
11. rmdir xyz	k. lista el directorio actual en formato largo.
12. cancel lp1	l. cambia el directorio de trabajo al padre del directorio actual.
13. lpstat	m. lista todos los archivos, incluidos los ocultos.
14. rm -i	n. cambia el directorio actual al directorio de conexión.

6. Determinar cuáles de los siguientes nombres son caminos absolutos, cuáles son relativos y cuáles son nombres de archivos:

a. INFORMES
b. /usr/david/temp
c. david/temp
d. .. (punto punto)
e. mi_primero.c
f. lista.01.07

Sesión con el terminal

Conéctese al sistema, e intente seguir las órdenes. Observe la salida y la contestación de la orden en la pantalla (mensajes de error, etc.).

Cree una estructura de directorios en su directorio de conexión, e intente probar con distintas órdenes hasta que se sienta seguro con el manejo de las órdenes de directorios y archivos.

1. Muestre su directorio actual.

2. Cambie a su directorio de conexión.

3. Identifique su directorio de conexión.

4. Liste los contenidos de su directorio actual.

5. Cree un nuevo directorio llamado xyz bajo su directorio actual.

6. Cree un archivo llamado xyz en el directorio xyz.

7. Identifique los directorios de su directorio trabajo.

8. Muestre los contenidos de su directorio actual:

   a. En orden alfabético inverso.
   b. En formato largo.
   c. En formato horizontal.
   d. Muestre los archivos ocultos en su directorio actual.

9. Imprima el archivo xyz del directorio xyz.

10. Compruebe el estado de la impresora.

11. Cancele la petición de impresión.

12. Elimine el archivo xyz de su directorio xyz.

13. Elimine el directorio xyz de su directorio actual.

Capítulo 6

El Editor vi: Una última mirada

El estudio del editor vi empezó en el Capítulo 4 y continúa en este capítulo. El Capítulo 6 describe más cosas acerca de la potencia y flexibilidad del editor vi, introduciendo órdenes más avanzadas. Se explica la utilización de los operadores de ámbito en combinación con otras órdenes, se estudia el manejo de los buffers temporales del editor vi, y se muestran algunas formas de personalizar el editor vi según las necesidades. Al final del capítulo, estará bien dotado para utilizar el editor vi y realizar sus propios trabajos de edición.

En este capítulo

6.1. ALGO MÁS ACERCA DEL EDITOR vi

El editor vi es parte de la *familia* de editores *ex*. vi es la parte orientada a pantalla de ex, y es posible cambiar del editor vi al ex. De hecho, las órdenes vi que empiezan con [:] son órdenes del editor ex. Mientras se esté en el modo de orden vi, presionando [:] se visualiza el indicador de dos puntos en la parte baja de la pantalla y vi espera su orden. Cuando acabe su línea de orden, presione [Retorno], ex ejecuta la orden, y a la terminación, devuelve el control a vi.

Para cambiar al editor ex, escriba **:Q** y presione [Retorno]. Si se ha cambiado intencionada o accidentalmente al editor ex, escriba **vi** para volver al editor **vi**, o escriba una **q** para salir del editor ex y volver al indicador del shell.

6.1.1. Cómo llamar al editor vi

En el Capítulo 4, aprendió cómo iniciar vi, cómo guardar un archivo y cómo salir de vi. Continuando con esas órdenes, se van a examinar otras formas de llamar y finalizar al editor vi.

Puede arrancar el editor vi sin proporcionar el nombre del archivo. En este caso, utilice la orden de escritura (**:w**) ó la orden de escritura y salida (**:wq**) para nombrar su archivo.

Las siguientes secuencias de órdenes muestran como hacer esto:

☐ Escriba **vi** y presione [Retorno] para llamar al editor vi sin el nombre de archivo.
☐ Escriba **:w miprimero** y presione [Retorno] para guardar los contenidos del buffer temporal dentro del archivo miprimero, y permanecer en el editor vi.
☐ Escriba **:wq miprimero** y presione [Retorno] para guardar los contenidos del buffer temporal dentro del archivo miprimero, y salir del editor vi.

Si su archivo actual editado no tiene nombre y escribe **:w** o **:wq** sin dar un nombre al archivo, vi visualiza el siguiente mensaje:

No current filename

El editor vi normalmente impide sobreescribir en un archivo existente. Así, si escribe **:w miprimero** y presiona [Retorno], y miprimero ya existe, vi le avisa mostrando el siguiente mensaje:

"miprimero" File exists - use ":w! to overwrite"

Si quiere sobreescribir en un archivo existente, utilice la orden **:w!**.

La orden de escritura (**:w**) es también útil si quiere guardar su archivo o parte de él con otro nombre y mantener el archivo original intacto. Las siguientes secuencias de órdenes muestran las formas para nombrar un archivo o cambiar el nombre del archivo actual editado.

☐ Escriba **vi miprimero** y presione [Retorno] para llamar a vi y copiar el archivo miprimero dentro del buffer temporal.

Ver página XXII para una explicación de los iconos utilizados para resaltar información en este capítulo.

☐ Escriba **:w tuprimero** y presione [Retorno] para guardar los contenidos del buffer temporal (miprimero) dentro del archivo tuprimero. En su archivo actual editado permanece miprimero. La pantalla muestra el siguiente mensaje:

"tuprimero" [New file] 3 lines, 106 characters

☐ Escriba **:wq tuprimero** y presione [Retorno] para guardar el buffer temporal dentro del archivo tuprimero y salir del editor vi. El archivo original miprimero permanece intacto.

6.1.2. Utilización de las opciones de llamada a vi

El editor vi proporciona flexibilidad desde el comienzo. Puede llamar a vi con ciertas opciones de llamada escritas como parte de la línea de orden.

La opción de sólo lectura   La opción **-R** (sólo lectura) crea un archivo de sólo lectura y le permite examinar los contenidos del archivo sin riesgo accidental de cambiarlos. Para utilizar esta opción con el archivo miprimero, escriba **vi -R miprimero** y presione [Retorno]. El editor vi muestra el siguiente mensaje en la línea inferior de la pantalla:

"miprimero" [Read only] 3 lines, 106 characters

Si intenta guardar el archivo de sólo lectura utilizando la orden **:w** o la orden **:wq**, vi visualiza el siguiente mensaje:

"miprimero" File is read only

La opción de orden   La opción **-c** (orden) le permite dar órdenes específicas a vi como parte de la línea de orden. Esta opción es útil para situar el cursor o buscar una secuencia de caracteres en un archivo antes de ser editado. Para utilizar esta opción con el archivo miprimero, escriba **vi -c /mayoría miprimero** y presione [Retorno]. Con esto está dando una orden de búsqueda de (**/mayoría**) como parte de la línea de orden. El editor vi copia el archivo miprimero dentro del buffer temporal de trabajo y sitúa el cursor en la línea donde aparezca por primera vez la palabra *mayoría*.

6.1.3. Edición de archivos múltiples

Puede iniciar vi y darle una lista de nombres de archivos en lugar de uno solo. Cuando acaba de editar un archivo, empiece con el próximo sin volver a llamar al editor vi. Presione [:] [n] (el próximo) para llamar al próximo archivo a editar. Cuando emite la orden **:n**, vi sustituye los contenidos del buffer de trabajo con el texto del próximo archivo. Sin embargo, si ha modificado el texto actual, vi visualiza un mensaje como el siguiente:

No write since last change (:next! overrides)

Puede utilizar la orden **n!** para no hacer caso a esta protección. En este caso se pierden los cambios que haya realizado en su archivo actual editado.

Para ver la lista de los nombres de archivos, utilice la orden **:ar**. vi contesta mostrando la lista y también indica el nombre del archivo actual editado.

Las siguientes secuencias de órdenes muestran ejemplos de cómo especificar más de un nombre de archivo en una línea de orden.

□ Escriba **vi archivo1 archivo2** y presione [Retorno] para llamar a vi con dos archivos editados, archivo1 y archivo2; vi contesta:

  2 files to edit
  "archivo1" 10 lines, 410 characters

□ Escriba **:w** y presione [Retorno] para guardar el archivo1.

□ Escriba **:ar** y presione [Retorno] para visualizar el nombre de los archivos. vi indica el nombre del archivo actual entre corchetes:

  [archivo1] archivo2

□ Escriba **:n** y presione [Retorno] para empezar la edición del archivo2; vi contesta:

  "archivo2" 100 lines, 700 characters

Edición de otro archivo Otra forma de editar archivos múltiples es utilizar la orden **:e** (editar) para cambiar a un nuevo archivo. Mientras se encuentre en el editor vi, escriba **:e** seguido del nombre del archivo y presione [Retorno]. Normalmente, guardará el archivo actual editado antes de traer un nuevo archivo, a menos que no haya realizado modificaciones, el editor vi le avisa para escribir el archivo actual antes de conmutar al archivo siguiente.

Pruebe la siguiente secuencia de órdenes para ensayar con el cambio de archivos.

□ Escriba **vi** y presione [Retorno] para llamar a vi sin especificar el nombre del archivo.

□ Escriba **:e miprimero** y presione [Retorno] para llamar al archivo miprimero. Su archivo actual editado es miprimero; vi muestra el nombre y el tamaño de miprimero:

  "miprimero" 3 lines, 106 characters

Lectura de otro archivo El editor vi le permite leer (importar) un archivo dentro de su archivo actual editado. Mientras se encuentre en el modo de orden del editor vi, escriba **:r** seguido del nombre del archivo y presione [Retorno]. La orden **:r** sitúa una copia del archivo especificado dentro del buffer después de la posición del cursor. El archivo especificado ya es parte de su archivo actual editado.

Utilice la siguiente secuencia de órdenes para importar (leer) otro archivo dentro de su buffer actual de trabajo.

□ Escriba **vi miprimero** y presione [Retorno] para llamar al editor vi y editar miprimero.

□ Escriba **:r tuprimero** y presione [Retorno] para añadir los contenidos de tuprimero al archivo actual editado. vi muestra el nombre y tamaño del archivo importado:

"tuprimero" 10 lines, 212 characters

*La orden **:r** añade una copia del archivo especificado al archivo actual editado, y el archivo especificado permanece intacto.*

Escritura en otro archivo   El editor vi le permite escribir (guardar) una parte de su archivo actual editado dentro de otro archivo. Puede indicar el rango de líneas que tiene intención de guardar y utilizar la orden **:w** para escribirlas. Por ejemplo, si quiere almacenar el texto de la línea 5 a la 100 dentro de un archivo llamado temporal, escriba **:5,100 w temp** y presione [Retorno]. vi guarda desde la línea 5 a la 100 en un archivo llamado temporal y muestra un mensaje parecido al siguiente:

"temp" [New file] 96 lines, 670 characters

Si el nombre del archivo ya existe, vi visualiza un mensaje de error. Puede dar un nuevo nombre de archivo o utilizar la orden **:w!** para sobreescribir el archivo existente.

6.2. RECONFIGURACIÓN DEL TEXTO

Las operaciones de borrar, copiar, mover y cambiar el texto están relacionadas con las *operaciones de cortar y pegar*. La Tabla 6.1 resume los operadores que se utilizan para reconfigurar el texto en un archivo y hacer las operaciones de cortar y pegar. Todas las órdenes son aplicables cuando vi está en el modo de orden. Con la excepción de la orden de cambio, después de terminar la orden el editor vi permanece en modo de orden. La orden de cambio sitúa a vi en modo de entrada de texto, lo cual significa que debe presionar [Esc] para que vi vuelva al modo de orden.

Suponga que tiene el archivo miprimero en la pantalla y el cursor sobre la *m*, los siguientes ejemplos muestran las aplicaciones de cortar y pegar.

Tabla 6.1. Las teclas de cortar y pegar del editor vi

Tecla	Operación
[d]	Borra una parte especificada del texto y la almacena en un buffer temporal. A este *buffer* se puede acceder utilizando una orden insertar
[y]	Copia una parte especificada del texto en un *buffer* temporal. A este buffer se puede acceder utilizando la orden insertar
[p]	Inserta el contenido de un *buffer* especificado por debajo de la posición del cursor
[P]	Inserta el contenido de un *buffer* especificado por encima de la posición del cursor
[c]	Borra texto y sitúa a vi en el modo de entrada de texto. Esto es una combinación de los operadores de borrar e insertar

6.2.1. Mover líneas: [d][d] y [p] o [P]

Con la utilización de las teclas de *borrado* y de *inserción*, puede mover el texto de una parte de un archivo a otra.

□ Presione [d][d]; vi borra la línea actual, guarda una copia de ella en el buffer temporal, y mueve el cursor a *S*.
□ Presione [p]; vi inserta la línea borrada debajo de la línea actual.

> La historia de vi
> El editor vi es un editor de texto que está soportado por la mayoría de los
> Sistemas operativos UNIX.

> La historia de vi
> Sistemas operativos UNIX.

> La historia de vi
> Sistemas operativos UNIX.
> El editor vi es un editor de texto que está soportado por la mayoría de los

□ Utilice las teclas de movimiento de cursor, y coloque el cursor en algún carácter de la primera línea.
□ Presione [P]; vi inserta la línea borrada encima de la línea actual.

> El editor vi es un editor de texto que está soportado por la mayoría de los
> La historia de vi
> Sistemas operativos UNIX.
> El editor vi es un editor de texto que está soportado por la mayoría de los

El texto borrado permanece en el buffer temporal, por lo que se puede mover una copia a distintos sitios del archivo.

6.2.2. Copiar líneas: [y][y] y [p] o [P]

Con la utilización de los operadores de *copiado* y de *inserción*, puede copiar el texto de una parte de un archivo a otra.

□ Presione [y][y]; vi copia la línea actual en un buffer temporal.
□ Utilice las teclas de movimiento de cursor para situar el cursor en la primera línea.

☐ Presione [p]; vi copia el contenido del buffer temporal debajo de la línea actual.

La historia de vi
El editor vi es un editor de texto que está soportado por la <u>m</u>ayoría de los
Sistemas operativos UNIX.

La historia de vi
<u>E</u>l editor vi es un editor de texto que está soportado por la mayoría de los
El editor vi es un editor de texto que está soportado por la mayoría de los
Sistemas operativos UNIX.

☐ Utilice las teclas de movimiento de cursor para mover el cursor a la última línea.
☐ Presione [P]; vi copia los contenidos del buffer temporal encima de la línea actual.

La historia de vi
<u>E</u>l editor vi es un editor de texto que está soportado por la mayoría de los
El editor vi es un editor de texto que está soportado por la mayoría de los
<u>E</u>l editor vi es un editor de texto que está soportado por la mayoría de los
Sistemas operativos UNIX.

 El texto copiado permanece en el buffer temporal hasta la próxima operación de borrado o copia, y puede copiar los contenidos de este buffer tantas veces como desee en cualquier parte del archivo.

6.3. ÁMBITO DE LOS OPERADORES DE vi

En el Capítulo 4, aprendió las órdenes básicas de vi; sin embargo, muchas órdenes de vi operan sobre un bloque de texto. Un bloque de texto puede ser un carácter, una palabra, una línea, una frase o alguna otra colección especificada de caracteres. Utilizando las órdenes de vi combinadas con las teclas de ámbito obtendrá un mayor control en su tarea de edición. El formato para estos tipos de órdenes se puede representar de la siguiente manera:

orden = operador + ámbito

No hay una tecla de ámbito específica para indicar una línea completa. Para indicar la línea completa como el ámbito de una orden, presione la tecla del operador dos veces. Por ejemplo, [d][d] borra una línea y [y][y]copia una línea. La Tabla 6.2 resume algunos de los ámbitos más comunes utilizados en combinación con otras órdenes.

Los siguientes ejemplos demuestran la utilización de las órdenes formadas con operadores de ámbito. Para seguir estos ejemplos, empiece con el archivo miprimero en la pantalla. Utilizando los operadores de borrado, de copiado y de cambio en este archivo, se le da una visión práctica de estas órdenes.

Tabla 6.2. Alguna de las teclas de ámbito de vi

Ámbito	Operación
[$]	El ámbito es desde la posición del cursor hasta el final de la línea actual
[0]	(cero) El ámbito va desde la posición anterior a la situación del cursor hasta el principio de la línea actual
[e]	El ámbito es desde la posición del cursor hasta el final de la palabra actual
[b]	El ámbito es desde la letra anterior al cursor hacia atrás hasta el comienzo de la palabra actual

6.3.1. Utilización del operador de borrado con las teclas de ámbito

Para borrar el texto desde la posición actual del cursor hasta el final de la línea actual:

☐ Presione [d][$]; vi borra el texto comenzando desde la posición del cursor hasta el final de la línea actual y sitúa el cursor después de la última palabra que haya quedado sin borrar.

> La historia de vi
> El editor vi es un editor de texto que está soportado por la mayoría de los
> Sistemas operativos UNIX.

Puede utilizar [u] o [U] para deshacer los cambios más recientes en el texto.

> La historia de vi
> El editor vi es un editor de texto que está soportado por_
> Sistemas operativos UNIX.

Para borrar hasta el comienzo de la línea actual, presione [d][0]; vi borra el texto empezando desde la posición del cursor hasta el comienzo de la línea actual, y el cursor permanece sobre la letra *m*.

> La historia de vi
> El editor vi es un editor de texto que está soportado por la mayoría de los
> Sistemas operativos UNIX.

> La historia de vi
> mayoría de los
> Sistemas operativos UNIX.

Para borrar una palabra después de la posición del cursor, presione [d][w]; vi borra la palabra *mayoría* y el espacio siguiente, y mueve el cursor a la letra *d*.

> La historia de vi
> El editor vi es un editor de texto que está soportado por la mayoría de los
> Sistemas operativos UNIX.

> La historia de vi
> El editor vi es un editor de texto que está soportado por la de los
> Sistemas operativos UNIX.

Para borrar más de una palabra después de la posición del cursor (por ejemplo, tres palabras), presione [3][d][w]; vi borra tres palabras, *mayoría*, *de* y *los*, y el espacio de detrás, y mueve el cursor al espacio posterior a la palabra *la*.

> La historia de vi
> El editor vi es un editor de texto que está soportado por la mayoría de los
> Sistemas operativos UNIX.

> La historia de vi
> El editor vi es un editor de texto que está soportado por la_
> Sistemas operativos UNIX.

Para borrar hasta el final de una palabra, presione [d][e]; vi borra la palabra *mayoría* y mueve el cursor a un espacio antes de la letra *d*.

> La historia de vi
> El editor vi es un editor de texto que está soportado por la mayoría de los
> Sistemas operativos UNIX.

> La historia de vi
> El editor vi es un editor de texto que está soportado por la _de los
> Sistemas operativos UNIX.

Para borrar hasta el comienzo de una palabra previa, presione [d][b]; vi borra la palabra *por*, y el cursor permanece en el espacio anterior a la letra *d*.

> La historia de vi
> El editor vi es un editor de texto que es soportado _de los
> Sistemas operativos UNIX.

6.3.2. Utilización del operador de copiado con las teclas de ámbito

El operador de copiado puede utilizar los mismos campos que el operador de borrado. El operador [p] se utiliza para colocar el texto copiado en otros lugares del archivo, mostrando que parte del texto se copia utilizando las teclas de ámbito.

Para copiar texto desde la posición actual del cursor hasta el final de la línea actual haga lo siguiente:

☐ Presione [y][$]; vi copia el texto comenzando desde la posición del cursor hasta el final de la línea actual en el buffer temporal.

☐ Utilice las teclas de movimiento del cursor para moverlo al final de la última línea.

☐ Presione [p]; vi inserta el texto a la derecha después de la posición del cursor.

La historia de vi
El editor vi es un editor de texto que está soportado por la mayoría de los
Sistemas operativos UNIX.

La historia de vi
El editor vi es un editor de texto que está soportado por la mayoría de los
Sistemas operativos UNIX.mayoría de los

Para copiar texto desde la posición actual del cursor al comienzo de la línea actual haga lo siguiente:

☐ Presione [y][0]; vi copia el texto empezando desde la posición del cursor al comienzo de la línea actual, y el cursor permanece sobre la letra *m*.

☐ Utilice las teclas de movimiento del cursor para situarlo en la letra v de la primera línea.

☐ Presione [P]; vi transfiere el texto copiado desde el buffer temporal a la derecha antes de la posición del cursor.

La historia de vi
El editor vi es un editor de texto que está soportado por la mayoría de los
Sistemas operativos UNIX.

La historia de vi es un editor de texto que está soportado por la _vi
El editor vi es un editor de texto que es soportado por la mayoría de los
Sistemas operativos UNIX.

6.3.3.   Utilización del operador de cambio con las teclas de ámbito

El operador de cambio, [c], puede utilizar las mismas teclas de ámbito que los operadores de borrar y copiar. La diferencia en la función del operador [c] es que cambia a vi del modo de orden al modo de entrada de texto. Después de presionar [c], puede introducir el texto, empezando desde la posición del cursor, y el texto se moverá a la derecha. Se va desplazando el texto cuando es necesario para dejar espacio al texto que se va introduciendo. Vuelva al modo de orden de vi, como siempre, presionando [Esc]. El operador de cambio borra la parte del texto indicado por el ámbito de la orden y además sitúa al editor vi en modo de entrada de texto.

Algunas versiones del editor vi tienen un marcador para señalar el último carácter a borrar. Este marcador es normalmente el signo [$], que sobreescribe el último carácter a borrar.

El siguiente ejemplo muestra como utilizar el operador de cambio de texto con la tecla de ámbito para cambiar una palabra.

☐ Presione [c][w]; vi coloca un marcador al final de la palabra actual, sobreescribe en la letra *a*, y cambia al modo de entrada de texto. El cursor permanece sobre la letra *m*, que es el primer carácter que se desea cambiar.

☐ Escriba **todo** para cambiar la palabra *mayoría* por *todo*.

☐ Presione [Esc] para volver al modo de orden en vi.

> La historia de vi
> El editor vi es un editor de texto que está soportado por la mayoría de los
> Sistemas operativos UNIX.

> La historia de vi
> El editor vi es un editor de texto que está soportado por la mayorí$ de los
> Sistemas operativos UNIX.

> La historia de vi
> El editor vi es un editor de texto que está soportado por la todo$ de los
> Sistemas operativos UNIX.

6.4.   *UTILIZACIÓN DE LOS BUFFERS EN vi*

El editor vi tiene varios buffers que se utilizan para almacenamiento temporal. El buffer temporal (buffer de trabajo) que mantiene una copia de su archivo se estudió en el Capítulo 3, y cuando utiliza la orden de escritura, los contenidos de este buffer se copian al archivo permanente. Hay dos categorías de buffers temporales, llamados *buffers numerados* y *buffers nombrados* (o buffers alfabéticos), que puede utilizar para almacenar sus cambios y más tarde recuperarlos.

6.4.1. Los buffers numerados

El editor vi usa nueve buffers temporales numerados del 1 al 9. Cada vez que borra o copia texto, éste se coloca en estos buffers temporales a los que se puede acceder especificando el número del buffer. Cada nueva operación de borrado o copiado de texto, reemplaza los contenidos previos de estos buffers. Por ejemplo, cuando da la orden [d][d], vi almacena la línea borrada en el buffer 1. Cuando utiliza [d][d] otra vez para borrar otra línea, vi pasa los contenidos viejos a un buffer, en este caso al buffer 2, y almacena el nuevo material en el buffer 1. Esto significa que el buffer 1 siempre mantiene la información más reciente. Los contenidos de los buffers numerados cambian cada vez que emita una orden de borrar o copiar. Después de unos pocos cambios en el texto, por supuesto, perderá la pista de lo que había almacenado en cada buffer numerado. Pero continúe leyendo; lo mejor está aún por llegar.

Los contenidos de los buffers numerados pueden ser recuperados utilizando el operador de inserción anteponiendo el número del buffer. Por ejemplo, para recuperar el contenido del buffer 9, escriba **"9p**. La orden **"9p** quiere decir copiar los contenidos del buffer 9 en la posición en la que se encuentra el cursor. El formato para especificar el número del buffer se puede representar de la siguiente manera:

dobles comillas + n (donde n es el número del buffer del 1 al 9) + ([p] o [P])

Las figuras desde la 6-1 hasta la 6-5 están dedicadas a los buffers numerados temporales. Los ejemplos explican la secuencia de sucesos en vi cuando cambia el texto en el archivo.

 Suponga que su pantalla contiene lo que se ve en la Figura 6.1, con cinco líneas de texto y los buffers numerados están aún vacíos porque no se ha efectuado ninguna operación de edición.

☐ Posicione el cursor en la primera línea y utilice la orden de borrado para eliminar la línea actual. El editor vi guarda la línea borrada en el buffer 1 y la pantalla y los buffers aparecen tal como se refleja la Figura 6.2.

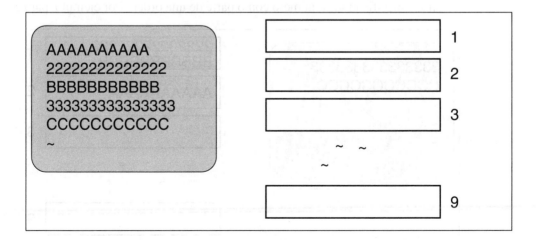

Figura 6.1. Los nueve buffers numerados del editor vi.

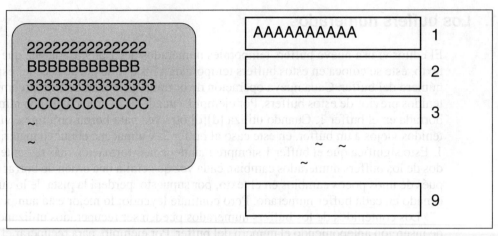

Figura 6.2. La pantalla y los buffers después de borrar la primera línea.

☐ Borre dos líneas, utilizando la orden de borrado. El editor vi responde eliminando dos líneas de texto, y mueve los contenidos del buffer temporal uno un buffer hacia abajo, para vaciar el buffer 1. Luego almacena las líneas borradas en el buffer 1. La pantalla y los buffers aparecen como en la Figura 6.3.

1. *Las dos líneas borradas se guardan en un buffer. Los buffers numerados no sólo almacenan una línea sino cualquier tamaño de texto que haya cambiado, 1 línea o 100 líneas se almacenan en un buffer.*
2. *Cuando los nueve buffers están llenos, y vi necesita el buffer 1 para el nuevo material, se pierden los contenidos del buffer 9.*

☐ La parte del texto que se copia se guarda también en los buffers temporales. Coloque el cursor en la primera línea y escriba **yy**, y presione [Retorno]. vi contesta copiando la línea dentro del buffer 1. Recuerde que vi tiene que mover todos los contenidos de los buffers al buffer siguiente para vaciar el buffer 1, y a continuación el material nuevo se copia dentro del buffer 1 (Véase la Figura 6.4).

☐ Ahora, si recuerda lo que tiene en los buffers numerados, puede acceder a cada uno de ellos especificando su número como parte de una orden. Por ejemplo, para copiar los con-

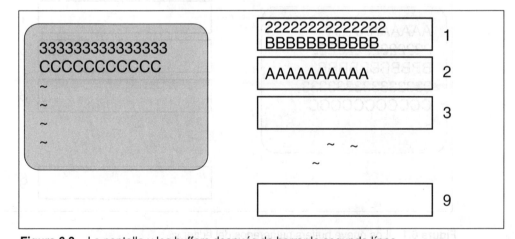

Figura 6.3. La pantalla y los buffers después de borrar la segunda línea.

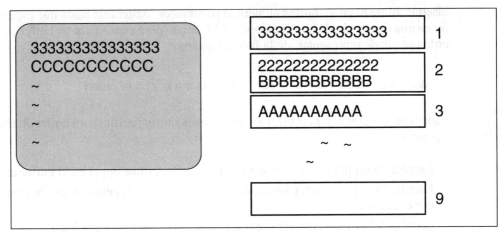

Figura 6.4. La pantalla y los buffers después de **copiar.**

tenidos del buffer 2, al final del archivo, escriba **"2p,** y vi copia los contenidos del buffer 2 a la derecha después de la posición del cursor. La Figura 6.5 muestra la pantalla y los contenidos de los buffers después de dar la orden insertar.

El acceso a los buffers no cambia sus contenidos.

6.4.2. Los buffers alfabéticos

El editor vi también utiliza 26 buffers alfabéticos. Estos buffers se denominan de la *a* a la *z*, y puede referirse a ellos especificando explícitamente sus nombres. Son similares a los buffers numerados excepto que el editor vi no cambia automáticamente sus contenidos cada vez que borre o copie desde un archivo. Esta característica proporciona un mayor control sobre la operación. Puede almacenar texto borrado o copiado dentro de un buffer especificado, y más tarde copiarlo desde el buffer alfabético a otro lugar en su texto, utilizando el operador

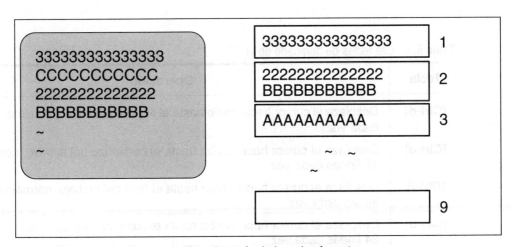

Figura 6.5. La pantalla y los buffers después de la orden **insertar**.

insertar. El texto en un buffer numerado permanece inalterable hasta que especifique el buffer en una operación de borrar o copiar. El formato para especificar un buffer concreto en una orden se puede representar de la forma siguiente:

dobles comillas + buffer alfabético (de la a a la z) + la orden

Para experimentar con la utilización de órdenes que especifican un buffer alfabético, haga lo siguiente:

☐ Escriba **"wdd** para borrar la línea actual y guardar una copia en el buffer alfabético w.

☐ Escriba **"wp** para copiar los contenidos del buffer alfabético w en la posición indicada por el cursor.

☐ Escriba **"z7yy** para copiar siete líneas dentro del buffer alfabético z.

☐ Escriba **"zp** para insertar los contenidos del buffer alfabético z (7 líneas) en la posición indicada por el cursor.

1. Estas órdenes no se visualizan en la pantalla.
2. Los buffers alfabéticos se nombran con letras minúsculas de la a a la z.
3. Estas órdenes no necesitan el [Retorno].

6.5. *LAS TECLAS DE POSICIONAMIENTO DEL CURSOR*

La pantalla visualiza 24 líneas de texto a la vez. Si su archivo contiene más de 24 líneas, tendrá que utilizar las teclas de movimiento de cursor para subir o bajar nuevas líneas en la pantalla. Si su archivo contiene mil líneas de texto, para lograr ver la línea 999 en la pantalla, necesitará 999 golpes de tecla. Esto es molesto y nada práctico. Para solucionar este problema, utilice los *operadores de paginado* del editor vi. La Tabla 6.3 resume los operadores de paginado y sus capacidades.

Tabla 6.3. Las teclas de paginado de vi

Tecla	Operación
[Ctrl-d]	Desplaza el cursor hacia abajo hasta el final del archivo, normalmente 12 líneas cada vez
[Ctrl-u]	Desplaza el cursor hacia arriba hasta el comienzo del archivo, normalmente 12 líneas cada vez
[Ctrl-f]	Desplaza el cursor hacia abajo hasta el final del archivo, normalmente 24 líneas cada vez
[Ctrl-b]	Desplaza el cursor hacia arriba hasta el comienzo del archivo, normalmente 24 líneas cada vez

[Ctrl-d] significa mantener pulsado simultáneamente [Ctrl] y [d]; igual para las demás teclas de control.

Otras teclas de posicionamiento del cursor

Si tiene realmente un archivo grande, incluso las órdenes de movimiento no son prácticas para posicionar el cursor. Otra forma de posicionar el cursor es usar [G], anteponiéndole el número de la línea en la que desea colocar el cursor.

Para hacer que la línea número 1000 sea la línea actual, haga lo siguiente:

☐ Escriba **1000G** para mover el cursor a la línea 1000.

☐ Escriba **1G** para mover el cursor a la primera línea.

☐ Escriba **G** para mover el cursor al final del archivo.

Otra orden útil es [Ctrl-g], que le indica el número de línea de la línea actual. Por ejemplo, si presiona [Ctrl-g] mientras se encuentra en el modo de orden, vi contesta mostrando un mensaje parecido al siguiente:

"miprimero" line 30 of 90 – 30%

6.6. *PERSONALIZACIÓN DEL EDITOR vi*

El editor vi tiene muchos parámetros (también llamados *opciones* o *indicadores*) que puede fijar, activar o desactivar para controlar su entorno de trabajo. Estos parámetros tienen valores por defecto pero son ajustables, e incluyen cosas tales como la configuración del tabulador, la configuración del margen derecho, etcétera.

Para ver en la pantalla la lista completa de parámetros y cómo se utilizan en su sistema, mientras se encuentra en el modo de orden, escriba **:set all** y presione [Retorno].

La pantalla del terminal mostrará opciones parecidas a las de la Figura 6.6. Su sistema puede tener otro conjunto de opciones.

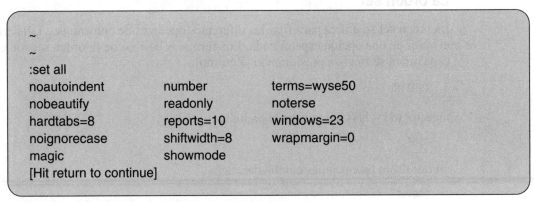

Figura 6.6. Pantalla que muestra las opciones de vi.

6.6.1. Los formatos de las opciones

La orden **set** se utiliza para fijar las opciones, las cuales están divididas en tres tipos y cada una se configura de una forma diferente:

- booleano (conmutador)
- numérico
- cadena

Si se supone que hay una opción llamada X los ejemplos siguientes muestran como configurar los tres tipos de opciones.

Las opciones booleanas

Las *opciones booleanas* trabajan como un conmutador: puede activarlas o desactivarlas. Estas opciones se activan escribiendo el nombre de la opción y se desactivan añadiendo la palabra *no* delante del nombre de la opción. Escribiendo **set X** activa la opción X y escribiendo **set noX** desactiva la opción X.

No hay espacio entre la palabra <u>no</u> y el nombre de la opción.

Las opciones numéricas

Las *opciones numéricas* aceptan un valor numérico, y dependiendo de la opción el rango del valor numérico es diferente. Al escribir **set X=12** se asigna el valor 12 a la opción X.

Las opciones cadena

Las *opciones cadena* son similares a la opciones numéricas, pero aceptan un valor de tipo cadena. Al escribir **set X=PP** se asigna la cadena PP a la opción X.

No hay espacio en blanco ni a un lado ni al otro del signo igual.

La orden set

La orden **set** se utiliza para fijar las diferentes opciones de entorno de vi, listarlas u obtener el valor de una opción especificada. Los formatos básicos de la orden set son como siguen; cada orden se finaliza presionando [Retorno]:

    :set all

muestra todas las opciones en la pantalla.

    :set

muestra sólo las opciones cambiadas.

    :set X?

muestra el valor de la opción X.

6.6.2. Configuración del entorno de vi

El comportamiento del editor vi se puede personalizar fijando los parámetros de edición a nuevos valores. Hay diferentes métodos para hacer esto. El método directo de cambiar esos valores es utilizar la orden set de vi para fijar los valores que se deseen. En este caso vi debe estar en el modo de orden antes de emitir las órdenes set. Puede fijar cada opción utilizando este método; sin embargo, los cambios son temporales, y tienen efecto para la sesión de edición actual. Cuando salga del editor vi se pierden los valores asignados a las opciones.

Esta sección describe algunos parámetros útiles de vi (listados alfabéticamente) y la Tabla 6.4 resume estas opciones. La mayoría de los nombres de opción tienen abreviaturas, y puede utilizar el nombre completo o el abreviado en la orden set.

Opción autosangrado   La *opción autosangrado* (*autoindent,* **ai**) alinea cada nueva línea que escriba en modo texto con el comienzo de la línea anterior. Esta opción es útil para escribir programas en C, Ada, u otros lenguajes de programación estructurados. Utilice [Ctrl-d]

Tabla 6.4. Algunas de las opciones de entorno de vi

Opción	Abreviatura	Operación
autoindent	ai	Alinea las nuevas líneas con el comienzo de las previas
ignorcase	ic	Ignora la diferencia entre mayúsculas y minúsculas en operaciones de búsqueda
magic	-	Permite la utilización de caracteres especiales en la búsqueda
number	nu	Visualiza el número de línea
report	-	Informa del número de líneas que están afectadas por la última orden
scroll	-	Fija el número de líneas que hay que desplazar cuando se da la orden [Ctrl-d]
shiftwidth	sw	Fija el número de espacios que hay que sangrar. Se utiliza con la opción autoindent
showmode	smd	Visualiza los modos del editor vi en el ángulo derecho de la pantalla
terse	-	Acorta los mensajes de error
wrapmargin	wm	Fija el margen derecho al número especificado de caracteres

para retroceder un nivel de sangrado; cada [Ctrl-d] retrocede el número de columnas especificadas por la opción *shiftwidth*. El valor por defecto de esta opción se fija a **noai**.

Opción ignorecase   El editor vi realiza búsquedas que son sensibles a las letras mayúsculas, es decir diferencia entre las letras mayúsculas y minúsculas. Para hacer que el editor vi ignore esta diferencia, escriba **:set ignorecase** y presione [Retorno].

Para deshacer esta opción, escriba **:set noignorecase** y presione [Retorno].

Opción magic   Ciertos caracteres (como el par de corchetes [ ]) tienen un significado especial cuando se utilizan para buscar cadenas. Cuando desactiva esta opción con **nomagic**, estos caracteres dejan de tener ese significado especial. El valor por defecto de esta opción es **magic**.

Opción number   El editor vi no visualiza normalmente los números de línea asociados con cada línea. Hay ocasiones en las que desea referirse a una línea por su número y algunas veces el disponer de él en la pantalla le permite tener mayor conocimiento del tamaño de un archivo y de la parte que está editando. Para visualizar los números de línea, escriba **:set number** y presione [Retorno].

Cuando decida que no desea visualizar los números de línea, escriba **:set nonumber** y presione [Retorno].

Los números de línea no forman parte del archivo; sólo aparecen en la pantalla mientras está utilizando el editor vi.

Opción report   El editor vi no le da ninguna información sobre su tarea de edición. Por ejemplo, si escribe **5dd**, vi elimina cinco líneas comenzando desde la línea actual pero no muestra por pantalla ningún mensaje de confirmación. Si desea ver una información relacionada con su edición, use el parámetro report de la orden set. Este parámetro se fija al número de líneas que deben ser modificadas antes de que el editor vi visualice un informe de los números de líneas que están afectadas.

Para fijar que la opción report afecte a dos líneas de edición, escriba **:set report=2** y presione [Retorno]. Si su tarea de edición afecta a más de dos líneas, vi visualiza un informe en la línea de estado. Por ejemplo, borrar dos líneas (**2dd**) o copiar dos líneas (**2yy**) produce respectivamente los siguientes informes en la línea del fondo.

    2 lines deleted

    2 lines yanked

Opción scroll   La *opción scroll* se fija al número de líneas que desea que la pantalla se desplace cuando utilice [Ctrl-d]. Por ejemplo, para conseguir que la pantalla se desplace cinco líneas, escriba **:set scroll=5** y presione [Retorno].

Opción shiftwidth   La *opción shiftwidth* (**sw**) fija el número de espacios utilizados por [Ctrl-d] cuando está operativa la opción autoindent. El valor por defecto asignado a esta opción es **sw=8**. Para cambiarlo por ejemplo a 10, escriba **:set sw=10** y presione [Retorno].

Opción showmode   El editor vi no da ninguna información visual que indique si se está en el modo de entrada de texto o en el modo de orden. Esto puede originar cierta confusión, especialmente en los principiantes. Puede fijar la opción showmode para proporcionar en la pantalla una información visual.

Para activar la opción showmode, escriba **:set showmode** y presione [Retorno]. A continuación, dependiendo de que tecla emplee para cambiar del modo de orden al modo de entrada de texto, vi visualiza un mensaje diferente en el lado inferior derecho de la pantalla. Si presiona [A] o [a] para cambiar de modo, vi visualiza APPEND MODE; si presiona [I] o [i], vi muestra INSERT MODE; y si presiona [O] u [o], vi visualiza OPEN MODE, etcétera.

Estos mensajes permanecen en la pantalla hasta que presiona [Esc] para cambiar al modo de orden. Cuando no hay mensaje en la pantalla, vi está en el modo de orden.

Para desactivar la opción showmode, escriba **:set noshowmode** y presione [Retorno].

Opción terse   La *opción terse* hace que el editor vi visualice mensajes de error más cortos. El valor por defecto de esta opción es **noterse**.

6.6.3. Longitud de línea y ajuste de línea

La pantalla del terminal normalmente tiene 80 columnas. Cuando escribe texto y alcanza el final de la línea (pasa la columna 80), la pantalla comienza una nueva línea; eso es lo que se llama *ajuste de línea*. La pantalla tambien empieza una nueva línea cuando presiona [Retorno]. Así pues, la longitud de una línea en la pantalla puede tener cualquier número de caracteres de 1 a 80. Sin embargo, el editor vi inicia una nueva línea en su archivo sólo cuando presione [Retorno]. Si escribe 120 caracteres antes de presionar [Retorno], en la pantalla el texto aparece en dos líneas, pero en su archivo hay sólo una línea de 120 caracteres.

Las líneas largas pueden ser un problema cuando imprime un archivo y resulta difícil relacionar el número de líneas en la pantalla con el número actual de líneas en el archivo. La forma más simple de limitar la longitud de una línea es presionando [Retorno] antes de que se alcance el final de la línea en la pantalla. Otra manera de limitar la longitud de línea es fijar el parámetro wrapmargin y permitir que sea el editor quien inserte automáticamente los retornos.

Opción wrapmargin   La *opción wrapmargin* origina que el editor vi rompa el texto que se está introduciendo cuando se alcanza el número especificado de caracteres desde el margen derecho. Para fijar el parámetro wrapmargin a 10 (donde 10 es el número de caracteres desde el lado derecho de la pantalla), escriba **:set wrapmargin=10** y presione [Retorno]. A continuación, cuando lo que está escribiendo alcanza la columna 70 (80 menos 10), el editor vi comienza una nueva línea de la misma forma que si hubiese presionado [Retorno]. Si está escribiendo una palabra cuando los caracteres pasan la columna 70, vi mueve la palabra completa a la siguiente línea. Esto significa que el margen derecho será probablemente irregular. Pero recuerde, que el editor vi no es un formateador de texto o un procesador de texto.

El valor por defecto de la opción wrapmargin es 0 (cero). Para desactivar la opción, escriba **:set wrapmargin=0** y presione [Retorno].

6.6.4. Abreviaturas y macros

El editor vi le proporciona algunos atajos para escribir más rápido y más simple: **:ab** y **:map** son dos órdenes que sirven para esto.

El operador abreviatura   La orden **ab** (de *abreviatura*) le permite asignar palabras cortas o abreviadas a cualquier cadena de caracteres. Esto le ayudará a escribir más rápido. Elija una abreviatura que le recuerde un texto que escriba a menudo, después de que haya preparado esa abreviatura en el editor vi, puede utilizar la palabra abreviada en lugar de escribir el texto completo. Por ejemplo, para abreviar las palabras *Sistema Operativo UNIX*, que se utilizan a menudo en este texto, escriba **:ab sou Sistemas Operativos UNIX** y presione [Retorno].

En este ejemplo, *sou* es la abreviatura asignada a *Sistemas Operativos UNIX*; así cuando vi está en el modo de entrada de texto, cada vez que escriba **sou** seguido de un espacio, vi expande *sou* a *Sistemas Operativos UNIX*. Si *sou* es parte de otra palabra, como por ejemplo sound, no se produce ninguna expansión. Son los espacios de antes y de después de la palabra *sou* los que hacen que el editor vi reconozca a *sou* como una abreviatura y lo expanda.

Para eliminar una abreviatura utilice el operador **uab** (para *desabreviar*). Por ejemplo, para eliminar la abreviatura *sou*, escriba **:unab sou** y presione [Retorno].

Para listar que abreviaturas han sido fijadas, escriba **:ab** y presione [Retorno].

1. Las abreviaturas se asignan en el modo de orden del editor vi, y se utilizan mientras se escribe en el modo de entrada de texto.
2. Las abreviaturas se fijan temporalmente; permanecen efectivas sólo durante la sesión de edición actual.

Intente preparar algunas abreviaturas como siguen:

☐ Escriba **:ab av aventura extraordinaria** y presione [Retorno] para asignar *av* a la cadena *aventura extraordinaria*.

☐ Escriba **:ab 123 uno, dos ,tres, etc.** y presione [Retorno] para asignar *123* a la cadena *uno, dos, tres, etc.*

☐ Escriba **:ab** y presione [Retorno] para visualizar todas las abreviaturas:

```
av        aventura extrordinaria
123       uno, dos, tres, etc.
```

☐ Escriba **:unab 123** y presione [Retorno] para eliminar la abreviatura *123*.

El operador macro   El operador macro **(map)** le permite asignar una secuencia de teclas a una única tecla. Al igual que la abreviatura le da un atajo en el modo de entrada de texto, **map** le simplifica las cosas en el modo de orden. Por ejemplo, para asignar la orden **5dd** (borrar cinco líneas) a [q], escriba **:map q 5dd** y presione [Retorno]. Luego, mientras vi se encuentre en el modo de orden, cada vez que presione [q], vi borrará cinco líneas de texto.

Para eliminar una asignación del operador macro utilice el operador **unmap**. Escriba **:unmap q** y presione [Retorno].

Para ver la lista de las teclas macro y sus asignaciones, escriba **:map** y presione [Retorno].

El editor vi utiliza la mayoría de las teclas del teclado para órdenes. Esto le deja con un número limitado de teclas para asignar a sus secuencias de teclas. Las teclas disponibles son [K], [q],[V], [Ctrl-e] y [Ctrl-x].

También puede asignar las teclas de función de su terminal con la orden **map**. En este caso, escriba **#n** como el nombre de tecla, donde *n* se refiere al número de tecla de función. Por ejemplo para asignar **5dd** a [F2], escriba **:map #2 5dd** y presione [Retorno].

Entonces, si presiona [F2] mientras se encuentra en el modo de orden, vi borrará cinco líneas del texto.

Los siguientes ejemplos muestran algunas asignaciones de teclas.

☐ Escriba **:map V /unix** y presione [Retorno] para asignar [V] a la orden de búsqueda, para buscar *unix*.

☐ Escriba **:map #3 yy** y presione [Retorno] para asignar [F3] a copiar una línea en el buffer.

☐ Escriba **:map** y presione [Retorno] para visualizar las asignaciones de las teclas macro.

```
V        /unix
#3       yy
```

Suponga que quiere buscar la palabra *unix* en su archivo y reemplazarla por "UNIX". Siga esta secuencia de teclas:

☐ Escriba **:/unix** y presione [Retorno] para buscar la palabra *unix*.

☐ Escriba **cwUNIX** y presione [Esc] para cambiar la palabra *unix* por *UNIX* y volver a vi en el modo de orden.

En la asignación de las teclas macro, presione [Ctrl-v] [Retorno] para representar [Retorno], y [Ctrl-v] [Esc] para representar la tecla [Esc] en la línea de orden. Así para asignar las secuencias de órdenes precedentes a una tecla, por ejemplo [v], escriba **:map v /unix** y presione [Ctrl-v] [Retorno] y escriba **cwUNIX** y presione [Ctrl-v] [Esc]. Esta línea de orden utiliza caracteres no imprimibles ([Ctrl-v] [Esc]), así que lo que verá en la pantalla será lo siguiente:

```
:map v /unix ^McwUNIX ^[
```

1. *Las teclas de asignación que crea en el editor vi son temporales; son efectivas sólo durante la sesión de edición actual.*
2. *Las teclas de asignación se asignan y se utilizan con vi en el modo de orden.*

Debe de preceder [Retorno] y [Esc] con [Ctrl-v] si son partes de una tecla de asignación.

6.6.5. El archivo *.exrc*

Todas las opciones que prepare en el editor vi son temporales; se pierden al salir de vi. Para hacer las opciones permanentes y ahorrarse las molestias de reescribirlas durante cada tarea de edición, puede almacenar las opciones fijadas en un archivo llamado .exrc.

Los archivos que comienzan con un . (punto) se denominan archivos ocultos; se estudiaron en el Capítulo 5.

Cuando inicia el editor vi, automáticamente comprueba la existencia del archivo .exrc en su directorio actual (de trabajo), y prepara el entorno de edición de acuerdo a lo que encuentra en el archivo. Si vi no encuentra el archivo .exrc en el directorio actual, comprueba en su directorio de conexión, y fija las opciones de acuerdo al archivo .exrc que encuentra allí. Si vi no encuentra un archivo .exrc, asume los valores por defecto de las opciones.

La manera en que vi comprueba la existencia del archivo .exrc le da una herramienta potente para crear archivos .exrc especializados a sus diferentes necesidades de edición. Por ejemplo, puede crear un archivo .exrc de propósito general debajo de su directorio de conexión, y un archivo .exrc diferente para sus programas en C debajo del directorio en el que guarda sus programas de C, etc. Puede utilizar el editor vi para crear un archivo .exrc o para modificarlo si ya existe.

Para crear un archivo .exrc, escriba **vi .exrc** y presione [Retorno]. Luego introduzca la orden set y las demás órdenes que utilice (similar a las que aparecen en la siguiente pantalla).

```
set showmode
set nu
set wm=10
:ab sou Sistemas Operativos UNIX
:map q 5dd
```

No olvide el . (punto) al comienzo del nombre de archivo.

Si crea este archivo debajo de su directorio de conexión, cada vez que utilice vi, el entorno de edición estará preparado. Con las asignaciones, vi visualiza en que modo se encuentra, muestra el número de línea; fija el margen derecho a diez caracteres (la longitud de la línea es 70); inserta *Sistemas Operativos UNIX* en su archivo cada vez que escriba **sou** seguido de un espacio; y borra 5 líneas cada vez que presiona [q].

1. .exrc pertenece a un grupo de archivos llamados archivos de arranque.

2. Hay otras utilidades que usan archivos de arranque parecidos al archivo .exrc.

6.7. LAS ÚLTIMAS ÓRDENES DE vi

Antes de finalizar el estudio del editor vi, se debe considerar otro operador más de vi. Conoce bastantes órdenes del editor vi y otras particulares así que puede crear y modificar archivos de forma fácil y eficiente. Sin embargo, eso no es todo lo que vi puede hacer. El editor vi tiene más de 100 órdenes y numerosas variaciones de ellas que cuando se combinan con las teclas de ámbito de las órdenes le dan un control detallado sobre su trabajo de edición. Véase el apéndice F para conocer otros libros que le ayudarán a aumentar sus habilidades en vi.

6.7.1. Ejecución de las órdenes del Shell

Puede ejecutar las órdenes del shell de UNIX desde la línea de orden de vi. Esta característica práctica le permite temporalmente dejar de lado a vi y seguir con las órdenes del shell. El [!] (signo de exclamación) indica a vi que la siguiente orden es una orden del shell de UNIX. Por ejemplo, para ejecutar la orden **date** mientras se encuentra en el editor vi, escriba **:! date** y presione [Retorno]. El editor vi limpia la pantalla, ejecuta la orden **date**, y se ven unas líneas parecidas a las siguientes en la pantalla:

```
Sat Nov 29 14:00:52 EDT 2001
[Hit any key to continue]
```

Presione una tecla para devolver el editor vi a la pantalla y poder continuar así la edición donde se dejó. Si quiere, puede también leer el resultado de las órdenes del shell y añadirlo a su texto. Utilice la orden **:r** (lectura), seguido de [!] para incorporar el resultado de la orden dentro de su archivo editado.

Para leer la fecha y la hora del sistema, escriba **:r ! date** y presione [Retorno]; **vi** contesta colocando la fecha y la hora actual debajo de la línea actual.

El editor vi permanece en el modo de orden.

> La historia de vi
> El editor vi es un editor de texto que está soportado por la mayoría de los
> Sistemas operativos UNIX.

> La historia de vi
> El editor vi es un editor de texto que está soportado por la mayoría de los
> Sat Nov 29 14:00:52 EDT 1993
> Sistemas operativos UNIX.

Las siguientes secuencias de órdenes muestran la utilización de [!].

- ☐ Escriba **:! ls** y presione [Retorno] para listar los archivos del directorio actual.
- ☐ Escriba **:! who** y presione [Retorno] para mostrar quien está en el sistema.
- ☐ Escriba **:! date** y presione [Retorno] para mostrar la fecha y hora del día.
- ☐ Escriba **:! pwd** y presione [Retorno] para mostrar el directorio de trabajo.
- ☐ Escriba **:r ! date** y presione [Retorno] para leer los resultados de la orden **date** y colocarlos después de la posición del cursor.
- ☐ Escriba **:r ! cal 1 2001** y presione [Retorno] para leer el calendario del mes de Enero del año 2001 y situarlo después de la posición del cursor.
- ☐ Escriba **:! vi miultimo** y presione [Retorno] para llamar a otra copia de vi para editar el archivo miultimo.

6.7.2. Unión de líneas

Utilice la orden [J] para unir dos líneas consecutivas. La orden. [J] une la línea actual y la siguiente, colocando la siguiente a continuación de la actual. Si la unión de dos líneas genera una línea larga, vi la ajusta a la pantalla.

Para unir dos líneas haga lo siguiente:

Utilice las teclas de movimiento del cursor para colocar el cursor al final de la primera línea.

- ☐ Presione [J]; vi une la línea siguiente a la actual con la línea actual.

La historia de vi_
El editor vi es un editor de texto que está soportado por la mayoría de los
Sistemas operativos UNIX.

La historia de vi El editor vi es un editor de texto que está soportado
por la mayoría de los
Sistemas operativos UNIX.

6.7.3. Búsqueda y sustitución

Hay ocasiones en las que querría cambiar una palabra en un archivo. Si el archivo es largo, recorrer el texto buscando la palabra especificada cada vez que aparece es molesto. Además, hay bastantes posibilidades de que pueda saltarse una o dos apariciones de la palabra. Una forma mejor es utilizar las órdenes de búsqueda de vi (**/** y **?**) en combinación con otras órdenes para hacer el trabajo.

Las siguientes órdenes demuestran la capacidad de búsqueda y reemplazamiento de vi:

- ☐ Escriba **:/UNIX** y presione [Retorno] para avanzar hacia adelante y buscar la primera aparición de la palabra *UNIX*.
- ☐ Escriba **cwunix** y presione [Retorno] para cambiar *UNIX* por *unix*.
- ☐ Escriba **n** para buscar la próxima aparición de la palabra *UNIX*.
- ☐ Presione [**.**] para repetir el último cambio: *UNIX* por *unix*.
- ☐ Escriba **:?unix** y presione [Retorno] para buscar hacia atrás desde la línea actual, para encontrar la primera aparición de la palabra *unix*.
- ☐ Escriba **dw** para borrar la palabra *unix*.
- ☐ Escriba **n** para buscar la próxima aparición de la palabra *unix*.
- ☐ Presione [**.**] para repetir la última orden (**dw**) y borrar la palabra *unix*.

Resumen de las órdenes

En este capítulo se han estudiado las siguientes órdenes y operadores del editor vi. Estas órdenes complementan las estudiadas en el Capítulo 4.

Teclas de cortar y pegar
Estas teclas se utilizan para reordenar el texto de un archivo.
Son aplicables en el modo de orden de vi.

Tecla	Operación
[d]	Borra una parte especificada del texto y la almacena en un buffer temporal. A este buffer se puede acceder utilizando una orden insertar
[y]	Copia una parte especificada del texto en un buffer temporal. A este buffer se puede acceder utilizando la orden insertar
[p]	Inserta el contenido de un buffer especificado por debajo de la posición del cursor
[P]	Inserta el contenido de un buffer especificado por encima de la posición del cursor
[c]	Borra texto y sitúa a vi en el modo de entrada de texto. Esto es una combinación de los operadores de borrar e insertar

Teclas de ámbito
La utilización de las órdenes de vi en combinación con las teclas de ámbito permite obtener un mayor control en la tarea de edición.

Ámbito	Operación
[$]	El ámbito es desde la posición del cursor hasta el final de la línea actual
[0]	(cero) El ámbito va desde la posición anterior a la situación del cursor hasta el principio de la línea actual
[e]	El ámbito es desde la posición del cursor hasta el final de la palabra actual
[b]	El ámbito es desde la letra anterior al cursor hacia atrás hasta el comienzo de la palabra actual

Teclas de paginación

Las teclas de paginación se emplean para desplazar una parte de un archivo largo.

Tecla	Operación
[Ctrl-d]	Desplaza el cursor hacia abajo hasta el final del archivo, normalmente 12 líneas cada vez
[Ctrl-u]	Desplaza el cursor hacia arriba hasta el comienzo del archivo, normalmente 12 líneas cada vez
[Ctrl-f]	Desplaza el cursor hacia abajo hasta el final del archivo, normalmente 24 líneas cada vez
[Ctrl-b]	Desplaza el cursor hacia arriba hasta el comienzo del archivo, normalmente 24 líneas cada vez

Preparación del entorno de vi

Puede personalizar el comportamiento del editor vi fijando las correspondientes opciones de entorno de vi. Utilice la orden set para cambiar los valores de las opciones.

Opción	Abreviatura	Operación
autoindent	ai	Alinea las nuevas líneas con el comienzo de las previas
ignorcase	ic	Ignora la diferencia entre mayúsculas y minúsculas en operaciones de búsqueda
magic	-	Permite la utilización de caracteres especiales en la búsqueda
number	nu	Visualiza el número de línea
report	-	Informa del número de líneas que están afectadas por la última orden
scroll	-	Fija el número de líneas que hay que desplazar cuando se da la orden [Ctrl-d]
shiftwidth	sw	Fija el número de espacios que hay que sangrar. Se utiliza con la opción autoindent
showmode	smd	Visualiza los modos del editor vi en el ángulo derecho de la pantalla
terse	-	Acorta los mensajes de error
wrapmargin	wm	Fija el margen derecho al número especificado de caracteres

Ejercicios de repaso

Una las órdenes mostradas en la columna de la izquierda con la explicación correcta mostrada a la derecha. Todas las órdenes son aplicables solamente en modo de orden:

1. [G]
2. /mayoría
3. [Ctrl-g]
4. 2dw
5. [k]
6. "x4yy
7. [$]
8. [0] (cero)
9. 66G
10. [x]
11. rx
12. "lp

a. reemplaza el carácter en el que se encuentra el cursor con la letra *x*.
b. coloca el cursor en la última línea del archivo.
c. copia cuatro líneas en el buffer x.
d. mueve el cursor una línea hacia arriba.
e. muestra el número de línea de la línea actual.
f. posiciona el cursor en la línea 66 .
g. borra el carácter que se encuentra debajo del cursor.
h. recupera el contenido del buffer 1.
i. borra dos palabras.
j. posiciona el cursor al final de la línea actual.
k. busca la palabra *mayoría*.
l. posiciona el cursor al comienzo de la línea actual.

Sesión con el terminal

En esta sesión con el terminal, cree un archivo llamado jardín y practique utilizando las teclas de edición estudiadas en este capítulo. Cree este archivo tal como se muestra en la pantalla 1. Después utilice la operación de cortar y pegar, posicionamiento del cursor, y las órdenes que sean necesarias para conseguir la pantalla 2. Finalmente aplique las siguientes órdenes a su archivo jardín:

1. Cree una abreviatura de su nombre y añádala en la parte superior de su archivo.
2. Cree una tecla de macro que encuentre una línea con una palabra específica y borre esa línea.
3. Deshaga los cambios anteriores.
4. Mientras se encuentre en vi, grabe su archivo en su directorio actual.
5. Lea la fecha y hora del día, y colóquela después de su nombre en el archivo jardín.
6. Lea (importe) otro archivo y añádalo al final del archivo jardín.

Pantalla 1

En todas partes la tendencia es ir hacia un cuidado del jardín más simple y fácil. Algunos consejos le podrían ayudar a tener menos problemas con su jardinería. Estoy seguro de que los ha oído antes, pero escúchelos una vez más. Jardinería: Un método simple es visitar un vivero, es bueno para su espíritu.

Permítame que le diga que no es sencillo cuidar un jardín.

Utilice plantas que sean apropiadas al clima. Las plantas nativas son una buena ELECCIÓN. Antes de plantar, seleccione el lugar adecuado. Emplee su imaginación, las plantas crecen más rápido de lo que piensa.

La jardinería puede ser más sencilla y divertida si contrata a un jardinero para que haga la tarea. Emplee estiercol para reducir las malas hierbas y ahorrar tiempo en el riego de sus plantas. No emplee demasiados abonos químicos para matar todos los hierbajos. Es el único que los ve, permítalos crecer. Mantienen la humedad y evitan la erosión del suelo.

Pantalla 2

La jardinería: Un método simple

En todas partes la tendencia es ir hacia un cuidado de los jardines más simple y fácil. Sin embargo, permítame que le diga que no es sencillo cuidar jardines.

La jardinería puede ser más sencilla y divertida si contrata a un jardinero para que haga la tarea.

Algún consejo le podría ayudar a tener menos problemas con su jardinería. Estoy seguro de que los ha oído antes, pero escúchelos una vez más.

1: Antes de plantar, seleccione el lugar adecuado.
   Emplee su imaginación, las plantas crecen más rápido de lo
   que piensa.
2: Visitar un vivero; es bueno para su espíritu.
3: Emplee estiercol para reducir las malas hierbas y ahorrar tiempo en el riego.
4: Utilice plantas que sean apropiadas al clima.
   Las plantas nativas son una buena elección.
5: No emplee demasiados abonos químicos para matar todos los hierbajos.
   Probablemente es el único que los ve.
   Permítalos crecer.
   Mantienen la humedad y evitan la erosión del suelo.

Capítulo 7

El sistema de archivos de UNIX (continuación)

Este es el segundo capítulo que estudia el sistema de archivos de UNIX y sus órdenes asociadas; complementa el material explicado en el Capítulo 5. El Capítulo 7 presenta más órdenes para el manejo de archivos, incluye la copia de archivos, mover archivos y la visualización del contenido de un archivo. También se estudian los operadores para redireccionar la entrada/salida del shell y los metacaracteres de sustitución de archivos.

En este capítulo

7.1. *LECTURA DE ARCHIVOS*

En el Capítulo 5 se estudió cómo utilizar el editor vi y la orden **cat** para leer archivos. Para refrescar la memoria, puede utilizar vi para leer archivos con la opción de sólo lectura o también **cat** para ver un pequeño archivo. Utilizar la orden **cat** para visualizar un archivo grande tiene un gran inconveniente, ya que hay que estar continuamente pulsando [Ctrl-s] para parar la salida por pantalla y [Ctrl-q] para reanudarla. Intente realizar los siguientes ejemplos para darse cuenta de lo expuesto. Haciéndolo apreciará las otras órdenes para leer archivos que le permitirán visualizarlos con una pantalla cada vez.

 Suponga que se encuentra en el directorio de trabajo david y que tiene un archivo (de 20 páginas) llamado archivo_grande.

☐ Para leer archivo_grande utilizando el editor vi, escriba **vi -R archivo_grande** y presione [Retorno]. Se abre archivo_grande sólo para lectura. Los contenidos de archivo_grande se muestran en la pantalla, y podrá utilizar las órdenes de vi para visualizar el resto de las páginas.

☐ Para leer archivo_grande utilizando la orden **cat**, escriba **cat archivo_grande** y presione [Retorno]. El contenido de archivo_grande se muestra y se desplaza hacia arriba delante de sus ojos. Puede utilizar [Ctrl-s] y [Ctrl-q] para detener y reanudar el movimiento.

7.1.1. Lectura de archivos: la orden *pg*

Utilice la orden **pg** para visualizar una pantalla de los archivos cada vez. Un signo que indica esto (**:**) aparecerá en la parte inferior de la pantalla, y presionando [Retorno] puede continuar visualizando el resto del archivo. La orden **pg** muestra el indicador EOF (Final de

Tabla 7.1. Las opciones de la orden **pg**

Opción	Operación
-n	No requiere [Retorno] para completar las órdenes de una única letra
-s	Visualiza mensajes e indicadores en vídeo inverso
-num	El número entero *num* establece el número de líneas que se mostrarán en la pantalla. El valor por defecto es 23 líneas
-p*cad*	Cambia el indicador : (dos puntos) a la cadena especificada como *cad*
+*línea-num*	Comienza la visualización del archivo desde la línea especificada en *línea-num*
+/*patrón*/	Comienza la visualización en la línea que contiene la primera ocurrencia del *patrón* especificada

Archivo) en la última línea de la pantalla cuando se alcanza el final del archivo. Presionando [Retorno] en este momento obtendrá el indicador de $.

Utilizando las opciones de la orden **pg** tendrá más control sobre el formato y la forma de visualizar el archivo. La Tabla 7.1 resume estas opciones.

A diferencia de otras opciones de órdenes, algunas opciones de **pg** empiezan con el signo más (**+**).

Suponga que tiene un archivo llamado archivo_grande en el directorio de trabajo, utilice la orden **pg** para leerlo haciendo lo siguiente:

☐ Escriba **pg archivo_grande** y presione [Retorno]. Esta es una forma sencilla de visualizar una pantalla de archivo_grande cada vez.

☐ Escriba **pg -pNext +45 archivo_grande** y presione [Retorno] para visualizar una pantalla de archivo_ grande comenzando en la línea 45 y mostrar el indicador **Next** en lugar del indicador normal de **:** (dos puntos).

Se han utilizado dos opciones, **-p** para cambiar el indicador por defecto de **:** a **Next**, y **+** para comenzar la visualización en la línea 45.

No deje un espacio entre la opción -p y la cadena *Next*. Tampoco hay un espacio entre el signo + y el número de línea (45).

☐ Escriba **pg -s +/hola/ archivo_grande** y presione [Retorno] para mostrar el indicador y otros mensajes en vídeo inverso, y comenzar la visualización desde la primera línea que contenga la palabra *hola*.

Se han utilizado dos opciones, **-s** para mostrar el indicador y otros mensajes en vídeo inverso, y **+/hola/** para buscar la primera aparición de la palabra *hola*.

Cuando la orden **pg** visualiza el indicador del signo **:** (o cualquier otro indicador si ha utilizado la opción **-p**), puede dar órdenes para moverse hacia adelante o hacia atrás un número especificado de páginas o líneas para visualizar las diferentes partes del texto. La Tabla 7.2 resume algunas de estas órdenes.

Tabla 7.2. Órdenes de la línea de órdenes de **pg**

Tecla	Operación
+n	Avanza *n* pantallas donde *n* es un número entero
-n	Retrocede *n* pantallas donde *n* es un número entero
*+n*l	Avanza *n* líneas donde *n* es un número entero
*-n*l	Retrocede *n* líneas donde *n* es un número entero
n	Va a la pantalla *n* donde *n* es un número entero

7.1.2. Especificación del número de página o línea

Se puede especificar un número de página o línea desde el comienzo del archivo o relativo al número de página actual. Se utilizan enteros sin signo para indicar que la referencia es el comienzo del archivo. Por ejemplo, escriba **10** para ir a la página 10, o **60l** (*seis, cero, letra minúscula l*) para ir a la línea 60 del archivo.

Utilice enteros con signo para indicar que la referencia es relativa a la página actual. Por ejemplo, escriba **+10** para moverse hacia adelante 10 páginas, o escriba **-30l** (*tres, cero, letra minúscula l*) para moverse hacia atrás 30 líneas. Si sólo escribe + ó - sin ningún número, la orden se interpreta como **+1** ó **-1** respectivamente.

Estos operadores son sólo aplicables mientras está visualizando el archivo, y **pg** muestra el signo del indicador.

Si utiliza **pg** *con la opción* **-n**, *no necesitará presionar [Retorno] con las órdenes de la Tabla 7.2.*

7.2. *REDIRECCIÓN DEL SHELL*

Una de las facilidades más útiles que proporciona el shell es la redirección de los operadores del shell. Muchas órdenes de UNIX toman la entrada del dispositivo de entrada estándar y envían la salida al dispositivo de salida estándar. Esta es normalmente la asignación por defecto. Utilizando los operadores de redirección del shell puede alterar de donde obtiene una orden su entrada y a donde envía su salida. El dispositivo de entrada/salida estándar de una orden (por defecto) es el terminal.

Los operadores de redirección del shell le permiten hacer las siguientes cosas:

- Guardar la salida de un proceso en un archivo.
- Utilizar un archivo como entrada a un proceso.

1. *Un proceso es cualquier programa en ejecución. Esta podría ser una orden propia del shell, un programa de aplicación, o un programa que haya escrito.*

2. *Los operadores de redirección son instrucciones al shell y no forman parte de la sintaxis de la orden. Por consiguiente, pueden aparecer en cualquier parte de la línea de orden.*

3. *La redirección es temporal y sólo es efectiva con la orden que la utiliza.*

7.2.1. Redirección de la salida

La redirección de la salida le permite almacenar la salida de un proceso en un archivo. Allí puede editarlo, imprimirlo o utilizarlo como entrada a otro proceso. El shell reconoce el signo mayor que (>), y el signo doble de mayor que (>>) como operadores de redirección de la salida.

El formato es el siguiente:

```
orden > nombre de archivo
```

u

```
orden >> nombre de archivo
```

Por ejemplo, para conseguir la lista de los nombres de archivos del directorio de trabajo utilice la orden **ls**. Escriba **ls** y presione [Retorno]. El dispositivo de salida por defecto del shell es la pantalla de su terminal (dispositivo de salida estándar). Consecuentemente, verá la lista de archivos en la pantalla. Suponga que quiere guardar la salida de la orden **ls** (la lista de los nombres de archivos que hay en el directorio) en un archivo. Una manera de hacerlo, es redireccionar la salida de la orden **ls** desde la pantalla a un archivo como sigue:

```
ls > midirectorio.list
```

Esta vez la salida de la orden **ls** no se envía a la pantalla del terminal, sino que se almacena en un archivo llamado midirectorio.list. Si abre el archivo midirectorio.list, verá la lista de archivos.

1. *Si ya existe el nombre del archivo especificado, se sobreescribe y se pierde el contenido del archivo existente.*
2. *Si el nombre del archivo no existe, el shell crea uno.*

El operador de redirección doble mayor que (>>) funciona de la misma forma que el mayor que (>), excepto que añade la salida al archivo especificado. Si escribe **ls >> midirectorio.list** el shell añade los nombres de archivos del directorio de trabajo al final del archivo llamado midirectorio.list.

1. *Si el archivo especificado no existe, el shell crea uno para guardar en él la salida.*
2. *Si el nombre del archivo especificado existe, el shell añade la salida al final del archivo, y el contenido previo del archivo permanece intacto.*

Las siguientes órdenes muestran más ejemplos de los operadores de redirección de la salida.

Para obtener una copia dura de los nombres de los archivos en su directorio de conexión, haga lo siguiente:

$ cd [Retorno]	Cambia a su directorio de conexión.
$ ls -C [retorno]	Lista los nombres de los archivos del directorio `david` en formato columna. Tiene dos archivos:
miprimero tuultimo	
$ ls -C > midirectorio.list [Retorno] ..	Guarda la salida en `midirectorio.list`.
$_	Hecho. Se devuelve el indicador.
$ cat midirectorio.list [Retorno]	Comprueba lo que hay en `midirectorio.list`.

miprimero   tuultimo

$ **lp midirectorio.lis [Retorno]** ....   Imprime la lista.

Request id is lp -8056 (1 file)

$_ ....   Preparado para la próxima orden.

Para añadir la lista de los usuarios conectados al sistema a midirectorio.list, haga lo siguiente:

$ **who >> midirectorio.list [Retorno]** ..   Añade la lista de los usuarios conectados al sistema a midirectorio.list. Ahora midirectorio.list contiene la lista de los nombres de archivos, y la lista de los nombres de usuarios que están actualmente conectados al sistema.

$ **date > midirectorio.list [Retorno]** ..   Guarda la salida de la orden **date** en midirecto-rio.list. Esta vez se pierden los contenidos previos de midirectorio.list, y lo único que permanece son los resultados de la última orden.

$_ ....   Preparado para la próxima orden.

Para guardar el calendario del año actual en este_año, imprimirlo y luego borrarlo, haga lo siguiente:

$ **cal > este_año [Retorno]** ....   Graba la salida de **cal** en este_año.

$ **lp este_año [Retorno]** ....   Imprime este_año.

request id lp1 -6889 (1 file)

$ **rm este_año [Retorno]** ....   Borra el archivo este_año.

$_ ....   Preparado para la próxima orden.

7.2.2. Redirección de la entrada

La redirección de la entrada le permite dar órdenes ó ejecutar programas que obtengan sus entradas de un archivo especificado. El shell reconoce el signo menor que (<) como el operador de redirección de la entrada. El formato es como sigue:

orden < nombre de archivo

u

orden << *palabra*

Por ejemplo, para enviar un correo a otro usuario, utilice la orden **mailx** (mailx se estudia en el Capítulo 9) y escriba **mailx daniel < memo**. Esta orden significa enviar un correo a un usuario llamado *daniel* (identificación de usuario). La entrada a **mailx** no viene del dispositivo de entrada estándar, su terminal, sino de un archivo llamado memo. Así, el operador de redirección de la entrada (<) se utiliza para indicar de donde viene la entrada.

Intente utilizar la orden **cat** con el operador de redirección de la entrada.

☐ Escriba **cat < midirectorio.list** y presione [Retorno] para visualizar el contenido de midi-rectorio.list; UNIX devuelve:

miprimero   tuultimo

La utilización de la orden **cat** con el operador de redirección de la entrada le da el mismo resultado que la utilización de la orden **cat** con el nombre del archivo como un argumento. Hay otras órdenes que funcionan de la misma manera. Si especifica un nombre de archivo en la línea de orden, la orden toma su entrada del archivo especificado. Si no especifica ningún argumento, la orden toma su entrada del dispositivo de entrada por defecto (su terminal), y si tiene el operador de redirección de la entrada para especificar de donde viene la entrada, la tomará del archivo que especifique. Veámoslo en un ejemplo.

Intente utilizar la orden **lp** con el operador de redirección de la entrada.

El operador de redirección (<<) se utiliza mayoritariamente en los archivos scripts (programas del shell) para proporcionar una entrada estándar a otras órdenes. (Este tema se estudiará con más detalle en el Capítulo 10).

7.2.3. La orden *cat* revisada

Ahora que ya conoce las capacidades de redirección del shell, se va a estudiar la orden **cat** con más detalle. La orden **cat** se introdujo en el Capítulo 5, donde se utilizó para mostrar por pantalla los contenidos de archivos pequeños. Sin embargo, la orden **cat** se puede utilizar para otras muchas cosas más que visualizar archivos.

Crear archivos

Utilizando la orden **cat** con el operador de redirección de la salida (>) puede crear un archivo. Por ejemplo, si quiere crear un archivo llamado miarchivo, escriba **cat > miarchivo**. Esta orden significa que la salida de la orden **cat** se redirecciona desde el dispositivo de salida estándar (su terminal) a un archivo llamado miarchivo. La entrada viene del dispositivo de entrada estándar (el teclado de su terminal). En otras palabras, escribe el texto y **cat** lo guarda en el archivo llamado miarchivo. El final del archivo lo señala presionando [Ctrl-d].

Esta característica de la orden **cat** es útil para crear archivos pequeños de una forma rápida. Por supuesto, también puede utilizarla para crear archivos grandes, pero debe ser un mecanógrafo muy preciso porque después de presionar [Retorno], no podrá editar el texto que ha escrito. Las siguientes secuencias de órdenes muestran como crear un archivo utilizando la orden **cat**.

Intente utilizar la orden **cat** con el operador de redirección de la salida para crear un archivo.

$ **cat > miarchivo [Retorno]** .... Crea un archivo llamado miarchivo.

_ .... Cursor preparado para su entrada. Por ejemplo, escriba lo siguiente:

Desearía una forma mejor para aprender
UNIX. Algo como tomar una píldora diaria de UNIX.

[Ctrl-d] .... Final de la escritura.

$ .... Preparado para la próxima orden.

$ cat miarchivo [Retorno] .... Comprueba si se ha creado `miarchivo`; lo
muestra en pantalla.

Desearía una forma mejor para aprender
UNIX. Algo como tomar una píldora diaria de UNIX.

$_ .... Preparado para la próxima orden.

1. *Si miprimero no existe en el directorio de trabajo,* **cat** *lo crea.*

2. *Si miprimero ya existe en el directorio de trabajo,* **cat** *lo sobreescribe. Se pierde el contenido del archivo antiguo miprimero.*

3. *Si no quiere sobreescribir un archivo, utilice el operador (>>).*

Intente añadir el texto al final de miarchivo en su directorio actual.

$ cat >> miprimero [Retorno] .... Crea un archivo llamado `miprimero`.

_ .... Escriba su texto.

Sin embargo, por ahora, tenemos que sufrir y leer todos esos libros aburridos
de UNIX.

[Ctrl-d-d] .... Final de la escritura.

$_ .... Devuelve el indicador.

$ cat miarchivo [Retorno] .... Visualiza el contenido de `miarchivo`.
Desearía una forma mejor para aprender
UNIX. Algo como tomar una píldora diaria de UNIX.
Sin embargo, por ahora, tenemos que sufrir y leer todos esos libros aburridos de UNIX.

1. *Si miprimero no existe en el directorio de trabajo,* **cat** *lo crea.*

2. *Si miprimero existe,* **cat** *añade el texto de entrada al final del archivo existente. En este ejemplo, la única línea de entrada se añade a miprimero. Así, se visualizan las tres líneas de texto.*

Copiar archivos

Puede utilizar la orden **cat** con el operador de redirección de salida para copiar archivos de un lugar a otro. Las siguientes órdenes muestran cómo funciona esta capacidad de la orden **cat**.

Intente copiar miarchivo que está en el directorio david en otro archivo llamado miarchivo.copia.

$ cd [Retorno] ....   Se asegura que se encuentra en su directorio
                                                     de conexión.
$ cat miprimero > miprimero.copia
[Retorno] ....   Copia `miprimero` a `miprimero.copia`.
$_ ....   Preparado para la próxima orden.

La entrada de la orden **cat** *es el archivo* miprimero, *y la salida de la orden* **cat** *(el conteni-do de* miprimero) *se guarda en* miprimero.copia.

Copie el archivo miprimero que se encuentra en el directorio david en el directorio fuente, y llámelo miprimero.copia.

$ cat miprimero >
fuente/miarchivo.copia [Retorno] ..   Copia `miprimero` en `miprimero.copia` situado
                                                     en el directorio `fuente`.
$ ls fuente/miprimero.copia [Retorno]   Comprueba si se ha copiado.
miprimero.copia
$_ ....   Sí, `miprimero.copia` se encuentra en el direc-
                                                     torio `fuente`.

Como se encuentra en su directorio de conexión, la ruta de acceso de miprimero.copia *en el directorio* fuente *debe especificaarse en ambas órdenes* **cat** *y* **ls.**

A continuación, utilice la orden **cat** para copiar los dos archivos dentro de un tercero.

$ cat miprimero
miprimero.copia > xyz [Retorno] ...   Copia `miprimero` y `miprimero.copia` en `xyz`.
$_ ....   Preparado para la próxima orden.

1. El contenido previo de `xyz`, si lo tiene, se pierde.
2. Hay un espacio entre cada nombre de archivo en la lista de nombres de archivos.

Añadir archivos

Puede utilizar la orden **cat** con el operador de redirección de la salida (>>) para añadir una serie de archivos dentro de un nuevo archivo.

Añada dos archivos al final del tercer archivo.

$ cat miprimero
miprimero.copia >> xyz [Retorno] ...   Añade `miprimero` y `miprimero.copia` al final del
                                                     archivo llamado `xyz`.
$_ ....   Se visualiza el indicador.

1. *Utilizando el operador de redirección (>>) se guarda el contenido previo de* xyz, *si lo tiene, y los dos archivos se añaden al final de* xyz.
2. *Puede tener más de dos nombres de archivos en la lista de nombres de archivos, pero deben de estar separados por un espacio.*
3. *Los archivos se añaden al archivo de salida especificado en la misma secuencia en que se especifican los archivos de entrada.*

7.3. MEJORAS EN LA IMPRESIÓN DE ARCHIVOS

La orden **lp** envía el archivo a la impresora tal y como está; no realiza cambios en la apariencia o en el formato del archivo. Se puede mejorar la apariencia de salida formateándolo. Por ejemplo, se pueden añadir números en las páginas, encabezamientos de páginas y doble espaciado entre líneas en un documento antes de enviarlo a la impresora o visualizarlo en la pantalla.

Utilice la orden **pr** para formatear un archivo antes de imprimirlo o visualizarlo. La orden **pr** sin opciones formatea el archivo especificado en páginas de 66 líneas. Coloca 5 líneas de encabezamiento en la parte superior de la página que consisten en 2 líneas en blanco, 1 línea de información acerca del archivo especificado y 2 líneas más en blanco. La línea de información incluye la fecha y la hora actual, el nombre del archivo y el número de página. La orden **pr** también coloca 5 líneas en blanco al final de cada página.

Intente utilizar la orden **pr** para formatear miprimero.

☐ Escriba **pr miprimero** y presione [Retorno] para formatear un archivo llamado miprimero (Véase la Figura 7.1).

La salida de la orden **pr** se visualiza en el terminal, el dispositivo de salida estándar. Pero la mayoría de las veces desea formatear los archivos para imprimirlos en copia impresa. Una manera de hacerlo es utilizar el operador de redirección de la salida. Hay otras formas de enviar archivos formateados a la impresora, como utilizar el operador tubería, "pipe" (|) (que se estudiará en el Capítulo 8).

Se va a guardar la versión formateada de miprimero en otro archivo para imprimirse después.

```
                                              [2 blank lines]
Nov 28  16:30  2001 myfirst  Page 1
                                              [2 blank lines]
La historia de vi
El editor vi es un editor de texto que está soportado por la mayoría de los sistemas
operativos de UNIX. Sin embargo, …
resto de la página …
                                              [5 blank lines at bottom of page]
```

Figura 7.1. Archivo impreso con formateado de página: 5 líneas de encabezamiento y 5 líneas en blanco del pie de página.

Tabla 7.3. Las opciones de la orden **pr**

Opción	Operación
+*página*	Comienza la visualización de la *página* especificada. El valor por defecto de página es 1
-*columnas*[1]	Visualiza la salida en el número especificado de *columnas*. El valor por defecto de columnas es 1
-**a**[2]	Visualiza la salida en columnas a través de la página, una línea por columna
-**d**	Visualiza la salida a doble espacio
-**h***cad*	Reemplaza el nombre del archivo en el encabezamiento con la cadena especificada *cad*
-**l***número*	Fija la longitud de la página al *número* especificado de líneas. El **cat** por defecto es 66 líneas.
-**m**[1]	Visualiza todos los archivos especificados en múltiples columnas
-**p**	Hace una pausa al final de cada página y suena la campana del terminal
-*Carácter*	Separa columnas con un único *carácter* especificado. Si no se especifica ningún *carácter* se utiliza el tabulador
-**t**	Suprime las 5 líneas del encabezamiento y del final
-**w***número*	Fija la anchura de línea al *número* de caracteres especificados. El valor por defecto es 72

1. Las opciones **-m** ó **-columnas** se utilizan para generar salidas multi-columnas
2. La opción **-a** puede utilizarse solamente con la opción **-columna** y no con **-m**

$ **pr miprimero > prueba [Retorno]** .   Guarda la copia formateada de
miprimero en un archivo llamado prueba.

$ **lp prueba [Retorno]** .... Imprime prueba.

requested id is lp1-8045 (1 file)

$ **rm prueba [Retorno]** .... Borra prueba si no lo necesita.

$_ .... Preparado para la próxima orden.

Opciones de pr   No es bastante colocar cinco líneas en la parte superior y otras cinco en la parte inferior de cada página y llamar a eso formateado. Las opciones de **pr** le permiten formatear la apariencia de un archivo de forma más sofisticada. La Tabla 7.3 resume las opciones de la orden **pr**.

Las siguientes secuencias de órdenes muestran la salida de la orden **pr** utilizando distintas opciones.

Para los ejemplos suponga que tiene dos archivos en el directorio de trabajo. Se va a utilizar la orden **cat** para crearlos.

    $ **cat > nombres [Retorno]** ....   Crea un archivo llamado nombres.

    David [Retorno]
    Daniel [Retorno]
    Gabriel [Retorno]
    Emma [Retorno]
    [Ctrl-d]

    $ **cat > marcadores [Retorno]** ....   Crea un archivo llamado puntuaciones.

    90 [Retorno]
    100 [Retorno]
    70 [Retorno]
    85 [Retorno]
    [Ctrl-d]

    $_ ....   Preparado para la próxima orden.

Para mostrar los nombres en formato columna y cambiar el encabezamiento a LISTA DE ESTUDIANTES, escriba **pr -2 -h "LISTA DE ESTUDIANTES" nombres** y presione [Retorno].

                                 [2 líneas en blanco]
Nov 28 2001 14:30 LISTA DE ESTUDIANTES"
                                 [2 líneas en blanco]

David   Daniel
Gabriel   Emma

                        [5 líneas en blanco en la parte inferior de la página]

La opción **-h** cambia el encabezamiento, pero si la cadena especificada tiene espacios en blanco, debe escribirla entre comillas.

Para visualizar nombres en dos columnas a lo largo de la página y suprimir el encabezamiento, escriba **pr -2 -a -t nombres**.

David   Daniel
Gabriel   Emma

La diferencia entre las opciones **-2** y **-2 -a** es el orden en el que se disponen las columnas.

Para mostrar los archivos nombres y puntuaciones juntos, escriba **pr -m -t nombres puntuaciones** y presione [Retorno].

```
David      90
Daniel     100
Gabriel    70
Emma       85
```

La opción **-m** muestra los archivos especificados juntos uno al lado del otro (cada uno en una columna) en el mismo orden en el que los nombres de archivos se especifican en la línea de orden.

7.4. MÁS ÓRDENES PARA EL MANEJO DE ARCHIVOS

Algunas de las órdenes de manipulación de archivos se estudiaron en el Capítulo 5. De ese estudio, ya sabe como crear directorios (utilizando la orden **mkdir**), crear archivos (utilizando las órdenes **vi** y **cat**) y borrar archivos y directorios (utilizando las órdenes **rm** y **rmdir**). Algunas órdenes más completarán su conocimiento del manejo de archivos en UNIX. Estas órdenes se utilizan para copiar (**cp**), enlazar (**ln**) y mover (**mv**) archivos. El formato general de estas órdenes es como sigue:

orden fuente destino

donde *orden* es cualquiera de las tres órdenes, *fuente* es el nombre del archivo original y *destino* es el nombre del archivo destino.

7.4.1. Copiar archivos: la orden *cp*

La orden **cp** (copiar) se utiliza para hacer una copia (duplicado) de un archivo. Puede copiar archivos de un directorio a otro, hacer una copia de seguridad de un archivo o simplemente copiar archivos como entretenimiento.

Suponga que tiene un archivo llamado INFORME en su directorio actual y quiere hacer una copia de él. Para hacerlo, escriba **cp INFORME INFORME.COPIA** y presione [Retorno].

INFORME es el archivo fuente e INFORME.COPIA es el archivo destino. Si no proporciona correctamente ruta de acceso/nombre de archivo para los archivos fuente y destino, **cp** se queja mostrando un mensaje parecido al siguiente:

```
File cannot be copied onto itself
0 file(s) copied
```

La Figura 7.2 muestra la estructura de directorios antes y después de aplicar la orden **cp**.

Si el archivo destino ya existe, su contenido se pierde.

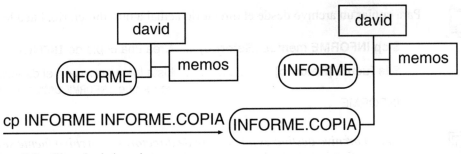

Figura 7.2. Ejemplo de la orden **cp**

Opciones cp

La Tabla 7.4 resume las opciones de la orden **cp**.

Opción -i   La opción **-i** le protege de sobreescribir un archivo existente. Le pide confirmación si el archivo destino ya existe. Si su contestación es *yes*, copia el archivo fuente sobreescribiendo el archivo existente. Si su contestación es *no*, abandona y el archivo existente permanece intacto.

Opción -n   Se tarda mucho tiempo y es un trabajo tedioso, copiar archivos uno a uno cuando se tiene una lista grande de archivos para copiar. Puede utilizar **cp** con la opción **-r** para copiar directorios y todos sus contenidos en un nuevo directorio.

Las siguientes órdenes muestran cómo funciona la orden **cp**.

$ ls -C [Retorno]	Lista los archivos del directorio actual.
memos INFORME	
$ cp INFORME INFORME.COPIA	
[Retorno]	Copia INFORME a INFORME.COPIA.
$ ls -C [Retorno]	Visualiza la lista de archivos. INFORME.COPIA está en la lista como se esperaba.
memos INFORME INFORME.COPIA	
$ cp INFORME INFORME [Retorno] .	Los nombres de archivos de los archivos fuente y destino coinciden.
File cannot be copied onto itself	
0 file(s) copied	
$_	Preparado para la próxima orden.

Tabla 7.4.   Las opciones de la orden **cp**

Tecla	Operación
-i	Pide confirmación si el archivo destino ya existe
-r	Copia directorios a un nuevo directorio

Para copiar un archivo desde el directorio actual a otro directorio, haga lo siguiente:

$ **cp INFORME memos [Retorno]** ..   Crea una copia de INFORME en memos.

$ **ls fuente [Retorno]** ....   Lista los archivos en el directorio memos y
INFORME   se ve que INFORME está allí como esperaba.

Cuando el archivo destino es un nombre de directorio, el archivo fuente se copia en el directorio especificado con el mismo nombre de archivo que el nombre del archivo fuente.

La Figura 7.3 muestra la estructura de directorios antes y después de la orden **cp**.

Pruebe a utilizar la orden **cp** con la opción **-i**.

$ **cp -i INFORME memos [Retorno]** ..   Hace una copia de INFORME debajo de
                                          memos.

Target file already exists overwrite? ..   Muestra el indicador de confirmación,
                                            presione [y] [Retorno] para aceptarlo o [n]
                                            [Retorno] para rechazarlo.

$_ ....   Preparado para la próxima orden.

Copiar los archivos y subdirectorios de david en otro directorio llamado david.bak utilizando la opción **-r**.

$ **cp -r ./memos ./david.bak** ....   Copia el directorio memos y todos sus
                                                archivos en david.bak.

$_ ....   Preparado para la próxima orden.

1. *Si* david.bak *existe en su directorio actual, los archivos y directorios de* memos *se copian en* david.bak.

2. *Si* david.bak *no existe en su directorio actual, se crea y todos los archivos y directorios incluidos en* memos *se copian en* david.bak. *Ahora, el nombre de camino para los archivos que hay en* memos *que está debajo de* david.bak *es:* ./david.bak/memos.

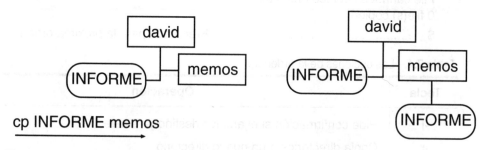

Figura 7.3. Ejemplo de la orden **cp**

7.4.2. Mover archivos: la orden *mv*

Utilice la orden **mv** para mover un archivo de un lugar a otro o para cambiar el nombre de un archivo o un directorio. Por ejemplo, si tiene un archivo llamado INFORME en su directorio actual y quiere cambiar su nombre a INFORME.VIEJO, escriba **mv INFORME INFORME.VIEJO** y presione [Retorno].

La Figura 7.4 muestra la estructura de directorios antes y después de ejecutar la orden **mv** para renombrar INFORME.

Mueva INFORME al directorio memos.

    $ mv INFORME memos [Retorno] . Mueve INFORME a memos.
    $_ .... Preparado para la próxima orden.

La Figura 7.5 muestra la estructura de directorios después de ejecutar la orden **mv** para mover INFORME.

7.4.3. Enlazar archivos: la orden *ln*

Puede utilizar la orden **ln** para crear nuevos enlaces (nombres) entre un archivo existente y un nombre de archivo nuevo. Esto significa que puede crear nombres adicionales para un archivo existente y referirse al mismo archivo con nombres diferentes. Por ejemplo, supon-

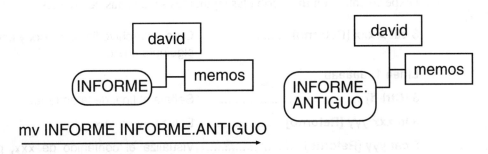

mv INFORME INFORME.ANTIGUO

Figura 7.4. Utilización de **mv** para renombrar un archivo.

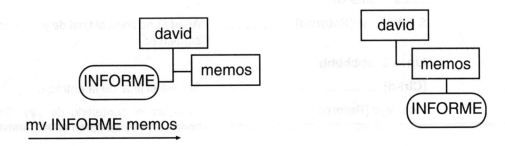

mv INFORME memos

Figura 7.5. Utilización de **mv** para mover un archivo.

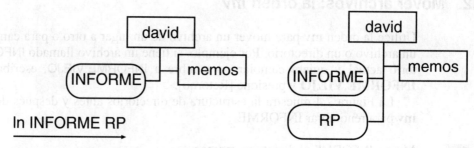

Figura 7.6. Utilización de **ln** para enlazar nombres de archivos.

ga que tiene un archivo llamado INFORME en su directorio actual, y escribe **ln INFORME RP** y presiona [Retorno]. Esto crea un nombre de archivo RP en su directorio actual y enlaza ese nombre con INFORME. Ahora INFORME y RP son dos nombres para un único archivo. La Figura 7.6 muestra la estructura de directorios antes y después de ejecutar la orden **ln**.

A primera vista, esta orden parece igual que la orden **cp**. Sin embargo, no lo es. La orden **cp** copia físicamente el archivo en otro lugar, y se tienen dos archivos por separado. Cualquier cambio que haga en uno de los archivos no se refleja en el otro. La orden **ln** sólo crea otro nombre de archivo para el mismo archivo; ningún archivo nuevo se crea. Si cambia cualquier cosa en uno de los archivos enlazados, los cambios se harán en el archivo independientemente del nombre que utilice para referenciarlo.

Para experimentar con **ln**, escriba las siguientes secuencias de órdenes.

$ cat > xxx [Retorno]	Cree un archivo llamado xxx y escriba la siguiente línea:
Línea 1: aaaaaa	
$ [Ctrl-d]	Señala el final de la entrada.
$ ln xxx yyy [Retorno]	Enlaza yyy a xxx.
$ cat yyy [Retorno]	Visualiza el contenido de xxx, pero utiliza el nombre nuevo del archivo yyy, y la salida es, como se esperaba, el contenido de xxx:
Línea 1: aaaaaa	
$ cat >> yyy[Retorno]	Añade una línea al final de yyy, y escriba la línea siguiente:
Línea 2: bbbbbbb	
[Ctrl-d]	Señala el final de la entrada.
$ cat yyy [Retorno]	Visualiza el contenido de yyy. Se tienen dos líneas en yyy tal como se esperaba:

Línea 1: aaaaaa
Línea 2: bbbbbbb

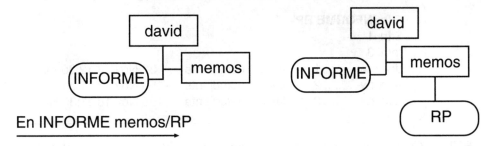

En INFORME memos/RP

Figura 7.7. Utilización de **ln** para enlazar nombres de archivos en diferentes directorios.

$ **cat xxx [Retorno]** ....   Visualiza el contenido de xxx. Se tienen dos líneas porque xxx e yyy son realmente el mismo archivo.

Línea 1: aaaaaa
Línea 2: bbbbbbb

$_ ....   Preparado para la siguiente orden.

Si especifica un nombre de directorio existente como el nombre de un archivo nuevo, puede acceder al archivo en el directorio especificado sin escribir su ruta de acceso. Por ejemplo, suponga que tiene un archivo llamado INFORME y un subdirectorio llamado memos en su directorio de trabajo, y escribe **ln INFORME memos** y presiona [Retorno]. Ahora puede acceder a INFORME desde el directorio memos sin especificar su ruta de acceso, en este caso ../INFORME.

Si quiere especificar un nombre diferente, escriba **ln INFORME memos/RP** y presione [Retorno]. Ahora RP en el directorio memos está enlazado a INFORME, y desde memos puede utilizar el nombre de archivo RP para referirse a INFORME.

La Figura 7.7 muestra la estructura de directorios antes y después de ejecutar la orden **ln**.

El Capítulo 5 explicó que la orden **ls -l** lista los nombres de los archivos del directorio actual en formato largo, y la segunda columna de la salida muestra el número de enlaces.

Para listar los archivos de david con formato largo, escriba **ls -l** y presione [Retorno].

```
$ ls -l
total 2
drwx rw- —— 1    david  estudiante    32 Nov 28 12:30 memo
-rwx rw- —— 1    david  estudiante   155 Nov 18 11:30 INFORME
```

Para enlazar INFORME a RP y listar los archivos utilizando la orden **ls** con la opción **-l** para ver el número de enlaces, escriba **ln INFORME RP** y presione [Retorno]. Luego escriba **ls -l** y presione [Retorno].

```
$ ln INFORME RP
$ ln -l
total 3
drwx rw- ....... 1      david    estudiante       32 Nov 28 12:30 memo
-rwx rw- ........ 2      david    estudiante      155 Nov 18 11:30 INFORME
-rwx rw- ........ 2      david    estudiante      155 Nov 18 11:30 RP
```

 Cuando se crea un archivo, también se establece un enlace entre el directorio y el archivo, así el número de enlaces para cada archivo es por lo menos uno y la utilización de la orden **ln** *aumenta este número.*

Las últimas palabras

Las tres órdenes **cp**, **mv** y **ln** afectan a los nombres de los archivos y funcionan de forma parecida, pero son órdenes distintas y se utilizan con diferentes propósitos:

- **cp** crea un archivo nuevo.
- **mv** cambia el nombre de archivo o mueve archivos de un lugar a otro.
- **ln** crea nombres adicionales (enlaces) para un archivo existente.

7.4.4. Contar palabras: la orden *wc*

Puede utilizar la orden **wc** para averiguar el número de líneas, palabras o caracteres en un archivo o lista de archivos especificados.

Las siguientes órdenes muestran la salida de la orden **wc**, suponiendo que el archivo miprimero se encuentra en su directorio actual.

 Primero visualice el contenido de miprimero. Luego muestre el número de líneas, palabras y caracteres que tiene.

$ cat miprimero [Retorno] ....   Visualiza el contenido de miprimero.

Desearía una forma mejor para aprender
UNIX. Algo como tomar una píldora diaria de UNIX.
Sin embargo, por ahora, tenemos que sufrir y leer todos esos libros aburridos de UNIX.

$ wc miprimero [Retorno] ....   Cuenta el número de líneas, palabras y
caracteres de miprimero.

3 29 175 miprimero

$_ ....   Preparado para la próxima orden.

La primera columna muestra el número de líneas, la segunda muestra el número de palabras y la tercera el número de caracteres.

 Una palabra se considera como una secuencia de caracteres sin ningún espacio en blanco (espacio o tabulador). Por lo tanto, ¿qué es una palabra? y ¿qué se cuenta como dos palabras?

Si no se especifica el nombre de archivo, **wc** toma su entrada desde el dispositivo de entrada estándar (teclado). Señale el final de la entrada presionando [Ctrl-d], y **wc** muestra el resultado en pantalla.

Utilice la orden **wc** para contar la entrada desde el teclado.

$ wc [Retorno]	Llama a la orden **wc** sin nombre de archivo.
_	El signo de subrayado es el indicador de espera del shell para el resto de la orden. Escriba el texto siguiente:
La orden wc es útil para saber lo grande que es un archivo.	
[Ctrl-d]	Final de la entrada; **wc** visualiza la salida.
2 13 60	
$_	Preparado para la próxima orden.

Puede especificar más de un nombre de archivo como argumento. En este caso, la salida muestra una línea de información para cada archivo, y la última línea muestra los números totales.

Suponga que tiene dos archivos en su directorio actual. Las siguientes órdenes muestran la salida de la orden **wc** especificando los dos nombres de archivos como argumentos.

Contar el número de líneas, palabras y caracteres en los archivos especificados.

$ wc miprimero tuprimero	Muestra las cuentas de `miprimero` y `tuprimero`.
24 10 400 miprimero	
3 100 400 tuprimero	
27 110 800 total	
$_	Preparado para la próxima orden.

Opciones de wc   Puede utilizar la orden **wc** con opciones para conseguir el número de líneas, palabras y caracteres de forma independiente ó en cualquier combinación. La Tabla 7.5 resume las opciones de la orden **wc**.

1. *Cuando no se especifica ninguna opción, por defecto se entienden todas las opciones* (**-lwc**).

2. *Puede utilizar cualquier combinación de opciones.*

Las siguientes órdenes muestran la utilización de las opciones de **wc**.

Tabla 7.5. Las opciones de la orden **wc**

Opción	Operación
-l	Informa del número de líneas
-w	Informa del número de palabras
-c	Informa del número de caracteres

Contar el número de líneas de miprimero.

$ **wc -l miprimero [Retorno]**	Cuenta sólo el número de líneas.
3 miprimero	
$_	Preparado para la próxima orden.
$ **wc -lc miprimero [Retorno]**	Cuenta el número de líneas y caracteres.
3 175 miprimero	
$_	Se devuelve el indicador.

Grabar la salida de la orden **wc** en un archivo e imprimirlo.

$ **wc miprimero > miprimero.cuenta** **[Retorno]**	Utiliza la redirección de la salida para guardar el informe de **wc** en miprimero.cuenta.
$ **lp -m miprimero.cuenta [Retorno]** .	Imprime miprimero.cuenta e informa cuando el trabajo está hecho.
$_	Preparado para la próxima orden.

7.5. *SUSTITUCIÓN DEL NOMBRE DE ARCHIVOS*

La mayoría de las órdenes de manejo de archivos requieren como argumentos nombres de archivos. Cuando quiera manejar una serie de archivos, por ejemplo, mover todos los archivos cuyos nombres comiencen por la letra *a* a otro directorio, escribir todos los nombres de estos archivos uno a uno es cansado y aburrido. El shell soporta la *sustitución de archivos*, que le permite seleccionar archivos cuyos nombres coincidan con una secuencia especificada. Estas secuencias se crean especificando los nombres de los archivos con algunos caracteres que tienen un significado especial para el shell. Los caracteres especiales se llaman *metacaracteres* (*comodines*). La Tabla 7.6 resume los comodines que pueden sustituir a uno o más caracteres en un nombre de archivo.

Los metacaracteres de sustitución de archivos (comodines) se pueden utilizar en cualquier parte del nombre del archivo para crear un patrón de búsqueda: al comienzo, en el medio o al final.

7.5.1. El metacarácter ?

El signo de interrogación (?) es un carácter especial que el shell interpreta como un carácter de sustitución único y por tanto expande el nombre del archivo.

Intente las siguientes secuencias de órdenes para ver como funciona el carácter especial ?.

$ **ls -C [Retorno]** ....   Comprueba los nombres de archivos en su directorio de trabajo. Suponga que tiene los siguientes archivos:

informe   informe1   informe2   ainforme   binforme

informe32

$ **ls -C informe? [Retorno]** ....   Utiliza un único signo de interrogación en el nombre de archivo.

informe1   informe2

$_ ....   Preparado para la próxima orden.

El shell expande el nombre de archivo informe? a los nombres de archivo informe seguido exactamente por un carácter, que puede ser cualquier carácter. Así los nombres de archivos informe1 e informe2 son los dos únicos archivos que coinciden con el patrón de búsqueda.

$ **ls informe?? [Retorno]** ....   Utiliza dos signos de interrogación como caracteres especiales.

Informe32

$_ ....   Preparado para la próxima orden.

El shell expande el nombre de archivo informe?? a los nombres de archivo informe seguido exactamente por dos caracteres, cualquiera que sean. Así el nombre de archivo informe32 es el único archivo que coincide con el patrón de búsqueda.

$ **ls -C ?informe [Retorno]** ....   Pone ? al comienzo del nombre del archivo.

ainforme   binforme

$_ ....   Preparado para la próxima orden.

Tabla 7.6. Los metacaracteres de sustitución de archivos del shell

Tecla	Operación
?	Coincidencia con cualquier carácter simple
*	Coincidencia con cualquier cadena, incluyendo la cadena vacía
[*lista***]**	Coincidencia con cualquiera de los caracteres especificados en la *lista*
[lista]	Coincidencia con cualquiera de los caracteres no especificados en la *lista*

El shell expande el nombre de archivo ?informe a los nombres de archivo informe precedidos exactamente por un carácter, que puede ser cualquier carácter. Así los nombres de archivo ainforme y binforme son los únicos archivos que coinciden con el patrón de búsqueda.

7.5.2. El metacaracter *

El asterisco (*) es un carácter especial que el shell interpreta como cualquier número de caracteres (incluido cero caracteres) de sustitución en un nombre de un archivo y por tanto, se expande el nombre del archivo.

Pruebe las siguientes secuencias de órdenes para ver como funciona el carácter especial *.

$ ls -C [Retorno] .... Comprueba los nombres de los archivos en su directorio de trabajo. Suponga que tiene los siguientes archivos:

informe	informe1	informe2	ainforme	binforme

informe32

$ ls -C informe* [Retorno] .... Lista todos los nombres de archivos que comienzan con la palabra *informe*:

informe	informe1	informe2	informe32

$ .... Preparado para la próxima orden

El shell expande el nombre de archivo informe* a los nombres de archivo informe seguido por cualquier número de caracteres, los que sean. Así los nombres de archivo ainforme y binforme son los únicos dos archivos que no coinciden con la secuencia de búsqueda. El comodín * incluye cero caracteres. Así, se visualiza el nombre de archivo informe seguido de ningún carácter que también coincide con la secuencia de búsqueda.

$ ls -C *informe [Retorno] .... Lista todos los nombres de archivos que finalizan con la palabra *informe*:

informe	ainforme	binforme

$_ .... Preparado para la próxima orden.

El shell expande el nombre de archivo *informe a los nombres de archivo informe precedidos por cualquier número de caracteres, los que sean. Así los nombres de archivo informe, ainforme y binforme son los únicos archivos que coinciden con la secuencia de búsqueda. El comodín * incluye cero caracteres. Así, se visualiza el nombre de archivo informe precedido de ningún carácter que también coincide con la secuencia de búsqueda.

$ ls -C i*2 [Retorno] .... Lista todos los archivos que comienzan con *i* y terminan con *2*

informe2	informe32

$_ .... Preparado para la próxima orden.

El shell expande el nombre de archivo i*2 a los nombres de archivo que comienzan por i y que van seguidos de cualquier número de caracteres, pero el último carácter del nombre del archivo debe ser el 2 (cualquier archivo que comience por i y finalice por 2).

7.5.3.   Los metacaracteres [ ]

Los corchetes de abrir y cerrar son caracteres especiales que encierran una lista de caracteres. El shell interpreta esta lista de caracteres como nombres de archivos que contienen los caracteres especificados, y por tanto, se expande el nombre del archivo.

La utilización de **!** antes de la lista de caracteres especificados, ocasiona que el shell expanda los nombres de archivos que no contienen los caracteres de la lista en la posición especificada.

Experimente con los metacaracteres corchetes haciendo lo siguiente:

☐ Para listar todos los nombres de archivo que comiencen con *a* ó *b*, escriba **ls -C [ab]*** y presione [Retorno]; UNIX contesta:

```
ainforme      binforme
$_ ...................................... Preparado para la próxima orden.
```

El shell expande el nombre de archivo [ab]* a los nombres de archivo que comienzan por a ó b seguidos por cualquier número de caracteres, los que sean. Así ainforme y binforme son los dos únicos archivos que coinciden con la secuencia especificada.

☐ Para listar todos los nombres de archivo que no comiencen por *a* ó *b*, escriba **ls -C [!ab]*** y presione [Retorno]; UNIX contesta:

```
informe      informe1      informe2      informe32
```

Puede utilizar los caracteres especiales **[ ]** *para especificar un rango de caracteres o dígitos. Por ejemplo,* **[5-9]** *significa los dígitos 5, 6, 7, 8 ó 9; y* **[a-z]** *significa todas las letras minúsculas del alfabeto.*

Las siguientes órdenes muestran la utilización de corchetes con un rango especificado de letras o dígitos.

☐ Escriba **ls *[1-32]** y presione [Retorno] para listar todos los nombres de archivo que finalizan con los dígitos 1 a 32; UNIX contesta:

```
informe1      informe2      informe32
```

7.5.4.   Metacaracteres y archivos ocultos

Se pueden utilizar los metacaracteres para visualizar archivos ocultos —archivos que comiencen con. (punto)— debe tener explícitamente el . (punto) como parte patrón especificado.

Para listar todos los archivos invisibles (ocultos), escriba **ls -C .*** y presione [Retorno]; UNIX contesta:

.exrc   .profile

El shell expande el nombre de archivo .* a los nombres de archivo . (punto) seguido por cualquier número de caracteres, los que sean. Así únicamente se visualizan los archivos ocultos.

La secuencia es .* y no hay espacio entre el punto y el asterisco.

Los comodines no están únicamente limitados a la orden **ls***. Puede utilizar comodines con otras órdenes que necesiten nombres de archivo como argumentos.*

Para experimentar con algunos otros ejemplos de sustitución de nombres de archivo, intente lo siguiente:

$ rm *.* [Retorno]	Borra todos los archivos con nombres que al menos contengan un punto.
$ rm informe? [Retorno]	Borra todos los nombres de archivo que comiencen con informe y finalicen con un único carácter, cualquier carácter.
$ cp * backup [Retorno]	Copia todos los archivos desde el directorio actual hasta el directorio backup.
$ mv archivo[1-4] memos [Retorno]	Mueve archivo1, archivo2, archivo3 y archivo4 indicado por el rango [1-4], al directorio memos.
$ rm informe* [Retorno]	Borra todos los nombres de archivo que empiezan con la cadena *informe*.
$_	Preparado para la próxima orden.

No hay espacio entre **informe** *y el comodín asterisco. La orden* **rm informe*** *borra todos los archivos que su nombre comience por* informe.

$ rm informe * [Retorno]	Borra todos los archivos.
$_	Preparado para la próxima orden.

En el ejemplo anterior, hay un espacio entre informe y el asterisco comodín. Este espacio puede tener consecuencias desastrosas. La orden **rm informe *** es interpretado como "borra un archivo llamado informe y después borra el resto de archivos". En otras palabras se borran todos los archivos del directorio actual.

$ ls -C [A-Z] [Retorno]	Muestra todos los nombres de archivo con una letra mayúscula suponiendo que tenga nombres de archivo de una sola letra.
A B D W	
$_	Preparado para la próxima orden.

7.6. UNIX POR DENTRO: EL SISTEMA DE ARCHIVOS

¿Cómo sigue la pista el sistema de archivos de UNIX a sus archivos? ¿Cómo sabe la localización de sus archivos en el disco? Desde su punto de vista crea directorios para organizar su espacio de disco y los directorios y archivos tienen nombres para identificarlos. Esta estructura jerárquica de directorios y archivos es una visión lógica del sistema de archivos. Internamente, UNIX organiza el disco y mantiene un control de los archivos de una manera diferente.

El sistema de archivos UNIX asocia a cada nombre de archivo con un número llamado *número de i-nodo*, e identifica cada archivo con su número i-nodo. UNIX guarda todos esos números i-nodo en una lista, denominada *lista de i-nodos*. Esta lista se guarda en el disco de UNIX.

7.6.1. Estructura de un disco de UNIX

Bajo UNIX, un disco es un dispositivo estándar de bloque, y un disco UNIX esta dividido en cuatro bloques (regiones):

- bloque de arranque
- superbloque
- bloque de lista de i-nodos
- bloque de archivos y directorios

El bloque de arranque   El *bloque de arranque* mantiene el *programa de arranque*, que es un programa especial que se activa en el momento de arranque del sistema.

El superbloque   El *superbloque* contiene información acerca del propio disco. Esta información incluye lo siguiente:

- número total de bloques de disco
- número de bloques libres
- tamaño del bloque en bytes
- número de bloques utilizados

El bloque de lista de i-nodos   El *bloque de lista de i-nodos* guarda la lista de i-nodos. Cada entrada en esta lista es un i-nodo, un área de almacenamiento de 64 bytes. El i-nodo de un archivo normal o de un archivo directorio contiene la localización de su(s) bloque(s) de disco. El i-nodo de un archivo especial contiene la información que identifica el dispositivo periférico. También un i-nodo contiene otra información que incluye la siguiente:

- permiso de acceso del archivo (lectura, escritura y ejecución)
- identificadores de propietario y grupo
- número de enlaces del archivo
- hora de la última modificación del archivo
- hora del último acceso al archivo

- localización de bloques para cada archivo normal y archivo directorio
- número de identificación de dispositivo para archivos especiales

 Los i-nodos se enumeran secuencialmente.

i-nodos y directorios

El i-nodo 2 contiene la localización de los bloques que forman el directorio raíz (\). Un directorio UNIX contiene la lista de los nombres de los archivos y sus números de i-nodos asociados. Cuando crea un directorio, automáticamente se crean dos entradas, una para el .. (punto punto) que es el directorio padre y otra para el . (punto) que es el directorio hijo.

 Los nombres de archivos se almacenan en directorios y no en i-nodos.

7.6.2. Juntando todo

Cuando se conecta al sistema, UNIX lee el directorio raíz (i-nodo 2) para buscar su directorio de conexión y guardar su número de i-nodo. Cuando cambia de directorio utilizando **cd**, UNIX sustituye este número de i-nodo por el correspondiente al nuevo directorio.

Cuando accede a un archivo utilizando utilidades u órdenes (tales como **vi** o **cat**) o cuando un programa abre un archivo, UNIX lee y busca el directorio por el nombre de archivo especificado. Hay un i-nodo asociado con cada nombre de archivo que apunta a un i-nodo específico en la lista de i-nodos. UNIX utiliza el número de i-nodo de su directorio de trabajo para empezar la búsqueda o si le da una ruta de acceso completa, comienza desde el directorio raíz que siempre tiene el i-nodo 2.

Suponga que su directorio actual es david, y que tiene un subdirectorio llamado memos y un archivo llamado informe en memos y que quiere acceder a informe. UNIX comienza a buscar desde su directorio actual, david (con un número de i-nodo conocido), y localiza el nombre de archivo memo y su número de i-nodo. A continuación lee el registro del i-nodo de memos en la lista de i-nodos. El i-nodo de memos indica el bloque que contiene al directorio memos.

Mirando dentro del bloque que contiene los nombres de los archivo que están debajo del directorio memos, UNIX encuentra el nombre del archivo informe y su número de i-nodo. UNIX repite el proceso anterior, lee el registro i-nodo de la lista de i-nodos. La información en este registro incluye la localización de los bloques en el disco que tienen el archivo informe (Véase la Figura 7.8).

¿Cómo determina cuál es el número de i-nodo del archivo? Utilice la orden **ls** con la opción **-i**. Por ejemplo, suponga que su directorio de trabajo es david y que tiene un subdirectorio memos y un archivo llamado informe en él.

 Listar los nombres de archivos y sus números de i-nodos asociados de su directorio actual.

```
$ ls -i
4311    memos
7446    informe
$_
```

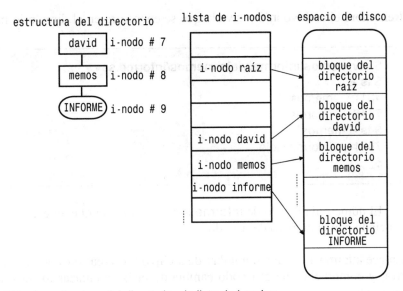

Figura 7.8. La estructura del directorio y la lista de i-nodos.

Haga una copia del archivo informe, llámela informe.viejo y muestre a continuación los números de los i-nodos.

```
$ cp informe informe.viejo
$ ls -i
4311    memos
7446    informe
7431    informe.viejo
$_
```

El nuevo número de i-nodo del archivo informe.viejo indica que se ha creado un nuevo archivo y que se le ha asociado un nuevo número de i-nodo.

Mueva el archivo informe.viejo al directorio memos y luego muestre los números de i-nodos.

```
$ mv informe.viejo memos
$ ls -i
4311    memos
7446    informe
$ ls -i memos
7431    informe.viejo
$_
```

informe.viejo se mueve al directorio memos; su número de i-nodo es el mismo, pero ahora está asociado con el directorio memos.

Renombre el archivo informe.viejo que se encuentra en el directorio memos a informe.sav.

```
$ mv memos/informe.viejo memos/informe.sav
$ ls -i
4311     memos
7446     informe
$ ls -i memos
7431     informe.viejo
$_
```

El número de i-nodo de informe.sav es el mismo que antes; sólo se cambia el nombre asociado con el número del i-nodo.

Enlace informe a un nuevo nombre de archivo inf (crear otro nombre de archivo para informe) y compruebe que el i-nodo cambia después de enlazar los dos archivos, haciendo lo siguiente:

```
$ mv memos/informe.viejo memos/informe.sav
$ ls -i
4311     memos
7446     informe
$ ls -i memos
7431     informe.viejo
$_
```

El número de i-nodo de inf, que es el nuevo nombre de archivo, es el mismo que el de informe. El i-nodo de informe y el i-nodo de inf apuntan a los mismos bloques que constituyen el archivo informe.

Resumen de las órdenes

En este capítulo se han estudiado las siguientes órdenes y opciones.

pg
Visualiza una pantalla de los archivos cada vez. Puede introducir las opciones u otras órdenes cuando **pg** muestra el signo del indicador.

Opción	Operación
-n	No requiere [Retorno] para completar las órdenes de una única letra
-s	Visualiza mensajes e indicadores en vídeo inverso
-num	El número entero *num* establece el número de líneas que se mostrarán en la pantalla. El valor por defecto es 23 líneas
-p*cad*	Cambia el indicador : (dos puntos) a la cadena especificada como *cad*
+*línea-num*	Comienza la visualización del archivo desde la línea especificada en *línea-num*
+/*patrón*/	Comienza la visualización en la línea que contiene la primera ocurrencia del *patrón* especificada

Operadores de la orden pg
Puede utilizar estas teclas cuando **pg** está visualizando el signo del indicador.

Tecla	Operación
+*n*	Avanza *n* pantallas donde *n* es un número entero
-*n*	Retrocede *n* pantallas donde *n* es un número entero
+*n*l	Avanza *n* líneas donde *n* es un número entero
-*n*l	Retrocede *n* líneas donde *n* es un número entero
n	Va a la pantalla *n* donde *n* es un número entero

cp
Copia archivos en el directorio actual o de un directorio a otro.

Tecla	Operación
-i	Pide confirmación si el archivo destino ya existe
-r	Copia directorios a un nuevo directorio

mv
Renombra archivos o mueve archivos desde una posición a otra.

ln
Crea enlaces entre un archivo existente y otro nombre de archivo o directorio. Le permite tener más de un nombre para un archivo.

pr
Formatea el archivo antes de imprimirlo o de verlo por pantalla.

Opción	Operación
+*página*	Comienza la visualización de la *página* especificada. El valor por defecto de página es 1
-*columnas*[1]	Visualiza la salida en el número especificado de *columnas*. El valor por defecto de columnas es 1
-a[2]	Visualiza la salida en columnas a través de la página, una línea por columna
-d	Visualiza la salida a doble espacio
-h*str*	Reemplaza el nombre del archivo en el encabezamiento con la cadena especificada *str*
-l*número*	Fija la longitud de la página al *número* especificado de líneas. El **cat** por defecto es 66 líneas.
-m[1]	Visualiza todos los archivos especificados en múltiples columnas
-p	Hace una pausa al final de cada página y suena la campana del terminal
-s*carácter*	Separa columnas con un único *carácter* especificado. Si no se especifica ningún *carácter* se utiliza el tabulador
-t	Suprime las 5 líneas del encabezamiento y del final
-w*número*	Fija la anchura de línea al *número* de caracteres especificados. El valor por defecto es 72

1. Las opciones **-m** ó **-columnas** se utilizan para generar salidas multi-columnas
2. La opción **-a** puede utilizarse solamente con la opción **-columna** y no con **-m**

wc
Cuenta el número de caracteres, palabras o líneas en el archivo especificado.

Opción	Operación
-l	Informa del número de líneas
-w	Informa del número de palabras
-c	Informa del número de caracteres

Ejercicios de repaso

1 ¿Cuáles son los símbolos utilizados para los operadores de redirección?

2 Explique la redirección de entrada y de salida.

3 ¿Cuáles son las órdenes para leer un archivo?

4 ¿Cuál es la diferencia entre mover un archivo (**mv**) y copiar un archivo (**cp**)?

5 ¿Cuál es la orden para renombrar un archivo?

6 ¿Es posible tener más de un nombre para un archivo?

7 ¿Cuáles son las cuatro regiones (bloques) de un disco UNIX? Explique cada parte.

8 ¿Qué es un número de i-nodo y cómo se utiliza para localizar un archivo?

9 ¿Qué es la lista de i-nodos, y cuál es la información principal almacenada en cada nodo?

10 ¿Cuál de las siguientes órdenes cambia o crea un número de i-nodo?

    a) mv archivo1 archivo2
    b) cp archivo1 archivo2
    c) ln archivo1 archivo2

Haga coincidir las órdenes que se muestran en la columna de la izquierda con la explicación que le corresponda que se muestra en la columna de la derecha.

1. wc xxx> yyy	a. Copiar xxx a yyy
2. cp xxx> yyy	b. Renombrar xxx a yyy
3. ln xxx> yyy	c. Copiar todos los nombres de archivos que comienzan por la palabra archivo y que tienen a continuación exactamente 2 caracteres (cualesquiera caracteres)
4. mv xxx> yyy	d. Borrar todos los archivos en el directorio actual
5. rm *	e. Crea otro nombre de archivo para xxx, lo llama yyy
6. ls *[1-6]	f. Visualiza el contenido de miarchivo
7. copy archivo?? fuente	g. Copia miarchivo a yyy
8. pr -2 miarchivo	h. Añade todos los archivos que tienen exactamente un carácter antes de la palabra *archivo* en un archivo llamado yyy
9. ls - i	i. Formatea miarchivo en dos columnas
10. pg miarchivo	j. Listar todos los archivos que tienen nombre de archivos que finalizan con los dígitos del 1 al 6
11. cat miarchivo	h. Listar los nombres de archivos del directorio actual y sus números de i-nodos

12. cat miarchivo > yyy   l. Crear un archivo llamado yyy que contiene el número de caracteres que hay en el archivo xxx

13. cat ?archivo >> yyy   m. Visualizar miarchivo con una pantalla cada vez

Sesión con el terminal

 En esta sesión con el terminal, practique las órdenes estudiadas en este capítulo creando directorios y a continuación manipulando los archivos de los directorios.

1. Crear un directorio llamado memos en su directorio de conexión.

2. Utilizando el editor vi, crear un archivo llamado miarchivo en su directorio de conexión.

3. Utilizando la orden **cat** concatene miarchivo unas pocas veces para crear un archivo grande (por ejemplo 10 páginas). Llame a este archivo grande.

4. Utilizando la orden **pg** y sus opciones, visualizar grande en la pantalla.

5. Utilizando la orden **pr** y sus opciones, formatear grande e imprimirlo.

6. Utilizar la orden **copy** para copiar todos los archivos de su directorio de conexión en memos.

7. Utilizar la orden **ln** para crear otro nombre para el archivo grande.

8. Utilizando la orden **mv** renombrar grande a grande.antiguo.

9. Utilizando la orden **mv**, mover el archivo grande.antiguo a memos

10. Utilizar la orden **ls** y las opciones **-i** y **-l** para observar los cambios en los números de i-nodos y en el número de enlaces cuando hace las siguientes órdenes:

   a. Cambiar al directorio memos
   b. Crear otro nombre para miprimero; llamarlo MF
   c. Copiar miprimero a miprimero.antiguo
   d. Listar todos los archivos cuyos nombres de archivos comiencen por mi
   e. Listar todos los archivos que tienen por extensión antiguo
   f. Modificar miarchivo. Mirar el archivo MF; las modificaciones de miarchivo están también en el archivo MF
   g. Cambiar a su directorio de conexión
   h. Borrar todos los archivos en el directorio memos que tienen la palabra *archivo* como parte de sus nombres de archivos.
   i. Borrar el directorio memos con todos los archivos que contiene
   j. Listar su directorio de conexión
   k. Eliminar todos los archivos que creó en esta sesión

Capítulo **8**

Exploración del Shell

Este capítulo analiza el shell y su papel en el sistema UNIX, explica las características y capacidades del shell. Se estudian las variables del shell, su uso y la forma de definirlas. El capítulo introduce más metacaracteres del shell y formas para hacer que el shell ignore sus significados especiales. También se explican los archivos de arranque del UNIX, los procesos y la gestión de procesos. Este capítulo continua con la introducción de nuevas órdenes (utilidades), de forma que pueda construir su vocabulario de órdenes UNIX.

En este capítulo

8.1. EL SHELL DE UNIX

El sistema operativo UNIX consta de dos partes: el *kernel* y las *utilidades*. El *kernel* es el corazón del sistema UNIX y está residente en memoria (quiere decir que permanece en memoria desde que arranca el sistema hasta que lo apaga). Todas las rutinas que se comunican directamente con el hardware se concentran en el kernel, que es relativamente pequeño en comparación con el resto del sistema operativo.

Además del kernel, hay otros módulos esenciales también residentes en memoria. Estos módulos desarrollan funciones importantes como pueden ser control de entrada/salida, gestión de archivos, gestión de memoria, gestión del tiempo del procesador, etc... Además, UNIX mantiene varias tablas residentes en memoria con fines de utilización interna, para mantener control del estado del sistema.

El resto del sistema UNIX reside en el disco y se carga en memoria únicamente cuando se necesita. La mayoría de las órdenes UNIX que conoce son programas (llamados utilidades) que residen en el disco. Para esos programas, cuando escribe una orden (pide que se ejecute el programa), el programa especificado se carga en memoria.

Se comunica con el sistema operativo a través de un shell y las operaciones dependientes del hardware las gestiona el kernel. La Figura 8.1 muestra los componentes del sistema operativo UNIX.

El propio shell es un programa (un programa de utilidad). Se carga en memoria siempre que se conecta el sistema. Cuando el shell está preparado para recibir órdenes, visualiza un indicador. El shell no ejecuta la mayoría de las órdenes que escribe; examina cada orden y comienza el programa UNIX (utilidad) apropiado que realiza la acción pedida. El shell determina que programa arranca (el nombre del programa es el mismo que el de la orden que escribe). Por ejemplo, cuando escribe **ls** y presiona [Retorno] para listar los archivos del

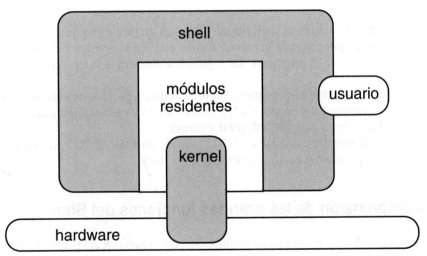

Figura 8.1. Los componentes del UNIX.

Ver página XXII para una explicación de los iconos utilizados para resaltar información en este capítulo.

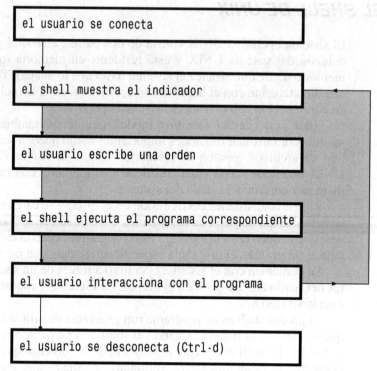

Figura 8.2. Interacción del usuario con el shell.

directorio actual, el shell busca y arranca un programa llamado ls. El shell trata sus programas de aplicación de la misma forma: escribe el nombre del programa como una orden y el shell ejecuta el programa. La Figura 8.2 muestra la interacción del usuario con el programa shell.

El shell también contiene algunas órdenes propias incorporadas dentro de él. Estas órdenes son parte del propio shell y se reconocen y ejecutan internamente. Ya conoce algunas de estas órdenes propias (**cd**, **pwd** y otras).

El sistema estándar de UNIX viene con más de 200 programas de utilidades. Uno de estos programas es sh, que es el propio shell.

8.1.1. Comprensión de las grandes funciones del Shell

El shell es el programa de utilidad que más se usa en el sistema UNIX. Es un programa sofisticado que administra el diálogo entre el usuario y el sistema UNIX. Interacciona con él repetidamente durante las sesiones de trabajo. El shell es un programa ejecutable escrito en C que está normalmente almacenado en el directorio /bin. Uno de los programas shell utilizado más comúnmente es el *shell Bourne*, llamado así en reconocimiento a su autor; se almacena con el nombre sh en el directorio /bin. Cuando se conecta, un shell Bourne interactivo se llama automáticamente. Sin embargo, puede llamar al shell (otra copia de él) escribiendo **sh** en el indicador **$**.

El shell incluye las siguientes características principales. Realmente ya está familiarizado con algunas de ellas y el resto se explicarán en este capítulo.

Ejecución de orden   La ejecución de orden (programa) es una de las grandes funciones del shell. En el momento que escriba cualquier cosa en el indicador se interpreta por el shell. Cuando presiona [Retorno] al final de la línea de orden, el shell comienza a analizar su orden; si hay caracteres de sustitución de nombres de archivos, o signos de redirección de entrada/salida, los toma en consideración y ejecuta el programa apropiado.

Sustitución del nombre de archivo   Si la sustitución del nombre de archivo (también llamada *generación del nombre de archivo*) se especifica en la línea de orden, el shell primero realiza la sustitución y después ejecuta el programa. El propio programa del shell no toma parte en el proceso de sustitución. (Los caracteres de sustitución de los nombres de archivos —metacaracteres ***** y **?**— se estudiaron en el Capítulo 7).

Redirección de E/S   La redirección de E/S la maneja el shell. Otra vez el propio programa shell no se involucra, y la redirección se prepara antes de la ejecución de la orden. Si se especifica la redirección de entrada o salida en la línea de orden, el shell abre el fichero y lo conecta respectivamente a la entrada o a la salida estándar del programa. Este tópico se estudió en el Capítulo 7.

Pipes   También llamados tuberías (pipelines), le permiten conectar programas sencillos para realizar una tarea más compleja. La línea vertical en el teclado, [|], es el operador de tubo.

Control del entorno   El shell le permite personalizar su entorno para adecuarlo a sus necesidades. Fijando las variables apropiadas puede cambiar su directorio de conexión, el signo del indicador u otros aspectos del entorno de trabajo.

Procesamientos de tareas de segundo plano (background)   La capacidad de procesamiento de tareas de segundo plano del shell le permite ejecutar programas en segundo plano mientras realiza otras tareas en primer plano (foreground). Esto es útil para programas no interactivos que consumen mucho tiempo de procesamiento.

Scripts del shell   Comúnmente las secuencias de órdenes del shell utilizadas pueden almacenarse en archivos llamados *scripts* (guiones) *del shell*. El nombre del archivo puede utilizarse posteriormente para ejecutar el programa almacenado, permitiéndole ejecutar las órdenes almacenadas en el script con una única orden. El shell también incluye construcciones de lenguajes que le permiten escribir scripts que realicen tareas más complejas. Los guiones *(scripts)* se estudian en el Capítulo 11.

8.1.2. Visualización de información: la orden *echo*

Puede utilizar la orden **echo** para visualizar mensajes. Muestra sus argumentos en el terminal, que es el dispositivo de salida estándar. Sin argumento produce una línea vacía y por defecto añade una nueva línea al final de la salida. Por ejemplo, si escribe **echo hola aquí** y presiona [Retorno], verá lo siguiente:

hola aquí

La cadena de argumentos puede tener cualquier número de caracteres. Sin embargo, si la cadena contiene algún metacarácter la cadena debe escribirse entre comillas. (Este tema se verá más adelante en este capítulo).

La Tabla 8.1 muestra los caracteres que puede utilizar como parte de una cadena para controlar el formato del mensaje. Estos caracteres van precedidos por una barra inclinada hacia la izquierda (\) y se interpretan por el shell para generar la salida deseada. También se llaman *caracteres de escape*.

\ *es un metacarácter del shell. Por tanto, si lo utiliza en una cadena debe ir entre comillas.*

Las siguientes órdenes muestran como utilizar la orden **echo** y el resultado de incorporar los caracteres de escape en la cadena argumento.

$ **echo Hola, esto es una prueba.**
[Retorno] .... Muestra un único mensaje en la pantalla.

Hola, esto es una prueba.

$ **echo Hola, "\n" esto es una**
prueba. [Retorno].. .... Muestra el mismo mensaje en dos líneas.

Hola,
esto es una prueba.

$_ .... Indicador.

Tabla 8.1. Los caracteres de escape

Carácter de escape	Significado
\n	Retorno de carro y alimentación de línea (nueva línea).
\t	Tabulador.
\b	Retroceso.
\r	Retorno de carro sin alimentación de línea.
\c	Inhibe el retorno de carro.

\n debe ir encerrada entre comillas para que se interprete como la orden *siguiente línea.*

> **$ echo Hola, "\n" esto es una prueba.**
>
> **> prueba [Retorno]** .... Guarda la salida en un archivo.
>
> **$ cat prueba [Retorno]** .... Confirma el contenido de prueba.
>
> Hola,
> esto es una prueba.
>
> **$_** .... Indicador.
>
> **$ echo Hola, "\n" esto es una prueba.**
>
> **"\c" [Retorno]** .... No se genera la siguiente línea al final del mensaje.
>
> Hola,
> esto es una prueba.$

El indicador del signo de dólar ($) aparece a la derecha después de la palabra prueba. Ése es el efecto de **\c** en la cadena argumento.

> **$ echo Esto   es   una   prueba.**
>
> **[Retorno]** .... Vea que ocurre con los blancos.
>
> Esto es una prueba.

El shell interpreta que la línea de orden anterior tiene cuatro argumentos y cada argumento está separado por un espacio en la salida.

> **$ echo "Esto es   una   prueba."**
>
> **[Retorno]** .... Vea la respuesta de las comillas; ahora los espacios en blanco se conservan.
>
> Esto   es   una prueba.
>
> **$_** .... Indicador.

8.1.3. Eliminación de los significados especiales de los metacaracteres

Los metacaracteres tienen significados especiales para el shell. A veces, se quiere inhibir esos significados. El shell le proporciona un conjunto de caracteres que anula el significado de los metacaracteres. Este proceso de anular el significado especial de los metacaracteres se denomina *escape*. El conjunto de caracteres de escape es el siguiente:

- barra inclinada hacia la izquierda [\]
- dobles comillas ["]
- comilla simple [']

 La orden **echo** *se utiliza en la mayoría de los siguientes ejemplos para demostrar como funciona este proceso. Sin embargo, la utilización de los caracteres de escape es aplicable a otras órdenes cuando tenga que utilizar cualquiera de los caracteres especiales como parte del argumento de la orden.*

Barra inclinada hacia la derecha   La barra inclinada hacia la derecha [\] se utiliza para indicar que el carácter que la sigue se interpreta como un carácter alfanumérico ordinario.

Por ejemplo, [?] es un carácter de sustitución de archivo (comodín) y tiene un significado especial para el shell. Pero \? se interpreta como un signo de interrogación real.

Elimine un archivo llamado temp? de su directorio actual.

> **$ rm temp? [Retorno]** .... Eliminar temp?

El shell interpreta esta orden como borrar todos los archivos cuyos nombres están formados por temp seguido de un carácter. Por tanto, elimina cualquier archivo que coincida con esta cadena de caracteres, tales como temp, temp1, temp2, tempa, tempo, etcétera.

¿Qué es lo que necesita para eliminar un único archivo llamado temp?

> **$ rm temp\? [Retorno]** .... Intente otra vez, utilizando \? para representar el signo de interrogación ?

Ahora el shell examina la línea de orden, encuentra \, ignora el significado especial del signo de interrogación y pasa el nombre de archivo temp? al programa **rm**.

Visualice los metacaracteres.

> **$ echo \< \> \" \' \$ \? \& \| \\ [Retorno]** .   Hagámoslo para todos.
>
> < > " ' $? & | \
>
> $_ .... Preparado para la próxima orden.

*Para eliminar el significado especial de \ hay que poner a continuación otro *

Dobles comillas   Puede utilizar las dobles comillas ["] para anular el significado de la mayoría de los caracteres especiales. Cualquier carácter especial entre un par de dobles comillas pierde su significado especial, excepto el signo de dólar (delante de un nombre de variable), la comilla simple y las dobles comillas. (Utilice la barra inclinada hacia la izquierda para eliminar sus significados especiales).

Las dobles comillas también conservan los caracteres de espacios en blanco: el espacio en blanco, el tabulador y el de línea nueva. La utilización de las dobles comillas para este propósito se demostró en los ejemplos de la orden **echo**.

Las siguientes órdenes muestran la aplicación de las dobles comillas.

> **$ echo > [Retorno]** .... Visualizar el signo >.
>
> syntax error: 'newline or ;' unexpectec
>
> $_ .... Indicador.

El shell interpreta la orden como redireccionando la salida de la orden **echo** a un archivo. Busca el nombre del archivo y como no se especifica ninguno responde con un mensaje de error.

$ echo ">" [Retorno] .... Encierra el argumento entre dobles comillas. Se visualiza el signo >.

>

$ ls -C [Retorno] .... Comprueba los archivos del directorio actual.

memos   miprimero   INFORMES

$ echo * [Retorno] .... Utiliza un metacarácter como argumento.

memos   miprimero   INFORMES

El shell sustituye el signo * por los nombres de todos los archivos en el directorio actual.

$ echo "*"[Retorno] .... Utiliza las dobles comillas.

*

$_ ....…........ Indicador.

Ninguna sustitución ocurre entre las dobles comillas. Por tanto, se anula el significado especial del signo *.

Visualice el mensaje "El Sistema UNIX".

$ echo "\"El Sistema UNIX\"" [Retorno]
"El Sistema UNIX"

Es necesaria una barra inclinada hacia la derecha(\) antes de unas dobles comillas para inhibir su significado especial.

Comillas simples Las comillas simples funcionan de manera análoga a las dobles comillas. Cualquier carácter especial entre un par de comillas simples pierde su significado especial, excepto la comilla simple. (Utilice \' para anular su significado especial).

Las comillas simples también conservan los caracteres de espacio en blanco. La cadena entre comillas simples se convierte en un único argumento, y el carácter espacio pierde su significado especial como separador de argumentos.

Las comillas de abrir y cerrar para este propósito son el mismo carácter, la comilla. No utilice el signo de acento grave [`]. Esta distinción es muy importante. El shell interpreta la cadena dentro de los signos de acento grave como una orden ejecutable.

Visualice los caracteres especiales utilizando un par de comillas simples.

$ echo ' < > " $? & |' [Retorno] .. Utiliza la orden **echo** y las comillas simples.

 < > " $? & |

$_ .... Se devuelve el indicador.

Se conservan los espacios entre los caracteres.

8.2. *VARIABLES DEL SHELL*

El programa shell maneja la interfaz de usuario y actúa como un intérprete de órdenes. Para que el shell cumpla todas sus peticiones (ejecución de órdenes, manipulación de archivos, etcétera), necesita tener alguna información y seguir la pista de ella: su directorio de conexión, tipo de terminal y signo del indicador.

Esta información se almacena en lo que se llama *variables del shell*. Las variables son elementos con nombre a los que se asignan valores para controlar o personalizar su entorno. El shell soporta dos tipos de variables: variables de entorno y variables locales.

Variables de entorno Las variables de entorno se conocen también como *variables estándar*; tienen nombres que son conocidos por el sistema. Se utilizan para mantener control de las cosas esenciales y normalmente se definen por el administrador del sistema. Por ejemplo, la variable estándar TERM se asigna a su tipo de terminal:

    TERM=vt100

Variables locales Las variables locales las define el usuario; están completamente bajo su control. Puede definirlas, cambiarlas o eliminarlas cuando desee.

8.2.1. Visualización y eliminación de variables: las órdenes *set* y *unset*

Puede utilizar la orden **set** para descubrir qué variables se asignan a su shell para poder utilizarlas.

```
$ SET
HOME=/usr/estudiantes/david
IFS=
LOGNAME=david
LOGTTY=/dev/tty06
MAIL=/usr/mail/estudiantes/david
MAILCHECK=600
PATH= :/bin:/usr/bin
PS1= "$"
PS= ">"
TERM= wyse50
TZ=EST5EDT
$ _
```

Figura 8.3. La salida de la orden set.

Escriba **set** después del indicador y presione [Retorno]; el shell visualiza la lista de variables. Su lista será similar pero no exactamente igual a la de la Figura 8.3.

Los nombres de las variables estándar a la izquierda del signo igual (=) se muestran en letras mayúsculas en la Figura 8.3. Esto no es necesario; para los nombres de variables puede utilizar minúsculas, mayúsculas o cualquier mezcla de ellas.

El lado derecho del signo igual es el valor asignado a la variable. Puede utilizar caracteres, dígitos y el carácter de subrayado en los nombres de variables, pero la primera letra debe ser un carácter, no un dígito.

 Debe especificar el nombre exacto de la variable (incluyendo mayúsculas) cuando se refiera a una variable.

Utilice la orden **unset** para eliminar una variable que no desee. Si tiene una variable **XYZ=10**, y quiere eliminarla, escriba: **$ unset XYZ** y presione [Retorno].

8.2.2. Asignación de valores a variables

Puede crear sus propias variables y modificar también los valores asignados a las variables estándar. Para asignar valores a la variable escriba el nombre de la variable seguido por un signo igual (=) (el operador de asignación), seguido del valor que quiera asignar a la variable, por ejemplo:

edad=32

o

SISTEMA=UNIX

El shell trata todos los valores que se asignan a las variables como una cadena de caracteres. En el ejemplo anterior, el valor de la variable edad es la cadena 32, y no el número 32. Si la cadena contiene caracteres de espacios en blanco (espacio, tabulador, etc.), debe encerrar la cadena completa entre dobles comillas, por ejemplo:

mensaje="Guarde sus archivos y desconéctese del sistema" [Retorno]

 1. El nombre de una variable del shell debe comenzar por una letra (mayúscula ó minúscula) y no por un dígito.
2. No hay espacios en blanco a uno y otro lado del signo igual.

8.2.3. Visualización de las variables del Shell

Para acceder al valor almacenado en una variable del shell debe preceder al nombre de la variable con un signo de dólar [$]. Utilizando el ejemplo anterior, edad es el nombre de la variable, y **$edad** es 32, el valor almacenado en la variable edad.

Utilice la orden **echo** para visualizar el valor asignado a la variable del shell.

set *visualiza una lista de variables;* **echo** *muestra la variable especificada.*

Utilice la orden **echo** para visualizar el texto y los valores de las variables del shell.

$ **edad=32 [Retorno]** .... Asigna el valor **32** a *edad.*

$ **echo Hola, feliz día [Retorno]** .... Visualiza la cadena del argumento.
Hola, feliz día

$ **echo edad [Retorno]** .... Visualiza el argumento, la palabra *edad.*
edad

$ **echo $edad [Retorno]** .... Ahora el argumento es **$edad**, el valor almacenado en *edad.*

32

$ **echo Tiene $edad años. [Retorno]** . Añade algún texto para obtener una salida más significativa.

Tiene 32 años.

$_ .... Preparado para la próxima orden.

Las variables del shell se utilizan frecuentemente como un argumento de orden en la línea de orden, por ejemplo:

$ **todo=-lFa [Retorno]** .... Crea una variable llamada *todo* y le asigna el valor (cadena) **-lFa** (guión, letra minúscula *l*, letra mayúscula *F*, letra minúscula *a*).

 $ **archivo=miprimero [Retorno]** .... Crea una variable llamada archivo, y le asigna la cadena miprimero.

$ **echo $all $file [Retorno]** .... Muestra los valores de dos variables
-lFa miprimero

$ **echo "Todo=$todo Archivo=$archivo" [Retorno]**
.... Añade algún texto y así se obtiene una visualización más significativa.

Todo=-lFa Archivo=miprimero

$ **ls $todo $archivo [Retorno]** .... Utiliza las dos variables como parte de la línea de orden.

Salida de las órdenes

$_ .... Se visualiza el indicador.

Los nombres de variable van precedidos por [$]. Así el shell sustituye las variables todo y archivo por los valores almacenados en ellas, -lFa y miprimero respectivamente. Después de las sustituciones la orden se convierte en **ls -lFa miprimero**.

Observe las salidas de las siguientes órdenes. Muestran las sutiles diferencias en la forma en que se interpretan las variables entre comillas.

$ echo edad=32 [Retorno] .... **32** se asigna a la variable edad.

$ echo $edad "$edad" '$edad' [Retorno] ... Visualiza edad.

32 32 $edad

$_ .... Indicador.

8.2.4. Comprensión de las variables estándar del Shell

Los valores asignados a las variables estándar del shell se fijan normalmente por el administrador del sistema. Así, cuando se conecta al sistema, el shell hace referencia a esas variables para mantener el control de las cosas en su entorno. Puede cambiar el valor de estas variables. Sin embargo, los cambios son temporales y se aplican sólo a la sesión actual. La próxima vez que se conecte el sistema tendrá que asignarlas otra vez. Si quiere que los cambios sean permanentes, colóquelos en un archivo llamado .profile. El archivo .profile se explicará más adelante en este capítulo.

HOME

Cuando se conecte al sistema, el shell asigna la ruta de acceso completa de su directorio de conexión a la variable HOME. La variable HOME se utiliza por algunas órdenes de UNIX para localizar el directorio de conexión. Por ejemplo, la orden **cd** sin argumentos comprueba esta variable para determinar la ruta de acceso del directorio de conexión y luego fija el sistema a su directorio de conexión.

Para experimentar con la variable HOME, intente las siguientes órdenes.

$ echo $HOME [Retorno] .... Muestra la ruta de acceso de su directorio de conexión.

/usr/david

$ pwd [Retorno] .... Muestra la ruta de acceso del directorio actual.

/usr/david/fuente .... `fuente` es un subdirectorio en `david`.

$ cd [Retorno] .... No se especifica argumento por defecto es su directorio de conexión.

$ pwd [Retorno] .... Compruebe su directorio actual. Su directorio de conexión es `david`

/usr/david

$ HOME=/usr/david/memos/importante [Retorno]

.... Cambia la ruta de acceso de su directorio de conexión ahora su directorio de conexión es `importante`.

$ cd [Retorno] .... Cambia a su directorio de conexión.

$ **pwd [Retorno]**	Visualiza su directorio actual; su directorio actual es `importante`.
/usr/david/memos/importante	
$_	El indicador.

IFS

La variable de separador de campo interno (IFS) se fija a una lista de caracteres que se interpretan por el shell como elementos separadores de la línea de orden. Por ejemplo, para conseguir una lista larga de archivos en su directorio escriba **ls -l** y presione [Retorno]. El carácter espacio en blanco en su orden separa la palabra de orden (**ls**) de su opción (**-l**).

Otros caracteres separadores asignados a la variable IFS son el carácter tabulador ([Tab)] y el carácter de nueva línea ([Retorno]).

Los caracteres IFS son caracteres invisibles (no imprimibles) así que no puede verlos en el lado derecho del signo igual. Pero están allí.

Para cambiar los caracteres IFS, haga lo siguiente

$ **ls -C [Retorno]**	En esta línea de orden, el carácter espacio es el delimitador.
memos miprimero Informe	
$ **sav.IFS=$IFS [Retorno]**	Sólo por seguridad guarda los valores antiguos de IFS.
$ **IFS=! [Retorno]**	Cambia el valor de IFS al signo de exclamación.
$ **ls!-C [Retorno]**	En este orden el signo de exclamación es el delimitador. Es incómodo pero funciona bien.
$ **IFS=$sav.IFS [Retorno]**	Cambia al delimitador original.
$_	El indicador.

MAIL

La variable MAIL se fija al nombre del archivo que recibe el correo. El correo que le envíen se almacena en este archivo, y el shell periódicamente comprueba los contenidos de este archivo para notificarle si tiene correo. Por ejemplo, para fijar su buzón a /usr/david/buzon, debería escribir **MAIL=/usr/david/buzon** y presionar [Retorno].

MAILCHECK

La variable MAILCHECK especifica cada cuanto tiempo el shell comprueba la llegada de correo al archivo especificado en la variable MAIL. Por defecto MAILCHECK es 600 (segundos).

PATH

La variable PATH contiene los nombres de los directorios en los que el shell busca para la localización de las órdenes (programas) en la estructura del directorio. Por ejemplo, **PATH=:/bin:/usr/bin.**

Los directorios en la cadena del camino están separados por dos puntos. Si el primer carácter de la cadena del camino es dos puntos, el shell lo interpreta como **.:** (*punto, dos puntos*), lo que significa que su directorio actual es el primero en la lista y es el primero en el que se busca.

UNIX normalmente almacena los archivos ejecutables en un directorio llamado bin. Puede crear su propio directorio bin y almacenar sus archivos ejecutables en él. Si añade su directorio bin (o cualquier otro nombre que utilice) a PATH, el shell busca allí cualquier orden que no pueda encontrar en los directorios estándar.

Suponga que todos sus archivos ejecutables se localizan en un subdirectorio llamado mibin que se encuentra en su directorio de conexión. Para añadirlo al PATH, escriba **PATH=:/bin:/usr/bin:$HOME/mibin** y presione [Retorno].

PS1

La variable del indicador de cadena 1 (PS1) almacena la cadena utilizada como signo de indicador. El signo del indicador principal del shell Bourne es el signo de dólar ($).

Si está cansado de ver el indicador de $, puede cambiarlo fácilmente asignando un nuevo valor a la variable PS1 del shell.

$ **PS1=Aqui: [Retorno]**	Cambia su indicador a **Aqui**:
Aqui:_	Se encuentra ahí.
Aqui:**PS1="Aqui: " [Retorno]**	Añade un espacio al final.
Aqui: _	Está más claro.

Si su cadena del indicador tiene espacios, debe escribirla entre dobles comillas.

Aqui:**PS1="Próxima orden: " [Retorno]**	Cambia el signo del indicador.
Orden siguiente: _	Se ha cambiado.
Orden siguiente: **PS1="$ " [Retorno]** .	Cambia al indicador **$** antiguo.
$ _	Vuelve al indicador **$**.

PS2

La variable del indicador de cadena 2 asigna el signo del indicador que se visualiza siempre que presione [Retorno] antes de finalizar la línea de orden y el shell espera el resto de la orden. Puede cambiar la variable PS2 de la misma forma que la variable PS1. El indicador secundario del shell Bourne por defecto es el signo de mayor que (>).

Las siguientes secuencias de órdenes muestran ejemplos del indicador secundario.

$ echo "Buenas noticias, UNIX [Retorno]

.... La línea de orden no se completa, se visualiza el signo del indicador PS2 (>).

> está en cinta de vídeo." [Retorno] . Ahora la línea de orden está completa.

Buenas noticias, UNIX está en cinta de vídeo.

$ ls \ [Retorno] .... La línea de orden no se completa. Esto se señala con una barra inclinada hacia la izquierda.

> .... El shell visualiza el signo del indicador secundario, y espera el resto de la orden.

> -l [Retorno] .... Ahora la línea de orden está completa. El shell la pone junta como **ls -l** y la ejecuta.

$_ .... Devuelve el indicador.

CDPATH

La variable CDPATH almacena una lista de rutas de acceso absolutas, parecida a la variable PATH. CDPATH afecta a la operación de la orden **cd** (cambio de directorio). Si esta variable no está definida, **cd** busca en su directorio de trabajo para encontrar el nombre del archivo que concuerda con su argumento. Si el subdirectorio no existe en su directorio de trabajo, UNIX visualiza un mensaje de error. Si la variable está definida, **cd** busca en el directorio especificado de acuerdo con las rutas de acceso asignadas a la variable CDPATH. Si encuentra el directorio, se convertirá en su directorio de trabajo.

Por ejemplo, si escribe **CDPATH=:$HOME:$HOME/memos** y presiona [Retorno], la próxima vez que utilice la orden **cd**, empezará a buscar desde su directorio actual, luego en su directorio de conexión y finalmente en el directorio memos para encontrar una coincidencia con el nombre de archivo especificado como argumento de la orden **cd**.

SHELL

La variable SHELL contiene la ruta de acceso completa del shell de conexión:

    SHELL=/bin/sh

TERM

La variable TERM contiene el tipo de su terminal:

    TERM=vt100

TZ

La variable TZ guarda la zona horaria en la que se encuentra el sistema:

TZ=EST5EDT

Normalmente se asigna por el administrador del sistema.

8.3. OTROS METACARACTERES

Si recuerda del Capítulo 7, los metacaracteres o caracteres especiales se interpretan y se procesan de una manera especial por el shell. Hasta ahora, se han estudiado los metacaracteres de sustitución y de redirección de archivos. Esta sección explora algunos otros.

8.3.1. Ejecución de las órdenes: utilización de las comillas simples invertidas

Las comillas simples invertidas [`] le indican al shell que ejecute la orden encerrada entre ellas y que inserte la salida de la orden en el mismo punto en la línea de orden. También se le llama *sustitución* de orden. El formato es el siguiente:

`orden`

donde *orden* es el nombre de la orden a ejecutar.

Las siguientes secuencias de órdenes muestran ejemplos de sustitución de orden.

$ **echo La fecha y hora es: `date` [Retorno]**
.... Se ejecuta la orden date.

La fecha y hora es: Mon 16 30:14:14 EDT 2001

$_ .... Se devuelve el indicador.

El shell examina la línea de orden, encuentra las comillas simples, y ejecuta la orden **date**. Sustituye `date` en la línea de orden vale la salida de la fecha y ejecuta la orden **echo**.

$ **echo Lista de los archivos de su directorio actual:\n `ls -C` > LIST [Retorno]**

$ **cat LIST [Retorno]** .... Comprueba lo que hay almacenado en LIST.

Lista de los archivos de su directorio actual:

memos   miprimero   INFORME

$_ .... Preparado para la próxima orden.

8.3.2. Secuenciamiento de órdenes: utilización del punto y coma

Puede introducir una serie de órdenes en una misma línea de orden separándolas por puntos y comas. El shell las ejecuta secuencialmente de izquierda a derecha.

Para experimentar con el metacaracter de punto y coma, intente lo siguiente:

$ **date ; pwd ; ls -C [Retorno]** .... Tres órdenes en secuencia.

Mon Nov 28 14:14:14 EST 2001

/usr/david

memos   miprimero   INFORME

$ **ls -C > lista; date > hoy ;**
 pwd [Retorno].............................. Tres órdenes en secuencia, con la salida de dos
                                                órdenes redireccionadas a archivos.

/usr/david

$ **cat lista [Retorno]** .... Comprueba los contenidos de *lista*.

memos   miprimero   INFORME

$ **cat hoy [Retorno]** .... Comprueba los contenidos de *hoy*.

Mon Nov 28 14:14:14 EST 2001

$_ .... Su signo de indicador favorito.

8.3.3. Agrupación de órdenes: utilización de paréntesis

Se pueden agrupar órdenes colocándolas entre un par de paréntesis. El grupo de órdenes pueden redireccionarse como si fueran una única orden.

Para experimentar con los paréntesis como metacaracteres, intente lo siguiente:

$ **(ls -C ; date ; pwd) >**
 salida [Retorno] .... Tres órdenes en secuencia, agrupadas con la
                                                salida redireccionada a un archivo.

$ **cat salida [Retorno]** .... Compruebe el contenido de salida

memos   miprimero   INFORME

Mon Nov 28 14:14:14 EST 2001

/usr/david

$_ .... El indicador.

8.3.4. Procesamiento de tareas en segundo plano (background): utilización del signo &

UNIX es un sistema multitarea lo que le permite ejecutar programas de forma concurrente. Normalmente, usted escribe una orden y en unos pocos segundos la salida de la orden se visualiza en el terminal. ¿Qué ocurre si se ejecuta una orden que tarda varios minutos? En ese caso, tiene que esperar a que termine la orden ejecutada antes de poder continuar con la siguiente tarea. Sin embargo, no necesita esperar todos esos minutos no productivos. El metacarácter del shell & le proporciona la posibilidad de ejecutar programas en segundo plano, mientras estos programas no requieran entrada desde el teclado. Si introduce una orden seguida por [**&**], esa orden se pasa a segundo plano para ejecutarse, y el terminal se libera para la siguiente orden.

Los siguientes ejemplos muestran aplicaciones del metacarácter &:

$ **sort datos > ordenado & [Retorno]** . Ordena datos y almacena los resultados en el archivo ordenado.

*

1348*.. Se visualiza el Id del proceso.

$ **date [Retorno]** .... Se visualiza inmediatamente el indicador, preparado para la próxima orden.

La salida de la orden **sort** se redirecciona a otro archivo. Esto impide a **sort** enviar su salida al terminal mientras usted está realizando otras tareas.

1. *El número de Id del proceso (PID) de la orden en segundo plano identifica al proceso subordinado y se puede utilizar para finalizarlo u obtener su estado.*
2. *Puede especificar más de una orden en segundo plano en una única línea de orden.*

$ **date & pwd & ls -c & [Retorno]** ... Crea tres procesos en segundo plano; se visualizan tres números PID.

2215
2217
2216

$ **echo "el proceso de primer plano" [Retorno]** .... Ejecuta la orden **echo** inmediatamente.

Mon Nov 28 14:14:14 EST 2001 .. Salida del proceso en segundo plano **date**.

el proceso en escena .... Salida del proceso en primer plano **echo**.

/usr/david .... Salida del proceso en segundo plano **pwd**.

$_ .... Indicador, y salida en segundo plano del proceso en segundo plano **ls -C**.

memos   miprimero   INFORME

$_ .... Preparado para la próxima orden.

---

* N. T: En realidad una ejecución en segundo plano devuelve dos valores, el ID de trabajo y el ID de proceso. En sus ejercicios, el autor sólo hace uso del segundo.

Por defecto, las salidas de las órdenes en segundo plano se visualizan en el terminal. Así la salida del programa en primer plano se entremezcla con la salida del programa en segundo plano y produce una visualización bastante confusa. Puede evitar la confusión redireccionando las salidas de las órdenes en segundo plano a archivos.

8.3.5. Encadenamiento de órdenes: utilización del operador tubería (pipe)

El shell le permite utilizar la salida estándar de un proceso como entrada estándar a otro proceso. Utilice el metacarácter tubería [I], entre las órdenes. El formato general es como sigue:

orden A I orden B

donde la salida de la orden A se introduce como entrada a la orden B. Puede encadenar una secuencia de órdenes, creando lo que se llama una *tubería*. Veamos algunos ejemplos que le daran una apreciación de la utilidad y flexibilidad de esta capacidad del shell.

Escriba **ls -l I lp** y presione [Retorno] para enviar la salida de la orden **ls -l** a la impresora.

Para contar el número de archivos en su directorio actual, haga lo siguiente:

$ ls -C [Retorno]	Ve los archivos en su directorio actual.
memos miprimero INFORME	
$ ls -C > cuenta [Retorno]	Salva la lista de sus archivos en cuenta.
$ wc -w cuenta [Retorno]	Cuenta el número de palabras. Tiene 3 archivos en su directorio actual.
3	
ls -C I wc -w [Retorno]	Utiliza el operador tubería para obtener el número de archivos de su directorio actual.
3	

La salida de la orden **ls -C** (lista de los archivos de su directorio actual) pasa a ser la entrada de la orden **wc -w**.

Para guardar el número de usuarios que están conectados al sistema en un archivo, haga lo siguiente:

$ echo "Número de usuarios conectados: " `who I wc -l` > salida [Retorno]

$ cat salida [Retorno]	Comprueba que está almacenado en salida.

Número de usuarios conectados: 20

En la orden anterior, el shell examina la línea de órdenes, encuentra las comillas simples invertidas y ejecuta las órdenes **who | wc -l** y pasa la salida de **who** a **wc** como dato de entrada. Si hay 20 usuarios conectados al sistema, la salida será 20. El shell sustituye `who | wc -l` por 20. Luego el shell ejecuta la orden **echo** que lee *Número de usuarios conectados: 20* y almacena la salida en el archivo salida.

8.4. OTRAS UTILIDADES DE UNIX

Estas utilidades le dan más flexibilidad y control en la utilización diaria del sistema. Además, alguna de las utilidades se usan en ejemplos de guiones* (shell scripts) en los Capítulos 11 y 12.

8.4.1. Espera de un tiempo: la orden *sleep*

La orden **sleep** provoca un retardo en la ejecución del proceso durante un número especificado de segundos. Puede utilizar **sleep** para retardar la ejecución de una orden durante un periodo de tiempo. Por ejemplo, si escribe **echo sleep 120 ; echo "Estoy despierto!"** y presiona [Retorno], se ejecuta la orden **sleep**, provoca dos minutos de retardo, y después de dos minutos se ejecuta la orden **echo** y se visualiza en pantalla la cadena argumento *¡Estoy despierto!*

8.4.2. Visualización del PID: la orden *ps*

Utilice la orden **ps** (estado de los procesos) para obtener el estado de los procesos activos en el sistema. Cuando la utiliza sin ninguna opción, visualiza información acerca de sus procesos activos. Esta información se dispone en cuatro columnas (véase la Figura 8.4) con las siguientes cabeceras de columnas:

- PID: número de identificación del proceso
- TTY: número del terminal que controla el proceso
- TIME: tiempo (en segundos) que el proceso lleva ejecutándose
- COMMAND: el nombre de la orden

```
$ ps
PID            TTY         TIME       COMMAND
24059          tty11       0:05       sh
24059          tty11       0:02       ps
$ _
```

Figura 8.4. El formato de salida de la orden **ps**.

---

* N. del T.: En gran parte de la documentación sobre el tema se mantiene el término original *shell script*, pero su traducción por guión o guión del shell está suficientemente extendida en la jerga informática.

Tabla 8.2. Las opciones de la orden **ps**

Opción	Operación
-a	Visualiza el estado de todos los procesos activos, no sólo los del usuario.
-f	Visualiza una lista completa de información, incluyendo la línea de orden completa.

Opciones de ps

Únicamente se presentan dos de las opciones de **ps** en este libro (las opciones **-a** y **-f**) y se resumen en la Tabla 8.2.

Opción -a   La opción **-a** visualiza información sobre el estado de todos los procesos activos. Sin esta opción únicamente se visualizan sus procesos activos.

Opción -f   La opción **-f** visualiza una lista completa de información que incluye en la columna COMMAND la línea de orden completa.

La Figura 8.5 muestra la salida de la orden **ps** utilizando las opciones **-a** y **-f**.

 Para buscar el número de proceso de un proceso en ejecución en segundo plano, haga lo siguiente:

$ (sleep 120 ; echo "Tenga un bonito y largo sueño") & [Retorno]

24259 .... Número de identificación del proceso de fondo.

$ ps [Retorno] .... Muestra el estado de sus procesos.

PID   TTY   TIME   COMMAND

24059 tty11 0:05   sh .... La conexión al shell.

24070 tty11 0:00   sleep 120 .... La orden **sleep**.

24259 tty11 0:02   ps .... La orden **ps**.

$ Tenga un bonito y largo sueño .... Salida del proceso del fondo.

$_ .... El indicador.

```
$ ps
PID         TTY         TIME        COMMAND
24059       tty11       0:05        sh
24059       tty11       0:02        ps
24059       tty11       0:05        sh
24059       tty11       0:02        ps
```

Figura 8.5.   Salida de la orden ps con las opciones **-a** y **-f**.

La orden **sleep** retarda la ejecución de la orden **echo** durante dos minutos. El **&** en el final de la línea de orden coloca las órdenes en segundo plano.

Separe las órdenes con puntos y comas y para agruparlas colóquelas entre paréntesis.

8.4.3. Continuación de la ejecución: la orden *nohup*

Cuando se desconecta del sistema, se terminan sus procesos en segundo plano. La orden **nohup** provoca que sus procesos subordinados sean inmunes a las señales de finalización. Esto es útil cuando quiere que sus programas continúen la ejecución después de haberse desconectado del sistema.

Si escribe **nohup (sleep 120 ; echo "trabajo realizado")** **&** y presiona [Retorno] y luego se desconecta del sistema, su orden se continuará procesando en segundo plano. ¿Dónde se visualizará la salida de la orden **echo**? Cuando se desconecta del sistema, el proceso no está asociado a ningún terminal, y la salida se guarda automáticamente en un archivo llamado nohup.out.

Cuando se conecte, puede comprobar los contenidos de este archivo para determinar las salidas de sus procesos en segundo plano. Alternativamente, puede siempre redireccionar la salida de sus programas de fondo a archivos especificados.

Para experimentar con la orden **nohup**, intente las siguientes secuencias de órdenes:

$ **nohup(sleep 120 ; echo "trabajo realizado") & [Retorno]**..	Crea una tarea de fondo.
12235	PID de la tarea de fondo.
$ **[Ctrl-d]**	Desconexión y espera de unos cuantos minutos.
login: **david [Retorno]**	Nueva conexión.
password:	Introduzca su palabra clave; no se refleja en pantalla.
$ **cat nohup.out [Retorno]**	Comprueba los contenidos del archivo nohup.out.
trabajo realizado	
$	Preparado para la siguiente orden

8.4.4. Finalización de un proceso: la orden *kill*

No todos los programas funcionan siempre normalmente. Un programa podría estar en un bucle infinito o estar esperando recursos que no están disponibles. A veces un programa bloquea su teclado y le plantea un problema serio. UNIX le proporciona la orden **kill** para terminar un proceso que no se necesita (*proceso* es un programa en ejecución). La orden **kill** envía una señal al proceso especificado. La señal es un número entero que indica el tipo de terminación (UNIX es un lenguaje mórbido) y el proceso se identifica por el número de identificación del proceso (PID). Para utilizar la orden **kill**, debe conocer el PID del proceso que tenga intención de finalizar.

Señales Las señales van de 0 a 15 y son en gran medida dependientes de la implementación. Sin embargo, 15 es normalmente el valor por defecto de la señal de terminación y provoca la finalización del proceso receptor.

Algunos procesos se protegen ellos mismos de las señales **kill**. Utilice la señal de valor 9 (muerte segura) para finalizarlos.

Las siguientes secuencias de órdenes ilustran la utilización de kill y sus señales.

Para emitir una orden **kill** sencilla, pruebe lo siguiente :

$ (sleep 120 ; echo Hi) & [Retorno] ..	Crea un proceso en segundo plano.
22515	Número de identificación del proceso.
$ ps [Retorno]	Comprueba el estado del proceso.
PID TTY TIME COMMAND	
24059 tty11 0:05 sh	La conexión al shell.
22515 tty11 0:00 sleep 1200	La orden **sleep**.
24259 tty11 0:02 ps	La orden **ps**.
$ kill 2515 [Retorno]	Finalización del proceso en segundo plano.
job terminated	
$ ps [Retorno]	Comprueba que el proceso del fondo ha finalizado.
PID TTY TIME COMMAND	
24059 tty11 0:05 sh	La conexión al shell.
24259 tty11 0:02 ps	La orden **ps**.
$_	El indicador.

No se especifica ningún número de señal. El número de señal por defecto es 15, que provoca la finalización del proceso que la recibe.

Para asegurarse que un proceso ha terminado, intente lo siguiente:

$ (sleep 120 ; echo Hi) & [Retorno] ..	Crea un proceso en segundo plano.
22515	Número de identificación del proceso.
$ kill 22515 [Retorno]	Una finalización sencilla.

```
$ ps [Retorno] ...............................   Comprueba el estado del proceso.

PID    TTY    TIME   COMMAND

24059  tty11  0:05   sh ................   La conexión al shell.

22515  tty11  0:00   sleep 1200 ....   La orden sleep.

24259  tty11  0:02   ps ................   La orden ps.

$ kill -9 2515 [Retorno] ................   Finalización segura; se especifica el
                                            valor de señal 9.

$ ps [Retorno] ...............................   Nueva comprobación. Con bastante seguridad
                                            del proceso de fondo ha terminado.

PID    TTY    TIME   COMMAND

24059  tty11  0:05   sh ................   La conexión al shell.

24259  tty11  0:02   ps ................   La orden ps.
```

 Puede finalizar únicamente sus propios procesos. El administrador del sistema está autorizado para finalizar los procesos de cualquiera.

 Para acabar con todos sus procesos, haga lo siguiente:

```
$ (sleep 120; echo "sleep tight" ; sleep 120) & [Retorno]

11234 ..............................................   PID de sleep.

11236 ..............................................   PID de echo.

11237 ..............................................   PID de sleep.

$ kill -9 0 [Retorno] .........................   Se ha desconectado del sistema.
```

 El PID 0 (cero) provoca la finalización de todos los procesos asociados con el shell. Eso incluye la propia conexión al shell. Por consiguiente, cuando utilice la señal 0, se desconectará del sistema.

8.4.5. Desdoblamiento de la salida: la orden *tee*

A veces querrá mirar la salida de un programa en la pantalla y al mismo tiempo almacenar la salida en un archivo para más tarde obtener una copia impresa en la impresora. Esto lo puede conseguir de la siguiente manera: primero ejecute la orden y vea la salida en la pantalla; luego, utilice el operador de redirección y guarde la salida en un archivo o envíela a la impresora.

Otra alternativa es utilizar la orden **tee** para conseguir el mismo resultado en menos tiempo y escribiendo menos. La orden **tee** se utiliza normalmente con el operador |. Por ejemplo, cuando escribe **sort telefono.list | tee telefono.sort** y presiona [Retorno], el operador | pasa la salida de la orden **sort** (la ordenación de telefono.list) a **tee**. Después **tee** la visualiza en el terminal y también la guarda en telefono.sort, el archivo especificado.

Esta es una orden indispensable cuando se quiere capturar el diálogo usuario/programa, ejecutando un programa interactivo.

Tabla 8.3. Las opciones de la orden **pr**

Opción	Operación
-a	Añade la salida al archivo, no sobreescribe un archivo existente.
-i	Ignora las interrupciones, no responde a las señales de interrupción.

Intente ver los contenidos de su directorio actual y guarde la salida en un archivo como sigue:

$ ls -C | tee dir.list [Retorno] .... Visualiza los archivos del directorio actual y también guarda la salida en `dir.list`.

memos   miprimero   INFORME

$ cat dir.list [Retorno] .... Comprueba los contenidos de `dir.list`.

memos   miprimero   INFORME

$_ .... El indicador.

La salida de **ls -C** se envía a **tee**. La orden **tee** muestra su entrada en la pantalla (visualiza la entrada en el dispositivo de salida por defecto) y también la guarda en un archivo llamado dir.list.

Opciones de tee

La Tabla 8.3 resume las dos opciones de la orden **tee**.

Para ver la lista de los usuarios que actualmente se encuentran conectados al sistema y guardar la lista en un archivo existente llamado dir.list, escriba **who | tee -a dir.list** y presione [Retorno]. Si dir.list existe, la salida de la orden **who** se añade al final del archivo. Si dir.list no existe, se crea.

8.4.6. Búsqueda en archivos: la orden *grep*

Puede utilizar la orden **grep** para buscar una secuencia de caracteres especificada en un archivo o lista de archivos. La secuencia utilizada por la orden **grep** se denomina *expresión regular* de aquí el extraño nombre de la orden (Global Regular Expression Print).

grep es una orden de búsqueda y selección en archivo. Se especifica el nombre del archivo y la secuencia de caracteres a buscar en el archivo y cuando **grep** encuentra una concordancia, la línea que contiene la secuencia especificada se visualiza en el terminal. Si no se especifica ningún archivo, el sistema busca a través de la entrada desde el dispositivo de entrada estándar.

Busque la palabra UNIX en miarchivo.

$ cat miarchivo [Retorno] .... Comprueba el contenido de `miarchivo`.

Desearía que hubiera una forma mejor de aprender
UNIX. Algo como tomar una píldora diaria de UNIX.

$ grep UNIX miarchivo [Retorno] .. Encuentra las líneas que contienen la
palabra *UNIX*.

UNIX. Algo como tomar una píldora diaria de UNIX.

Puede especificar más de un archivo o utilizar la sustitución de archivos (comodines) en
los nombres de los archivos.

 Busque la secuencia **"# include <private.h>"** en todos los archivos fuentes de C.

☐ Escriba **grep "# include <private.h>" *.c** y presione [Retorno] para buscar la secuencia
en todos los archivos con extensión *c* del directorio actual.

La secuencia es una cadena con espacios en blanco y metacaracteres, por lo que se escribe entre dobles comillas.
Si especifica más de un archivo a buscar, **grep** visualiza el nombre del archivo antes de
cada línea de salida.

Opciones de grep Si no especifica ninguna opción, **grep** visualiza las líneas en los archivos especificados que contienen la misma cadena que la secuencia dada. Las opciones le dan
un mayor control sobre la salida y sobre la forma de realizar la búsqueda de la secuencia. La
Tabla 8.4 resume las opciones de **grep**.
Suponga que tiene los siguientes tres archivos en su directorio actual, las secuencias de
órdenes muestran ejemplos de la utilización de las opciones de **grep**.

ARCHIVO1	ARCHIVO2	ARCHIVO3
UNIX	unix	Unix system
11122	11122	11122
BBAA	CCAA	AADD
unix system		

Tabla 8.4. Las opciones de la orden **grep**.

Opción	Operación
-c	Visualiza sólo el número de las líneas que concuerdan en cada archivo que contiene la coincidencia.
-i	Ignora las mayúsculas y minúsculas en la secuencia de búsqueda.
-l	Visualiza los nombres de los archivos que tienen una o mas líneas de coincidencia y no las propias líneas.
-n	Visualiza un número de línea delante de cada línea de salida.
-v	Visualiza sólo aquellas líneas que no coinciden con el patrón.

Busque la palabra UNIX

$ grep UNIX ARCHIVO1 [Retorno] .   Busca la palabra *UNIX* en ARCHIVO1.

UNIX

$_ ....   El indicador.

grep busca la secuencia exacta (mayúsculas o minúsculas), por consiguiente localiza la palabra *UNIX* y no *unix*.

Especifique más de un archivo como argumento y utilice la opción **-i**.

$ grep -i UNIX ARCHIVO? [Retorno] .   Utiliza la opción **-i**.

ARCHIVO1: UNIX
ARCHIVO1: unix system
ARCHIVO2: unix
ARCHIVO3: Unix system

$_ ....   El indicador.

La opción **-i** trata de hacer coincidir el patrón (secuencia) de letras especificado sin tener en cuenta si son mayúsculas o minúsculas. Así, el patrón (secuencia) especificado *UNIX* coincide con *unix*, *Unix*, etc..
El nombre del archivo se visualiza cuando se especifica más de un archivo como argumento.

Muestre las líneas que no contienen la palabra *UNIX*.

$ grep -vi UNIX ARCHIVO1 [Retorno].   Utiliza las opciones **-i** y **-v**.
11122
BBAA
$_ ....   El indicador.

Visualice cuantas líneas en cada archivo no contienen *11*.

    $ grep -vc 11 ARCHIVO? [Retorno]   Muestra el número de líneas en
                                         ARCHIVO1, ARCHIVO2 y ARCHIVO3
                                         que no contienen *11*.
    ARCHIVO1:3
    ARCHIVO2:2
    ARCHIVO3:2
    $_ .... El indicador.

Busque si el usuario david está conectado al sistema.

    $ who | grep -i david [Retorno] ...... Utiliza grep con el operador tubería

    $_ .... El indicador.

El operador tubería hace que la salida de **who** sea la entrada estándar a **grep**. Así **grep** examina la salida de **who** para las líneas que contienen la secuencia *david*.

En este ejemplo, **grep** no da ninguna salida. Así que david no se encuentra en el sistema.

8.4.7. Ordenación de archivos de texto: la orden *sort*

Puede utilizar la orden **sort** para ordenar el contenido de un archivo en orden alfabético o numérico. Por defecto la salida se visualiza en su terminal, pero puede especificar un nombre de archivo como argumento o redireccionar la salida a un archivo.

La orden **sort** ordena ordena el archivo especificado línea a línea. Si los primeros caracteres de dos líneas son iguales, compara los segundos para determinar el orden de la lista. Si los segundos caracteres son iguales compara los terceros, y este proceso continúa hasta que se encuentren dos caracteres diferentes o acabe la línea. Si dos líneas son idénticas, da igual la que se coloque en primer lugar.

Esta orden ordena los archivos alfabéticamente, pero el orden de la lista puede variar de un computador a otro, dependiendo del código que tenga fijado al mismo. El código más utilizado en sistemas UNIX es el ASCII.

Muchas opciones pueden utilizarse para controlar la ordenación, pero comencemos con un ejemplo sencillo para examinar las funciones básicas de **sort**.

Suponga que tiene un archivo llamado basura en su directorio de trabajo. La Figura 8.6 muestra el contenido del archivo basura. La Figura 8.7 muestra la salida de la orden **sort**, que ordena el contenido del archivo basura.

1. Los valores ASCII para los caracteres no alfanuméricos (espacio, guión, etc.) son menores que los alfanuméricos. Así las líneas que comienzan con un espacio en blanco se colocan en la parte superior del archivo.

2. *Las letras mayúsculas van delante de las minúsculas. Así en el ejemplo, Esta aparece antes que esta.*
3. *Los números se ordenan por el primer dígito. Así 11 aparece antes que 4.*

Opciones de sort

El ejemplo de **sort** mostró que el resultado de la orden **sort**, la salida ordenada, es probable que usted no la considere ordenada. Las opciones de la orden **sort** le dan libertad para ordenar los archivos de diferentes formas. La Tabla 8.5 resume algunas de las opciones más útiles.

Opción -b   La opción **-b** provoca que la orden **sort** ignore los blancos iniciales (tabuladores y caracteres en blanco). Estos caracteres son normalmente delimitadores (separadores de campo) en su archivo y si utiliza esta opción de **sort** no los considerará en la comparación para la ordenación.

Opción -d   La opción **-d** se utiliza para la ordenación de diccionarios, usa únicamente letras, dígitos y blancos (espacios y tabuladores) en la comparación. Ignora los caracteres de puntuación y control.

Opción -f   La opción **-f** considera todos los caracteres en minúsculas como caracteres en mayúsculas; ignora esa distinción en la ordenación de **sort**.

Opción -n   La opción **-n** provoca que los números se ordenen por su valor aritmético en lugar de fijarse en su primer dígito. Esto incluye adscribir los signos menos y a los puntos decimales sus significados aritméticos.

```
Esta es la línea uno
esta es la línea dos
 esta es la línea que comienza con un espacio en blanco
4: esta es una línea que comienza con un número
11: esta es otra línea que comienza con un número
Final de basura
```

Figura 8.6.   El archivo basura

```
 Esta es la línea que comienza con un espacio en blanco
11: esta es otra línea que comienza con un número
4: esta es una línea que comienza con un número
Esta es la línea uno
Final de basura
esta es la línea dos
```

Figura 8.7.   El archivo basura ordenado

Tabla 8.5. Las opciones de la orden **sort**.

Opción	Operación
-b	Ignora los espacios en blanco iniciales
-d	Utiliza el orden alfabético para la ordenación. Ignora los signos de puntuación y los caracteres de control
-f	Ignora la distinción entre mayúsculas y minúsculas
-n	Los números se ordenan por sus valores aritméticos
-o	Almacena la salida en el archivo especificado
-r	Invierte el orden de la ordenación de ascendente a descendente

Opción -o   La opción **-o** coloca la salida en un archivo especificado en lugar de en la salida estándar.

Opción -r   La opción **-r** realiza la ordenación en orden inverso, de la *z* a la *a*.

Utilice el archivo basura otra vez para ver los efectos de las opciones sobre la salida ordenada

$ **sort -fn basura [Retorno]** ....   Ordena basura utilizando las opciones **-f** y **-n**.

 esta es la línea que comienza con un espacio en blanco
esta es la línea dos
Esta es la línea uno
Final de basura
4: esta es una línea que comienza con un número
11: esta es otra línea que comienza con un número

$_ ....   El indicador.

$ **sort -f -r -o ordenado**
 basura [Retorno] ....   Ordena basura utilizando las opciones -f, -r y -o
y se guarda en ordenado.

$ **cat ordenado [Retorno]** ....   Visualiza ordenado.

Esta es la línea uno
esta es la línea dos
Final de basura
4: esta es una línea que comienza con un número
11: esta es otra línea que comienza con un número
 esta es la línea que comienza con un espacio en blanco

$_ ....   El indicador.

Se especifica un nombre de archivo (ordenado) con la opción **-o**. *Así la salida se guarda en el archivo ordenado, y se utiliza* **cat** *para visualizar el contenido de ordenado.*

8.4.8. Ordenación respecto a un campo especificado

Los archivos reales rara vez contienen lo que el archivo basura del ejemplo. Normalmente los archivos que quiere ordenar contienen listas de personas, artículos, direcciones, números de teléfonos, listas de correo, etc. Por defecto **sort** ordena línea a línea aunque usted probablemente querrá ordenar archivos por un campo en particular, como puede ser por apellidos o código postal.

Puede utilizar a **sort** para ordenar por un campo especificado a condición de que el archivo esté preparado convenientemente. Especifique el campo deseado por un número que indique cuantos campos debe saltar **sort** para conseguir el campo por el cual se quiere ordenar. Prepare su archivo dividiendo cada línea en campos. No se necesita ningún esfuerzo extra, ya que en la mayoría de los archivos de listas cada línea está ya dividida en campos.

Cree un archivo llamado telefono.list, que contiene una lista de personas con sus números de teléfonos, siguiendo la Figura 8.8, y que utilizaremos para explorar otras capacidades de la orden **sort**.

Cada línea de telefono.list está formada por cuatro campos, y los campos están separados por espacios o tabuladores. Así, en la línea 1 David es el campo 1, Brown es el campo 2, etc.

En la ordenación de telefono.list no se especifica ningún campo en particular. Así la lista se ordena línea a línea.

```
$ cat telefono.list
David Brown          (703) 281-0014
Emma Redd            (202) 477-9000
Marie Lambert        (202) 444-6666
Susan Bahcall        (202) 668-7800
Steve Fraser         (301) 321-5566
Azi Jones            (202) 231-6500
Glenda Hardison      (301) 743-8822
[Ctrl-d]

$ sort telefono.list
Azi Jones            (202) 231-6500
David Brown          (703) 281-0014
Emma Redd            (202) 477-9000
Glenda Hardison      (301) 743-8822
Marie Lambert        (202) 444-6666
Steve Fraser         (301) 321-5566
Susan Bahcall        (202) 668-7800
$ _
```

Figura 8.8. Archivo original `telefono.list` y archivo ordenado `telefono.list`.

Puede no querer ordenar el archivo por el primer nombre. Para ordenar el archivo por apellidos (campo 2), debe mandar a **sort** que salte un campo (nombre) antes de comenzar el proceso de ordenación. Especifique el número de campos que debe saltar **sort** como parte del argumento de la orden.

Para ordenar telefono.list por apellidos (campo 2), escriba **sort +1 telefono.list** y presione [Retorno]. La Figura 8.9 muestra el resultado de ordenar el archivo por apellidos.

```
$ sort +1 telefono.list
Susan Bahcall        (202) 668-7800
David Brown          (703) 281-0014
Steve Fraser         (301) 321-5566
Glenda Hardison      (301) 743-8822
Azi Jones            (202) 231-6500
Marie Lambert        (202) 444-6666
Emma Redd            (202) 477-9000
$ _
```

Figura 8.9. Archivo `telefono.list` ordenado (por apellidos)

El argumento **+1** indica que **sort** debe saltar el primer campo (nombre) antes de comenzar el proceso de ordenación.

Si especifica **+2**, **sort** salta los dos primeros campos y comienza desde el tercer campo (en este caso por el código postal).

Para ordenar telefono.list por el tercer campo (código postal), escriba **sort +2 telefono.list** y presione [Retorno]. La Figura 8.10 muestra el problema que se produce.

sort salta dos campos pero cuenta los espacios después del segundo campo como parte del tercer campo. Así la salida parece que está ordenada por las longitudes de los nombres y apellidos.

Para solucionar este problema, debe instruir a **sort** para que ignore los espacios en blanco (con la opción **-b**).

```
$ sort +2 telefono.list
Azi Jones            (202) 231-6500
Emma Redd            (202) 477-9000
David Brown          (703) 281-0014
Steve Fraser         (301) 321-5566
Susan Bahcall        (202) 668-7800
Marie Lambert        (202) 444-6666
Glenda Hardison      (301) 743-8822
$ _
```

Figura 8.10. Archivo `telefono.list` ordenado (por código postal)

```
$ sort -b +2 teléfono.list
Azi Jones              (202) 231-6500
Marie Lambert          (202) 444-6666
Emma Redd              (202) 477-9000
Susan Bahcall          (202) 668-7800
Steve Fraser           (301) 321-5566
Glenda Hardison        (301) 743-8822
David Brown            (703) 281-0014
$ _
```

Figura 8.11. Archivo `telefono.list` ordenado (por código postal) ignorando blancos.

 Para ordenar telefono.list por el tercer campo, ignorando los blancos, escriba **sort -b +2 telé-fono.list** y presione [Retorno]. La Figura 8.11 muestra los resultados.

8.5. ARCHIVOS DE ARRANQUE

Cuando usted se conecta al sistema, los programas de conexión verifican su identificación de usuario (ID) y su contraseña en la lista de usuarios autorizados almacenada en el archivo de contraseñas. Si el intento de conexión tiene éxito, el programa de conexión le lleva a su directorio de conexión del sistema, preparan su ID de usuario, su ID de grupo y finalmente arrancan el shell. Antes de visualizar el signo del indicador, el shell comprueba dos archivos especiales. Estos dos archivos se llaman *archivos de perfil*, y son guiones del shell que puede ejecutar.

8.5.1. Perfil del sistema

El *perfil del sistema* se almacena en /etc/profile. Lo primero que hace el shell es ejecutar este archivo. Suele contener las órdenes que visualizan los mensajes del día, inicializa las variables del entorno del sistema, etc. Este archivo normalmente es creado y gestionado por el administrador del sistema y únicamente los superusuarios pueden modificarlo.

La Figura 8.12 muestra un ejemplo de perfil del sistema. El shell ejecuta las órdenes de este archivo, así que visualiza la fecha, la hora actual y el mensaje del día (almacenado en el archivo /etc/motd) y finalmente las noticias recientes.

```
$ cat /etc/profile
date
cat /etc/motb
news
$ _
```

Figura 8.12. Un ejemplo de creación del archivo `.profile`.

```
$ cat .profile
    echo "bienvenido a mi sistema Super UNIX"
    TERM= vt100
    export TERM PS1
calendar
du
$ _
```

1. La orden **echo** visualiza su argumento, *bienvenido a mi sistema Super UNIX*.
2. La variable estándar TERM (tipo de terminal) se fija a *vt100*.
3. La variable estándar PS1 (signo del indicador primario) se fija a *David Brown*.
4. La orden **export** hace que las variables TERM y PS1 estén disponibles (exportadas) en todos los programas.
5. Las órdenes **calendar** y **du** se explican en el Capítulo 13.

Figura 8.13. Un ejemplo de creación del archivo `.profile`.

8.5.2. Perfil de usuario

Cada vez que se conecta al sistema, el shell comprueba el archivo de arranque llamado .profile en su directorio de conexión. Si se encuentra el archivo, se ejecutan las órdenes que contiene. Tenga o no tenga un archivo .profile en su directorio de conexión, el shell continúa su proceso y visualiza su indicador.

La Figura 8.13 muestra un ejemplo de archivo .profile. Normalmente tiene un .profile que es una cortesía del administrador del sistema. Puede modificar el .profile existente o crear uno nuevo utilizando las utilidades **cat** o **vi**.

1. El nombre del archivo es .profile. El nombre del archivo comienza con un punto; es un archivo oculto.

2. El archivo .profile debe estar situado en su directorio de conexión. Este es el único lugar que el shell comprueba.

*3. El archivo .profile es uno de los archivos de arranque que puede usar para personalizar su propio entorno UNIX. Existen otros archivos de arranque en UNIX, como pueden ser el archivo .exrc que personaliza el editor **vi** (explicado en el Capítulo 6) y el archivo .mail que personaliza su entorno de correo (explicado en el Capítulo 9).*

Más sobre la orden export

La orden **export** especifica las variables del shell estén disponibles a los subshells. Cuando se conecta el sistema, las variables estándar (y las variables que haya definido) son reconocidas por el shell de conexión. Sin embargo, si ejecuta un nuevo shell, estas variables no se conocen en el nuevo shell.

Por ejemplo, si quiere que las variables VAR1 y VAR2 estén disponibles en el nuevo shell, especifique los nombres de las variables como argumentos de la orden export. Para ver que variables están ya exportadas, escriba **export** sin argumentos.

Cree variables disponibles para otros programas shell.

$ export VAR1 VAR2 [Retorno] ..... Exporta *VAR1* y *VAR2*.

$ export [Retorno] .... Comprueba qué variables se exportan.

VAR1

VAR2

$_ .... Lista de variables, y el indicador.

8.6. *GESTIÓN DE PROCESOS EN UNIX*

En el Capítulo 3, se introdujo el proceso de arranque del sistema. Ahora se va a profundizar en el proceso interno de UNIX y se verá como se gestionan los programas en ejecución.

En este capítulo, se ha encontrado la palabra *proceso* en numerosas ocasiones. La ejecución de un programa se llama *proceso*; usted lo llama un *programa*, y cuando se carga en memoria para ejecutarse, UNIX lo denomina un proceso.

Para seguir la pista a los procesos en el sistema, UNIX crea y mantiene una tabla de procesos para cada proceso en el sistema. Entre otras cosas, la tabla de procesos contiene la siguiente información:

- Número de proceso
- Estado del proceso (preparado/espera)
- Número del suceso por el que está esperando el proceso
- Dirección del área de datos del sistema

Un proceso se crea por medio de una rutina del sistema llamada *fork*. Un proceso en ejecución llama a **fork** y, en respuesta, UNIX duplica ese proceso creando dos copias idénticas. El proceso que llama a la rutina fork se llama *padre* y la copia del padre creada por fork se llama *hijo*. UNIX diferencia entre el padre y el hijo dándoles diferentes IDs de procesos (PIDs).

Los siguientes pasos están implicados en la gestión de un proceso:

- El padre llama a **fork**, así comienza el proceso.
- Llamar a **fork** es una llamada del sistema. UNIX toma el control y la dirección del proceso que llama se graba en la tabla de procesos del área de datos del sistema. Esto es lo que se llama *dirección de retorno*, así el proceso padre sabe donde empezar cuando consiga el control otra vez.
- **fork** duplica (copia) el proceso y el control vuelve al padre.
- El padre recibe el PID del hijo, un número entero positivo, y el hijo recibe el código de retorno cero (un código negativo indica un error).
- El padre recibe un PID positivo y llama a otra rutina del sistema llamada **wait** y va a dormir. Ahora el padre espera hasta que el proceso hijo finalice (en la terminología de UNIX, espera a que el hijo muera).

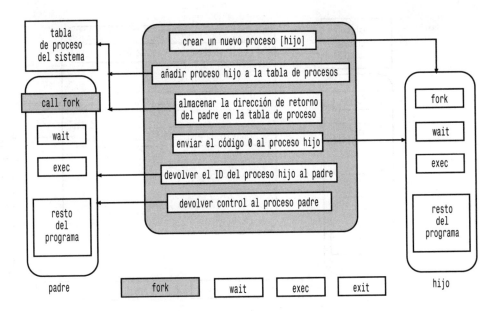

Figura 8.14.   Sucesos que acontecen cuando se llama a **fork**.

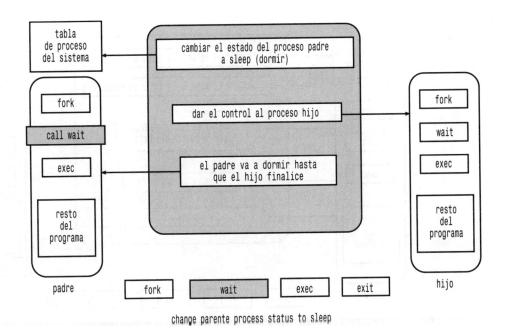

Figura 8.15.   Sucesos que acontecen después que se llama a **await**.

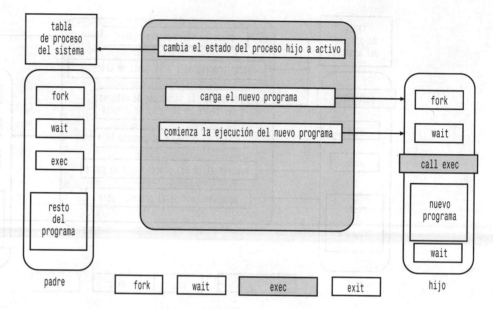

change parente process status to sleep

Figura 8.16. Sucesos que acontecen cuando se llama a **exec**.

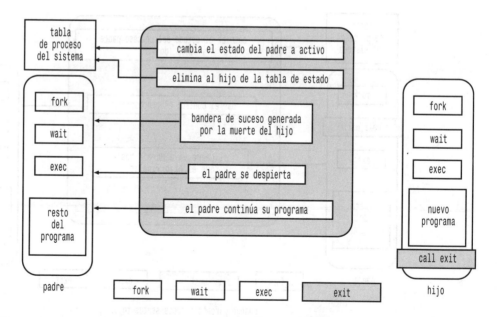

Figura 8.17. Sucesos que acontecen cuando el hijo llama a **exit**.

- El proceso hijo toma el control y comienza a ejecutarse. Comprueba el código de retorno; cuando es cero, el proceso hijo llama a otra rutina del sistema llamada **exec.** La rutina **exec** contesta rellenando el área del proceso hijo con el nuevo programa.
- Se ejecuta la primera instrucción del nuevo programa. Cuando el nuevo programa llega al final de la instrucción, llama a otra rutina del sistema llamada **exit**, y así el proceso hijo muere. La muerte del hijo despierta al padre y el proceso padre continúa.

Este proceso se describe de la Figura 8.14 a la 8.17. Es necesario un ejemplo para arrojar algo de luz sobre este proceso aparentemente confuso. Imagine que el shell se está ejecutando (el programa **sh**) y que escribe una orden, por ejemplo **ls**. Vamos a examinar los pasos que lleva a cabo UNIX para ejecutar su orden:

El shell es el proceso padre, y cuando se crea, el programa **ls** se convierte en el proceso hijo. El proceso padre (shell) llama a **fork**. La rutina **fork** duplica el proceso padre (shell), y si la creación del proceso hijo es correcta, asigna un PID y añade al proceso hijo a la tabla de procesos del sistema. A continuación, el padre recibe el PID del hijo, el hijo recibe el código cero, y el control se devuelve al padre. El shell llama a la rutina **wait** y va al estado de espera (va a dormir). Mientras tanto el hijo toma el control y llama a **exec** para cubrir el área del hijo con el programa nuevo (en este caso **ls**, la orden que escribió). Ahora **ls** lleva a cabo la orden. Lista los archivos de su directorio actual y cuando acaba el proceso llama a **exit**. Así el hijo muere. La muerte del hijo genera una señal de suceso. El proceso padre (shell) estaba esperando a este suceso. Se despierta y toma el control. El programa del shell continúa, comienza la ejecución desde la misma dirección antes de ir a dormir. Recuerde, esta dirección se almacenó en la tabla de proceso del área de datos del sistema como dirección de retorno. Y se visualiza el indicador.

¿Que ocurre si el hijo es un proceso que se ejecuta en segundo plano? En este caso, el padre (shell) no llama a la rutina **wait** sino que continúa en primer plano y muestra el indicador otra vez.

 ¿Quién crea el primer proceso padre y los procesos hijos? Cuando UNIX arranca, se activa el proceso **init***. A continuación,* **init** *crea un proceso del sistema para cada terminal. Así,* **init** *es el antepasado original de todos los procesos del sistema. Por ejemplo, si su sistema soporta 64 terminales concurrentes,* **init** *crea 64 procesos. Cuando se conecta a uno de estos procesos, el proceso de conexión ejecuta el shell. Más tarde, cuando se desconecta (cuando el shell muere),* **init** *crea un nuevo proceso de conexión.*

Resumen de las órdenes

En este capítulo se han estudiado las siguientes órdenes de UNIX.

echo
Visualiza (devuelve) sus argumentos en el dispositivo de salida

Carácter de escape	Significado
\n	Retorno de carro y alimentación de línea (nueva línea).
\t	Tabulador.
\b	Retroceso.
\r	Retorno de carro sin alimentación de línea.
\c	Inhibe el retorno de carro.

set
Visualiza las variables de entorno/shell en el dispositivo de salida. La orden **unset** elimina las variables que no se necesitan.

ps (estado del proceso)
Visualiza el ID del proceso de los programas asociados con su terminal

Opción	Operación
-a	Visualiza el estado de todos los procesos activos, no sólo los del usuario.
-f	Visualiza una lista completa de información, incluyendo la línea de orden completa.

nohup
Evita la finalización del proceso en segundo plano cuando se desconecta

kill
Finaliza los procesos que no se necesitan o que están fuera de control. Tiene que especificar el número ID del proceso. El PID 0 finaliza todos los programas asociados con su terminal.

export
Exporta la lista especificada de variables a otros shells

sleep
El proceso se va a dormir (espera) durante el tiempo que se especifica en segundos.

grep (Global Regular Expression Print)
Busca una secuencia especificada en los archivos. Si se encuentra la secuencia especificada, la línea que la contiene se muestra en su terminal.

Opción	Operación
-c	Visualiza sólo el número de las líneas que concuerdan en cada archivo que contiene la coincidencia.
-i	Ignora las mayúsculas y minúsculas en la secuencia de búsqueda.
-l	Visualiza los nombres de los archivos que tienen una o mas líneas de coincidencia y no las propias líneas.
-n	Visualiza un número de línea delante de cada línea de salida.
-v	Visualiza sólo aquellas líneas que no coinciden con la secuencia.

sort
Ordena archivos de texto con diferentes criterios.

Opción	Operación
-b	Ignora los espacios en blanco iniciales
-d	Utiliza el orden alfabético para la ordenación. Ignora los signos de puntuación y los caracteres de control
-f	Ignora la distinción entre mayúsculas y minúsculas
-n	Los números se ordenan por sus valores aritméticos
-o	Almacena la salida en el archivo especificado
-r	Invierte el orden de la ordenación de ascendente a descendente

tee
Desdobla la salida. Se visualiza una copia en su terminal, el dispositivo de salida y otra copia se guarda en un archivo.

Opción	Operación
-a	Anade la salida al archivo, no sobreescribe un archivo existente.
-i	Ignora las interrupciones, no responde a las señales de interrupción.

Ejercicios de repaso

1. ¿Cuáles son las funciones principales del shell?
2. ¿Cuál es el nombre del programa shell de su sistema y dónde se almacena?
3. ¿Qué son los metacaracteres? ¿Cómo los interpreta el shell?
4. ¿Qué son los caracteres de escape?
5. ¿Qué son las variables del shell?
6. ¿Cuál es la orden para visualizar las variables de entorno/shell?
7. ¿Cuál es la orden para eliminar una variable?
8. Nombre algunas de las variables de entorno/estándar.
9. ¿Qué son las variables y qué papel juegan?
10. ¿Cómo ejecuta un programa en segundo plano?
11. ¿Cómo finaliza un proceso en segundo plano?
12. ¿Qué es el número ID de proceso y cómo conoce el ID de un proceso en particular?
13. ¿Qué es el operador tubería (|) y qué hace?
14. ¿Cómo evita la finalización de su proceso en segundo plano después de desconectarse?
15. ¿Cual es la orden para buscar una secuencia especificada en un archivo?
16. ¿Cómo retarda la ejecución de un proceso?
17. ¿Cual es el operador que agrupa órdenes?
18. ¿Qué es el archivo de arranque?
19. ¿Qué es el archivo .profile y el archivo profile?
20. ¿Qué son el padre y el hijo en referencia a la gestión de un proceso UNIX?
21. ¿Qué es un proceso?

Sesión con el terminal

En esta sesión con el terminal practique las órdenes explicadas en este capítulo. Los siguientes ejercicios son sólo algunas sugerencias de cómo usar las órdenes. Utilice sus propios ejemplos e imagine diferentes escenarios para aprender el uso de estas órdenes.

1. Utilice la orden **echo** para producir las salidas siguientes:

    a. Hola estoy aquí
    b. Hola
        estoy aquí
    c. "Hola estoy aquí"
    d. Estos son algunos de los metacaracteres:

        ? * [ ] & ( ) ; > <

    e. Nombre de archivo: archivo? Opción: todos

2. Utilice **echo** y otras órdenes para generar las salidas siguientes:

    a. Visualice el contenido de su directorio actual. Tendrá un encabezamiento con una pequeña indicación y la fecha y la hora actual antes de listar el directorio .
    b. Muestre el mensaje " Me levanto " con un retardo de dos minutos.

3. Cambie el signo de su indicador principal

4. Cree una variable llamada *nombre* y almacene en ella su nombre y apellido

5. Visualice el contenido de la variable *nombre*

6. Compruebe si tiene un archivo .profile en su directorio de conexión

7. Cree un archivo .profile o modifique el ya existente para producir la siguiente salida cada vez que se conecta:

        Hola estoy aquí
        Soy David Brown y estoy a su servicio
        Fecha y hora actual: [la fecha y la hora actual]
        Próxima orden:

8. Cree un proceso en segundo plano, compruebe su ID de proceso y a continuación finalícelo.

9. Cree un proceso en segundo plano. Utilice la orden **nohup** para evitar su terminación.

10. Cree una lista de teléfonos. Por ejemplo reúna los nombres y números de teléfonos de diez compañeros de clase. Utilice la orden **sort** para ordenar esta lista según diferentes criterios, por el nombre, por el apellido, por el número de teléfono, en orden inverso, etc.

11. Utilice la orden **grep** y sus opciones para encontrar un nombre particular en la lista de teléfonos.

12. Utilice la orden **kill** para desconectarse.

Capítulo 9

Comunicación UNIX

Este capítulo se centra en las utilidades de comunicación UNIX. Describe las órdenes disponibles para comunicarse con otros usuarios del sistema, para leer las noticias del sistema y para radiodifundir mensajes a todos los usuarios. Explica los servicios del correo electrónico (e-mail) de UNIX y muestra las órdenes y las opciones que pone a su disposición. Este capítulo describe como el shell y otras variables afectan al entorno de su correo electrónico (e-mail), y explica como crear un archivo de arranque que personalice la utilización de las utilidades de su correo electrónico.

En este capítulo

9.1. *FORMAS DE COMUNICARSE*

UNIX le proporciona un conjunto de órdenes y capacidades para comunicarse con otros usuarios. Puede tener una comunicación interactiva simple con otro usuario, enviando y recibiendo correo a través del sistema de entrega de correos o de la radiodifusión de mensajes a todas las personas conectadas al sistema.

Asegúrese de seguir los siguientes principios básicos para comunicarse con otros usuarios del sistema:

* Sea educado; no utilice un lenguaje fuerte.
* Piense antes de enviar. No envíe un correo del que pueda lamentarse más tarde.

Guarde una copia de todo su correo de salida.

9.1.1. Utilización de comunicación de doble sentido: la orden *write*

Puede utilizar la orden **write** para comunicarse con otro ususario. Esta comunicación es interactiva, desde su terminal a otro terminal, así que en el terminal receptor debe haber un usuario conectado al sistema. El mensaje que envía aparece en la pantalla del usuario receptor. Ese usuario puede enviarle una contestación emitiendo la orden **write** desde su terminal. Utilizando la orden write, dos usuarios pueden tener una conversación a través de sus terminales.

Se va a seguir un ejemplo paso a paso para ver como funciona **write**. Suponga que su ID de usuario es **david**, y que quiere mantener una conversación con Daniel cuyo ID de usuario es **daniel**.

Escriba **write daniel** y presione [Retorno].

Si Daniel no está conectado al sistema, verá el siguiente mensaje:

daniel is not logged on.

Si Daniel está conectado, ve un mensaje parecido al siguiente en su pantalla:

Message from david on (tty06) [Thu Nov 30 9:30:30]

En su terminal, el cursor se coloca en la línea siguiente y el sistema espera a que escriba su mensaje. Su mensaje puede contener muchas líneas y cada línea que escriba se transmite a Daniel cuando presiona [Retorno]. Para indicar el final de su mensaje presione la tecla [Ctrl-d] al comienzo de una línea. Esto termina su **write** y envía un mensaje EOT (Final de Transmisión) a Daniel.

La Figura 9.1 muestra las pantallas que describen una conversación típica. La pantalla superior es el terminal de David y la inferior el de Daniel.

Para utilizar la orden **write**, *debe conocer el ID de la persona con la que quiere comunicarse. Utilice la orden* **who** *(estudiada en el Capítulo 3) para obtener el ID de usuario de los usuarios que se encuentran conectados al sistema.*

Ver página XXII para una explicación de los iconos utilizados para resaltar información en este capítulo.

```
$ write daniel [Retorno]
hola Daniel [Retorno]
¿se mantiene la reunión de hoy? [Retorno]
[Ctrl-d]
<EOT>
$
```

```
Message from david on (tty06) [Thu Nov 9:30:30]...
hola Daniel
¿se mantiene la reunión de hoy?
<EOT>
$
```

Figura 9.1.   Conversación típica entre pantallas: la pantalla superior es David: la inferior es Daniel.

Daniel puede contestar utilizando la orden **write** desde su terminal, pero él no tiene que esperar a que finalice el mensaje de David. Cuando ve el mensaje inicial que le está escribiendo, si escribe **write david** y presiona [Retorno], puede enviar mensajes a David mientras David le manda mensajes.

Con **write** simultáneamente activo en ambos terminales, David y Daniel pueden tener una comunicación de doble sentido. A veces este intercambio de información puede producir cierta confusión, por lo que será útil establecer un protocolo para utilizar **write**. El protocolo común para los usuarios de UNIX es finalizar las líneas del mensaje con el carácter *o* (cambio) para informar a la parte receptora que se ha acabado un mensaje y que se encuentra (posiblemente) esperando una contestación. Cuando tenga intención de finalizar una conversación, escriba **oo** (cambio y corto).

Si está recibiendo un mensaje **write** de otro usuario, el mensaje aparece en su terminal, independientemente de lo que esté haciendo. Si está utilizando el editor vi y se encuentra en el medio de un trabajo de edición, el mensaje aparecerá en la pantalla en la posición que se encuentre el cursor. Pero no se alarme. Esto es una comunicación de terminal a terminal y lo que **write** produce no daña su archivo editado. Simplemente sobreescribe información en su pantalla y puede continuar con su tarea de edición o con cualquier otra cosa que estuviera realizando.

Sin embargo, no es conveniente recibir mensajes mientras se encuentra concentrado en un trabajo, por no mencionar la confusión que crea en su pantalla. Puede evitar que su terminal acepte los mensajes que provienen de la orden **write**.

9.1.2. Inhibición de mensajes: la orden *mesg*

Puede utilizar la orden **mesg** como un conmutador para parar la recepción de mensajes de la orden **write** o para reactivar los mensajes recibidos. **mesg** sin argumentos muestra el estado actual de su terminal a este respecto.

Las siguientes secuencias de órdenes muestran como protegerse de los mensajes molestos.

$ mesg [Retorno] .... Comprueba el estado de su terminal.

is y .... Está fijado a YES, acepta mensajes.

$ mesg n [Retorno] .... Está fijado a NO, deniega los mensajes recibidos.

$ mesg [Retorno] .... Comprueba de nuevo el estado.

is n .... Ahora está fijado a NO.

$_ .... Devuelve el indicador.

Para practicar las órdenes de comunicación, necesita normalmente tener a otro usuario para participar en los ejercicios. Sin embargo, puede practicar la mayoría de estas órdenes por sí mismo. Utilizando su propio ID de usuario puede enviar y recibir mensajes.

9.1.3. Visualización de noticias: la orden *news*

Puede utilizar la orden **news** para averiguar lo que está ocurriendo en el sistema. **news** consigue su información del directorio del sistema donde se encuentren los archivos de noticias, normalmente en /usr/news. Sin ninguna opción, **news** visualiza todos los archivos que no haya visto del directorio **news**. Se refiere y actualiza un archivo llamado .news_time en su directorio de conexión. Este archivo se crea en su directorio de conexión la primera vez que utilice la orden **news** y permanece vacío. La orden **news** utiliza su hora de acceso para determinar la última vez que ejecutó **news**.

1. *Presione la tecla de interrupción (normalmente [Del, Supr]) para finalizar la visualización de una noticia y continuar con la siguiente.*
2. *Presione la tecla de interrupción dos veces para abandonar (terminar) la orden* **news**.

Para comprobar las últimas noticias, escriba **news** y presione [Retorno]. La Figura 9.2 muestra algunos ejemplos de noticias.

```
$ news [Return]
david  (root) Wen Nov     28     14:14:14  2001
       Felicitemos a david; obtuvo su licenciatura
       La fiesta del viernes por la noche es en la segunda planta. ¡Estar allí!

libros  (root) Wed Nov     28     14:14:14  2001
       Nuestra biblioteca técnica está creciendo
       Un nuevo conjunto de libros de UNIX están ya disponibles
$ _
```

Figura 9.2. La orden **news**.

Tabla 9.1. Las opciones de la orden **news**

Opción	Operación
-a	Visualiza todas las noticias, antiguas o nuevas
-n	Lista sólo el nombre de los archivos (cabeceras)
-s	Visualiza el número de los elementos de la noticia actual

Cada noticia tiene una cabecera (encabezamiento) que muestra el nombre del archivo, el propietario del archivo y la hora en que el archivo se situó en el directorio **news**.

Opciones de news

En la Tabla 9.1 se resumen las opciones de **news**. Las opciones no actualizan su archivo .news_time.

Las siguientes secuencias de órdenes muestran como funcionan las opciones de la orden **news.**

☐ Liste las noticias actuales, utilizando la opción **-n**: escriba **news -n** y presione[Retorno]. UNIX muestra únicamente las cabeceras de los archivos que contienen las noticias. La cabecera muestra el nombre, el propietario del archivo y la hora en que se creó. La Figura 9.3 muestra la salida de la orden.

☐ Para visualizar una noticia específica, por ejemplo escriba **news david** y presione [Retorno]. La Figura 9.4 muestra la salida de ejemplos de elementos de noticias.

```
$ news -n [Return]
    david  (root) Wen Nov     28    14:14:14  2001
    libros (root) Wed Nov     28    14:14:14  2001
$ _
```

Figura 9.3. La orden **news** con la opción **-n**.

```
$ news david [Return]
david  (root) Wen Nov     28    14:14:14  2001
    Felicitemos a david; obtuvo su licenciatura
    La fiesta del viernes por la noche es en la segunda planta. ¡Estar allí!
$ _
```

Figura 9.4. La orden **news** con elementos especificados.

El título de las noticias es su nombre de archivo en el directorio news.

9.1.4. Radiodifusión de mensajes: la orden *wall*

Puede utilizar la orden **wall** (escribir a todos) para enviar mensajes a todos los usuarios que actualmente estén conectados. La orden **wal**l lee desde el teclado (entrada estándar) hasta que presione [Ctrl-d] al comienzo de una línea para señalar la finalización del mensaje. El archivo ejecutable **wall** está normalmente situado en el directorio /etc y no está definido en la variable estándar PATH —lo que significa que tiene que escribir la ruta de acceso completo para llamarlo—.

La orden **wall** normalmente se utiliza por el administrador del sistema para avisar a los usuarios de sucesos inminentes. Puede ser que no tenga acceso a ella.

Suponiendo que su identificativo es **david** (y que tiene acceso a **wall**), envíe un mensaje a todos los usuarios:

☐ Escriba\ **etc\wall** y presione [Retorno].
☐ Escriba **Atención…** y presione [Retorno].
☐ Escriba **El laboratorio se cerrará en 5 minutos**. **Es hora de desconectarse**. Y presione [Retorno].
☐ Presione [Ctrl-d]. El sistema contesta tal como se muestra en la Figura 9.5.

1. *El mensaje se envía también a quien lo envía, así que verá su propio mensaje.*

2. *El mensaje* **wall** *que envía no lo reciben los usuarios que estén actualmente conectados y tengan* **mesg** *fijado a* **n**.

3. *El administrador del sistema puede eliminar la denegación del acceso.*

4. *Los mensajes llevan su ID de usuario; y no puede enviar mensajes anónimos.*

```
$ /etc/wall [Return]
    Atención... [Retorno]
    El laboratorio se cerrará en cinco minutos. Es hora de desconectarse [Retorno]
[Ctrl-d]
$ _

    Broadcast message from david
        Alerta...
        El laboratorio se cerrará en cinco minutos. Es hora de desconectarse
```

Figura 9.5. Llamada de la orden **wall**.

9.2. *CORREO ELECTRÓNICO*

El correo electrónico *(e-mail)* es una parte esencial del entorno de oficinas contemporáneo. El correo le da la capacidad de enviar y recibir mensajes, memos y otros documentos a y desde otros usuarios. La diferencia principal entre enviar correo utilizando el servicio de e-mail y utilizar la orden **write** es que con la orden **write** sólo verá los mensajes enviados si se encuentra conectado al sistema. Pero con correo electrónico, su correo se guarda automáticamente hasta que emita la orden de leerlo. El servicio de correo elctrónico es más conveniente y rápido que el servicio de correo convencional, y la forma de realizar llamadas no interrumpe a la parte receptora.

Bajo UNIX, la orden **mail** o **mailx** puede utilizarse para enviar o leer correo. La utilidad **mailx** se basa en el correo del UNIX de Berkeley y tiene caracteres más potentes que le permiten manipular (revisar, almacenar, disponer de, etc) su correo fácil y eficazmente. **mailx** es la orden de correo explicada en este libro. Tiene un gran número de características y opciones; utilizar alguna de ellas requiere tener experiencia avanzada con UNIX. En este capítulo, se describe lo suficiente como para hacerle su utilización cómoda e interesarle para que busque más información sobre ella.

¿Dónde encontrar más información? ¿Qué hay acerca de la orden **man***? (En el caso de que lo haya olvidado,* **man** *se explicó en el Capítulo 3)*

Utilice la orden **mailx** para enviar correo a otros usuarios o leer el correo que se le envía. La operación **mailx** involucra a varios archivos; la forma en que aparece y funciona depende de las variables de entorno que se configuran en los archivos, y necesita archivos para almacenar su correo.

9.2.1. Utilización de buzones

El sistema de correo de UNIX tiene dos clases de buzones, un buzón del sistema y buzón privado.

Buzón del sistema

Cada usuario del sistema tiene un *buzón*, que es un archivo llamado de la misma forma que su identificativo (ID de usuario). Este archivo se almacena normalmente en /usr/mail. El correo que le envían se almacena en este archivo, y cuando lea un mensaje, **mailx** lee de su buzón. Suponga que su identificativo es **david**, el ruta de acceso completo de su buzón podría ser /usr/mail/estudiantes/david.

Puede utilizar la orden **set** (explicada en el Capítulo 8) para ver el ruta de acceso de su buzón del sistema. La variable MAIL se fija al nombre del archivo que recibe su correo.

Buzón privado: el archivo *mbox*

Después de que lea su correo, **mailx** automáticamente crea una copia de él en un archivo llamado mbox en su directorio de conexión. Si no existe el archivo mbox, entonces **mailx** lo crea en su directorio de conexión la primera vez que lea su correo. Este archivo contiene el correo que ha leído pero que no ha eliminado o guardado en otra parte. La variable MBOX controla el nombre del archivo. El valor por defecto es $HOME/mbox. Por ejemplo, la siguiente orden cambia el valor por defecto y sitúa su buzón privado en el directorio EMAIL.

    MBOX=$HOME/EMAIL/mbox

 Guardar de manera explícita un mensaje o utilizar la orden *x (xit)* para salir de *mailx* desactiva el almacenamiento de forma automática de sus mensajes.

El entorno personalizado de mailx

Puede personalizar su entorno **mailx** configurando variables apropiadas en dos archivos de arranque: el archivo mail.rc en el directorio del sistema y el archivo .mailrc en su directorio de conexión.

Cuando llama a **mailx**, primero comprueba el archivo de arranque llamado mail.rc. El ruta de acceso completo para este archivo es parecido al siguiente:

    /usr/share/lib/mailx/mail.rc

Este archivo normalmente se crea y gestiona por el administrador del sistema. Las variables fijadas en este archivo son aplicables a todos los usuarios del sistema.

El segundo archivo que busca **mailx** es un archivo llamado .mailrc en su directorio de conexión. Puede cambiar el entorno de **mailx** que el administrador del sistema ha configurado en el archivo mail.rc asignando las variables en su archivo .mailrc. Este archivo no es necesario, y **mailx** funciona bien sin él, mientras se encuentre contento con la organización del administrador del sistema. Las formas de personalizar su entorno **mailx** se explican con más detalle en la Sección 9.5.

9.2.2. Envío de correo

Para enviar correo a otra persona, debe conocer el identificativo de la persona. Por ejemplo, si quiere enviar correo a un usuario identificado con el identificativo de **daniel**, escriba **mailx daniel** y presione [Retorno].

Por defecto, la entrada a **mailx** (su mensaje) viene del teclado (entrada estándar). Dependiendo de como estén fijadas las variables de entorno de su sistema, **mailx** puede mostrar el indicador **Subject:**. Si lo hace, puede escribir el tema de su mensaje y **mailx** cambia a *modo de entrada* y espera a que introduzca el resto de su mensaje. Señale el final de su mensaje presionando [Ctrl-d] al comienzo de una línea. **mailx** muestra <EOT> (final de transmisión) y su mensaje se transmite.

Mientras esté en el modo de entrada, **mailx** le proporciona un gran número de órdenes, que le permiten componer su mensaje con facilidad y eficiencia. Todas las órdenes del modo de entrada comienzan con una tilde (~), y se llaman *órdenes de escape con tilde*. (Las órdenes de escape con tilde se explican más adelante en este capítulo).

Para enviar un mensaje a Daniel (identificativo **daniel**), haga lo siguiente:

$ **mailx daniel [Retorno]**	Envía un mensaje a daniel.
Subject: **reunión [Retorno]**	Introduzca el tema.
hola, Daniel [Retorno] **¿se mantiene la reunión de hoy? [Retorno]** **David [Retorno]**	
[Ctrl-d]	Indica el final del mensaje.
EOT..	Final de la transmisión.
$_	Devuelve el indicador.

1. *El campo del tema es opcional. Presione [Retorno] para saltarse el indicador* **Subject**:.

2. *Indique el final de un mensaje presionando [Ctrl-d] al comienzo de una línea en blanco.*

3. *El correo se entrega en el buzón del otro usuario independientemente de que se encuentre conectado al sistema o no.*

4. *Los receptores son informados de que tienen correo tan pronto como se conecten al sistema. El siguiente mensaje aparece en sus terminales:*

    You have mail

9.2.3. Lectura de correo

Para leer su correo, escriba **mailx** sin argumentos. Si tiene correo en su buzón, **mailx** muestra dos líneas de información seguidas por una lista de las cabeceras numeradas de los mensajes que hay en su buzón y luego el indicador de **mailx**, que por defecto es un signo de interrogación. En este momento **mailx** está en modo de orden, y puede emitir órdenes para borrar, guardar, contestar mensajes, etc. Puede presionar [q] en el indicador **?** para salir de **mailx**.

La lista de cabeceras consiste en una línea por cada elemento de correo que hay en su buzón. El formato es como sigue:

> estado nºmensaje emisor fecha líneas/caracteres tema

Cada campo en la línea de cabecera contiene cierta información sobre su correo:

- El signo > indica que el mensaje es el mensaje actual .
- El **estado** es **N** si el mensaje es nuevo. Eso significa que no ha leído este correo.
- El **estado** es **U** (no leído) si el mensaje no es nuevo. Eso significa que ha visto la cabecera del mensaje anteriormente, pero no ha leído el mensaje aún.
- El **nºmensaje** indica el número de secuencia del correo en su buzón.
- El **emisor** es el identificativo de la persona que le envió el correo.

- La **fecha** muestra la fecha y hora en que llegó el mensaje a su buzón.
- **Líneas/caracteres** muestra el tamaño de su correo, el número de líneas y el número de caracteres.

Suponga que es Daniel y que acaba de conectarse al sistema y que quiere leer su correo.

☐ El sistema le informa que tiene correo:

You have mail

☐ Para leer su correo, escriba **mailx** y presione [Retorno]; UNIX contesta:

mail version 4.0 Type ? for help.
　"/usr/estudiantes/mail/daniel": 1 message 1 new
　> N 1   david .... Thu Nov 28 14:14 8:126   reunión

1. *La primera línea de la cabecera muestra muestra la versión de su* **mailx** *y le informa de que puede presionar [?] para conseguir ayuda.*

2. *La segunda línea de la cabecera muestra /usr/mail/daniel, su buzón de correo, seguido por el número y estados de sus mensajes. En este caso, tiene un mensaje, y* **N** *indica que es la primera vez que lo lee.*

El indicador **?** muestra que **mailx** está en modo de orden. Puede especificar el correo que quiere leer escribiendo su número de mensaje asociado. Puede también presionar [Retorno] para comenzar a leer el correo actual (indicado por el signo > en la cabecera), y continuar leyendo su correo en secuencia presionando [Retorno] después del indicador **?**.

? .... **mailx** en modo de orden.

? **1 [Retorno]** .... Visualiza el mensaje 1, el único mensaje de su buzón.

Message 1:
From: david Thu, 28 Nov 01 14:14 EDT 2001
To: daniel
Subject: reunión
Status: R
hola, Dani el ¿se mantiene la reunión de hoy?
David

? .... Preparado para la próxima orden.

? **q [Retorno]** .... Sale de **mailx**.

Saved 1 message in /usr/estudiantes/david/mbox

$_ .... Vuelve al shell.

*Cuando utiliza **q** para salir de **mailx**, se guarda una copia del correo que ha leído en mbox, su buzón privado en el directorio de conexión. (Así, en este momento su buzón del sistema está vacío).*

Suponga que quiere leer su correo otra vez. Escriba **mailx** y presione [Retorno]; UNIX contesta:

    No mail for daniel

Compruebe lo que tiene en mbox.

    $ cat mbox [Retorno] .... Comprueba lo que tiene en su buzón mbox.

    From: david Thu, 28 Nov 01 14:14 EDT 2001
    To: daniel
    Subject: reunión
    Status: RO
    hola, Daniel ¿se mantiene la reunión de hoy?
    David

Como esperaba, mbox contiene una copia de su correo.

9.2.4. Salida de *mailx*: las órdenes *q* y *x*

Puede salir de **mailx** escribiendo la orden **q** (abandonar) ó **x** (salir) después del indicador **?** Aunque ambas órdenes originan la salida de **mailx**, lo hacen de distinta manera.

La orden **q** provoca la eliminación automática del correo que ha leído de su buzón del sistema. Por defecto, una copia de su correo eliminado se guarda en su buzón privado (cualquier nombre de archivo asignado a la variable MAIL).

La orden **x** no elimina el correo que ha leído de su buzón del sistema. De hecho, cuando utiliza **x**, no hay cambios en su buzón. Incluso los mensajes eliminados permanecen intactos.

Las opciones de mailx La Tabla 9.2 resume las opciones de **mailx**. Estas opciones se utilizan en la línea de orden cuando se llama a **mailx** para leer o enviar correo. Las siguientes secuencias de órdenes muestran la utilización de las opciones de **mailx**.

    $ mailx -H [Retorno] .... Visualiza sólo las cabeceras de los mensajes.

    N 1 daniel   Thu ESP 30 12:26 6/103 Habitación
    N 2 susana   Thu Sep 30 12:30 6/107 Proyecto
    N 3 maría   Thu Sep 30 13:30 6/70   Bienvenida

    $_ .... De vuelta al shell.

Tabla 9.2. Las opciones de la orden **mailx**

Opción	Operación
-f [*nombre_de_archivo*]	Lee el correo desde el *nombre_de_archivo* especificado en lugar del buzón del sistema. Si no se especifica archivo, lee de *wbox*.
-H	Visualiza la lista de los encabezamientos de los mensajes
-s *tema*	Asigna la cadena *tema* al campo subject

Escriba **mailx -f micorreo** y presione [Retorno] para leer el correo desde el archivo especificado micorreo en lugar del buzón del sistema; UNIX contesta:

```
/usr/estudiantes/daniel/micorreo: No such file or directory
```

mailx por defecto lee el correo de su buzón del sistema. Con la opción **-f** lee su correo desde un archivo especificado, al igual que sus archivos antiguos de correo. En este caso, especificó micorreo, y el mensaje muestra que micorreo no se encuentra en su directorio actual.

Si escribe **mailx -f** y presiona [Retorno], con ningún nombre de archivo especificado, UNIX por defecto va a su buzón privado y muestra un mensaje parecido al siguiente:

```
mail version 4.0 Type ? for help.
  "/usr/estudiantes/mail/daniel": 1 message  1 new
> N  1  david          Thu  Nov  28  14:14  17/32    reunión
```

Para utilizar la opción -s, fijar la cadena *subject* como parte de la línea de orden, y enviar correo a Daniel (cuyo ID de usuario es **daniel**), haga lo siguiente:

$ mailx -s reunión daniel [Retorno]	Envía el correo a **daniel**; fija el campo *subject* con la cadena **reunión**.
_	Componga su mensaje a Daniel.
[Ctrl-d]	Final de su mensaje.
EOT	mailx muestra el final de la transmisión.
$_	Vuelve al shell.

Cuando Daniel lee su mensaje, el campo *subject* muestra **Subject: reunión**.

Utilice comillas alrededor de la cadena subject si contiene espacios en blanco.

9.3. MODO DE ENTRADA EN mailx

Mientras **mailx** se encuentra en el *modo de entrada* (para componer el correo que se va a enviar), se encuentran a su disposición una gran variedad de órdenes. Todas estas órdenes comienzan con la tilde (~); eso le permite temporalmente escapar del modo de entrada y emitir órdenes, que es por lo que se conoce como *órdenes de escape con tilde*. La Tabla 9.3 resume algunas de estas órdenes.

Algunas de estas órdenes son bastante importantes. Imagine que quiere escribir un mensaje que contiene numerosas líneas. Utilizar el primitivo editor de **mailx** es molesto y simplemente no acabaría el trabajo. En lugar de usarlo, puede llamar al editor vi, componer su mensaje utilizando toda la facilidad y potencia de vi, y cuando haya terminado de componer su mensaje, salga de vi y vuelva al modo de entrada de **mailx**. Después puede emitir otras órdenes o enviar el mensaje.

1. Las órdenes de escape con tilde se aplican sólo cuando mailx se encuentra en el modo de entrada.

2. Todas las órdenes con tilde deben introducirse al comienzo de una línea.

Las siguientes secuencias de órdenes muestran la utilización de las órdenes de escape con tilde mientras **mailx** se encuentra en el modo de entrada. Suponga que su identificativo es **david** y que se va a enviar un correo a sí mismo.

$ **mailx -s "Esto es una prueba" david [Retorno]** .... Envía un correo a sí mismo.

Se llama a **mailx** con la opción **-s**. Las comillas son necesarias porque la cadena *subject* especificada tiene espacios en blanco.

_ .... **mailx** está en el modo de entrada.

~! date [Retorno] .... Llama a la orden **date**.
Wed, Nov 28 16:16 EDT 2001

_ .... Preparado para la entrada.

En este momento está utilizando **~!** y ejecutando la orden **date**. Puede ejecutar cualquier orden que desee. La salida de la orden no llega a ser parte del mensaje que está componiendo.

~< ! date [Retorno] .... Llama a la orden **date** y redirecciona la salida de la orden **date** para ser incluida en su mensaje.

"date" 1/29 .... Devuelve el mensaje.

_ .... Preparado.

El mensaje devuelto indica que una línea de 29 caracteres (la salida de la orden **date**) se añade a su texto.

Tabla 9.3. Las órdenes de escape con tilde de **mailx**

Orden	Operación
~?	Visualiza una lista de todas las órdenes de escape con *tilde*
~! *orden*	Llamamos a la *orden* del shell especificada mientras se compone su mensaje
~e	Llama a un editor. El editor que se utiliza se define en la variable de correo llamada EDITOR; el valor por defecto es vi
~p	Visualiza el mensaje que se va a componer
~q	Abandona el modo de entrada. Guarda su mensaje parcialmente compuesto en el archivo llamado *dead.letter*
~r *nombre_de_archivo*	Lee el *nombre_de_archivo* especificado y añade su contenido en su mensaje
~< *nombre_de_archivo*	Lee el *nombre_de_archivo* especificado (utilizando el operador de redirección) y añade su contenido en el mensaje
~< ! *orden*	Ejecuta la orden especificada; coloca su salida en el mensaje
~v	Llama al editor por defecto, el editor vi, o utiliza el valor de la variable de correo VISUAL que se puede asignar a otros editores
~w *nombre_de_archivo*	Escribe el mensaje compuesto actualmente en el *nombre_de_archivo* especificado

Este es un mensaje de prueba para analizar mailx. [Retorno]

~v [Retorno] .... Ahora utiliza el editor vi para componer el resto del mensaje.

En este punto, ha llamado al editor vi y su mensaje parcialmente compuesto es el archivo de entrada al editor vi.

Wed, Nov 28 16:16 EDT 2001
Esto es un mensaje de prueba para analizar mailx.
~

~

~
"/tmp/Re26485 2 lines, 75 characters

Ahora toda la potencia y flexibilidad del editor vi está a su disposición. Puede borrar, modificar o guardar su texto. Puede ejecutar órdenes o importar otro archivo y continuar componiendo su mensaje.

Wed, Nov 28 16:16 EDT 2001

Esto es un mensaje de prueba para analizar mailx.

Este mensaje está compuesto utilizando el editor vi.

:wq [Retorno]	Salida de vi.
3 lines, 127 characters	Vuelta de vi.
(continue)	Mensaje de vuelta.
_	uelve al modo de entrada de **mailx**.
~w primero.mail [Retorno]	Guarda su correo en un archivo llamado primero.mail.
"primero.mail" 3/127	Mensaje de vuelta.

El mensaje de vuelta indica el tamaño de primero.mail: contiene 3 líneas y 127 caracteres.
~w se utiliza para guardar el mensaje actualmente compuesto en el archivo primero.mail. Esto es un buen hábito, así tendrá una copia de los mensajes transmitidos. Si fija la variable registro **mailx**, su correo de salida se guarda automáticamente.

~q [Retorno]	Salida del modo de entrada de **mailx**.
$_	Vuelve al shell.

Utilice ~q para salir del modo de entrada de **mailx,** para guardar el mensaje parcialmente compuesto en un archivo llamado dead.letter en su directorio de conexión (o cualquier nombre de archivo asignado a la variable DEAD).

Comience de nuevo y complete el envío de su correo. En este momento el escenario es: su ID de usuario es **david** y quiere enviarse un correo a sí mismo. Tiene una copia de su mensaje en un archivo llamado primero.mail (utilizó ~w para guardarlo) y otra copia en dead.letter (empleó ~q para salir del modo de entrada).

Envíe primero.mail a **david** utilizando el signo de redirección de entrada (<) en la línea de orden.

$ **mailx david < primero.mail [Retorno]**	Envía el correo.
$_	Hecho

El signo < direcciona al shell a pasar el nombre del archivo especificado (primero.mail) como entrada a la orden **mailx**.

Puede especificar más de un archivo de entrada.

Por defecto, el shell Bourne comprueba cada diez minutos su correo nuevo, así que tendrá que esperar un poco antes de poder leer el correo que se acaba de enviarse a sí mismo. Cuando hay un nuevo correo en su buzón, UNIX visualiza un mensaje indicando que ha tenido correo antes del próximo indicador.

Para enviar primero.mail a **david** utilizando la orden de escape con tilde, haga lo siguiente:

$ **mailx david [Retorno]**	Envía el correo a sí mismo.
Subject:	Preparado para que escriba su mensaje.
~< primero.mail [Retorno]	Lee en `primero.mail`.
"primero.mail" 3/127..........................	Mensaje de vuelta.
[Ctrl-d]	Lo transmite.
EOT	**mailx** muestra EOT.
$_	Vuelve al shell.

La orden ~< lee en el archivo especificado, en este caso primero.mail, y añade su contenido al mensaje que esté componiendo actualmente. Puede también utilizar la orden ~r para conseguir los mismos resultados.

Consiga su mensaje parcialmente compuesto que **mailx** guardó en el archivo dead.letter, complete el mensaje, y envíelo a **david**.

$ **mailx david [Retorno]**	Envía el mensaje a **david**.
Subject:	Preparado para seguir.
~r dead.letter [Retorno]	Lee en el archivo dead.letter (importar).
~v [Retorno]	Llama al editor vi.

```
Wed, Nov  28  16:16  EDT  2001
Esto es un mensaje de prueba para analizar mailx.
Este mensaje está compuesto utilizando el editor vi.
~
~
```
"/tmp/Re265" 3 lines and 127 characters ......El editor vi devuelve el mensaje.

Suponga que quiere añadir unas cuantas líneas en su mensaje

Wed, Nov 28 16:16 EDT 2001 ...... Completa el mensaje.

```
Esto es un mensaje de prueba para analizar mailx.
Este mensaje está compuesto utilizando el editor vi.
Esta es la primera vez que utilizo email. Quizá debería guardar este
texto, conseguir una copia y enmarcarlo.
~
~
```

:wq [Retorno]	Guarda y sale.
(continue)	Mensaje de vuelta.

En este momento su mensaje no se visualiza, pero puede ver lo que ha compuesto antes de enviarlo escribiendo **p** y presionando [Retorno]; UNIX visualiza el mensaje completo en una página:

~p [Retorno]	Visualiza el mensaje compuesto.

Wed, Nov 28 16:16 EDT 2001
Esto es un mensaje de prueba para analizar mailx.
Este mensaje está compuesto utilizando el editor vi.
Esta es la primera vez que utilizo email. Quizá debería guardar este
texto, conseguir una copia y enmarcarlo.

[Ctrl-d] .... Indica el final de su mensaje.

EOT .... Final de la transmisión.

$_ .... Vuelve al shell.

9.3.1. Envío de archivos existentes

No tiene que componer sus mensajes utilizando el editor de **mailx** en absoluto. Quizás tenga
un documento ya escrito que quiera enviar a otro usuario. En ese caso utilice el operador de
redirección de entrada del shell para redireccionar la entrada de **mailx** desde el dispositivo de
entrada por defecto (el teclado) al buzón de la persona que quiera que reciba el archivo.

Envíe un archivo llamado memo a Daniel, cuyo ID de usuario es **daniel**.

$ **mailx daniel < memo [Retorno]** .. Envía memo a **daniel**.

$_ .... Vuelve al shell.

Suponiendo que su mensaje es un archivo llamado memo y quiere enviarlo al ID de
usuario **daniel**, la orden anterior hará el trabajo.

9.3.2. Envío de correo a un grupo de usuarios

¿Qué sucede si quiere enviar su archivo memo a Daniel y a otros usuarios? Sería un gran
inconveniente escribir la orden **mailx** para enviar el mismo mensaje a diez usuarios diferentes. En ese caso, especifique una lista de IDs de usuarios de las personas que tiene intención
que reciban el correo, y **mailx** lo enviará a todos ellos.

Para enviar memo a los IDs de usuarios **daniel, susana** y **emma** escriba **mailx daniel susana emma < memo** y presione [Retorno].

Los IDs de usuarios están separados por espacios.

Si envía correo frecuentemente a un grupo de personas puede ahorrarse mucha escritura
definiendo un nombre para su lista y utilizar el nombre definido en lugar de escribir la lista
entera de IDs de usuarios cada vez. Para hacer esto utilice la orden **alias**, y el formato será
parecido a este:

alias *[nombre] [IDusuario01] [IDusuario02] [IDusuario03] [IDusuario04]*
[IDusuario05] [IDusuario06]

donde *nombre* es el nombre que necesita escribir cuando desee enviar correo a los miembros de la lista.

Por ejemplo, si escribe **alias amigos daniel david maría gabi emma stev** y presiona [Retorno], UNIX asigna el nombre amigos a esta lista de IDs de usuarios. Ahora en lugar de escribir todos esos IDs de usuarios, puede sólo escribir **amigos**. Si coloca órdenes **alias** como ésta en su archivo .mailrc, forman parte de su entorno **mailx** y no necesitará asignarlas cada vez que quiera utilizar **mailx.**

Suponiendo que los IDs de usuarios de sus amigos están asignados al nombre *amigos*, envía su memo a sus amigos escribiendo **mailx amigos < memo** y presionando [Retorno].

9.4. MODO DE ORDEN DE mailx

Cuando esté leyendo el correo, **mailx** se encuentra en el modo de orden, y el indicador del signo de interrogación significa que está esperando sus órdenes. Mientras **mailx** está en el modo de orden tiene a su disposición un gran número de órdenes, permitiéndole copiar, guardar o borrar su correo. Puede contestar al emisor de un mensaje o enviar correo a un usuario específico sin dejar el modo de orden. La Tabla 9.4 resume algunas de estas órdenes.

Escenario Las secuencias de órdenes de las siguientes secciones muestran como **mailx** lee su correo y que órdenes y opciones se aplican en el modo de orden. Asumen que su ID de usuario es **david**, que tiene tres mensajes en su buzón del sistema y que quiere leer, visualizar y borrar su correo. La orden **mailx** le proporciona las capacidades para manipular su correo de diferentes formas. Su problema podría ser la selección de las órdenes apropiadas para realizar el trabajo actual.

9.4.1. Formas de leer/visualizar el correo

La orden **mailx** le permite leer y visualizar su correo de diferentes formas: cada mensaje de correo de una sola vez, un rango de mensajes especificados o un único mensaje. Por lo general, independientemente de cómo planifique su correo, querrá visualizar la lista de correo, lo que conseguirá simplemente llamando a **mailx**. Presionando [Retorno] en el indicador **?** muestra el mensaje actual.

Lea/visualice su correo.

```
$ mailx [Retorno] ........................... Llama a mailx.

Mailx version  4.0  Type  ?  for help.
"/usr/estudiante/mail/david": 3 messages  3 new
```

Tabla 9.4. Las órdenes de **mailx** en el modo de orden

Orden	Operación
!	Permite ejecutar las órdenes del shell (el carácter de escape del shell)
cd [*directorio*]	Cambia al directorio epecificado o al directorio de conexión si no se especifica nada
d	Borra los mensajes especificados
f	Visualiza los encabezamientos de los mensajes
q	Abandona **mailx** y elimina los mensajes del buzón del sistema
h	Visualiza las cabeceras de los mensajes activos
m *usuarios*	Envía el correo a los *usuarios* especificados
R *mensajes*	Contesta al emisor de los *mensajes*
r *mensajes*	Contesta al emisor de los *mensajes* y a todos los receptores de los mismos *mensajes*
s *nombre_de_archivo*	Guarda (añade) los mensajes indicados en *nombre_de_archivo*
t *mensajes*	Visualiza (escribe) los *mensajes* especificados
u *mensajes*	No borra los mensajes especificados
x	Abandona **mailx**; no elimina los mensajes del buzón del sistema

```
> N  1  daniel  ...................  Thu  Sep  30  12:26  6/103  Habitación
  N  2  susana  ..................  Thu  Sep  30  12:30  6/107  Proyecto
  N  3  maría   ...................  Thu  Sep  30  13:30  6/70   Bienvenida
```

? [Retorno] .... Visualiza el mensaje actual.

```
Message 1:
From: daniel  Thu  Sep  30  12:26   EDT  2001
To: david
Subject: Habitación
Status: R

La habitación 707 está reservada para sus reuniones.
```

? .... Preparado para la siguiente orden.

Presionando [Retorno] en el indicador ? muestra el mensaje actual, en este caso el mensaje 1.

? 3 [Retorno] .... Visualiza el mensaje 3.

Message 3:
From: maría Thu Sep 30 12:30   EDT 2001
To: david
Subject: Bienvenida
Status: R

Bienvenido!

? .... Preparado para la siguiente orden.

? t 1-3 [Retorno] .... Escribe los mensajes del 1 al 3.

Message 1:
From: daniel Thu Sep 30 12:26   EDT 2001
To: david
Subject: Habitación
Status: R

La habitación 707 está reservada para sus reuniones.

Message 2:
From: susana Thu Sep 30 12:26   EDT 2001
To: david
Subject: Proyecto
Status: R

Su proyecto es un problema. Véame lo antes posible

Message 3:
From: maría Thu Sep 30 12:30   EDT 2001
To: david
Subject: Bienvenida
Status: R

Bienvenido!

? .... Preparado para la siguiente orden.

La orden **t** (escribir) visualiza los mensajes uno detrás de otro. El rango de mensajes se indica por los números de los límites inferior y superior separados por un guión. En este caso, **t 1-3** significa que se visualicen los mensajes números 1, 2 y 3.

? t 1 3 [Retorno] .... Visualiza los mensajes 1 y 3.

Message 1:
From: daniel Thu Sep 30 12:26   EDT 2001
To: david
Subject: Habitación
Status: R

La habitación 707 está reservada para sus reuniones.

```
Message 3:
From: maría  Thu  Sep  30  12:30  EDT  2001
To: david
Subject: Bienvenida
Status: R

Bienvenido!

?  .....................................  Preparado para la siguiente orden.
```

*La orden **t** también muestra cualquier correo especificado indicado por los números de secuencia del correo. Si se indica más de un número de secuencia de correo, los números deben estar separados por un espacio. En este caso, **t 1 3** significa que se visualicen los mensajes 1 y 3.*

```
? n [Retorno]  ...............................  Muestra el siguiente mensaje.
At EOF  ...........................................  Mensaje de fin de archivo.
?_  ..................................................  Indicador para la próxima orden.
```

La orden **n** (siguiente) muestra el siguiente mensaje en su buzón, sólo presionando [Retorno]. En este caso, no hay mensaje siguiente; por tanto se visualiza el mensaje de **final de archivo** EOF.

```
? n10 [Retorno]  .............................  Muestra el mensaje décimo.
10: invalid message number.
```

Puede indicar un número de mensaje si quiere visualizar un mensaje específico. En este caso, **n10** significa mostrar el mensaje décimo. Pero no hay mensaje 10, así que se visualiza un mensaje de error.

```
? f [Retorno]  .................................  Muestra la cabecera del mensaje actual.
> 3  maría  Thu   Sep   30  12:30   EDT  2001
?_  ..................................................  Vuelve al indicador.
```

La orden **f** muestra la cabecera de su mensaje actual, en este caso el mensaje 3.

```
? x [Retorno]  .................................  Sale de **mailx**.
$_  ..................................................  Vuelve al indicador del shell.
```

Si utiliza la orden **x** para salir del **mailx**, todos sus mensajes permanecerán intactos en su buzón.

9.4.2. Formas de borrar el correo

La orden **mailx** le permite borrar un mensaje de su correo, eliminar todos los mensajes a la vez, eliminar un rango especificado de mensajes y recuperar los mensajes que haya borrado por error. Veamos algunos ejemplos. El escenario es el mismo. Su nombre es David, y tiene tres mensajes en su buzón del sistema.

Borre su correo.

$ mailx [Retorno] .... Lee su correo.

Mailx version 4.0 Type ? for help.
"/usr/estudiante/mail/david": 3 messages 3 new

```
> N  1  daniel          Thu  Sep  30  12:26  6/103  Habitación
  N  2  susana          Thu  Sep  30  12:30  6/107  Proyecto
  N  3  maría           Thu  Sep  30  13:30  6/70   Bienvenida
```

? d [Retorno] .... Borra el mensaje actual.

? d3 [Retorno] .... Borra el mensaje 3.

? h [Retorno] .... Muestra sólo las cabeceras.

```
> N  2  susana          Thu  Sep  30  12:30  6/107  Proyecto
```

La orden **h** visualiza el encabezamiento de los mensajes en su buzón. Ha borrado los mensajes 1 y 3, y se muestra el mensaje que aún queda (mensaje 2).

? u1 [Retorno] .... Recupera el mensaje 1.

? u3 [Retorno] .... Recupera el mensaje 3.

*La orden **u** recupera el mensaje especificado, en este caso los mensajes 1 y 3.*

? h [Retorno] .... Comprueba todos los mensajes que están en su buzón.

```
  1  daniel            Thu  Sep  30  12:26  6/103  Habitación
  2  susana            Thu  Sep  30  12:30  6/107  Proyecto
> 3  maría             Thu  Sep  30  13:30  6/70   Bienvenida
```

? d 1-3 [Retorno] .... Elimina los mensajes del 1 al 3.

? h [Retorno] .... Comprueba si se han borrado.

No applicable messages

? u* [Retorno] .... Recupera todos los mensajes borrados.

Utilizando la orden **u** con el comodín * se recuperan todos los mensajes de su buzón.

? d /vacación [Retorno] .... Borra todos los mensajes que tengan palabra *vacación* en su campo Subject.

No applicable messages

Utilizando **/cadena** con la orden borrar, puede eliminar el correo que tiene la cadena especificada como parte del campo subject. En este caso, ningún mensaje de su buzón coincide con la cadena **vacación** y por tanto no se elimina ningún mensaje.

? d daniel [Retorno] .... Borra todos los mensajes de **daniel**.

Puede especificar el ID de usuario del emisor con la orden de borrar para eliminar todo el correo enviado por la persona especificada.

? **x [Retorno]** .... Sale de **mailx**.
$_ .... Vuelve al indicador del shell.

Hay muchas maneras de eliminar el correo que no se necesita. Sin embargo, cuando sale de **mailx** utilizando la orden **x**, todos los mensajes permanecen en su buzón, *incluso los mensajes que haya borrado*. Si utiliza la orden **q** para salir de **mailx**, su buzón se actualiza permanentemente de acuerdo con las órdenes que haya emitido.

Después de salir de **mailx** utilizando **q**, no puede emplear la orden de recuperar los mensajes borrados, por tanto asegúrese que ha borrado sólo los mensajes que quería antes de abandonar **mailx**.

9.4.3. Formas de guardar el correo

La orden **mailx** le permite guardar (grabar o salvar) sus mensajes en un archivo especificado mientras los está leyendo. Puede guardar todos sus mensajes, un único mensaje o un rango de mensajes. Vea algunos ejemplos. El escenario permanece como antes: su nombre de conexión es **david** y hay tres mensajes en su buzón del sistema.

$ **mailx [Retorno]** .... Lee su correo.

Mailx version 4.0 Type ? for help.
"/usr/estudiante/mail/david": 3 messages 3 new

```
> N  1  daniel        Thu  Sep  30  12:26  6/103  Habitación
  N  2  susana        Thu  Sep  30  12:30  6/107  Proyecto
  N  3  maría         Thu  Sep  30  13:30  6/70   Bienvenida
```

? **s marchivo [Retorno]** .... Dirige el mensaje actual a `miarchivo`.
"marchivo" [New file] 12/86 .... Mensaje de vuelta.

La orden **s** guarda el mensaje indicado en el archivo especificado. En este momento miarchivo contiene su mensaje actual, que es el mensaje 1, indicado por el signo >.

? **s 2 3 marchivo [Retorno]** .... Añade los mensajes 2 y 3 a miarchivo.

"marchivo" [Appended] 18/286 .... Mensaje de vuelta.

? **s 1-3 marchivo [Retorno]** .... Añade los mensajes del 1 al 3 a miarchivo.

"marchivo" [Appended] 18/286 .... Mensaje de vuelta.

? **x [Retorno]** .... Salida, el buzón permanece igual.

$_ .... Vuelve al indicador del shell

En este punto, todos sus mensajes se han añadido a miarchivo. Puede utilizar la orden **mailx** con la opción **-f** para leer su correo de miarchivo.

1. *No confunda la orden **mailx** con la opción **-f** (a la que añade un nombre de archivo para leer un archivo especificado) con la orden **mailx** con la opción **f** (que visualiza sólo la cabecera del mensaje actual).*

2. *No confunda la orden **mailx** con la opción **-s** (que fija el campo subject a los caracteres especificados) con la orden **mailx** con la opción **s** (que guarda sus mensajes en un archivo especificado).*

9.4.4. Formas de enviar una contestación

Puede enviar una contestación al emisor de un mensaje mientras está leyendo su correo. Esto es conveniente porque puede enviar la contestación apropiada después de leer un mensaje.

Para enviar una contestación mientras se encuentra en el modo de lectura en **mailx**, haga lo siguiente:

$ **mailx [Retorno]**	Lee su correo.

Mailx version 4.0 Type ? for help.
"/usr/estudiante/mail/david": 3 messages 3 new

```
> N  1  daniel          Thu  Sep  30 12:26  6/103  Habitación
  N  2  susana          Thu  Sep  30 12:30  6/107  Proyecto
  N  3  maría           Thu  Sep  30 13:30  6/70   Bienvenida
```

? **R [Retorno]**	Contestar al mensaje actual.
Subject: RE: Habitación	El indicador de Subject se refiere a **Habitación**.
_	El cursor aparece al comienzo de la línea, preparado para que escriba su contestación.
Gracias	Componga su contestación.
[Ctrl-d]	Final de su mensaje.
EOT	Mensaje transmitido.
?	Preparado para la próxima orden.
? **R3 [Retorno]**	Contesta al mensaje 3.
? **r3 [Retorno]**	Contesta al mensaje 3 y todos los usuarios que han recibido una copia de él.

La orden de contestación **R** envía su contestación sólo al autor (inventor) del mensaje o a la lista especificada de usuarios. La orden de contestación **r** envía su contestación al autor del mensaje y a todos los usuarios que han recibido el mismo mensaje.

Puede utilizar también la orden **m** para enviar correo a otros usuarios. La orden **m** coloca a **mailx** en el modo de entrada por tanto puede componer su correo. Con la orden **m**, puede especificar un usuario o una lista de usuarios para que reciban su mensaje.

Estando **mailx** en el modo de orden, envíe correo a un usuario especifico haciendo lo siguiente:

? **m daniel [Retorno]** .... Envía correo a **daniel**.
? **m daniel susana [Retorno]** .... Envía correo a **daniel** y **susana**.
? **x [Retorno]** .... Sale de **mailx**.
$_ .... El indicadaor del shell.

9.5. PERSONALIZACIÓN DEL ENTORNO DE mailx

Puede personalizar el entorno de **mailx** fijando las variables de **mailx** en el archivo .mailrc. Para definir estas variables, utilice la orden **set** de **mailx**. La orden **mailx** también reconoce algunas de las variables estándar del shell.

9.5.1. Variables del Shell usadas por mailx

Algunas de las variables estándar del shell son utilizadas por **mailx**, Y sus valores afectan al comportamiento de **mailx**: *HOME* (que define su directorio de conexión) y *MAILCHECK* (que define la frecuencia con la que **mailx** comprueba su correo). Por ejemplo, si quiere que el correo de llegada a su buzón se compruebe una vez por minuto, defina *MAILCHECK* como sigue:

MAILCHECK= 60

MAILRC es otra variable del shell usada por **mailx**. Esta variable define el archivo de arranque que **mailx** comprueba cada vez que le llama. Si esta variable no está definida, el valor por defecto que se utiliza es **$HOME/.mailrc**. Por ejemplo puede definir *MAILRC* en su archivo .profile (archivo de arranque para su conexión al shell) como sigue:

MAILRC=$HOME/E-mail/.mailrc

Las variables del shell *HOME, MAILCHECK* y *MAILRC* se usan por **mailx** pero no puede cambiarlas mientras se encuentre en **mailx**.

Un gran número de variables de **mailx** pueden ser manipuladas para adaptarse al entorno de **mailx** que desee. Puede fijar estas variables desde dentro de **mailx** o modificándolas en el archivo .mailrc. Puede utilizar la orden **set** para configurar las variables **mailx** y la orden **unset** para invertir sus valores. El formato de la orden **set** y la forma de crear y configurar su archivo .mailrc son parecidas a .exrc (el archivo de arranque del editor vi).

Estas variables se pueden asignar en el archivo de arranque .mailrc o internamente desde **mailx**.

append   Cuando termina de leer su correo, si la variable **append** está activada, **mailx** añade los mensajes al final del archivo mbox en lugar de al comienzo.

Hay dos formas de fijar **append**:

☐ Escriba **set append** y presione [Retorno] para añadir los mensajes al final de mbox.

☐ Escriba **unset append** y presione [Retorno] para añadir los mensajes al comienzo de mbox. Este es el valor por defecto.

asksub   Cuando se fija **asksub**, **mailx** le solicita el campo **Subject:** se asigna por defecto.

crt y PAGER   La variable **crt** fija el número de líneas de su pantalla. Los mensajes que tienen más líneas que este número se transfieren a través de la orden definida por la variable PAGER.

Para configurar **mailx** de forma que si un mensaje es más largo de 15 líneas, se transfiera a la orden **pg** y visualice una página de una vez, haga lo siguiente:

☐ Escriba **set PAGER= 'pg'** y presione [Retorno]. (Este es el valor por defecto de la variables PAGER , a menos que su administrador del sistema lo haya cambiado).

☐ Escriba **set crt=15** y presione [Retorno] para fijar el número de líneas a 15.

Puede utilizar las opciones de la orden **pg** para examinar los mensajes hacia arriba y hacia abajo (véase el Capítulo 7).

DEAD   Sus mensajes parcialmente compuestos que fueron interrumpidos (o los mensajes que por una razón u otra no son distribuidos) están almacenados en el nombre de archivo especificado.

    set DEAD=$HOME/dead.letter

Para cambiar el archivo por defecto especificado por la variable DEAD, podría escribir **set DEAD=$HOME/E-mail/dead.mail** y presionar [Retorno].

EDITOR   La variable EDITOR fija el editor llamado cuando utiliza las órdenes de edición (o ~e). El valor por defecto es el siguiente:

    set EDITOR=ed

Para cambiar el valor por defecto de la variable EDITOR, podría escribir **set EDITOR=ex** y presionar [Retorno]. Se cambia al editor **edit**

escape   La variable de escape le permite cambiar el carácter de escape de **mailx**. El valor por defecto es la tilde (~).

Para cambiar la variable de escape por defecto al carácter @, podría escribir **set escape= @** y presionar [Retorno].

folder   La variable folder hace que el directorio especificado sea el directorio estándar para **mailx**. Todos los archivos de correo se guardan en el directorio especificado por la variable folder. No existe un valor por defecto para la variable folder.

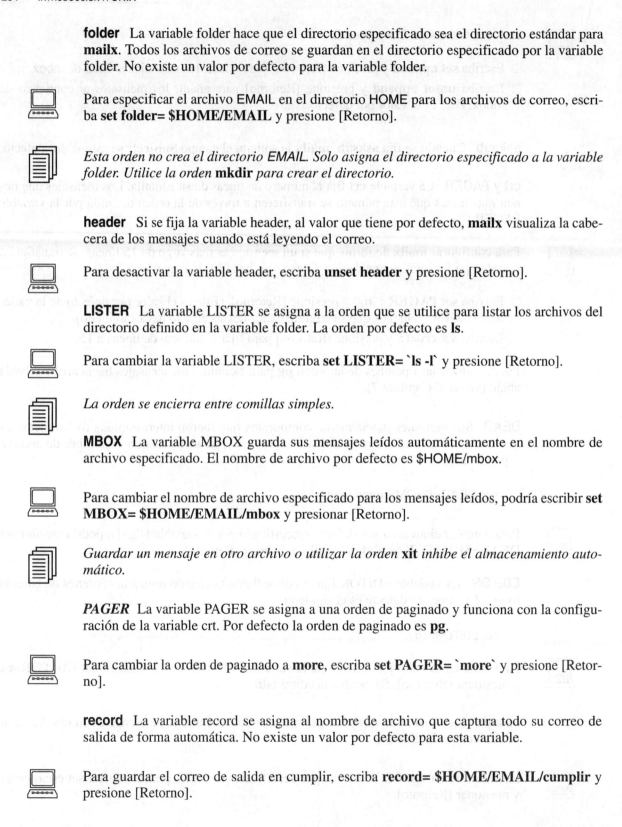

Para especificar el archivo EMAIL en el directorio HOME para los archivos de correo, escriba **set folder= $HOME/EMAIL** y presione [Retorno].

*Esta orden no crea el directorio EMAIL. Solo asigna el directorio especificado a la variable folder. Utilice la orden **mkdir** para crear el directorio.*

header   Si se fija la variable header, al valor que tiene por defecto, **mailx** visualiza la cabecera de los mensajes cuando está leyendo el correo.

Para desactivar la variable header, escriba **unset header** y presione [Retorno].

LISTER   La variable LISTER se asigna a la orden que se utilice para listar los archivos del directorio definido en la variable folder. La orden por defecto es **ls**.

Para cambiar la variable LISTER, escriba **set LISTER= `ls -l`** y presione [Retorno].

La orden se encierra entre comillas simples.

MBOX   La variable MBOX guarda sus mensajes leídos automáticamente en el nombre de archivo especificado. El nombre de archivo por defecto es $HOME/mbox.

Para cambiar el nombre de archivo especificado para los mensajes leídos, podría escribir **set MBOX= $HOME/EMAIL/mbox** y presionar [Retorno].

*Guardar un mensaje en otro archivo o utilizar la orden **xit** inhibe el almacenamiento automático.*

PAGER   La variable PAGER se asigna a una orden de paginado y funciona con la configuración de la variable crt. Por defecto la orden de paginado es **pg**.

Para cambiar la orden de paginado a **more**, escriba **set PAGER= `more`** y presione [Retorno].

record   La variable record se asigna al nombre de archivo que captura todo su correo de salida de forma automática. No existe un valor por defecto para esta variable.

Para guardar el correo de salida en cumplir, escriba **record= $HOME/EMAIL/cumplir** y presione [Retorno].

Esta orden no crea el directorio **EMAIL**. *Simplemente el directorio especificado a la variable record. Utilice la orden* **mkdir** *para crear el directorio.*

SHELL   La variable SHELL se asigna al programa shell que vaya a utilizar. Esto se aplica cuando utilice **!** o **~!** para emitir una orden al shell mientras se encuentre en el entorno **mailx**. El valor por defecto es el shell **sh**.

Para cambiar el valor por defecto de la variable SHELL, podría escribir **set SHELL= csh** y presionar [Retorno]. Ahora el shell se ha cambiado al shell c.

VISUAL   La variable VISUAL se asigna al editor de pantalla que utilice cuando **mailx** está en el modo de entrada y emplea la orden ~v. El valor por defecto es el editor vi.

9.5.2.   Configuración del archivo *.mailrc*

El archivo de arranque .mailrc en su directorio de conexión contiene las órdenes y variables que ajustan **mailx** de acuerdo con sus preferencias. Puede utilizar vi o la orden **cat** para crear un archivo .mailrc.

La Figura 9.6 muestra un ejemplo de archivo .mailrc. En el archivo de ejemplo, *amigos* y *ajedrez* son los nombres asignados a dos grupos de IDs de usuarios. El ejemplo está también configurado de forma que si un mensaje es más largo de 20 líneas, se transfiere a la orden **pg** (el valor por defecto de PAGER). Finalmente, su buzón privado tal como está configurado en el archivo del ejemplo, está en el directorio EMAIL, y su correo de salida se guarda en un archivo llamado record en el directorio EMAIL.

```
$ cat.mailrc
alias amigos daniel david maría gabi emma stev
alias ajedrez emma susana gabi
set crt=20
set MBOX=$HOME/E-mail/mbox
set record=$HOME/E-mail/record
$ _
```

Figura 9.6.   Ejemplo del archivo *.mailrc*.

9.6. *COMUNICACIONES EXTERNAS AL SISTEMA LOCAL*

Este capítulo explicó las utilidades de comunicación UNIX que le permiten enviar correo a usuarios que tienen cuentas de conexión en el mismo computador. Puede también enviar correo a usuarios en otros computadores UNIX. Si se encuentra en una red UNIX, como normalmente tienen las grandes compañías y universidades, puede utilizar las mismas órdenes. Sin embargo, debe dar más información. Por ejemplo, el destino de su mensaje necesita tener el nombre de un computador (el nombre del nodo en la red) además del ID de usuario de la persona en el computador especificado. Por ejemplo, si los nodos de computadores entre el suyo y el de David se llamaran X, Y y Z, para enviar el correo a David, escribiría lo siguiente:

mailx X\!Y\!Z\!david

Los detalles de la comunicación con otros sistemas UNIX están fuera del alcance de este libro. Las órdenes en este capítulo son las básicas que necesita; el resto es sólo cuestión de buscar las órdenes en un libro de referencia. El apéndice F relaciona alguno de los libros que puede ser útiles para este propósito.

Resumen de las órdenes

Este capítulo se ha centrado en las utilidades de comunicación de UNIX y ha estudiado las siguientes órdenes y opciones.

mesg
Esta orden se asigna a *n* para prohibir la recepción de mensajes **write** no necesitados. Se fija a *y* para recibir mensajes.

mailx
Esta utilidad proporciona a los usuarios el sistema de correo electrónico. Puede enviar mensajes a otros usuarios en el sistema, sin tener que preocuparse de si están o no conectados.

Opción	Operación
- f [*nombre_de_archivo*]	Lee el correo desde el *nombre_de_archivo* especificado en lugar del buzón del sistema. Si no se especifica archivo, lee de *wbox*.
-H	Visualiza la lista de las cabeceras de los mensajes
-s *tema*	Asigna la cadena *tema* al campo subject

news
Esta orden se utiliza para mirar las últimas noticias en el sistema. El administrador del sistema la utiliza para informar a otros de los sucesos que acontecen.

Opción	Operación
-a	Visualiza todas las noticias, antiguas o nuevas
-n	Lista sólo el nombre de los archivos (cabeceras)
-s	Visualiza el número de los elementos de la noticia actual

wall
Esta orden se utiliza fundamentalmente por el administrador del sistema para avisar a los usuarios de algunos sucesos inminentes.

write
Esta orden se utiliza para la comunicación terminal a terminal. El usuario receptor debe estar conectado.

órdenes de escape con tilde de mailx

Cuando se invoca **mailx** para enviar correo a otros, el sistema se coloca en el modo de entrada, preparado para que componga el mensaje. Las órdenes en este modo comienzan con una tilde (≥) y se llaman órdenes de escape con tilde.

Orden	Operación
~?	Visualiza una lista de todas las órdenes de escape con *tilde*
~! *orden*	Llamamos a la *orden* del shell especificada mientras se compone su mensaje
~e	Llama a un editor. El editor que se utiliza se define en la variable de correo llamada EDITOR; el valor por defecto es vi
~p	Visualiza el mensaje que se va a componer
~q	Abandona el modo de entrada. Guarda su mensaje parcialmente compuesto en el archivo llamado *dead.letter*
~r *nombre_de_archivo*	Lee el *nombre_de_archivo* especificado y añade su contenido en su mensaje
~< *nombre_de_archivo*	Lee el *nombre_de_archivo* especificado (utilizando el operador de redirección) y añade su contenido en el mensaje
~< ! *orden*	Ejecuta la orden especificada; coloca su salida en el mensaje
~v	Llama al editor por defecto, el editor vi, o utiliza el valor de la varaible de correo VISUAL que se puede asignar a otros editores
~w *nombre_de_archivo*	Escribe el mensaje compuesto actualmente en el *nombre_de_archivo* especificado

modo de orden de mailx
Cuando se invoca **mailx** para leer su correo, el sistema se coloca en el modo de orden. El indicador en este modo es el signo de interrogación (**?**)

Orden	Operación
!	Permite ejecutar las órdenes del shell (el carácter de escape del shell)
cd [*directorio*]	Cambia al directorio epecificado o al directorio de conexión si no se especifica nada
d	Borra los mensajes especificados
f	Visualiza los encabezamientos de los mensajes
q	Abandona **mailx** y elimina los mensajes del buzón del sistema
h	Visualiza las cabeceras de los mensajes activos
m *usuarios*	Envía el correo a los *usuarios* especificados
R *mensajes*	Contesta al emisor de los *mensajes*
r *mensajes*	Contesta al emisor de los *mensajes* y a todos los receptores de los mismos *mensajes*
s *nombre_de_archivo*	Guarda (añade) los mensajes indicados en *nombre_de_archivo*
t *mensajes*	Visualiza (escribe) los *mensajes* especificados
u *mensajes*	No borra los mensajes especificados
x	Abandona **mailx**; no elimina los mensajes del buzón del sistema

Ejercicios de repaso

1. ¿Cuál es la orden para la comunicación de terminal a terminal? ¿Cuál es la tecla que indica el final de la comunicación?

2. ¿Cuál es la orden que normalmente utiliza el administrador del sistema para informar a los usuarios acerca de los acontecimientos diarios?

3. ¿Qué orden emite un mensaje a todo el mundo en el sistema?

4. ¿Cómo hace que su terminal sea inmune a los mensajes no deseados?

5. ¿Cuál es la orden para leer su correo?

6. ¿Cómo sabe si tiene correo?

Sesión con el Terminal

En esta sesión con el terminal, practique enviando mensajes a otros usuarios. Envíese los mensajes a sí mismo para practicar las órdenes. Luego, cuando se sienta cómodo utilizando las órdenes, seleccione a otro usuario como su compañero y practique el envío de correo.

Se recomiendan los siguientes ejercicios. Para dominar las muchas órdenes de las utilidades de comunicación de UNIX debe pasar tiempo en su terminal e intentar todas las combinaciones de las órdenes.

1. Cree un directorio EMAIL en su directorio de conexión.

2. Cree un archivo .mailrc en su directorio de conexión. Si ya existe modifíquelo.

3. Asigne las siguientes características a **mailx**:

   a. Utilice la orden **alias** para asignar nombres a un grupo de usuarios.
   b. Configure un archivo en el directorio EMAIL para guardar su correo de salida automáticamente.
   c. Fije su archivo mbox al directorio EMAIL.

4. Envíese el siguiente correo a sí mismo.

   Tan poco tiempo y tanto que hacer.
   ¿Podría ser al revés?
   Tanto tiempo y tan poco que hacer.

5. Mientras **mailx** se encuentre en el modo de entrada, utilice el editor vi para componer su correo.

6. Lea la fecha y hora actual y añádalas al final de su mensaje.

7. Guárdelo en un archivo antes de transmitirlo.

8. Componga unos pocos mensajes más de la misma manera, utilizando vi y otras órdenes y envíeselos a sí mismo. Esto hará que tenga bastantes mensajes y por tanto podrá practicar leyendo su correo.

9. Lea su correo.

10. Utilice todas las órdenes en el modo de orden de **mailx**, incluidas borrar, recuperar, guardar, etc.

11. Lea su correo y abandone **mailx** utilizando la orden **x**. Luego lea su correo y abandone **mailx** utilizando la orden **q**. Observe los mensajes de UNIX.

12. Utilice **mailx** y mire en su archivo mbox.

13. Ahora busque a otro compañero y mantenga una conversación con él utilizando la orden **write**.

14. Asigne a **mesg** el valor **n**, luego **y**, y observe el efecto con su compañero.

15. Enviar correo a otros puede ser una de las partes menos aburridas de aprender UNIX. Practique y diviértase.

## Capítulo 10

Desarrollo de programas

Este capítulo describe lo esencial del desarrollo de programas. Se explican los pasos del proceso de creación de un programa y se proporciona una descripción general de los lenguajes de programación disponibles en un computador. Se da un ejemplo de un sencillo programa en C y se examina el proceso de ir desde la escritura del código fuente hasta construir un programa ejecutable. El capítulo también explica la utilización del operador de redirección del shell para redireccionar la salida y los mensajes de error de los programas.

En este capítulo

10.1. DESARROLLO DE PROGRAMAS

En el Capítulo 1 se explicó el software y la programación de un computador en general. Se aprendió el importante papel del software en los computadores para hacer todas estas cosas maravillosas (abierto a discusión). También se aprendió que hay dos categorías de software: software de aplicación y software del sistema.

Un *programa* consta de instrucciones que guían al computador para realizar sus operaciones básicas aritméticas y lógicas. Cada instrucción indica a la máquina la realización de una de sus funciones básicas y normalmente consta de un código de operación y de uno o más operandos. El *código de operación* especifica la función a realizar, y los *operandos* especifican la dirección o los datos a manipular. La Figura 10.1 muestra una instrucción típica.

Un computador se controla por programas que se almacenan en la memoria del mismo. La memoria es capaz de almacenar sólo ceros y unos por tanto los programas en memoria deben estar en *forma binaria*. Eso significa que los programas deben ser escritos o convertidos a ceros y unos. ¿Escriben realmente los programadores con ceros y unos? Afortunadamente no tienen que hacerlo. Los primeros programadores no tenían elección; tenían que codificar los programas con ceros y unos, por lo que merecen todo nuestro respeto. Los programadores escriben programas para crear ambas categorías de software. Para escribir un programa se necesita un lenguaje de programación, y hay un buen número de ellos para elegir.

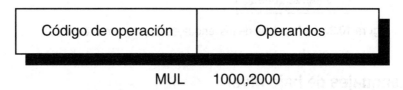

Código de operación	Operandos

MUL   1000,2000

Figura 10.1. El formato de una instrucción.

10.2. LENGUAJES DE PROGRAMACIÓN

La *programación* es el proceso de escribir instrucciones (un programa) para que el computador resuelva un problema. Estas instrucciones deben ser escritas en un lenguaje de programación de la máquina. Un programa puede ser cualquier cosa desde una simple lista de instrucciones con una serie de números, hasta una estructura grande y compleja con muchas secciones que calcula la nómina de una gran compañía.

Al igual que el hardware del computador, los lenguajes de programación han evolucionado en generaciones. Cada nueva generación de lenguajes mejora la anterior e incorpora más capacidades para los programadores.

La Figura 10.2 muestra la jerarquía y las generaciones de los lenguajes de programación. Exploremos brevemente los diferentes niveles de esta jerarquía.

Ver página XXII para una explicación de los iconos utilizados para resaltar información en este capítulo.

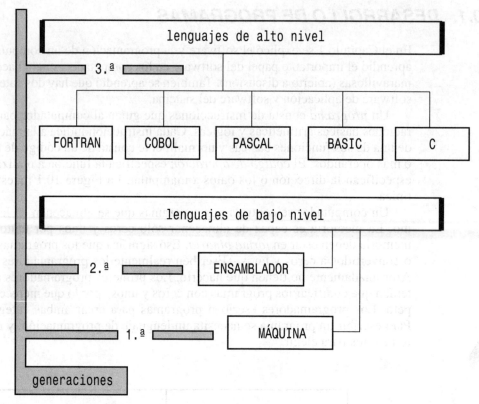

Figura 10.2. La jerarquía de los lenguajes de programación.

10.2.1. Lenguajes de bajo nivel

Lenguaje máquina En lenguaje máquina, las instrucciones se codifican como una serie de unos y ceros. Es molesto y difícil escribir programas en lenguaje máquina. Los programas en lenguaje máquina están escritos en el nivel más básico de operación del computador; es el único lenguaje que entienden y ejecutan los computadores. Los programas escritos en otros lenguajes de programación deben traducirse al lenguaje máquina del computador donde va a ser ejecutado. (Programas llamados *compiladores* hacen esta traducción y se verán en la próxima sección).

Lenguaje ensamblador Al igual que el lenguaje máquina, el lenguaje ensamblador es único para cada computador, ya que las instrucciones se representan de forma diferente. En lugar de una serie de unos y ceros, el lenguaje ensamblador utiliza algunos símbolos que reconoce, denominados *nemotécnicos* (ayuda a la memoria), para representar las instrucciones. Por ejemplo, el nemotécnico MUL se utiliza para representar una instrucción de multiplicación. Debido a que los computadores sólo entienden ceros y unos, se debe cambiar un programa en lenguaje ensamblador a formato en lenguaje máquina para ejecutarlo. Esta traducción se realiza llamando a un programa denominado *ensamblador*. El programa ensamblador traduce los nemotécnicos de su programa y devuelve ceros y unos.

10.2.2. Lenguajes de alto nivel

Da igual qué computador y qué lenguaje de alto nivel utilice para escribir su programa, el programa debe ser traducido a lenguaje máquina antes de ser ejecutado. Esta conversión de un programa escrito en un lenguaje de programación de alto nivel a un lenguaje máquina de bajo nivel es el trabajo que realizan los programas software llamados *compiladores* e *intérpretes*. Los lenguajes de programación de alto nivel son simplemente una conveniencia del programador; ya que ellos no pueden ejecutarse en su forma original (código fuente). Esta sección describe algunos de los principales lenguajes de programación.

COBOL El lenguaje de programación COBOL (Lenguaje Común Orientado a Negocios) se introdujo en 1959. Se desarrolló como respuesta a las necesidades de las empresas, se utilizó en la mayoría de los grandes computadores proporcionando servicios de procesamiento de datos a grandes compañías. Es el lenguaje de programación de propósito general más eficiente y más rápido del mercado. COBOL permanecerá vigente, ya que más de la mitad de los programas de aplicaciones comerciales están escritos en COBOL.

FORTRAN El lenguaje de programación FORTRAN (FORmula TRANslator) se desarrolló en 1955. Resulta más apropiado para la programación científica o en ingeniería, y sigue siendo el lenguaje científico más popular. Por supuesto, FORTRAN ha sido modificado para adaptarse a las demandas de los nuevos computadores. La versión actual de FORTRAN es FORTRAN77, que es un lenguaje de propósito general capaz de tratar con problemas numéricos y simbólicos. Al igual que con COBOL, hay escrito en FORTRAN una gran cantidad de código, y todavía se utiliza en ingeniería y ciencia.

Pascal El lenguaje de programación Pascal se desarrolló en 1968 y su nombre proviene del matemático francés del siglo diecisiete Blaise Pascal. La idea de un buen estilo y hábitos en la programación estaban alrededor del concepto de la *programación estructurada* que estaba tomando forma cuando se creó Pascal, incorporando estas ideas en su concepción. Pascal se diseñó como un lenguaje para ayudar a los estudiantes a aprender la programación estructurada y a desarrollar buenos hábitos en la programación. Sin embargo, la utilización de Pascal no está limitada a las instituciones educativas; se utiliza en la industria para crear códigos legibles y por tanto fáciles de mantener.

BASIC El lenguaje de programación BASIC (Beginners All-purpose Simbolic Instruction Code) se desarrolló en 1964 para ayudar a los estudiantes que no tenían formación sobre computadores para que aprendieran los fundamentos de su programación. Se le considera como el lenguaje de programación más efectivo con fines de enseñanza. Desde entonces, BASIC ha evolucionado hacia un lenguaje de propósito general, y su utilización no está limitada al campo educativo. BASIC está ampliamente implantado y se utiliza en aplicaciones de negocios.

C El lenguaje de programación C se desarrolló en 1972, y está basado en los principios puestos en práctica en la programación en Pascal. Estaba principalmente dirigido a la programación de sistemas, creación de sistemas operativos, compiladores, etc. La mayor parte del sistema operativo UNIX está escrito en C. C es un lenguaje de propósito general, rápido y eficiente. Es también un lenguaje portable; es relativamente independiente de la máquina. Un programa escrito en C para un tipo de computador puede ser ejecutado en otro con pequeñas o ninguna modificación. C es de lejos el lenguaje elegido por los programadores que desarrollan programas para negocios, científicos y otras aplicaciones.

C++ En 1980, se desarrolló C++ para añadir al lenguaje C las herramientas necesarias para hacerlo un lenguaje orientado a objetos. La Programación Orientada a Objetos (POO) es una técnica relativamente nueva de programación. Reduce el tiempo de desarrollo de programas.

10.3. MECÁNICA DE LA PROGRAMACIÓN

Para escribir un programa, tiene que elegir un lenguaje de programación de computador. La elección del lenguaje de programación depende de la naturaleza de la aplicación. Existen muchos lenguajes de programación de propósito general y especializados que encajan en cualquier necesidad. Los pasos exactos que debe seguir para el desarrollo de un programa dependen del entorno del computador.

10.3.1. Pasos para la creación de un programa ejecutable

Independientemente del sistema operativo del computador y del lenguaje de programación que utilice, para crear un programa ejecutable son necesarios los siguientes pasos.

1. Crear el archivo fuente (*código fuente*)
2. Crear el archivo objeto (*código objeto/módulo objeto*)
3. Crear el archivo ejecutable (*código ejecutable/módulo de carga*)

Código fuente Normalmente se utiliza un editor (como el editor vi) para escribir un programa y guardar lo que se ha escrito en un archivo. Este archivo es el *código fuente*. El código fuente está escrito en el lenguaje de programación que elija. Por eso mismo, su computador no lo entiende. El objetivo es convertir el archivo de código fuente a un archivo ejecutable.

Un archivo fuente es un archivo de texto, que también se llama un archivo ASCII. Puede visualizarlo en pantalla, modificarlo utilizando uno de los editores disponibles o enviarlo a la impresora para obtener una copia de su programa fuente.

Código objeto El código fuente es incomprensible para un computador. Recuerde, los computadores entienden sólo su lenguaje máquina (secuencias de ceros y unos). Por tanto su código fuente debe ser traducido a un lenguaje comprensible por la máquina. Este es el trabajo de un compilador o un intérprete. Proporcionan el código objeto. El *código objeto* es la traducción a lenguaje máquina de su código fuente. Sin embargo todavía no es aún un archivo ejecutable; faltan algunas partes necesarias. Estas partes necesarias son programas que proporcionan la interfaz entre el programa y el sistema operativo. Normalmente están agrupados en archivos llamados *archivos de biblioteca.*

 No puede enviar un archivo objeto a la impresora. Es un archivo de ceros y unos. Si lo visualiza, puede bloquear su teclado u oír pitidos cuando algunos de los ceros o unos se traducen a códigos ASCII que representan códigos para bloquear el teclado, pitar, parar el movimiento de la pantalla, etc.

Código ejecutable   Su código objeto podría referirse a otros programas que no son parte de su *módulo objeto.* Antes de que su programa se ejecute, estas referencias a otros programas deben ser resueltas. Este es el trabajo del *enlazador* o del *editor de enlaces.* Crea el *código ejecutable*, el *módulo de carga.* El *módulo de carga* es un programa completo que está preparado para ejecutarse con todas sus partes unidas.

El módulo de carga, al igual que el archivo objeto, no es un archivo que pueda ser enviado a la impresora o visualizado en su terminal.

En algunos sistemas, llama al compilador y después que finalice el proceso de compilación, se llama al enlazador para crear el archivo ejecutable. Otros sistemas hacen que el compilador arranque el enlazador de forma automática. En esos sistemas, sólo dando la orden de compilación, y si su programa no tiene ningún error de compilación, se llama al enlazador para enlazar su programa.

La forma exacta como varía este trabajo entre sistemas, depende de la configuración del entorno del sistema que haya realizado el administrador del mismo.

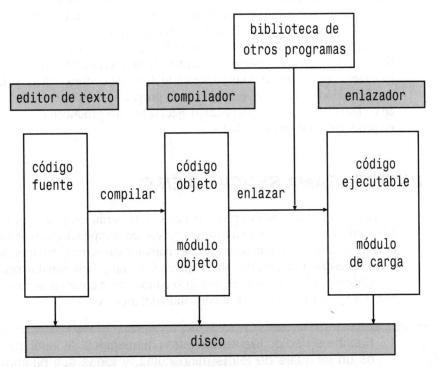

Figura 10.3. Pasos en el desarrollo de un programa.

Este proceso que, comienza en un archivo fuente y acaba en la creación de un archivo ejecutable, se describe en la Figura 10.3.

10.3.2. Compiladores/ Intérpretes

La función principal de un compilador o un intérprete es traducir su código fuente (instrucciones del programa) a código máquina para que el computador pueda entender sus instrucciones. Los lenguajes compilados y los lenguajes interpretados representan dos categorías diferentes de lenguajes de computador. Cada uno tiene sus ventajas e inconvenientes.

Compilador El compilador es un programa software de sistema que traduce las instrucciones del programa de alto nivel, como puede ser un programa en Pascal, a lenguaje máquina que el computador puede interpretar y ejecutar. Compila el programa completo de una vez y no le da ninguna realimentación hasta que compila el programa completo.

Se necesita un compilador diferente para cada lenguaje de programación que intente utilizar en su computador. Para ejecutar programas en C y en Pascal, debe tener un compilador de C y uno de Pascal. Los compiladores proporcionan un código objeto mejor y más eficiente que los intérpretes, por tanto un programa compilado se ejecuta más rápido y necesita menos espacio.

Intérprete Al igual que el compilador, el intérprete traduce un programa de lenguaje en alto nivel a lenguaje máquina. Sin embargo, en lugar de traducir el programa fuente completo, traduce una única línea cada vez. Un intérprete le da una realimentación inmediata. Si el código contiene un error, el intérprete lo recoge tan pronto como presione [Retorno] para finalizar una línea de código. Por tanto, puede corregir los errores durante el desarrollo del programa. El intérprete no produce un archivo de código objeto, y debe realizar el proceso de traducción cada vez que se ejecuta el programa. Los intérpretes normalmente se utilizan en un entorno educativo, y el código ejecutable que producen es menos eficiente que el código producido por un compilador.

10.4. UN PROGRAMA SENCILLO EN C

Se va a escribir un sencillo programa en C y se verán los pasos por los que pasa el proceso. El objetivo es entender y practicar el proceso de compilación, no aprender el lenguaje C. Sin embargo, tendrá que entender algunas características muy básicas del lenguaje C para ser capaz de escribir un sencillo programa en C y compilarlo satisfactoriamente.

Utilice el editor vi (o cualquier otro editor), para crear un archivo fuente llamado primero.c. La Figura 10.4 muestra el contenido del archivo.

1. Escriba el código fuente con letras minúsculas. Al igual que UNIX, el lenguaje C es un lenguaje de letras minúsculas, y todas sus palabras claves deben ser escritas en minúsculas.

```
$ cat primero.c
/* mi primer programa en C */
# include <stdio.h>
main ( )
{
    printf ("¡Hola!\n");
    printf ("Este es mi primer programa en C \n");
}
$ _
```

Figura 10.4. Un programa sencillo en C.

2. En la mayoría de los sistemas, es obligatoria la extensión .c al final del nombre de archivo del código fuente.

El próximo paso es compilar el código fuente. La orden es como sigue:

$ cc primero.c [Retorno]

La orden **cc** compila el código fuente, y si no tiene errores, automáticamente llama al enlazador. El resultado final es que tiene un archivo ejecutable llamado a.out. Por defecto, a.out es el nombre del archivo ejecutable. Ahora si quiere ejecutar el archivo para ver la salida del programa, escriba:

$ a.out [Retorno] .... Ejecuta su programa.

¡Hola!
Este es mi primer programa en C.

$_ .... El indicador.

La salida de a.out se visualiza en el dispositivo de salida estándar, su terminal.

¿Qué pasa si no quiere llamar a su archivo ejecutable a.out? Puede utilizar la orden **cc** con la opción **-o** para especificar el nombre del archivo de salida.

Compile primero.c e indique el nombre del archivo de salida. Llámelo *primero*.

$ cc primero.c -o primero [Retorno] . Utiliza **cc** con la opción **-o**.
$_ .... Ningún error, se devuelve el indicador.

Asegúrese de que el nombre del archivo de salida especificado y el nombre del archivo del código fuente son diferentes; de otra manera, su archivo de código fuente será sobrescrito y se convertirá en su archivo ejecutable, lo que significa que se destruye su archivo fuente.

Ahora su archivo ejecutable se llama primero, y cada vez que escriba **primero** a continuación del indicador, verá la salida del programa en pantalla.

```
$ primero [Retorno]  ....................... Ejecuta primero.
¡Hola!
Este es mi primer programa en C.
$_ ....................................................... Preparado para la próxima orden.
```

¿Qué pasa si no quiere la salida en la pantalla? Quizá quiera almacenar la salida de su programa en un archivo. Utilizando la capacidad de redirección de salida del shell, puede redireccionar la salida del programa a otro archivo.

Ejecute **primero** y guarde su salida en un archivo.

```
$ primero > primero.out [Retorno]  ..   Se redirecciona la salida al archivo llamado pri-
                                        mero.out, por lo que no se visualiza en pantalla.

$ cat primero.out [Retorno]  ...........   Comprueba los contenidos de primero.out.

¡Hola!
Este es mi primer programa en C.

$_ .......................................................   El indicador.
```

Como esperaba, el contenido del archivo primero.out es la salida de su programa en C. El archivo primero.out se creó redireccionando la salida de su programa en él.

Ejecute **primero**, muestre su salida en pantalla, y guárdela en un archivo.

```
$ primero | tee -a primero.out [Retorno]
.......................................................   La salida se visualiza en pantalla y también se
                                                          guarda en primero.out.

¡Hola!
Este es mi primer programa en C.

$_ .......................................................   El indicador del shell.
```

Utilice la orden **tee** (desdoblar salida) con el operador **tubería**, la salida del programa **primero** se visualiza en pantalla y también se guarda en primero.out. La orden **tee** con la opción **-a** dirige la salida al final de primero.out.

10.4.1. Corrección de errores

Suponiendo que no cometió ningún error al escribir su primer programa en C, las cosas son relativamente fáciles. Compile y ejecute su programa. Pero esto no es siempre el caso cuando se escriben programas largos. Hay grandes posibilidades de que cometa errores sintácticos y lógicos que tiene que corregir antes de ser capaz de ejecutar satisfactoriamente un programa. El compilador C reconoce los errores de sintaxis y los visualiza en la pantalla con un número de línea de referencia.

Suponga que quiere modificar primero.c para que se parezca al archivo de la Figura 10.5 de forma, que no tiene punto y coma (;) al final de la sentencia **primero printf** ( ). Esta vez cuando compile primero.c el compilador se quejará.

```
$ cat primero.c
/* mi primer programa en C */
# include <stdio.h>
main ( )
{
    printf ("¡Hola!\n")        /* se ha omitido de forma intencionada el punto y coma*/
    printf ("Este es mi primer programa en C \n");
}
$ _
```

Figura 10.5. Un programa sencillo en C con un error de sintasis.

Ahora compile primero.c.

$ cc primero.c -o primero [Retorno]   Compile y llame al archivo de salida `primero`.

"primero.c", line 6: syntax error.
"primero.c", line 6: illegal character: 134(octal)
"primero.c", line 6: cannot recover from earlier error: goodbye!

$_ .... El indicador.

Los mensajes de error indican que tiene alguna clase de error de sintaxis en la línea 6. El compilador no es lo bastante inteligente para reconocer el error exacto y su localización; sólo le direcciona a la proximidad del error en el código fuente.

En este momento, el compilador no produjo un archivo de código objeto. Para corregir los errores, debe regresar al código fuente, primero.c, y añadir el punto y coma. Luego para obtener el archivo ejecutable correcto, tendrá que recompilar el archivo.

Es fácil ver una o dos líneas de errores en la pantalla, pero cuando tiene una gran cantidad de código fuente, aumentan las posibilidades de que tenga más de unas pocas líneas de errores. Recordar los errores y sus números de líneas cuando quiere editar su archivo fuente para corregir los errores no es una tarea fácil. Por tanto, es deseable guardar los mensajes de error del compilador en un archivo para una referencia fácil. La capacidad de redirección del shell viene otra vez en nuestro auxilio.

El dispositivo de error por defecto es normalmente el mismo que el dispositivo de salida, su terminal, por lo que los errores se visualizarán en su terminal. Suponga que quiere redireccionar los errores a un archivo especificado.

Compile primero.c y guarde los errores de compilación, si los hay, en otro archivo.

$ cc primero.c -o primero 2> error [Retorno]
.... Recompilación.
$_.................................... El indicador del shell.

El dígito 2 antes del signo > es necesario e indica la redirección del dispositivo estándar de error.

¿De dónde viene el dígito 2? La orden mostrada necesita alguna explicación. Volvamos al concepto de redirección de UNIX y exploremos los orígenes del dígito 2.

10.4.2. Redireccionamiento al dispositivo de salida de errores estándar

El shell interpreta el signo > como la redirección estándar de la salida. La notación **1>** es la misma que > e indica al shell la redirección estándar de la salida. El número *1* en **1>** es el número descriptor del archivo; por defecto, el descriptor de archivo 1 se asigna al *dispositivo estándar de la salida*. Por ejemplo las siguientes dos órdenes hacen el mismo trabajo, redireccionan la salida de la orden **ls** a un archivo.

$ **ls -C > list** [Retorno]

o

$ **ls -C 1> list** [Retorno]

El descriptor de archivo 2 se asigna al *dispositivo estándar de error*. El shell interpreta la notación **2>** como la redirección de la salida del error. Por ejemplo, suponga que no tiene un archivo llamado Y en su directorio actual y que emite la siguiente orden:

$ **cat Y > Z** [Retorno] .... Copia Y a Z.

Cat: cannot open Y .... Mensaje de error.

El mensaje de error aparece en la pantalla. Ahora redireccione la salida del error a un archivo.

$ **cat Y > Z 2> error** [Retorno] .... Copia Y a Z. Guarda los errores en un archivo llamado error en el directorio actual.

$_ .... Ningún mensaje de error. Se devuelve el indicador.

$ **cat error** [Retorno] .... Muestra el contenido del archivo error.

cat: cannot open Y .... Como esperaba.

$_ .... El indicador.

Ahora vuelva a su programa en C y al error de compilación, puede redireccionar los errores de compilación a otro archivo escribiendo:

$ **cc primero.c -o primero 2> error** [Retorno]

.... Mensaje de error redireccionado al archivo error.

$_ .... No se visualiza ningún mensaje de error.

$ **cat error** [Retorno] .... Comprueba los errores de compilación.

"primero.c", line 6: syntax error.

"primero.c", line 6: cannot recover from earlier error: goodbye!

$_ .... Indicador.

10.5. UTILIDADES PARA EL SEGUIMIENTO DE LA PROGRAMACIÓN EN UNIX

Están disponibles otros compiladores que funcionan en un entorno UNIX. Puede obtener compiladores para casi todos los lenguajes que operan en UNIX.

El objetivo de este capítulo fue introducirle en el desarrollo de la programación bajo UNIX (no era presentarle una lista completa de lenguajes, compiladores y programación en UNIX). Sin embargo es importante saber que UNIX le proporciona utilidades para ayudarle a organizar el desarrollo de sus programas. Estas utilidades llegan a ser especialmente útiles e importantes cuando desarrolla software de gran escala. A continuación se da una explicación muy breve de estas utilidades y sus funciones.

10.5.1. La utilidad *make*

La utilidad **make** es útil cuando el programa consta de más de un archivo. **make** automáticamente mantiene el control de los archivos fuente que son modificados y que necesitan recompilación y vuelve a enlazar sus programas si es necesario. El programa **make** consigue su información de un archivo de control. El *archivo de control* contiene reglas que especifican las dependencias de los archivos fuente y otra información.

10.5.2. La utilidad *SCCS*

El **SCCS** (Source Code Control System) es una colección de programas que le ayudan a mantener y gestionar el desarrollo de programas. Si el programa está bajo control de **SCCS**, puede crear fácilmente diferentes versiones del mismo. El **SCCS** mantiene el control de todos los cambios entre diferentes versiones.

Ejercicios de repaso

1. Explique los pasos necesarios para escribir un programa y obtener un archivo ejecutable.

2. ¿Qué es un código fuente?

3. ¿Cuál es la función de un compilador?

4. ¿Cuál es la diferencia entre un compilador y un intérprete?

5. ¿Cuál es la orden para compilar un programa en C y cuál es el nombre por defecto de un archivo ejecutable?

6. ¿Por qué no puede enviar un archivo ejecutable a una impresora?

Sesión con el terminal

En esta sesión con el terminal, escribirá un programa en C. No se espera que sepa programar en C. Copie el ejemplo sencillo que se muestra en este capítulo o cualquiera que encuentre en un libro de programación en C. El propósito es que se familiarice con el proceso del desarrollo de programas.

1. Escriba un programa sencillo en C.

2. Compílelo.

3. Ejecute el programa.

4. Compílelo otra vez y especifique el archivo ejecutable.

5. Ejecútelo otra vez.

6. Guarde la salida del programa en otro archivo.

7. Modifique el código fuente y cometa intencionadamente un error de sintaxis.

8. Compílelo otra vez.

9. Observe los mensajes de error. Vea si puede descifrarlos.

10. Recompile el programa, guarde los mensajes de error en un archivo.

11. Mire el archivo que contiene los errores de compilación.

Capítulo 11

Programación del Shell

Este capítulo se dedica a la programación del shell. Explica las posibilidades del shell como un interpretador lenguaje de alto nivel. Describe las construcciones y particularidades de la programación del shell. Explora aspectos de programación tales como variables y órdenes de control de flujo. Muestra la creación, depuración y ejecución de programas del shell e introduce algunas órdenes adicionales.

En este capítulo

11.1. COMPRENSIÓN DEL LENGUAJE DE PROGRAMACIÓN DEL SHELL DE UNIX: UNA INTRODUCCIÓN

Los lenguajes de órdenes proporcionan el mecanismo para la escritura de programas utilizando la secuencia de órdenes, las mismas órdenes que se escriben cuando aparece el indicador de UNIX. La mayoría de los lenguajes de órdenes de hoy día proporcionan algo más que la simple ejecución de una lista de órdenes. Tienen características que se encuentran en los lenguajes tradicionales de alto nivel, tales como construcciones de bucles y sentencias para realizar decisiones. Esto le permite elegir el poder programar en un lenguaje de alto nivel o en un lenguaje de órdenes. Los *lenguajes de órdenes* son lenguajes interpretados, al contrario que los lenguajes compilados tales como C y FORTRAN. Los programas escritos en un lenguaje de órdenes son más fáciles de depurar y modificar que los escritos en *lenguajes compilados*. Pero hay que pagar un precio por esta ventaja: estos programas típicamente tardan mucho más en ejecutarse que sus equivalentes compilados.

El shell de UNIX tiene su propio lenguaje de programación incorporado, y todos los shells (shell Bourne, cshell, etc.) proporcionan también esta capacidad de programación. El lenguaje del shell es un lenguaje de orden con una gran cantidad de características comunes a muchos lenguajes de programación, incluyendo las construcciones de los lenguajes estructurados: secuencia, selección e iteración. La utilización del lenguaje de programación del shell facilita escribir, modificar y depurar programas y no necesita compilación. Puede ejecutar un programa tan pronto como acabe de escribirlo.

Los archivos de programas del shell se llaman *guiones del shell*, *scripts del shell* o simplemente *scripts*. Un *guión* es un archivo que contiene una serie de órdenes que debe ejecutar el shell. Cuando se ejecuta un guión, cada orden que hay en el archivo se pasa al shell para que las vaya ejecutando de una en una. El guión finaliza cuando se ejecutan todas las órdenes que hay en el archivo o si ocurre un error.

No tiene que escribir programas del shell. Pero, cuando utilice UNIX, encontrará que algunas veces necesita escribir pequeños guiones para realizar funciones que necesita hacer ya que UNIX no posee una orden específica para ello o debe ejecutar varias órdenes. Las órdenes de UNIX son numerosas, difíciles de recordar y requieren escribir mucho. Si no desea tener que recordar toda esa extraña sintaxis de las órdenes de UNIX, o si no es un buen mecanógrafo, puede preferir escribir los correspondientes guiones.

11.1.1. Escritura de un guión sencillo

No necesita ser un programador para poder escribir guiones sencillos. Por ejemplo, suponga que desea saber cuantos usuarios están actualmente conectados al sistema. La orden y la salida que se produciría sería como sigue:

who | wc -l [Retorno] .... Escriba la orden.

6 .... UNIX visualizará el número

La salida de la orden **who** se pasa como entrada a la orden **wc**, y la opción **-l** cuenta las líneas que indican el número de usuarios actuales que hay conectados al sistema.

Ver página XXII para una explicación de los iconos utilizados para resaltar información en este capítulo.

```
# cat won
#
# won
# visualiza el número de usuarios conectados actualmente
#
who | wc -l
$ _
```

Figura 11.1. Un guión sencillo.

Puede escribir un guión sencillo que haga lo mismo. La Figura 11-1 muestra un guión llamado won (Who is ON - quién está conectado) que usa las órdenes **who** y **wc** para informar del número de personas que actualmente están conectadas al sistema. El guión se almacena en un archivo de texto en UNIX, así que utilice el editor vi (su editor de texto favorito) o la orden **cat** para crearlo.

 El signo # al comienzo de una línea indica que se trata de una línea de comentario y se escribe simplemente con el objetivo de documentar el guión. El shell ignora las líneas que comienzan con este signo.

11.1.2. Ejecución de un guión

Hay dos formas de ejecutar un guión: puede utilizar la orden **sh** o hacer que el guión sea un archivo ejecutable.

Invocar guiones con *sh*

Puede emplear la orden **sh** para ejecutar los guiones. Cada vez que escriba **sh** invoca a otra copia (instancia) del shell. El guión won no es un archivo ejecutable, así que debe invocar a otro shell para ejecutarlo. Especifique el nombre del archivo, el nuevo shell lee el guión, ejecuta las órdenes que aparecen en él y finaliza cuando todas han sido ejecutadas (o cuando se alcanza un error).

La Figura 11-2 muestra como se puede ejecutar el archivo won utilizando este método. Escribir **sh** para invocar otro shell cada vez que necesita ejecutar un script no es un procedimiento muy conveniente. Sin embargo, este método tiene sus ventajas, especialmente cuando escribe aplicaciones con guiones complejos que necesitan herramientas para su depuración y para realizar su traza. (Estas herramientas se presentan posteriormente en este capítulo). Bajo circustancias normales, es preferible el segundo método para ejecutar el guión. Después de todo, será mejor cuanto menos se escriba.

```
$ sh won
6
$ _
```

Figura 11.2. Utilización de la orden **sh** para ejecutar un guión.

Tabla 11.1. Las opciones de la orden **pr**

Carácter	Quién está afectado
u	Usuario/propietario.
g	Grupo.
o	Otros.
a	Todos; se puede utilizar en lugar de la combinación de **ugo**

Carácter	Categoría del permiso
r	Permiso de lectura.
w	Permiso de escritura.
x	Permiso de ejecución.
-	No hay permiso.

Operador	Acción específica a tomar en las categorías de permiso
+	Autorización de permiso.
-	Denegación de permiso.
=	Asigna todos los permisos al usuario especificado.

Creación de archivos ejecutables: Utilización de la orden *chmod* para cambiar los permisos de los archivos

El segundo método de ejecutar un programa del shell consiste en hacer que el guión sea un archivo ejecutable. En este caso, no necesita llamar a otro shell, todo lo que tiene que hacer es escribir el nombre del guión, de la misma forma que lo hace con cualquier otro programa del shell (orden). Este es el método mejor.

Lo que tiene que hacer para conseguir que un archivo sea ejecutable es cambiarle sus permisos de acceso. Use la orden **chmod** para cambiar el modo de un archivo especificado (para más información acerca de **chmod**, consulte el Capítulo 5). La Tabla 11-1 presenta las opciones de **chmod**. Suponiendo que tiene un archivo llamado miarchivo, el siguiente ejemplo muestra como puede modificar su modo de acceso.

La siguiente orden hace que miarchivo sea un archivo ejecutable.

$ ls -l miarchivo [Retorno] .... Comprueba el modo de miarchivo.

- rw- rw- r- - 1 david estudiante 64 Oct 18 15:45 miarchivo

$ **chmod u+x miarchivo [Retorno]** .   Cambia el modo de `miarchivo`.

$ **ls -l miarchivo [Retorno]** ....   Comprueba el modo de `miarchivo` otra vez.

- rwx rw- r- -   1   david   estudiante   64 Oct 18 15:45 miarchivo

$_ ....   El indicador del shell.

La orden **ls** se utiliza para verificar que se ha cambiado su modo de acceso. La **u** indica el acceso de usuario a miarchivo, **+x** representa que el modo de acceso a miarchivo se tiene que cambiar a ejecutable.

La siguiente orden prohíbe el acceso de escritura a todos los otros usuarios.

$ **chmod o-w miarchivo [Retorno]** .   Cambia el modo de `miarchivo`.

$_ ....   El indicador del shell.

Usted y los miembros de su grupo todavía tienen privilegios de lectura y escritura, pero otros sólo pueden leer sus archivos. (Puede utilizar la orden **ls** para verificar los cambios). La letra **o** quiere decir otros y **-w** indica que no tienen acceso de escritura a miarchivo.

La siguiente orden cambia los privilegios de acceso para que todos los usuarios (propietario, grupo y otro) puedan leer y escribir.

$ **chmod a=rw miarchivo [Retorno]** .   Cambia el modo de `miarchivo`.

$_ ....   El indicador del shell.

Ahora cualquiera puede leer o escribir en miarchivo. (Otra vez puede emplear la orden **ls** para verificar los cambios). La letra **a** quiere decir todos los usuarios y **=rw** indica accesos de lectura y escritura.

La siguiente orden elimina todos los privilegios de acceso para el grupo y los otros usuarios.

$ **ls -l miarchivo [Retorno]** ....   Comprueba el modo de `miarchivo`.

- rwx rw- r- -   1   david   estudiante   64 Oct 18 15:45 miarchivo

$ **chmod go= miarchivo [Retorno]** ..   Cambia el modo de `miarchivo`.

$ **ls -l miarchivo [Retorno]** ....   Comprueba el modo de `miarchivo` otra vez.

- rwx —- —- 1   david   estudiante   64 Oct 18 15:45 miarchivo

$_ ....   El indicador del shell.

El propietario (en este caso usted) es el único que tiene acceso a miarchivo. La orden **ls** verifica los cambios. La orden **go** quiere decir grupo y otros, de forma que **go=** indica quitar todos los privilegios de acceso a miarchivo.

Volviendo al guión won, vamos a transformarlo en un archivo ejecutable.

$ ls -l won [Retorno] .... Comprueba el modo que tiene won.

- rw- rw- r- -   1   david   estudiante   64 Oct 18 15:45 won

$ chmod u+x won [Retorno] .... Cambia el modo.

$ ls -l won [Retorno] .... Verifica el cambio.

- rwx rw- r- -   1   david   estudiante   64 Oct 18 15:45 won

$_ .... El indicador del shell.

Ahora, el guión won es un archivo ejecutable y no necesita llamar a otro programa del shell para ejecutarlo. Ejecute won como cualquier otra orden (archivo ejecutable) simplemente escribiendo el nombre del archivo y pulsando [Retorno].

$ won [Retorno]............................... Ejecuta won.

6.. La salida muestra que hay 6 usuarios.

$_ .... El indicador del shell.

11.2. ALGO MÁS ACERCA DE LA ESCRITURA DE LOS PROGRAMAS DEL SHELL

La programación del shell es relativamente simple y es una herramienta potente que tiene a su disposición. Puede colocar cualquier orden o secuencia de órdenes en un archivo, convertirlo en ejecutable y seguidamente ejecutar su contenido simplemente escribiendo su nombre a continuación del indicador $ del shell.

Modifiquemos el archivo won añadiéndole algunas órdenes más. La Figura 11-3 muestra la versión modificada del guión won.

Suponiendo que se cambia el modo de acceso a won y que es un archivo ejecutable, la Figura 11-4 presenta la salida de la segunda versión del programa won.

```
# cat won
#
# Segunda versión de won
# visualiza la fecha y la hora actual y el número de usuarios conectados
# y el directorio de trabajo actual
#
date
who I wc -l
pwd
$ _
```

Figura 11.3. Un ejemplo de guión: el programa **won**.

```
$ won
Wed  Nov 29  14:00:52  EDT 2001
      14
$ _
```

Figura 11.4. Salida del programa **won**.

La orden **echo** cuando no tiene argumentos es una forma de generar una línea en blanco. La orden **echo** finaliza su salida con una nueva línea. La opción **-n** inhibe el valor por defecto de una nueva línea de código.

La Figura 11-6 muestra la salida de la tercera versión de won. Es más informativa y parece mejor.

```
# cat won
#
# Tercera versión de won. Versión amigable para el usuario
# visualiza la fecha y la hora actual y el número de usuarios conectados
# y el directorio de trabajo actual
#
echo
echo -n "Fecha y hora:"
date
echo -n "Número de usuarios en el sistema."
who | wc -l
echo -n "Su directorio actual:"
pwd
echo
$ _
```

Figura 11.5. Otra versión del programa **won**.

```
$ won
Fecha y hora: Wed Nov 29 15:00:52 EDT 2001
Número de usuarios en el sistema: 14
Su directorio actual: /usr/estudiantes/david

$ _
```

Figura 11.6. Salida del programa **won**.

11.2.1. Utilización de caracteres especiales

Tal como se vió en el Capítulo 8, la orden **echo** reconoce caracteres especiales, llamados *caracteres de escape*. Todos comienzan con el signo \ y los puede usar como parte de la cadena de argumentos de la orden **echo**. Estos caracteres le permiten controlar mejor el formato de su salida. Por ejemplo, la siguiente orden produce cuatro nuevas líneas.

$ echo "\n\n\n" [Retorno] ....Origina cuatro líneas en blanco.

Se producen tres líneas en blanco mediante los tres códigos \n y una línea en blanco por el valor por defecto de nueva línea de la orden **echo** al final de la cadena de salida.

La Tabla 11-2 resume estos caracteres de escape, y la siguiente secuencia de órdenes muestra distintos ejemplos de utilización de estos caracteres.

Utilice el *carácter de escape \n*.

$ echo "\nHola\n" [Retorno] .... Utilización del carácter de escape \n.

.... e origina una línea en blanco por el primer \n.

Hola .... La palabra *Hola*.

.... Se origina una línea en blanco por el segundo \n.

.... Se origina una línea en blanco por la orden **echo**.

$_ .... El indicador del shell.

Sonido de bip-bip   [Ctrl-G] produce un sonido de bip-bip en la mayoría de los terminales, y su código ASCII es el número octal 7. Puede usar el formato \0n para emitir un sonido de bip en su terminal.

Tabla 11.2. Caracteres especiales de la orden **echo**

Carácter de escape	Significado
\b	Retroceso.
\c	Inhibe la nueva línea por defecto al final de la cadena de salida.
\n	Un retorno de carro y una nueva línea.
\r	Un retorno de carro sin una nueva línea.
\t	Un carácter tabulador.
\0n	Un cero seguido por un número octal de 1-, 2- ó 3- dígitos que representan el código ASCII de un carácter.

Utilice el código de escape **\0n** para producir un sonido de bip.

> $ **echo "\07\07AVISO" [Retorno]** ...   Use **\07** para producir el sonido de una campana.
> AVISO
> $_ ....   Indicador del shell.

Escucha dos veces el sonido de campana del terminal (bip-bip) y se visualiza el mensaje AVISO.

Borrado de pantalla   Cuando escribe guiones, especialmente aquellos que son interactivos, normalmente necesita borrar la pantalla antes de hacer algo. Una forma de limpiar la pantalla es utilizando el formato del carácter de escape **\0n** con la orden **echo** para enviar el código de borrar pantalla al terminal. El código para limpiar la pantalla depende del terminal; puede necesitar preguntar al administrador de su sistema o consultar el manual de usuario/técnico del terminal.

Suponiendo que [Ctrl-z] borra la pantalla de su terminal (número octal 32), use la orden **echo** para borrar la pantalla.

> $ **echo \032 [Retorno]** ....   Borra la pantalla.
> $_ ....   El indicador del shell.

Se borra la pantalla y aparece el indicador en la esquina superior izquierda.

11.2.2. Personalización de la desconexión

Normalmente, pulse [Crtl-d] o utilice la orden **exit** para desconectarse y finalizar la sesión. Suponga que desea cambiar eso: quiere escribir **adios** para desconectarse.

Escriba un guión llamado adios que contiene una línea de código, la orden **exit**.

> $ **cat adios [Retorno]** ....   Muestra el contenido de adios.
> exit ....   Una línea de código.
> $_ ....   El indicador del shell.

Cambie adios a un archivo ejecutable y ejecútelo para desconectarse.

> $ **chmod u+x adios [Retorno]** ....   Cambia el modo del archivo.
> $ **adios [Retorno]** ....   Se desconecta.
> $_ ....   Sigue aún en UNIX.

¿Por qué no funciona **exit**? Cuando da una orden al shell, crea un proceso hijo para ejecutar la orden (tal como se describió en el Capítulo 8). Su shell de conexión es el proceso padre, y su guión adios es el proceso hijo. El proceso hijo (adios) obtiene el control y ejecuta la orden **exit** que consecuentemente termina el proceso hijo (adios). Cuando el hijo está muerto, el control se devuelve al padre (su shell de conexión). Por tanto se visualiza el indicador del shell $.

Para conseguir que el guión adios funcione, debe evitar que el shell cree un proceso hijo (utilizando la orden **punto** tal como se describe en la siguiente sección), de forma que el shell ejecute su programa en su propio entorno. En este caso la orden **exit** finaliza el shell actual (su shell de conexión) y usted se desconecta.

11.2.3. Órdenes de ejecución: la orden *punto (.)*

La orden **punto** (.) está incorporada en el shell, permite ejecutar un programa en el shell actual y evita que éste cree un proceso hijo. Esto es útil si desea comprobar sus guiones, tales como el archivo de arranque .profile. El archivo .profile contiene cualquier orden que desee ejecutar siempre que se conecte al sistema. No necesita desconectarse y volverse a conectar para activar su archivo .profile. Utilizando la orden punto, puede ejecutar .profile, y las órdenes que contiene se aplican al shell actual que es su shell de conexión.

Volviendo a su guión adios, ejecutémosle otra vez, utilizando ahora la orden **punto**.

$. adios [Retorno] .... Utilización de la orden dot.

UNIX System V release 4.0

login:_ .... Indicador de conexión

Igual que con las otras órdenes en UNIX, hay un espacio entre la orden **punto** y su argumento (en este caso el programa adios).

Intentemos otra versión del guión adios que no requiere la orden **punto** de forma que simplemente escribe **adios** y pulsa [Retorno] para desconectarse.

En el Capítulo 10, aprendió la orden **kill**. La orden siguiente colocada en el archivo del guión adios significa matar todos los procesos, incluyendo el shell de conexión.

$ **cat adios [Retorno]** .... Nueva versión de adios.

kill -9 0 .... Orden para matar todos los procesos.

$_ .... Indicador del shell.

Sólo queda por resolver un problema. Tiene que ser capaz de utilizar el guión adios sin tener que considerar cuál es su directorio actual. Si adios está en su directorio de conexión, tiene que o cambiarse a su directorio de conexión cada vez que desea ejecutar adios o escribir el camino completo al archivo adios.

Modificación del camino   Puede modificar la variable del shell PATH y añadirle su directorio de conexión. De esta manera también se examina su directorio de conexión para encontrar las órdenes.

Modificación de la variable PATH para añadir su directorio de conexión.

    $ echo $PATH [Retorno] .... Comprueba la asignación de PATH.

    :/bin:/usr/bin

    $ PATH=PATH:$HOME [Retorno] ... Añade a su directorio de conexión.

    $ echo $PATH [Retorno] .... Comprueba otra vez.

    :/bin:/usr/bin:/usr/estudiantes/david

    $_ .... Indicador del shell.

Ahora todo está preparado; escriba **adios** y pulse [Retorno] en el indicador del shell $ y se desconecta.

Para hacer que sus cambios sean permanentes, coloque el nuevo PATH en su archivo .profile. Entonces cada vez que se conecte, se le asigna a la variable PATH el camino deseado.

Sustitución de una orden   Puede colocar la salida de una orden en la cadena de argumento. El shell ejecuta la orden que está rodeada por un par de comillas invertidas y a continuación sustituye la salida de la orden en la cadena que se pasa a **echo**. Por ejemplo, si escribe esto:

    $ echo "su directorio actual: `pwd` " [Retorno]

la salida sería la siguiente:

    su directorio actual:/usr/estudiantes/david

*En este caso, se ejecuta **pwd** y su salida, que es el nombre de su directorio actual, se coloca en una cadena que se pasa a la orden **echo**.*

11.2.4. Lectura de entradas: la orden *read*

Una forma de asignar valores a las variables es utilizar el operador de asignación, el signo igual (=). Puede también almacenar valores en las variables leyendo cadenas del dispositivo de entrada estándar.

Utilice la orden **read** para leer la entrada y guardarla en una variable definida por el usuario. Este es uno de los usos más comunes de las variables definidas por el usuario, especialmente en programas interactivos donde se le solicita a éste información y a continuación se lee su respuesta. Cuando se ejecuta **read**, el shell espera hasta que el usuario introduce una línea de texto; luego almacena el texto introducido en una o más variables. Las variables se escriben después de **read** en la línea de orden y el final de la entrada del usuario se indica cuando se pulsa [Retorno].

La Figura 11-7 es un ejemplo de un guión llamado kb_leer que muestra como funciona la orden **read**.

```
$ cat kb_leer
#
# Ejemplo de la orden read
#
echo "Introduzca su nombre:\c"   # petición al usuario
read nombre                       # lee desde el teclado y guarda la entrada en nombre
echo "Su nombre es $nombre"       # escribe el eco del dato introducido
$ _
```

Figura 11.7. Guión **kb_leer**.

La orden **read** se usa normalmente en combinación con **echo**. Utilice la orden **echo** para indicar al usuario que tiene que introducir algo, y la orden **read** espera a que lo haga.

 Llamar al guión kb_leer.

$ kb_leer [Retorno]	Ejecútelo.
Introduzca su nombre_	Pide información al usuario
david [Retorno]	Introduce un nombre.
Su nombre es david	Se devuelve el nombre.
$_	Indicador del shell.

 1. *Su cadena de entrada se almacena en la variable* **nombre** *y a continuación se visualiza.*

2. *Es una buena idea poner las variables entre comillas, porque no se puede anticipar la entrada del usuario y no se desea que el shell interprete caracteres especiales tales como [*], [?], etc.*

La orden **read** lee una línea desde el dispositivo de entrada. La primera palabra de entrada se almacena en la primera variable, la segunda palabra en la segunda variable y así sucesivamente. Si su cadena de entrada contiene más palabras que el número de variables, todas las palabras que quedan se almacenan en la última variable.

 Los caracteres asignados a la variable del shell IFS (véase Capítulo 8) determinan los delimitadores de palabras, que en la mayoría de los casos es el carácter espacio.

La Figura 11-8 muestra un sencillo guión, leer_test que lee la respuesta del usuario y la visualiza otra vez en la pantalla.

 Ejecutemos el guión leer_test.

$ leer_test [Retorno	Suponiendo que leer_test es un archivo ejecutable.
Introduzca una sentencia	Se visualiza el indicador.

```
# cat leer_test
#
# Un guión sencillo que prueba la orden read
#
echo "Introduzca una sentencia:\c"          # petición al usuario
read Palabra1 Palabra2 Resto                 # lee la respuesta del usuario
echo "$Palabra1 \n $Palabra2 \n $Resto"      # visualiza el contenido de las variables
echo "Final de mi actuación"                 # final de la actuación

$ _
```

Figura 11.8. Un guión sencillo, **leer_test** que prueba la orden **read**.

Comprobemos la orden read. [Retorno].. Su entrada.

Comprobemos .... Contenido de la $Palabra1.

la .... Contenido de la $Palabra2.

orden read .... Contenido del $Resto.

$_ .... Indicador del shell.

En este ejemplo, la cadena de entrada consta de cuatro palabras. La orden **read** tiene tres argumentos (las variables *Palabra1*, *Palabra2* y *Resto*) para almacenar la cadena de entrada completa. Las primeras dos palabras se almacenan en las dos primeras variables y el resto de la entrada se guarda en la tercera y última variable denominada Resto.

Si en este ejemplo la orden **read** hubiera tenido solamente un parámetro, por ejemplo, la variable *Palabra1*, toda la cadena de entrada se habría almacenado en dicha variable.

11.3. CONCEPTOS BÁSICOS DE LA PROGRAMACIÓN DEL SHELL

Ahora que ya sabe como colocar una secuencia de órdenes en un fichero y como crear un script sencillo, exploremos el lenguaje de script del shell como un lenguaje de programación potente que se puede utilizar para escribir aplicaciones.

Al igual que cualquier lenguaje de programación completo, el *shell* le proporciona órdenes y construcciones que le ayudan a escribir programas bien estructurados, legibles y fáciles de mantener. Esta sección explica la sintaxis de estas órdenes y construcciones.

11.3.1. Comentarios

La documentación es una tarea importante cuando se escriben programas y en este sentido la escritura de un script no es una excepción. Es esencial para explicar el objetivo y la lógica del programa y aquellas órdenes que no son obvias. También es útil para cualquiera que vaya a leerlo. Si examina un programa algunas semanas después de haberlo escrito, quedará sorprendido de observar la cantidad de código que ya no recuerda.

El shell reconoce el signo # como el símbolo de comentarios; por tanto se ignoran los caracteres que van después de #.

La siguiente secuencia de órdenes muestran ejemplos de líneas de comentarios.

#	Esto es un comentario.
# programa versión 3	Esto es también una línea de comentario.
date # muestra la fecha actual	Comentarios en medio de una línea.

11.3.2. Variables

Como cualquier otro lenguaje de programación, el shell de UNIX le permite crear variables para almacenar valores. Para guardar un valor en una variable, simplemente escribe el nombre de la variable seguido por el signo igual (=) y el valor que desea almacenar de la siguiente forma:

    variable=valor

No se permiten espacios en blanco a uno y otro lado del signo igual.

El shell de UNIX no soporta tipos de datos (entero, carácter, real, etc.) como hacen otros lenguajes de programación. Interpreta cualquier valor asignado a una variable como una cadena de caracteres. Por ejemplo, **contador=1** significa almacenar el carácter 1 en la variable llamada *contador*.

Los nombres de variable siguen la misma sintaxis y reglas que se aplican para nombrar los archivos tal como se describió en el Capítulo 7. Brevemente para refrescar la memoria, recordaremos que los nombres deben comenzar con una letra o el carácter de subrayado (_) y puede utilizar letras y números para el resto del nombre.

El shell es un lenguaje interpretado, y las órdenes o variables que coloca en un guión se pueden escribir directamente después del signo de indicador del shell ($). Por supuesto, este método es un proceso válido sólo para una vez, si necesita repetir la secuencia de órdenes, tiene que volver a escribirla.

Los ejemplos siguientes son asignaciones de variables válidas y mantienen su efecto hasta que se las modifica o se apaga el sistema.

$ **contador=1 [Retorno]**	Asigna el carácter 1 a contador.
$ **cabecera="Menú del programa" [Retorno]** .	Almacena la cadena en cabecera.
$ **A=principal [Retorno]**	Otra asignación de variable.

Si la cadena de caracteres contiene espacios en blanco, hay que colocarla entre dobles comillas.

Las variables de un guión permanecen en memoria hasta que éste se acaba o puede borrar una variable utilizando la orden **unset**. Para hacer esto, escriba **unset**, especifique el nombre de la variable que desee borrar y pulse [Retorno]. Por ejemplo, la siguiente orden borra la variable llamada XYZ:

$ **unset XYZ [Retorno]**

Visualización de variables

En el Capítulo 7 se vió que se puede utilizar la orden **echo** para visualizar los contenidos de variables. El formato es como sigue:

echo $variable

Mostremos los contenidos de las tres variables asignadas en los ejemplos anteriores.

$ **echo $contador $cabecera $A [Retorno]** ..... Muestra el valor almacenado en las
variables

1 Menú del programa principal
$_ .... El indicador del shell.

Sustitución de orden

Puede almacenar la salida de una orden en una variable. Encierra una orden entre un par de comillas simples invertidas (`), el shell ejecuta la orden y la reemplaza con su salida tal como se muestra en el ejemplo siguiente:

$ **FECHA=`date`** **[Retorno]** .... Guarda la salida de la orden **date** en la variable
FECHA.

$ **echo $FECHA [Retorno]** .... Comprueba que se almacena en FECHA.
Wed Nov 29 14:30:52 EDT 2001

$_ .... El indicador del shell.

La salida de la orden **date** *se almacena en la variable FECHA, y la orden* **echo** *se utiliza para visualizar FECHA.*

11.3.3. Parámetros de la línea de orden

Los guiones pueden leer hasta diez parámetros (llamados *argumentos*) desde la línea de orden en variables especiales (llamadas *variables posicionales* o *parámetros*). Los *argumentos de la línea de orden* son los elementos que escribe a continuación de la orden, normalmente separados por espacios en blanco. Estos argumentos se pasan al programa y modifican su conducta o hacen que actúe en un orden específico. Las *variables especiales* se numeran en secuencia desde 0 hasta 9 (no el número 10) y se nombran $0, $1, $2, etc.. La Tabla 11-3 muestra la lista de las variables especiales (posicionales).

Utilización de variables especiales del shell

Veamos algunos ejemplos para comprender como se utilizan y disponen las variables especiales del shell. Supongamos que tiene un guión llamado BOX, cuyo modo se ha cambiado

Tabla 11.3. Las variables posicionales del Shell

Variable	Significado
$0	Contiene el nombre del guión tal como se escribe en la línea de orden.
$1, $2,... $9	Contiene del primer al noveno parámetro de la línea de orden respectivamente.
$#	Contiene el número de parámetros de la línea de orden.
$@	Contiene todos los parámetros de la línea de orden. "$1" "$2" .... "$9"
$?	Contiene el estado de salida de la última orden.
$·	Contiene todos los parámetros de la línea de orden. "$1 $2 ...... $9"
$$	Contiene el número PID (ID del proceso) del proceso en ejecución.

1. La variable especial $0 contiene, constantemente, el número del guión ejecutado en la línea de orden.
2. Las variables especiales $1, $2, $3, $4, $5, $6, $7, $8 y $9 contienen los argumentos 1 al 9, respectivamente. Se ignoran los argumentos de la línea de orden posteriores al 9.
3. La variable especial $* contiene, en una sola cadena, todos los argumentos de la línea de orden. Puede contener más de nueve parámetros.
4. La variable especial $@ contiene toda la línea de orden, igual que $*. Sin embargo, los almacena con comillas alrededor de cada argumento.
5. La variable especial $# contiene el número de argumentos de la línea de orden.
6. La variable especial $? contiene el código de retorno generado por la orden **exit** en el guión. Si no ha incluido una orden **exit**, contiene el estado de la última orden no subordinada ejecutada en el guión.
7. La variable especial $$ contiene el ID de proceso del proceso actual.

```
$ cat BOX
echo "Lo que sigue es la salida del guión $0:"
echo "Número total de argumentos de la línea de orden: $#"
echo "El primer parámetro es: $1"
echo "El segundo parámetro es: $2"
echo "Esta es la lista de todos los parámetros: $*"
$ _
```

Figura 11.9. Un script llamado BOX.

al de un archivo ejecutable utilizando la orden **chmod**. La Figura 11-9 muestra el guión de BOX.

La siguiente secuencia de órdenes muestran diferentes llamadas del programa BOX (con o sin los argumentos de la línea de orden), analizándose la salida de cada ejecución.

Para llamar a BOX sin utilizar ningún argumento en la línea de orden simplemente escriba el nombre del archivo.

> **$ BOX [Retorno]**............................ No hay argumentos en la línea de orden.
>
> Lo que sigue es la salida del guión BOX:
> Número total de argumentos de la línea de orden: 0
> El primer parámetro es:
> El segundo parámetro es:
> Esta es la lista de todos los parámetros:
>
> $_ .... Indicador del shell.

La variable *$0* mantiene el nombre del guión al que se llama. En este caso, BOX se almacena en *$0*. No hay argumentos en la línea de orden, así que $# almacena 0 y no se guarda ningún valor en las variables *$1*, *$2* y *$**. La orden **echo** muestra el indicador del shell.

Llamada a BOX con dos argumentos en la línea de orden.

> **$ BOX ESTA VACIO [Retorno]** .... No hay argumentos en la línea de orden.
>
> Lo que sigue es la salida del guión BOX:
> Número total de argumentos de la línea de orden: 2
> El primer parámetro es: ESTA
> El segundo parámetro es: VACIO
> Esta es la lista de todos los parámetros: ESTA VACIO
>
> $_ .... Indicador del shell.

El nombre del guión se almacena en *$0*; en este caso, BOX se guarda en *$0*. El primer argumento se almacena en la variable especial *$1*, el segundo argumento en *$2*, etc. En este ejemplo, **ESTA** es el primer argumento de la línea de orden (almacenado en *$1*) y **VACIO** es el segundo (almacenado en *$2*). La variable $* guarda la lista de todos los argumentos de la línea de orden, que en el ejemplo es **ESTA VACIO**.

Si se llama al guión con más de nueve argumentos en la línea de orden, se ignora cualquier argumento que vaya después del noveno. Sin embargo puede capturarlos todos cuando utilice la variable especial *$**.

Asignación de valores

Otra forma de asignar valores a las variables posicionales es utilizando la orden **set**. Lo que se escribe como argumento de la orden **set** se asigna a las variables posicionales.

```
$
#
# svi: guarda y llama al programa vi (svi).
#
DIR=$HOME/guardar          # asigna el nombre del camino de guardar a DIR
cp $1 $DIR                  # copia el archivo especificado en guardar
vi $1                       # llama a vi con el nombre del archivo especificado
exit 0                      # fin del programa, salir
$ _
```

Figura 11.10. El guión **svi**.

Examinemos los siguientes ejemplos.

$ **set Uno Dos Tres [Retorno]** .... Tres argumentos.
$ **echo $1 $2 $3 [Retorno]** .... Visualiza los valores asignados a $1-$3.
Uno Dos Tres
$ **set `date` [Retorno]** .... Otro ejemplo.
$ **echo $1 $2 $3 [Retorno]** .... Visualiza las variables posicionales.
Wed Nov 29
$_ .... Vuelta al indicador.

La orden **date** se ejecuta y su salida es el argumento de la orden **set**. Si la salida de la orden **date** es:

Wed Nov 29 14:00:52 EDT 2001

Entonces, la orden **set** tiene seis argumentos (el espacio en blanco es el delimitador), y la variable *$1* almacena *Wed* (el primer argumento), *$2* almacena *Nov* (el segundo argumento), etc.

Escenario Ahora escribamos un guión y hagamos uso de estas variables posicionales. Supongamos que necesitamos escribir un guión que almacena el archivo especificado en un directorio llamado guardar en su directorio de conexión y a continuación llamamos al editor vi para editar dicho archivo. Las órdenes que hacen esta tarea son:

$ **cp xyz $HOME/guardar [Retorno]** .. Copia el archivo especificado xyz en guardar.
$ **vi xyz [Retorno]** .... Llama al editor vi.

La Figura 11-10 muestra el guión llamado svi que también hace la tarea. Las órdenes en el archivo svi son las mismas que escribe directamente desde el shell. Las variables posicionales se usan para hacer que svi sea un programa versátil. Almacena y edita cualquier archivo especificado que se le pase como argumento en la línea de orden.

Si svi funciona, el archivo xyz se almacena en guardar, se llama al editor vi y es capaz de editar el archivo xyz. Puede usar la orden **ls** para comprobar si se almacena en guardar una copia de xyz.

Escenario   Supongamos que se cambia el modo de svi de manera que sea un archivo ejecutable y que tiene un archivo llamado xyz en el directorio actual que desea editar.

Ejecutemos svi y examinemos los resultados.

$ svi xyz [Retorno]	Ejecuta svi con un nombre de archivo especificado.
Hola	Está en el editor vi y se visualiza
~...	el contenido de xyz.
~...	El resto de la pantalla vi.
"xyz" 1 Line, 5 characters	Línea de estado de vi.
$	El indicador del shell se visualiza después de salir de vi.

¿Qué pasa si no tiene el archivo xyz en su directorio actual? ¿Cómo trabaja el programa si no especifica un nombre de archivo? En realidad svi funciona, pero puede que no lo haga exactamente de la forma que está esperando que lo haga. En el primer caso, la orden **cp** falla porque no encuentra el archivo xyz en su directorio actual, y el editor vi se llama con xyz como un nuevo archivo. En el segundo caso, la orden **cp** falla otra vez y se llama al editor vi sin ningún nombre de archivo. En ambos casos, no observa los mensajes de error de la orden **cp** ya que se llama al editor vi antes de que tenga la posibilidad de verlos.

Hay que arreglar svi. Debe ser capaz de reconocer errores, mostrar los mensajes de error apropiados y no llamar a **cp** o a vi si no se especifica el nombre del archivo en la línea de orden o si el archivo especificado no está en su directorio.

Antes de modificar el código de svi para manejar estos problemas, es necesario conocer otras órdenes y construcciones del lenguaje del shell.

Terminación de programas: La orden *exit*

La orden **exit** viene incorporada en el shell que puede usar para finalizar de forma inmediata la ejecución del programa del shell. El formato de esta orden es como sigue:

```
exit n
```

donde **n** es el estado de salida, que se llama también el código de retorno (RC). Si no se proporciona ningún valor de salida, se emplea el valor de salida de la última orden ejecutada por el shell. Para ser consistente con los otros programas de UNIX (órdenes) que normalmente devuelven un código de estado a su finalización, puede programar el guiónpara que devuelva un estado de salida al proceso padre. Como ya sabe, escribiendo **exit** a continuación del indicador del shell termina su conexión y, en consecuencia, se desconecta del sistema.

11.3.4. Condiciones y tests

Puede hacer que ciertas órdenes se ejecuten dependiendo de los resultados de las ejecuciones de otras órdenes. A menudo necesita esta clase de control cuando escribe guiones.

Cada orden ejecutada en el sistema UNIX devuelve un número que se puede chequear para controlar el flujo del programa. Una orden o devuelve un 0 (cero) lo que significa éxito (condición verdadera) o retorna cualquier otro número, lo que indica fallo (condición falsa). Estas condiciones de verdadero y falso se emplean en las construcciones de programación del shell y se comprueban para determinar el flujo del programa. Analicemos estas construcciones.

La construcción if-then

La sentencia **if** proporciona el mecanismo para comprobar si una condición es verdadera o falsa. Dependiendo de los resultados del test, se puede modificar la secuencia de ejecuciones de órdenes en el programa. A continuación se muestra la sintaxis de la sentencia **if**:

```
if [ condición ]
then
    órdenes
    …
    última orden
fi
```

1. *La sentencia* **if** *finaliza con la palabra reservada* **fi** *(**if** escrito al revés).*

2. *El sangrado no es necesario pero realmente hace que el código sea más legible.*

3. *Si la condición es verdadera, entonces todas las órdenes que se encuentran entre las palabras* **then** *y* **fi***, que se llama el cuerpo del* **if***, se ejecutan. Si la condición es falsa, se salta el cuerpo del* **if** *y se ejecuta la línea que viene después de* **fi***.*

Los corchetes que están alrededor de las condiciones son necesarios y deben estar rodeados por espacios en blanco.

Modifique el guión svi para incluir una sentencia **if** de acuerdo con la Figura 11-11. La sentencia **if** realiza algún control sobre la salida de svi.

```
$ cat svi
#
# svi: guarda y llama al programa vi (svi)
# Inclusión de la sentencia if
#
if [ $# = 1 ]                 # comprueba el número de argumentos de la línea de orden
   cp $1 $HOME/guardar # copia el archivo especificado en guardar
fi                           # final de la sentencia if
vi $1                        # llama a vi con el nombre del archivo especificado
exit 0                       # fin del programa, salir
$ _
```

Figura 11.11. Otra versión del programa **svi**.

Si el contador de los argumentos de la línea de orden (*$#*) es uno (se especifica un nombre de archivo), entonces la condición es verdadera y el cuerpo del **if** (la orden **cp**) se ejecuta, seguida por la llamada a vi con el nombre del archivo especificado, lo que no es diferente de la última versión de svi.

Si el contador de los argumentos de la línea de orden (*$#*) es cero (no se especifica ningún nombre de archivo en la línea de orden) entonces la condición es falsa, el cuerpo del **if** (la orden **cp**) se salta y sólo se llama a vi sin ningún nombre de archivo.

La construcción if-then-else

Al añadir la cláusula *else* a la construcción *if*, puede ejecutar ciertas órdenes cuando la comprobación de la condición devuelve un estado de falso. La sintaxis de esta construcción **if** más compleja es como sigue:

```
if [ condición ]
then
    órdenes si la condición es verdadera
    …
    última orden si la condición es verdadera
else
    órdenes si la condición es falsa
    ….
    última orden si la condición es falsa
fi
```

1. *Si la condición es verdadera, entonces todas las órdenes que se encuentran entre las palabras* **then** *y* **else***, que se llama el cuerpo del* **if***, se ejecutan.*
2. *Si la condición es falsa, el cuerpo del* **if** *se salta y todas las órdenes que se encuentran entre las palabras* **else** *y* **fi***, que es el cuerpo del* **else***, se ejecutan.*

Modificar el script svi para incluir las sentencias **if** y **else**. La Figura 11-12 muestra esta modificación.

```
$ cat svi
#
# svi: guarda y llama al programa vi (svi)
#
# Inclusión de las sentencias if y else
 if [ $# = 1 ]                # comprueba el número de argumentos de la línea de orden
   cp $1 $HOME/guardar   # copia el archivo especificado en guardar
 vi $1                        # llama a vi con el nombre del archivo especificado
   echo "Debe especificar un nombre de archivo. Inténtelo otra vez"
                              # visualiza mensaje  de error
 fi                           # final de la sentencia if
 exit 0                       # fin del programa, salir
```

Figura 11.12. Otra versión del guión **svi**.

Si el contador de los argumentos de la línea de orden (*$#*) es uno (se especifica un nombre de archivo), entonces la condición es verdadera y el cuerpo del **if** (las órdenes **cp** y **vi**) se ejecuta. A continuación, se salta el cuerpo del **else** y se ejecuta la orden **exit** lo que no es diferente de la versión anterior de svi.

Si el contador de los argumentos de la línea de orden (*$#*) no es uno, entonces la condición es falsa, el cuerpo del **if** (las órdenes **cp** y **vi**) se salta y el cuerpo del **else** (la orden **echo**) se ejecuta. Esta orden **echo** muestra el mensaje de error y después se ejecuta la orden **exit**.

Ejecutemos esta nueva versión de svi.

$ svi [Retorno] .... No hay ningún argumento en la línea de orden.

Debe especificar un nombre de archivo. Inténtelo otra vez.

$_ .... Indicador del shell.

1. *Debe especificar un nombre de archivo en la línea de orden, si no se produce un mensaje de error y no se llama al editor vi.*

2. *Si no especifica el nombre del archivo, entonces el número de argumentos (el valor de la variable posicional $#) es cero. Por tanto, la condición **if** falla, se salta el cuerpo del **if** y se ejecuta el cuerpo del **else** (la orden **echo**).*

En esta versión, el guión svi no comprueba la existencia del archivo. Si el nombre del archivo especificado no está en el directorio, la orden de copiar va a protestar, pero el editor vi se llama con el nombre del archivo especificado al que considera un nuevo archivo.

La construcción if-then-elif

Cuando se tienen anidados en un guión una serie de construcciones **if** y **else**, se puede utilizar la sentencia **elif** (abreviatura de **else if**). **elif** combina las sentencias **else** e **if** en una sola. La sintaxis completa es como sigue:

```
if [ condición_1 ]
then
      órdenes_1
elif [ condición_2 ]
then
      órdenes_2
elif [ condición_3 ]
then
      órdenes_3
   ...
   ...
else
      órdenes_n
   fi
```

```
$ cat saludos
#
# saludos
# Ejemplo de un programa que utiliza la construcción if-then-elif
# Este programa nos saluda de acuerdo con la hora del día
#
set `datos`              # asigna la variable posicional a la cadena datos
hora=$4                  # almacena la parte de la cadena fecha que muestra la hora
if [ "$hora" -le 12 ]    # comprueba las horas de la mañana
then
    echo "BUENOS DIAS"
elif [ "$hora" -le 18 ]  # comprueba las horas de la tarde
then
    echo "BUENAS TARDES"
else
    echo "BUENAS NOCHES"
fi
$ _
```

Figura 11.13.　Ejemplo de un guión que utiliza **if then elif**.

El guión de la Figura 11-13, llamado **saludos**, genera frases amables de acuerdo con la hora del día. Muestra el mensaje **buenos días** antes de mediodía, **buenas tardes** si la hora está entre las 12 de la mañana y las 6 de la tarde, etcétera. La construcción **if-then-elif** se utiliza para determinar las horas de la mañana, tarde y noche.

1. *La orden* **set** *se utiliza con la orden* **date** *como argumento para asignar un valor a las variables posicionales.*

2. *La* **hora:minuto:segundo** *es el cuarto campo en la cadena fecha y hora (que es la salida de la orden* **date**) *y se asigna a la variable posicional $4.*

Puede escribir el programa **saludos** de muchas formas dependiendo de las órdenes del shell que conozca y que desee usar. Por ejemplo, en lugar de utilizar la orden **set** y las variables posicionales, puede emplear las posibilidades que ofrece la orden **date** y obtener sólo el campo hora de su cadena de salida.

La Figura 11-14 muestra otra versión del programa **saludos**. Sólo se presenta la parte que se tiene que modificar; el resto del código permanece igual.

La línea **hora=`date +%H`** requiere alguna explicación más. **%H** limita la salida de la orden **date** a aquella parte de la cadena de fecha que muestra la hora.

Utilización de las posibilidades de la orden **date**.

$ date [Retorno]　............................　Visualiza fecha y hora.

Wed Nov 29　14:00:52 EDT 2001

```
$ cat saludos
#
# saludos Versión 2
# Ejemplo de un programa que utiliza la construcción if-then-elif
# Este programa nos saluda de acuerdo con la hora del día
#
hora=`date +%H`          # almacena la parte de la cadena fecha que muestra la hora
.............            # el resto del programa
```

Figura 11.14. Ejemplo de un guión que utiliza **if then elif**.

$ date +%H [Retorno] .... Muestra sólo la hora del día.

14

$_ .... Indicador del shell.

La orden **date** tiene numerosos descriptores de campo que le permiten limitar o formatear su salida. Escriba un + al comienzo del argumento seguido por los descriptores de campo tales como **%H**, **%M**, etc... Puede emplear la orden **man** para obtener la lista completa de los descriptores de campo. Examinemos algunos ejemplos más.

Utilización de los descriptores de campo de la orden **date**.

$ date `+FECHA: %m-%d-%y` [Retorno]   Muestra sólo la fecha separada por
                                             guiones.

FECHA: 05-10-99

$ date `+HORA: %H:%M:%S` [Retorno]   Muestra sólo la hora separada por
                                             dos puntos.

HORA: 16:10:52

1. *El argumento debe comenzar con el signo más. Indica que el formato de salida está bajo su control. Cada descriptor de campo viene precedido por un signo de tanto por ciento (%).*
2. *Si el argumento contiene caracteres que son espacios en blanco, se deben colocar entre comillas.*
3. *Puede añadir el programa* saludos *a su archivo* .profile, *de manera que cada vez que se conecte se visualiza el mensaje de bienvenida apropiado.*

Verdadero o falso: La orden test

La orden **test** que es interna al shell evalúa la expresión que se le da como argumento y devuelve *true* si la expresión es verdadera (retorna un 0) o *false* si es falsa (retorna un valor distinto de 0). La expresión puede ser simple, tal como la comprobación de si dos números son iguales, o compleja, como verificar algunas órdenes que están relacionadas mediante operadores lógicos. La orden **test** es particularmente útil en la escritura de guiones. De hecho, los corchetes que rodean la condición en las sentencias **if** son una forma especial de la orden **test**. La Figura 11-15 muestra el ejemplo de un guión que utiliza la orden **test** para comprobar la condición **if**.

```
$ cat test
echo "¿Está de acuerdo?"          # petición al usuario
echo "Introduzca S si es que sí o N si es que no:\c"    # petición al usuario
read respuesta                    # almacena la respuesta del usuario en respuesta
if test "$respuesta" = S          # comprueba si el usuario introdujo S
then
  echo "Encantado de escucharte"  # el usuario introdujo S
else
  echo "Vete a casa"              # el usuario no introdujo S
fi
$ _
```

Figura 11.15. Ejemplo de un guión que utiliza **test**.

1. *El guión test pide al usuario que introduzca (S)í o (N)o y a continuación lee la respuesta.*
2. *Si la respuesta del usuario es la letra S, la orden* **test** *devuelve cero y la condición* **if** *es verdadera, por lo que se ejecuta el cuerpo del* **if**. *Se visualiza el mensaje* **encantado de escucharte** *y se salta el cuerpo del* **else**.
3. *Cualquier entrada del usuario distinta de la letra S hace que falle la condición* **if**; *en este caso se salta el cuerpo del* **if** *y se ejecuta el* **else**. *Se visualiza el mensaje* **vete a casa.**

Llamada a test con corchetes   El shell le ofrece otra forma de llamar a la orden **test**. Puede emplear los corchetes ([y]) en lugar de la palabra **test**. La sentencia **if** se puede escribir como sigue:

    if test "$variable" = valor

o

    if ["$variable" = valor]

11.3.5. Diferentes categorías de comprobación

Utilizando la orden **test**, puede comprobar diferentes categorías de cosas, incluyendo las siguientes: valores numéricos, valores de cadenas y archivos. Cada una de estas categorías se explican en las secciones que siguen a continuación.

Valores numéricos

Puede usar la orden **test** para comprobar (comparar) algebraicamente dos números enteros. Puede también combinar expresiones que comparan números con los operadores lógicos. El formato es como sigue:

test expresión_1 **operador lógico** expresión_2

Tabla 11.4. Operadores de comprobación numéricos de la orden **test**.

Operador	Ejemplo	Significado
-ep	*número1* **-eq** *número2*	¿es *número1* igual a *número2*?
-ne	*número1* **-ne** *número2*	¿es *número1* distinto de *número2*?
-gt	*número1* **-gt** *número2*	¿es *número1* mayor que *número2*?
-ge	*número1* **-ge** *número2*	¿es *número1* mayor que o igual a *número2*?
-lt	*número1* **-lt** *número2*	¿es *número1* menor que *número2*?
-le	*número1* **-le** *número2*	¿es *número1* menor que o igual a *número2*?

Los operadores lógicos son los siguientes:

- Operador lógico and (**-a**): La orden **test** devuelve 0 (código de condición verdadero) si ambas expresiones son verdaderas.
- Operador lógico or (**-o**): La orden **test** devuelve 0 (código de condición verdadero) si una o ambas expresiones son verdaderas.
- Operador lógico not (**!**): La orden **test** devuelve 0 (código de condición verdadero) si la expresión es falsa.

En la Tabla 11-4 se resumen los operadores disponibles para comparar variables que almacenan valores numéricos.

Escenario Suponga que desea escribir un guión que acepta como entrada tres números (argumentos de la línea de orden) y visualiza el mayor de los tres. En la Figura 11-16 se muestra una forma de escribir este programa, que se llama **mayor**, utilizando la orden **cat**.

1. *Cuando ejecuta el programa **mayor**, éste espera a que introduzca los tres números. La entrada se pasa a través de la sentencia **if-then-elif** para encontrar el mayor de los números.*
2. *Si ninguno de los dos primeros números que introduce es el mayor, entonces la primera sentencia **if** falla; también falla la sentencia **elif** y el programa llega a la sentencia **else**. No hay necesidad de ninguna comprobación adicional. Si el número mayor no es ni el primero ni el segundo, entonces debe ser necesariamente el tercero.*

```
$ cat mayor
#
# mayor:
# Este programa acepta tres números y muestra el mayor de ellos
#
echo "Introduzca tres números y le mostraré el mayor de ellos>> \c"
read num1 num2 num3
if test '$num1" -gt "$num2" -a  "$num1" -gt "$num3"
the
    echo "El número mayor es: $num1"
if test '$num2" -gt "$num1" -a  "$num2" -gt "$num3"
the
    echo "El número mayor es: $num2"
else
    echo "El número mayor es: $num3"
fi
exit 0
$ _
```

Figura 11.16. Ejemplo de un guión que utiliza **mayor.**

  Hagamos una ejecución del programa mayor.

    $ chmod +x mayor [Retorno] .... Lo cambia a un archivo ejecutable.

    $ mayor 100 10 400 [Retorno] .... Lo ejecuta con tres argumentos.

    El número mayor es: 400

    $_ .... Indicador del shell.

Piense como puede mejorar el programa mayor. Por ejemplo, ¿podría tener menos líneas de código? (¿tiene que repetir la orden **echo** en el cuerpo de **if, elif** y **else**?), comprobación de errores (¿qué pasa si sólo introduce dos números?), etcétera.

Valores de cadena

Puede también comparar (verificar) cadenas con la orden **test**. La orden **test** proporciona un conjunto de operadores diferentes para la comparación de cadenas. En la Tabla 11-5 se resumen estos operadores. Los ejemplos siguientes muestran el uso de la orden **test** con argumentos tipo cadena.

Tabla 11.5. Operadores para la comparación de cadenas con la orden **test**

Operador	Ejemplo	Significado
=	*cadena1 = cadena2*	¿Coincide *cadena1* con *cadena2*?
!=	*cadena1 != cadena2*	¿No coincide *cadena1* con *cadena2*?
-n	*-n cadena*	¿Contiene la *cadena* caracteres (longitud no nula)?
-z	*-z cadena*	¿Es la *cadena* la cadena vacía (longitud cero)?

Primer experimento con la variable nula.

$ **CADENA= [Retorno]** .... Declara una variable nula.

$ **test -z $CADENA [Retorno]** .... Comprueba si la longitud de la cadena es cero.

Test: Argument expected .... Mensaje de error.

$_ .... Indicador del shell.

1. *El shell sustituye la cadena nula por $CADENA, lo que produce el mensaje de error.*
2. *Si se encierra una variable cadena entre comillas se asegura que la comprobación funciona adecuadamente, incluso aunque la variable contenga espacios en blanco o tabuladores.*

Ahora pongamos la variable $CADENA entre comillas.

$ **test -z "$CADENA" [Retorno]** ..... Comprueba si la longitud de la cadena es cero.

Esta vez la orden **test** *devuelve cero (verdadero), lo que significa que la variable $CADENA contiene una cadena de longitud cero.*

En otro ejemplo, las órdenes se escriben directamente después del indicador del shell ($). Si la orden no está completa, el shell muestra el indicador secundario (>) y espera a que complete la orden.

$ **FECHA1='date' [Retorno]** .... Inicializa FECHA1.

$ **FECHA2='date' [Retorno]** .... .Inicializa FECHA2.

$ **if test "$FECHA1" = "$FECHA2" [Retorno]**
.... Test de igualdad.

> **then [Retorno** .... El shell muestra el indicador secundario (>) porque la sentencia **if** aún no se ha completado.

> **echo "STOP! El reloj del computador está muerto!" [Retorno]**

> **else [Retorno]**............................ Comienza el cuerpo del **else**.

> **echo "Todo está bien." [Retorno]**

> **fi [Retorno]** .... Final del **if**, tan pronto como pulse [Retorno], se ejecuta el programa.

Todo está bien .... Salida del programa.

$_ .... Indicador del shell.

*El resultado del test anterior (condición **if**) es falso. Por tanto se ejecuta el cuerpo del **else** y se visualiza el mensaje. ¿Son los valores almacenados en FECHA1 y FECHA2 iguales siempre?*

Archivos

Puede usar la orden **test** para comprobar características de los archivos, como el tamaño, el tipo y los permisos. Existen más de diez atributos de archivos que se pueden verificar; algunos se introducen a continuación. La Tabla 11-6 resume los operadores de comprobación de archivos. El ejemplo siguiente muestra el uso de la orden **test** en relación a archivos. Las órdenes se escriben directamente a continuación del indicador del shell ($).

Suponga que tiene un archivo llamado miarchivo al que sólo se tiene acceso de lectura. Escribamos las siguientes órdenes y veamos la salida.

$ **FILE=miarchivo [Retorno]** .... Inicializa la variable FILE.

$ **if test -r "$FILE" [Retorno]** .... Comprueba si se puede leer miarchivo.

> **then [Retorno]**............................... Indicador secundario.

> **echo "LEGIBLE" [Retorno]**.......... Muestra mensaje.

> **elif test -w "$FILE" [Retorno]**....... Comprueba si se puede escribir miarchivo.

Tabla 11.6. Operadores de comprobación de archivos de la orden **test**

Operador	Ejemplo	Significado
-r	-r *nombre_archivo*	¿Existe *nombre_archivo* y es legible?
-w	-w *nombre_archivo*	¿Existe *nombre_archivo* y se puede escribir?
-s	-s *nombre_archivo*	¿Existe *nombre_archivo* y tiene una longitud no nula?
-f	-f *nombre_archivo*	¿Existe *nombre_archivo* y es un fichero ordinario?
-d	-d *nombre_archivo*	¿Existe *nombre_archivo* y es un directorio?

> **then [Retorno]**

> **echo "SE PUEDE ESCRIBIR" [Retorno]**..Muestra mensaje.

> **else [Retorno]**

> **echo "Acceso de lectura y escritura denegado"**

> **fi [Retorno]** .... Final del **if**.

LEGIBLE

$_ .... Se vuelve al indicador primario.

1. *Tan pronto como escribe* **fi**, *el final de la construcción* **if**, *el shell ejecuta las órdenes, produce la salida y muestra el indicador primario ($).*

2. *El primer* **if** *comprueba el acceso de lectura a* miarchivo. *Como tiene acceso de lectura, la orden* **test** *devuelve 0 (verdadero), y la condición* **if** *es cierta. De forma que sólo se ejecuta el cuerpo del primer* **if** *y se visualiza el mensaje LEGIBLE.*

3. *El mensaje* **SE PUEDE ESCRIBIR** *se visualiza sólo si se tiene acceso de escritura a* miarchivo.

4. *El mensaje* **Acceso de lectura y escritura denegado** *se visualiza si no se tienen accesos de lectura y escritura a* miarchivo *y las condiciones* **if** *y* **elif** *fallan.*

La Figura 11-7 muestra aún otra versión del guión svi. En esta versión, se comprueba la existencia del archivo especificado y solamente si existe se ejecutarán las órdenes **cp** y **vi.**

Ejecute esta nueva versión del programa svi.

$ **svi xyz [Retorno]** ....   Se ejecuta, especificando un archivo xyz no existente.

Archivo no encontrado. Inténtelo otra vez

$ **svi [Retorno]**............................... Ejecútelo otra vez; no se especifica archivo.

Debe especificar un nombre. Inténtelo otra vez

$_ .... Indicador del shell.

1. *Para comprobar las condiciones* **if** *se utiliza la orden test en lugar de los corchetes.*

2. *El programa utiliza construcciones* **if** *anidadas (un* **if** *dentro de otro* **if**).

3. *Si no se encuentra el archivo especificado, muestra el mensaje* **Fichero no encontrado. Inténtelo otra vez**

4. *Si se encuentra el archivo especificado lo copia en el directorio* guardar *y llama al editor* vi.

5. *Si no se especifica ningún archivo en la línea de orden falla la primera condición* **if** *y se muestra el mensaje* **Debe especificar un nombre de archivo. Inténtelo otra vez**

```
$ cat svi
#
# El programa guarda y llama a vi (svi).
# Esta versión comprueba la existencia del archivo
#
if test $1 = 1                        # comprueba el número de argumentos
then
    if test -f $1                     # comprueba la existencia del archivo
      then
          cp $1 $HOME/guardar         # copia y llama a vi
          vi $1
    else                              # archivo no encontrado
      echo "Archivo no encontrado. Inténtelo otra vez"
    fi
else                                  # número de argumentos erroneos
    echo "Debe especificar un nombre de archivo. Inténtelo otra vez."
fi
$ _
```

Figura 11.17. Otra versión del guión **svi**.

11.3.6. Sustitución de parámetros

El shell proporciona la posibilidad para sustituir parámetros lo que le permite comprobar su valor y cambiarlo de acuerdo con una opción especificada. Esto es útil en la programación del shell, cuando necesita verificar si una variable es igual a algo. Por ejemplo, cuando emite una orden **read** en un guión, necesita asegurarse de que el usuario ha introducido alguna cosa antes de realizar ninguna acción.

El formato consiste en un signo dólar ($), un conjunto de llaves ({ y }), una variable, dos puntos (:), un carácter y una palabra de la forma siguiente:

${*parámetro*:**carácter de opción** *palabra*}

El carácter de opción determina lo que quiere hacer con la *palabra*. Los cuatro carácteres de opción se especifican mediante los signos -, =, ? y +. Estas cuatro opciones funcionan de forma diferente dependiendo de si la variable está vacía o no.

Una *variable está vacía* (*variable nula*) si su valor es una cadena vacía. Por ejemplo, a todas las variables que siguen se les asigna el valor nulo y son variables vacías.

VACIA= ....   Una variable vacía llamada *VACIA*.

VACIA="" ....   Una variable vacía llamada *VACIA*.

VACIA='' ....   Una variable vacía llamada *VACIA*.

  Para crear una variable vacía, no coloque caracteres en blanco entre las comillas.

Tabla 11.7 Las opciones de evalución de la variable Shell

Opción de la variable	Significado
$*variable*	El valor es almacenado en *variable*.
${*variable*}	El valor es almacenado en *variable*.
${*variable*:-*cadena*}	El valor de *variable* si se asigna y no está vacía, si no el valor de *cadena*.
${*variable*: +*cadena*}	El valor de *palabra* si *variable* se asigna y no está vacía, si no nada.
${*variable*: =*cadena*}	El valor de *variable* si se asigna y no está vacía, si no *variable* se asigna al valor de *cadena*.
${*variable*: ?*cadena*}	El valor de *variable* si se asigna y no está vacía, si no imprime el valor de *cadena* y sale.

La Tabla 11-7 resume las opciones de sustitución (evaluación) de las variables del shell. A continuación se da una breve explicación y ejemplo de cada tipo.

${parámetro} Colocando la variable (parámetro) dentro de las llaves evita que se origine conflicto con el carácter que sigue al nombre de la variable. El ejemplo siguiente clarifica esta cuestión.

Suponga que desea cambiar el nombre de un archivo llamado memo, especificado en la variable denominada *FILE* a memoX.

$ echo $FILE [Retorno]	Comprueba lo que se almacena en *FILE*.
memo	
$ mv $FILE $FILEX [Retorno]	Cambia memo a memoX.
Usage: mv [-fi] source-file	target-file
$_	Indicador del shell.

Esta orden no funciona porque el shell considera que *$FILEX* es el nombre de la variable que no existe.

$ mv $FILE ${FILE}X [Retorno]	Cambia memo a memoX.
$_	Tarea hecha, devuelve el indicador.

Esta orden funciona porque el shell considera que *$FILE* es el nombre de la variable y sustituye su valor, en este caso memo.

${parámetro:-cadena}   La opción - (guión) significa que si la variable relacionada (parámetro) tiene asignado un valor y no está vacía (no nula), se usa su valor. Si no es así, es decir, si la variable está vacía (nula) o no tiene asignado valor, se sustituye su valor con *cadena*. Por ejemplo:

$ FILE= [Retorno]	Variable vacía.
$ echo ${FILE:-/usr/david/xfile} [Retorno] ...	Visualiza el valor de *FILE*.
/usr/david/xfile	
$ echo "$FILE" [Retorno]	Comprueba la variable *FILE*.
....	Permanece vacía.
$_	Indicador del shell.

1. *El shell evalúa la variable FILE; está vacía, de forma que la opción - genera la sustitución de la cadena /usr/david/xfile que se pasa a la orden* **echo** *para visualizarla.*

2. *La variable FILE permanece como una variable vacía.*

${parámetro:+cadena}   La opción + es opuesta a la opción -. Significa que si la variable relacionada (parámetro) tiene asignado un valor y no está vacía (no nula), se sustituye su valor con *cadena*. Si no, el valor de la variable permanece (vacío). Por ejemplo:

$ AYUDA="necesitada" [Retorno]	Asigna valor a la variable *AYUDA*
$ echo ${AYUDA:+"La ayuda está en camino"} [Retorno]	
La ayuda está en camino	
$ echo $AYUDA [Retorno]	Comprueba la variable *AYUDA*.
Necesitada	Permanece la misma.
$_	Indicador del shell.

1. *El shell evalúa la variable AYUDA y se le asigna el valor necesitado. De forma que la opción + genera la sustitución de la cadena* **La ayuda está en camino***, que se pasa a la orden* **echo** *para visualizarla.*

2. *El valor almacenado en la variable AYUDA permanece inalterado.*

${parámetro:=cadena}   La opción = significa que si a la variable relacionada (parámetro) no tiene asignado un valor o está vacía (nula), se sustituye su valor con *cadena*. Si no, la variable no está vacía y su valor permanece inalterado. Por ejemplo:

$ MESG= [Retorno]	Variable vacía.
$ echo ${MESG:="¡Hola estoy aquí!"} [Retorno] ...	Visualiza el valor *MESG*.
¡Hola estoy aquí!	
$ echo $MESG [Retorno	Comprueba la variable *MESG*.
¡Hola estoy aquí!...	Se asigna la cadena especificada
$_	Indicador del shell.

La *cadena* puede ser una cadena con espacios en blanco entre medias. Funciona mientras se coloquen entre comillas.

 1. El shell evalúa la variable MESG. Está vacía. De forma que la opción = provoca la asignación de la cadena **¡Hola estoy aquí!** *a MESG. Se hace la sustitución y la orden* **echo** *muestra el valor almacenado en MESG.*

2. El valor de MESG se cambia y deja de ser una variable vacía.

${parámetro:?cadena}   La opción ? significa que si la variable relacionada (parámetro) tiene asignado un valor y no está vacía, entonces se sustituye su valor. Si no, si la variable está vacía se imprime la palabra y se sale del guión actual. Si se omite *cadena* y se muestra el mensaje prefijado **parameter null or not set**. Por ejemplo:

$ **MESG= [Retorno]** .... *MESG* es una variable vacía.

$ **echo ${MESG: ?"¡ERROR!"} [Retorno]**...... Hace la sustitución de acuerdo con la opción.

¡ERROR!

$_ .... Indicador del shell.

 El shell evalúa la variable MESG que está vacía. De forma que la opción ? provoca la sustitución de la cadena ¡ERROR!, que se pasa a la orden **echo** *para visualizarla.*

Puede utilizar esta opción para mostrar un mensaje de error y finalizar el guión si el usuario pulsa [Retorno] como respuesta a una orden **read**. La Figura 11-18 muestra el ejemplo de un guión llamado nombre.

 Ejecute el guión nombre.

$ **nombre [Retorno]** .... Ejecuta el guión nombre.

```
$ cat nombre
#

# Programa para probar la sustitución de parámetros
#
echo "Introduzca su nombre:\c"          # petición al usuario
read nombre
echo ${nombre:?"Debe introducir su nombre"}
echo "Gracias. Eso es todo."
exit 0
$ _
```

Figura 11.18.   Ejemplo de un guión llamado **nombre**.

Introduzca su nombre:_	Petición al usuario.
[Retorno]	El usuario ha pulsado [Retorno].
Debe introducir su nombre	Realimentación al usuario.
$_	El guión finaliza y vuelve el indicador.

1. *Si pulsa [Retorno] como respuesta a la orden* **read**, *nombre permanece como una variable nula. La opción ? comprueba la variable y es una variable nula. Se visualiza el mensaje especificado y se finaliza el guión.*

2. *Sin embargo, si introduce su nombre u otra palabra, el guión continúa y se visualiza el mensaje* **Gracias. Eso es todo.**

11.3.7. Las construcciones de *bucle*

Utilice las construcciones de bucle en programas cuando desee repetir un conjunto de sentencias u órdenes. Estas construcciones le ahorran mucho tiempo al programador. ¿Puede imaginarse escribiendo 100 líneas de código para visualizar un simple mensaje 100 veces? El shell le proporciona tres construcciones de bucles: **for**, **while** y **until**. Estos bucles le permiten ejecutar repetidamente órdenes un cierto número de veces o hasta que se cumplan ciertas condiciones.

El bucle For: La construcción for-in-done

El bucle **for** se utiliza para ejecutar un conjunto de órdenes un número especificado de veces. Su formato básico es como sigue:

```
for variable
in lista de valores
do
    órdenes
    ....
    última orden
done
```

El shell examina la *lista de valores*, almacena la primera *palabra* (valor) en la *variable del bucle* y ejecuta las órdenes que hay entre las palabras **do** y **done** (que se llaman el cuerpo del bucle). A continuación, se asigna la segunda palabra a la variable de bucle y se ejecuta otra vez el cuerpo del bucle. Las órdenes en el cuerpo del bucle se ejecutan para todos los valores que contiene la lista de valores.

La siguiente secuencia de órdenes muestra como opera el bucle **for**.

$ **for contador in 1 2 3 [Retorno]** ..	Asigna la cabecera del bucle.
> **do [Retorno]**	Espera a que complete la orden.
> **echo "En el bucle durante $contador veces" [Retorno]**	
....	Visualiza mensaje.

> done [Retorno] .... Final del bucle **for**.

En el bucle durante 1 veces
En el bucle durante 2 veces
En el bucle durante 3 veces

$_ .... Indicador del shell.

1. *En este ejemplo,* contador *es la variable de bucle, la lista de valores consta de los números (1, 2, y 3) y el cuerpo del bucle es la orden simple* **echo***.*

2. *Como hay tres valores en la lista, el cuerpo del bucle se ejecuta un total de tres veces.*

3. *Los valores de la lista se asignan uno a uno a la variable* contador*. Cada vez que se recorre el bucle se asigna un nuevo valor a la variable* contador *hasta que finaliza la lista de valores.*

Escenario   Suponga que desea guardar el nombre de los archivos que imprime y la hora en que lo realiza. Escriba un guión llamado slp (Super LP) que imprime los archivos y guarda información de ellos en un archivo llamado pfile. La Figura 11-19 muestra una posible forma de escribir el guión slp.

1. *Puede introducir más de un nombre de archivo. Cada nombre de archivo de la lista de archivos en la variable nombre de archivo se asigna a la variable de bucle FILE. La orden* **echo** *se encarga de guardar la información en* pfile *y la orden* **lp** *los imprime.*

2. *La orden* **echo** *crea* pfile *la primera vez que utilice este programa. En las ejecuciones subsiguientes, añade los nombres de archivos de los archivos impresos (el operador de redirección >>).*

```
$ cat slp
#
# El programa de impresora de superlíneas (slp).
#
echo "Introduzca el nombre del archivo(s)> \c"          # petición al usuario
read nombre_archivo                                     # lee la entrada
for FILE in $nombre_archivo
    echo "\nNombre de archivo: $FILE\n Impreso:'date'">>pfile   # guarda en pfile
    lp $FILE                                            # imprime el archivo
done
echo "\n\07Tarea hecha"                                 # informa al usuario
exit 0
$_
```

Figura 11.19.   Ejemplo de un guión llamado **slp**.

Ejecute el programa slp.

$ **slp [Retorno]**	Ejecútelo.
Introduzca el nombre del archivo(s)...	Esperando la entrada.
miarchivo [Retorno]	Introduce `miarchivo`.
Lp: request id is lp 1-9223 (f file)	El mensaje lp
Tarea hecha	Bip y mensaje final.
$_	Indicador del shell.
$ **cat pfile [Retorno]**	Comprueba `pfile`.
Nombre de archivo: miarchivo	
Impreso: Mon Dec 6 12:01:35 EST 2001	
$_	Indicador del shell.

El bucle While: La construcción while-do-done

El segundo tipo de construcción de bucle que se explica es el bucle **while**. Al contrario que el bucle **for**, cuyo número de iteraciones depende del número de valores que hay en la lista de valores, el bucle **while** continúa mientras sea verdadera la condición del bucle. El formato es como sigue:

```
while [ condición ]
do
   órdenes
   ....
   última orden
done
```

Las órdenes en el cuerpo del bucle (entre las palabras **do** y **done**) se ejecutan repetidamente mientras la condición del bucle es cierta (cero). La condición del bucle debe eventualmente retornar a falsa (no cero); si no su bucle es un bucle infinito y continuará ejecutándose indefinidamente. Esta es una de esas veces, en la que debe conocer cuál es la tecla **kill** de su sistema para poder finalizar el proceso.

La siguiente secuencia de órdenes muestra como opera el bucle **while**.

$ **prosigue=S [Retorno]**	Inicializa la variable prosigue.
$ **while [$prosigue=S] [Retorno]** ..	Preparación del bucle while.
> **do [Retorno]**	
> **echo "Realiza la tarea mientras escriba S:_\b" [Retorno]**	
> **read prosigue [Retorno]**	
> **done [Retorno]**	Leer entrada.
Realiza la tarea mientras escriba S:_ ..	Espera la entrada.

S [Retorno]	Pulsa [S] y [Retorno].
Realiza la tarea mientras escriba S:_ ...	Espera otra vez la entrada.
N [Retorno]	Pulsa [N] y [Retorno].
$_	Indicador del shell.

*En el ejemplo anterior, mientras pulse [S], la condición del bucle es cierta y se repite el cuerpo del bucle (las órdenes **echo** y **read**). Finaliza este programa pulsando cualquier carácter distinto de [S].*

El bucle Until: La construcción until-do-done

El tercer tipo de construcción de bucle que se explica es el bucle **until**. Es similar al bucle **while**, excepto que continúa ejecutándose el cuerpo del bucle mientras la condición es falsa (no cero). El bucle **until** es útil cuando se desea escribir guiones cuya ejecución depende de que ocurran otros sucesos. El formato es como sigue:

```
until [ condición ]
do
   órdenes
   ....
   última orden
done
```

El cuerpo del bucle podría no ejecutarse nunca si la condición es verdadera (cero) la primera vez que se ejecuta.

Escenario   Desea comprobar si un usuario especificado está conectado al sistema o si no lo está ser informado tan pronto como lo haga. La Figura 11-20 muestra un script denominado uno (Usuario ON) que realiza esto.

En el guión uno, el bucle **until** para tan pronto como la condición se hace cierta. Si la orden **grep** (véase Capítulo 8) no encuentra el ID del usuario especificado en la lista de los usuarios que le transfiere la orden **who**, la condición del bucle permanece falsa

```
$ cat uno
#
# uno: Me permite conocer si xxx está conectado al sistema
#
until who | grep "$1">/dev/null          # redirecciona la salida de grep
do
    sleep 30                             # espera medio minuto
done
echo "\07\07$1 está conectado al sistema"
exit 0
$_
```

Figura 11.20.   Ejemplo de un guión llamado **uno**.

(no cero) y el bucle **until** continúa ejecutando el cuerpo del bucle que es la orden **sleep**. Tan pronto como **grep** encuentra el ID del usuario especificado en la lista de usuarios la condición se hace cierta (cero) y el bucle para. Finalmente se ejecuta la orden que va a continuación del bucle y que le informa con dos bips que el usuario especificado está conectado.

1. *La salida de la orden* **grep** *se redirecciona al dispositivo nulo. Esto quiere decir que no desea ver la salida ni guardarla.*

2. *La orden* **sleep** *para el programa durante medio minuto. El efecto real es que la orden* **grep** *comprueba la lista de usuarios cada medio minuto.*

Queda por resolver sólo un problema. Si ejecuta este programa y el usuario especificado no está conectado, se encuentra a merced de que lo haga. No puede utilizar su terminal mientras el programa anterior está en ejecución. Una idea mejor es ejecutar el programa uno como tarea en segundo plano.

Ejecución del programa uno como tarea en segundo plano.

$ uno javier &[Retorno] .... Ejecución como tarea en segundo plano.
Comprueba si javier está conectado.

4483... ID del proceso.

$_ .... Devuelve el indicador.

Puede relaizar otro trabajo. Será informado cuando emma conteste.

javier está conectado al sistema........ Bip bip. Se informa de la conexión.

Puede continuar con lo que estaba haciendo.

11.3.8. Depuración de los programas del shell: la orden *sh*

Es fácil cometer errores cuando escribe guiones largos y complejos. Como no compila los guiones, no tiene la posibilidad de comprobar los errores del compilador. Por tanto tiene que ejecutar el programa e intentar descifrar los mensajes de error que se visualizan por pantalla. ¡Pero no desespere!

Puede utilizar la orden **sh** con una de sus opciones para hacer que la depuración de sus guiones sea más fácil. Por ejemplo, la opción **-x** origina que el shell realice un eco por pantalla de cada orden que ejecuta. Esta traza de la ejecución del script puede ayudarle a encontrar en qué lugar hay errores en el programa.

Opciones sh

La Tabla 11-8 resume las opciones de la orden **sh** y los ejemplos siguientes muestran como usarlas.

Tabla 11.8. Las opciones de la orden **sh**

Opción	Operación
-n	Lee las órdenes pero no las ejecuta.
-v	Muestra las líneas de entrada cuando se leen.
-x	Muestra las órdenes y sus argumentos cuando se ejecutan.

Si necesita depurar el guión BOX, escriba lo siguiente:

$ sh -x BOX [Retorno]

Puede tambien utilizar las opciones **sh** como órdenes en el guión. Utilice la orden **set** y escriba la siguiente línea al comienzo del archivo, o coloquela siempre que desee la depuración al comienzo.

set -x

Opción -x   La opción **-x** muestra las órdenes en su guión tal como aparecen después de que han tenido lugar las sustituciones de los parámetros y órdenes. Utilizando la orden **sh** con la opción **-x**, ejecutemos el guión BOX de diferentes formas y exploremos las posibilidades.

Ejecución de BOX con la opción **-x** pero sin especificar argumentos en la línea de orden.

$ sh -x BOX [Retorno] ....   Utilización de la opción **-x**.

+ echo Lo que sigue es la salida del script BOX.

Lo que sigue es la salida del script BOX

+ echo Número total de argumentos de la línea de orden: 0

Número total de argumentos de la línea de orden: 0

+ echo El primer parámetro es:

El primer parámetro es:

+ echo El segundo parámetro es:

El segundo parámetro es:

+ echo Esta es la lista de todos los parámetros:

Esta es la lista de todos los parámetros:

$_ ....   Indicador del shell.

1. *Todas las líneas que comienzan con el signo más (+) son órdenes que se ejecutan por el shell y las líneas debajo de ellas muestran sus salidas.*

2. *Las órdenes* **echo** *se visualizan después de realizarse las sustituciones de las variables.*

Ejecución de BOX usando la orden **sh** con la opción **-x** y especificando algunos parámetros en la línea de orden.

$ sh -x BOX de caramelos [Retorno] .... Utilización de la opción **-x**.

+ echo Lo que sigue es la salida del script BOX.

Lo que sigue es la salida del script BOX

+ echo Número total de argumentos de la línea de orden: 2

Número total de argumentos de la línea de orden: 2

+ echo El primer parámetro es: de

El primer parámetro es: de

+ echo El segundo parámetro es: caramelos

El segundo parámetro es: caramelos

+ echo Esta es la lista de todos los parámetros: de caramelos

Esta es la lista de todos los parámetros: de caramelos

$_ .... Indicador del shell.

Opción -v La opción **-v** es similar a la opción **-x**. Sin embargo visualiza las órdenes antes de que se haga la sustitución de las variables y órdenes.

Ejecución del programa BOX con la opción **-v** con especificación de algunos argumentos en la línea de orden.

$ sh -v BOX está lleno de nueces doradas [Retorno] .... Utilización de la opción **-v**.

+ echo "Lo que sigue es la salida del script $0"

Lo que sigue es la salida del script BOX

+ echo "Número total de argumentos de la línea de orden: $#"

Número total de argumentos de la línea de orden: 5

+ echo "El primer parámetro es: $1"

El primer parámetro es: está

+ echo "El segundo parámetro es: $2"

El segundo parámetro es: lleno

+ echo "Esta es la lista de todos los parámetros: $*"

Esta es la lista de todos los parámetros: está lleno de nueces doradas

$_ .... Indicador del shell.

1. *Una línea muestra la orden que se ejecuta por el shell y la que le sigue presenta la salida que produce la orden.*

2. *Las órdenes* **echo** *se visualizan antes de que se hagan las sustituciones de las variables. (Esto es diferente de la opción **-x**, que visualiza las órdenes despúes de realizarse las sustituciones).*

Puede utilizar conjuntamente las opciones **-x** y **-v** en una línea de orden. Utilizando ambas opciones le permite mirar las órdenes en su archivo antes y después de la ejecucuón más la salida que produce. La siguiente línea de orden muestra como se llama a la orden **sh** con ambas opciones.

$ sh -xv BOX [Retorno]

Opción -n   La opción **-n** se utiliza para detectar los errores de sintaxis del guión. Utilice esta opción cuando desee asegurarse que no tiene errores de sintaxis en un programa antes de ejecutarlo.

Por ejemplo, suponga que tiene un guión llamado prueba_sintaxis. La Figura 11-21 muestra el código fuente de este programa que tiene un error de sintaxis intencionado.

Ejecute el programa prueba_sintaxis utilizando la opción **-n** y observe su salida.

$ sh -n prueba_sintaxis [Retorno] .   Ejecutelo

prueba_sintaxis: syntax error at line 8 'else' unexpected

$_ .... Indicador del shell.

1. *Utilizando la opción **-n**, no se ejecuta ninguna de las órdenes del programa. Solamente se localizan y reconocen los errores de sintaxis.*

```
$ cat prueba_sintaxis
#
# prueba_sintaxis: Programa ejemplo que muestra la salida de la opción n de sh.
#
echo "$0: verificando la sintaxis del programa"
if [ $# -gt 0 ]
echo "Número de argumentos en la línea de orden: $#"
else
echo "No hay argumentos en la línea de orden"
fi
echo "ADIÓS"
$_
```

Figura 11.21. Código fuente del programa **prueba_sintaxis**.

2. *Si utiliza la opción* **-x** *ó* **-v**, *el programa se ejecuta hasta que alcanza la parte con la sintaxis errónea. Se visualiza el mensaje de error y se termina el programa.*

¿Qué está equivocado en la línea 8? Tiene que añadir la palabra *then* después de la sentencia **if** para corregir la construcción **if-then-else** del programa.

¿Cuál es la salida de prueba_sintaxis después de corregir el error de sintaxis. La variable $0 contiene el nombre del programa, en este caso prueba_sintaxis. La variable *$#* contiene el número de argumentos de la línea de orden. Si hay argumentos en la línea de orden, se ejecuta el cuerpo del **if**; si no se ejecuta el cuerpo del **else**.

Ejecute prueba_sintaxis otra vez.

$ prueba_sintaxis uno dos tres [Retorno]

.... Utiliza 3 argumentos en la línea de orden.

Prueba_sintaxis: verificando la sintaxis del programa

Número de argumentos en la línea de orden: 3

$_ .... Indicador del shell

$ prueba_sintaxis [Retorno] .... Ningún argumento en la línea de orden

prueba_sintaxis: verificando la sintaxis del programa

No hay argumentos en la línea de orden

$_ .... Indicador del shell.

Las opciones de depuración de la orden **sh** son de la mayor utilidad cuando escribe guiones largos y complejos. Vendrá muy bien cuando explore los guiones que se presentan en el Capítulo 12.

Resumen de las órdenes

En este capítulo se han presentado las órdenes y opciones siguientes.

chmod
Esta orden cambia los permisos de accesos de un archivo especificado de acuerdo con las letras de opción que indican diferentes categorías de usuarios. Las categorías de usuario son: u (para usuario/propietario), g (para grupo), o (para otros) y a (para todos). Las categorías de acceso son: r (para lectura), w (para escritura) y x (para ejecutable).

sh
Esta orden invoca una nueva copia del shell. Puede ejecutar guiones utilizando esta orden. Sólo se mencionan tres de las numerosas opciones.

Opción	Operación
-n	Lee órdenes, pero no las ejecuta
-v	Imprime la entrada al shell cuando éste la lee
-x	Imprime las líneas de órdenes y sus argumentos cuando se ejecutan. Esta opción se utiliza fundamentalmente para depuración.

. (punto)
Esta orden le permite ejecutar un proceso en el entorno del shell actual y el shell no crea un proceso hijo para ejecutar la orden.

exit
Esta orden termina el guión del shell siempre que se ejecuta. Puede devolver un código de estado (RC) para indicar el éxito o fracaso de un programa. También termina su conexión al sistema si se escribe a continuación del indicador $.

read
Esta orden lee la entrada del dispositivo de entrada y almacena la cadena en una o más variables especificadas como argumentos de la orden.

test
Esta orden comprueba la condición de la expresión dada como argumento y devuelve verdadero o falso dependiendo del estado de la expresión. Permite la comprobación de diferentes tipos de expresiones.

Ejercicios de repaso

1. ¿Cómo ejecuta un guión?

2. ¿Cuál es la orden que hace que un archivo sea ejecutable?

3. ¿Cuando utiliza la orden . (punto)?

4. ¿Cuál es la orden para leer la entrada desde el teclado?

5. Explique los parámetros de la línea de orden.

6. ¿Qué son las variables posicionales del shell?

7. ¿Cómo se relacionan las variables posicionales con los parámetros de la línea de orden?

8. ¿Como depura un guión?

9. Nombre la orden que termina un guión.

10. ¿Cuales son las construcciones del lenguaje del shell?

11. ¿Cuál es el uso de los bucles?

12. ¿Cuál es la diferencia entre los bucles **while** y **until**?

Sesión con el terminal

En esta sesión con el terminal se van a escribir algunos guiones y a mejorar los que se presentaron en este capítulo.

1. Crear un guión llamado LL que presenta su directorio en un formato largo:

   a. Ejecute LL utilizando la orden **sh.**
   b. Cambie el guión LL a un guión ejecutable.
   c. Ejecute LL otra vez.

2. Crear un guión que realice lo siguiente:

   a. Borra la pantalla.
   b. Salta dos líneas.
   c. Muestra la fecha y la hora actual.
   d. Muestra el número de usuarios que están conectados al sistema.
   e. Emite un bip varias veces y muestra el mensaje: **Ahora a su servicio.**

3. Modifique el guión mayor de este capítulo de manera que reconozca el número de entradas y visualice mensajes apropiados.

4. Escriba un guión similar a mayor que calcule el menor de tres números enteros que se leen desde el teclado. Haga que sea capaz de reconocer algunos errores de entrada.

5. Crear un guión para cada uno de los ejemplos de scripts de este capítulo que fueron escritos desde el indicador del shell ($). Realice las modificaciones apropiadas si es necesario y ejecútelo. Utilice la opción **sh** con la opción **-x** y con otras opciones para depurarlos e investigue la forma en que se ejecutan los guiones.

6. Escribir un guión que sume los números que se le pasan como argumentos en la línea de orden y visualice el resultado. Utilice en el programa la construcción de bucle **for**. Por ejemplo, si llama a este programa SUM y escribe:

$$\text{\$ \textbf{SUM 10 20 30 [Retorno]}}$$

El programa visualiza lo siguiente:

$$10 + 20 + 30 = 60$$

7. Reescribir el programa SUM, esta vez utilice el bucle **while.**

8. Reescribir el programa SUM, esta vez utilice el bucle **until.**

Capítulo 12

Guiones del Shell: Desarrollo de aplicaciones

Este capítulo se basa en las órdenes y conceptos del capítulo anterior y presenta técnicas y órdenes adicionales de programación del shell. Introduce nuevas órdenes del shell cuando se emplean en la escritura de los guiones.

En este capítulo

12.1. ESCRIBIENDO APLICACIONES

El Capítulo 11 introdujo los conceptos básicos de la programación del shell y mencionó la utilización del lenguaje de órdenes del shell para escribir programas de aplicación. Este capítulo explica el proceso de desarrollar programas de aplicación. Los ejemplos son programas completos y cuando resulta necesario se introducen y exploran nuevas órdenes o construcciones.

Escenario   A veces se precisa proteger el acceso al terminal (por ejemplo, cuando lo abandona durante unos minutos) sin desconectarse y conectarse posteriormente otra vez. Se puede escribir un guión que cuando se ejecute muestre un mensaje en la pantalla y no se salga hasta que se introduce la contraseña correcta. Pero ¿se necesita realmente bloquear el terminal? La respuesta es sí. El objetivo aquí es aprender nuevas órdenes y técnicas de programación para aplicarlas a los guiones independientemente de que se tenga o no necesidad de bloquear el terminal.

```
1 #
2 # nombre: bloqueo1 (versión 1 de bloqueo)
3 # definición: Este programa bloquea el teclado, y debe escribir
4 # la contraseña para desbloquearlo
5 # lógica:
6 #      1- Pide al usuario que introduzca una contraseña
7 #      2- Bloquea el teclado hasta que se introduce la contraseña correcta
8 #
9 echo "\032"                              # borra la pantalla
10 echo "\n\nIntroduzca su CONTRASEÑA>"     # pide la contraseña
11 read ppalabra_1                          # lee la contraseña
12 echo "\032"                              # borra la pantalla otra vez
13 echo "\n\n ESTE SISTEMA ESTA BLOQUEADO ...."
14 ppalabra_2=                              # declara una variable vacía
15 until [ "$ppalabra_1" = "$ppalabra_2" ] # comienzo del bucle
16 do
17    read ppalabra_2                       # cuerpo del bucle
18 done                                     # final del bucle until
19 exit 0                                   # final del programa, salir

file "lock1" 20 lines 166 characters
```

Figura 12.1. Guión **bloqueo 1**.

12.1.1. El programa *bloqueo1*

La Figura 12.1 muestra un guión llamado bloqueo1 (versión n° 1 de bloqueo), que realiza la tarea de bloquear el teclado. El programa bloqueo1 se muestra utilizando el editor vi y los números de línea no forman parte del código. Se obtiene mediante la opción **set nu** del editor vi.

Examinemos el programa bloqueo1 línea a línea para ver como funciona.

Líneas 1-8: Estas líneas comienzan todas con el signo # y son por tanto líneas de comentario.

Líneas 9 y 12: Estas líneas son órdenes para borrar la pantalla. En lugar de utilizar la orden **echo** y el código de borrar pantalla, puede usar la orden **tput** (que se explica posteriormente en este capítulo).

Línea 10: Esta línea le invita a que introduzca una contraseña. Se aceptan cualquier secuencia de caracteres, números y espacios en blanco entre ellos. La contraseña que introduce no tiene nada que ver con su contraseña de conexión al sistema.

Línea 11: Esta línea lee desde el teclado. Cuando presiona [Retorno], la contraseña dada se almacena en la variable llamada *ppalabra_1*.

Línea 13: Esta línea muestra el mensaje correspondiente en la pantalla. Puede cambiarlo a cualquier otro mensaje que prefiera.

Línea 14: Esta línea declara una variable llamada *ppalabra_2* que se utiliza para almacenar las entradas introducidas desde el teclado.

Líneas 15-18: Estas líneas construyen el bucle **until**. La condición compara el contenido de la variable *ppalabra_1* (su contraseña) con el contenido de la variable *ppalabra_2* (que se lee desde el teclado). La primera vez que se recorre el bucle los contenidos de las dos variables no son iguales (*ppalabra_1* contiene su contraseña y *ppalabra_2* está vacía). Por tanto, se ejecuta el cuerpo del bucle **until**. Recuerde que el cuerpo del bucle **until** se ejecuta cuando la condición es falsa. El cuerpo del bucle es una orden **read** y espera para leer desde el teclado. No muestra ningún tipo de indicador; simplemente se visualiza el cursor. (Después de todo no tiene por qué alertar al intruso de que su sistema está esperando por una contraseña). Si introduce cualquier cosa salvo la contraseña correcta, el bucle **until** continúa y se queda esperando una lectura desde el teclado. Esta repetición de la orden **read** bloquea de manera efectiva el teclado. Lee, compara, falla la comparación y lee otra vez. Cuando introduce la contraseña correcta, la condición del bucle devuelve el estado de verdadero (ahora *ppalabra_1* es igual a *ppalabra_2*). El bucle para y se libera el teclado.

Línea 19: Esta línea abandona el guión bloqueo1 con un valor del estado igual a 0 que indica una terminación normal del programa.

Problemas con el programa *bloqueo1*

El programa bloqueo1 funciona bien salvo pequeños problemas. Existe la posibilidad de mejorarlo. Exploremos esta cuestión.

bloqueo1 no es un programa perfecto:

* Cuando el teclado está bloqueado, si presiona [Del] (la tecla de interrupción), se finaliza el guión bloqueo1, se visualiza el indicador $ y el sistema está preparado para

aceptar órdenes. ¡Todo esto para proteger a su sistema de los intrusos!. Sea efectivo, el programa bloqueo1 debe ser capaz de ignorar las señales de interrupción normales.

• Se visualiza la contraseña. Normalmente no se muestra en pantalla la contraseña. En la línea 10, cuando se pide la contraseña, cualquier cosa que escriba como su contraseña le será devuelta por pantalla para que la pueda ver todo el mundo. Debe evitarse la visualización de la respuesta del usuario cuando se le solicita que introduzca su contraseña.

• El mensaje está prefijado. Siempre se muestra **este sistema está bloqueado**. Resulta agradable poder especificar el mensaje que se va a mostrar desde la línea de orden.

Para resolver estos problemas, deben explorarse algunas órdenes más.

12.2. UNIX POR DENTRO: LAS SEÑALES

¿Cómo puede finalizar un proceso? Un proceso termina generando una señal de interrupción. ¿Qué es una señal? Una señal es una indicación al proceso acerca de una condición específica. Por ejemplo, [Del], [Break] y [Ctrl-c] se utilizan para enviar una señal de interrupción a un proceso de forma que lo termina.

Recuerde, su proceso piensa que está trabajando con archivos y no sabe nada del terminal. ¿Qué hace una señal de interrupción que se introduce desde el teclado para finalizar su proceso? Las señales de interrupción van al núcleo de UNIX y no al proceso. Es el núcleo quién conoce los dispositivos y se le notifica cuando se presiona cualquiera de las teclas de interrupción. A continuación UNIX envía una señal al proceso indicándole que se ha producido una interrrupción. Como respuesta a esta señal el proceso finaliza o lleva a cabo alguna otra acción.

Existen algunos otros sucesos diferentes que hacen que el núcleo envíe una señal al proceso. Estas señales se numeran para especificar el suceso específico que representan. La Tabla 12.1 resume algunas de estas señales que se utilizan normalmente en los archivos guiones. Los números de señal pueden ser diferentes en su sistema. Pregunte al administrador de su sistema o consulte los manuales de referencia.

Tabla 12.1. Algunas de las señales del shell

Número de señal	Nombre	Significado
1	Desconexión	La conexión con el terminal está perdida
2	Interrupción	Una de las teclas de interrupción está pulsada
3	Abandonar	Una de las teclas de abandonar está pulsada
9	Matar	Se emite la orden kill -9
15	Terminación	Se emite la orden de matar

La señal de desconexión   La señal 1 se utiliza para decirle al proceso que el sistema ha perdido la conexión con el terminal. Esta señal se genera cuando está desconectado el cable que va del terminal al computador o cuando se pierde la línea de teléfono (conexión al modem). También, en algunos sistemas la señal de desconexión se genera cuando el usuario se desconecta del terminal.

La señal de interrupción   La señal 2 se genera cuando se presiona una de las teclas de interrupción. Esta podría ser [Ctrl-c], [Del] o [Break].

Las teclas de interrupción en su sistema pueden ser diferentes. En cada sistema concreto, solamente funciona una de las teclas.

La señal de abandonar   La señal 3 se genera desde el teclado cuando se presiona [Ctrl-\] Esto origina que el proceso aborte la ejecución antes de finalizar.

Las señales de matar   Las señales 9 y 15 se generan mediante la orden **kill** (véase Capítulo 8). La señal 15 es la señal por defecto y la 9 se genera cuando se utiliza la opción **-9** con la orden **kill**. Ambas terminan con el proceso que las acepta.

12.2.1.   Captura de las señales: la orden *trap*

La acción por defecto que efectúa su proceso cuando recibe cualquiera de las señales es la terminación inmediata. Puede emplear la orden **trap** para cambiar la acción por defecto del proceso a cualquier otra que se especifique. Por ejemplo, puede programar al proceso para que ignore las señales de interrupción o en lugar de finalizar que ejecute una orden especificada. Exploremos las posibilidades. El formato de la orden **trap** es el siguiente:

trap *'órdenes opcionales'* números de señal

La parte *órdenes* es opcional. Cuando está presente, las órdenes se ejecutan siempre que su proceso recibe una de las señales que se han especificado que se capturen.

Las órdenes que se especifican en la orden trap deben estar encerradas entre simples o dobles comillas.

1.   *Puede especificar más de un número de señal para capturar.*
2.   *Los números de señal son los números asociados con las señales que desea que la orden* **trap** *capture.*

La siguiente secuencia de órdenes muestra como funciona la orden **trap**.

trap `echo ¡me niego a morir!` 15

Esta orden ejecuta la orden **echo** y visualiza el mensaje **me niego a morir** siempre que recibe una simple orden **kill**. Sin embargo el guión continúa.

trap `echo matado por una señal ; exit `15

Si el proceso recibe una orden **kill** (señal 15), la orden **echo** se ejecuta y muestra el mensaje **matado por una señal.** Después, se ejecuta la orden **exit** que origina que termine el guión.

trap " 15

No se especifica ninguna orden. Ahora, si el proceso recibe la señal **kill** (señal 15) la ignora y continua el guión.

 Las comillas deben estar presente incluso aunque no se especifique ninguna orden. Sin las comillas la orden **trap** reinicializa las señales especificadas.

12.2.2. Reinicializar las capturas

La emisión de una orden **trap** en un guión cambia las acciones por defecto de las señales recibidas por el proceso. Utilizando la orden **trap**, sin la parte de órdenes opcional, cambia las señales especificadas a sus acciones por defecto. Esta orden es útil cuando en una parte del guión desea capturar ciertas señales y en otra parte necesita que las señales no sean capturadas.

Por ejemplo, si escribe la siguiente orden en un guión:

$ trap " " 2 3 15

se ignoran las órdenes **interrupt**, **quit** y **kill** y si se presiona cualquiera de sus teclas el guión continua en ejecución. Si escribe la siguiente orden:

$ trap 2 3 15

se reinicializan las señales especificadas. Es decir, se restauran las teclas **interrupt**, **quit** y **kill** y si se presiona cualquiera de ellas se finaliza la ejecución del guión.

12.2.3. Asignación de opciones de terminal: la orden *stty*

Utilice la orden **stty** para asignar y visualizar características del terminal. Puede controlar diversas características del terminal, tales como la velocidad en baudios (velocidad de transmisión entre el terminal y el computador), y las funciones de ciertas teclas (**kill, interrupt**, etc.). La orden **stty** sin argumentos muestra un grupo seleccionado de asignaciones. Use la opción **-a** para obtener un listado de todas las asignaciones del terminal.

La Figura 12.2 muestra un ejemplo de las asignaciones del terminal. Su sistema puede tener diferentes asignaciones.

```
$ stty
speed  9600 baud; -parity
erase = '^h' ; kill = '^u'
echo
$_
```

Figura 12.2.   Un ejemplo de las asignaciones de un terminal.

Tabla 12.2. Una pequeña lista de las opciones del terminal

Opción	Operación
echo [-echo]	Devuelve [no devuelve] los caracteres escritos, el valor por defecto es echo
raw [-raw]	Desactiva [activa] el significado especial de los metacaracteres, el valor por defecto es -raw
intr	Genera una señal de interrupción, normalmente se utiliza la tecla [Del]
erase	(retroceso) Borra el carácter precedente, normalmente se utiliza la tecla [#]
kill	Borra la línea entera, normalmente se utiliza la tecla [@] o [Ctrl-u]
eof	Genera la señal de fin de archivo desde el terminal, normalmente se utiliza la tecla [Ctrl-d]
ek	Reinicializa las teclas de borrar y matar a [#] y [@] respectivamente
sane	Asigna la característica del terminal a los valores por defecto

Los terminales tienen una amplia variedad de capacidades y **stty** soporta la modificación de más de cien asignaciones diferentes. Algunas de estas asignaciones cambian el modo de comunicación del terminal, algunas otras el valor asignado a las teclas especiales y otras combinan asignaciones.

La Tabla 12.2 ofrece una relación de un subconjunto muy pequeño de las opciones disponibles, las más usuales. Utilice la orden **man** para obtener una lista más detallada de opciones y la explicación de sus funciones.

1. *Las asignaciones por defecto son normalmente las mejores para la mayoría de las opciones.*

2. *Alguna de las opciones se activan escribiendo el nombre de la opción y se desactivan precediéndolas un guión.*

Veamos algunos ejemplos.

$ **stty -echo [Retorno]** .... Desactiva la visualización de respuesta.

$ **stty echo [Retorno]** .... Activa la visualización de respuesta.

La orden **stty echo** no se visualiza en el terminal debido al efecto de la orden previa **stty -echo**.

Asignación de la tecla **kill** a [Ctrl-u].

> **$ stty kill \^u [Retorno]** .... Ahora [Ctrl-u] es la tecla **kill**
>
> **$_** .... Indicador del shell

Para asignar una tecla especial, o presiona tres caracteres: [\], [^] y la letra especificada o escribe directamente la combinación de teclas. En el ejemplo anterior, escribe \^u ó presiona [Ctrl-u].

> **$ stty sane [Retorno]** .... Reinicializa las opciones a valores razonables
>
> **$_** .... Indicador del shell

Cuando ha cambiado las opciones muchas veces y pierde la pista de las modificaciones, la opción **sane** viene en su ayuda.

Cambie las teclas **kill** y **erase** a sus valores por defecto.

> **$ stty ek [Retorno]** .... Asigna las teclas **kill** y **erase**.
>
> **$_** .... Indicador del shell.

Esta orden asigna la tecla **kill** a [@] y la tecla **erase** a [#].

12.3. ALGO MÁS ACERCA DE LOS TERMINALES

El sistema operativo UNIX soporta numerosos tipos de terminales. Cada terminal tiene sus propias capacidades y características. Estas capacidades están documentadas en el manual de usuario/técnico del terminal con un conjunto de caracteres de escape que hay que utilizar para permitirle manipular dichas capacidades del terminal. Cada tipo de terminal tiene su propio conjunto de caracteres de escape. En el Capítulo 11, se utilizó el carácter de escape **\032** para borrar la pantalla. El **\032** es el código de borrar pantalla para los terminales tipo vt100. Escriba la siguiente línea para borrar la pantalla:

> **$ echo "\032" [Retorno]** .... Borra la pantalla en los terminales tipo vt100.

Las capacidades del terminal no están limitada a la función de borrar pantalla. Hay docenas de otras características, tales como texto en negrita, subrayado etc... Utilícelas para conseguir que su visualización sea más significativa, mejor organizada o simplemente parezca más agradable.

12.3.1. La base de datos de los terminales: el archivo *terminfo*

Cada terminal soportado en su sistema tiene una entrada en la base de datos del terminal (archivo) llamado *terminfo* (información del terminal). La base de datos terminfo es un archivo de texto simple que contiene las descripciones de muchos tipos de terminales. Para cada terminal en la base de datos, hay una lista de las capacidades asociadas con ese terminal.

12.3.2. Asignación de las capacidades del terminal: la orden *tput*

La utilidad **tput**, que es estándar en cualquier sistema con la base de datos terminfo, le permite imprimir los valores de cualquier característica. Esto hace posible que se puedan utilizar las capacidades de los terminales en la programación del shell. Por ejemplo, para borrar la pantalla escriba:

$ tput clear [Retorno]

Esta orden funciona sin tener en cuenta el tipo del terminal, mientras el sistema incluya la base de datos terminfo y el tipo de terminal esté en la base de datos.

La Tabla 12.3 muestra algunas de las capacidades del terminal que se pueden activar utilizando la orden **tput**. El programa **tput** utilizado con la base de datos terminfo le permite escoger capacidades particulares del terminal e imprimir sus valores o almacenarlos en una variable del shell. Por defecto, **tput** asume que se está utilizando el tipo de terminal especificado en la variable del shell *TERM*. Puede inhibir esto utilizando la opción **-T**. Por ejemplo, escriba la siguiente orden para especificar el tipo de terminal:

$ tput -T wy50 [Retorno]

Tabla 12.3. Una pequeña lista de las opciones del terminal

Opción	Operación
bell	Devuelve el carácter bell del terminal
blink	Efectúa la visualización parpadeando
bold	Realiza la visualización en negrita
clear	Borra la pantalla
cup *r c*	Mueve el cursor a la fila *r* y columna *c*
dim	Atenúa la visualización
ed	Borra desde la posición del cursor hasta el final de la pantalla
el	Borra desde la posición del cursor hasta el final de la línea
smso	Comienza el modo de realce
rmso	Finaliza el modo de realce
smul	Comienza el modo de subrayado
rmul	Finaliza el modo de subrayado
rev	Muestra en vídeo inverso, negro sobre blanco

1. *Normalmente cuando activa un modo, permanece activo hasta que lo desactiva.*

2. *Puede almacenar las secuencias de caracteres en variables y a continuación usar las variables.*

Las siguientes secuencias de órdenes muestran la utilización de la orden **tput** para cambiar las características del terminal.

Utilizando la orden **tput**, primero borre la pantalla y a continuación muestre en la fila 10 columna 20 el mensaje **La base de datos terminfo**.

$ **tput clear [Retorno]** .... Borra la pantalla.

$ **tput cup 10 20 [Retorno]** .... Posiciona el cursor.

$ **echo "La base de datos terminfo" [Retorno]** ... Visualiza el mensaje.

La base de datos terminfo

Especifique la posición del cursor antes de la orden **echo** *que visualiza el mensaje en la posición especificada en la pantalla.*

Las órdenes anteriores se pueden colocar todas juntas en una línea. Las órdenes se separan por punto y coma, tal como sigue:

$ **tput clear ; tput cup 10 20 ; echo "La base de datos terminfo" [Retorno]**

Almacene una secuencia de caracteres en una variable y a continuación utilícela para manipular la pantalla.

$ **bell=`tput bell` [Retorno]** .... Almacena la secuencia de caracteres de bell en la variable bell.

El shell ejecuta la orden que hay entre las comillas simples invertidas y asigna la salida de la orden, en este caso la secuencia de caracteres para el terminal bell (bip), a la variable *bell*.

$ **s_uline=`tput smul` [Retorno]** ..... Almacena el código de comienzo de subrayado.

$ **e_uline=`tput rmul` [Retorno]** ..... Almacena el código de final de subrayado.

$ **tput clear [Retorno]** .... Borra la pantalla.

$ **tput cup 10 20 [Retorno]**.............. Posiciona el cursor.

$ **echo $bell [Retorno]** .... Suena el terminal bell.

$ **echo $s_uline [Retorno]**.............. Comienza la visualización del subrayado.

$ **echo "La base de datos terminfo" [Retorno]**

.... Visualiza el mensaje subrayado.

La base de datos terminfo

$ **echo $e_uline [Retorno]** .... Finaliza la visualización del subrayado.

La orden **echo** se puede combinar en una orden utilizando la variable asignada como sigue:

$ echo " $bell${s_uline}La base de datos terminfo$e_uline" [Retorno]

 Las llaves en *${s_uline}* son necesarias para que el shell reconozca el nombre de la variable (véase en el Capítulo 11 sustitución de variables).

12.3.3. Solución de los problemas del programa *bloqueo1*

Utilizamos las órdenes **stty**, **trap** y **tput** y modificamos el guión bloqueo1 para arreglar sus problemas y crear un interfaz de usuario mejor. La Figura 12.3 muestra la nueva versión del guión bloqueo y lo que sigue es la explicación de las líneas modificadas o añadidas.

Línea 9: Esta línea captura las señales 2 y 3. Esto significa que el guión ignora las teclas de **interrupción** y **salir** cuando se recibe y continúa la ejecución.

Línea 10: Esta línea desactiva la capacidad de visualización del terminal. Por tanto, no se muestran los próximos caracteres de entrada (en este caso la contraseña).

```
1 #
2 # nombre: bloqueo2 (versión 2 de bloqueo)
3 # definición: Este programa bloquea el teclado, y debe escribir
4 # la contraseña para desbloquearlo
5 # lógica:
6 #       1- Pide al usuario que introduzca una contraseña
7 #       2- Bloquea el teclado hasta que se introduce la contraseña correcta
8 #
9 trap " " 2 3 4                              # ignora las señales relacionadas
10 stty -echo                                 # prohíbe la visualización de la
                                              #   entrada
11 tput clear                                 # borra la pantalla
12 tput 5 10 ; echo "Introduzca su CONTRASEÑA>" # pide la contraseña
13 read ppalabra_1                            # lee la contraseña
14 tput clear                                 # borra la pantalla otra vez
15 tput cup 10, 20 ; echo "ESTE SISTEMA ESTA BLOQUEADO ...."
16 ppalabra_2=                                # declara una variable vacía
18 until [ "$ppalabra_1" = "$ppalabra_2" ]    # comienzo del bucle
19 do
20     read ppalabra_2                        # cuerpo del bucle
21 done                                       # final del bucle until
22 stty echo                                  # activa la visualización de los
                                              #   caracteres de entrada
23 exit 0                                     # final del programa, salir

file "lock2" 23 lines 166 characters
```

Figura 12.3. Guión **bloqueo2**.

Líneas 11 y 14: Estas líneas borran la pantalla. En lugar de utilizar la orden **echo** y el código de borrar pantalla, se utiliza la orden **tput**.

Línea 12: Esta línea emite dos órdenes, separadas por el punto y coma (**;**). La primera orden (**tput cup 5 10**) posiciona el cursor en la línea 5 columna 10. La segunda orden devuelve la visualización del mensaje en la posición del cursor.

Línea 15: Esta línea es similar a la línea 12 y emite dos órdenes separadas por el punto y coma (**;**). La primera orden (**tput cup 10 20**) posiciona el cursor en la línea 10 columna 20. La segunda orden devuelve el eco del mensaje en la posición del cursor.

Línea 23: Esta línea reinicializa (activa) la capacidad de visualizar del terminal. Esto sucede después de que haya pulsado la tecla correcta para desbloquear el teclado.

Ahora, si cambia el guión bloqueo2 a un archivo ejecutable y lo ejecuta escribiendo las siguientes órdenes:

```
$ chmod +x bloqueo2 [Retorno] ....   Cambia el modo de acceso al programa.
$ bloqueo2 [Retorno] .....................   Lo ejecuta.
```

la pantalla aparece tal como se indica en la Figura 12.4 y se le invita a que introduzca una contraseña.

Introduzca cualquier secuencia de caracteres o números (que no se visualizan) como contraseña. Debe recordar esta contraseña para desbloquear el teclado. A continuación se borra la pantalla del terminal y visualiza el contenido que se muestra en la Figura 12.5.

En esta situación el teclado está bloqueado y sólo lo desbloquea la contraseña. ¿Qué pasa si olvida la contraseña? No puede usar [Del], [Ctrl-c] u otras teclas para terminar el programa bloqueo2. La orden **trap** ignora estas señales y el programa continúa manteniendo bloqueado el teclado. No puede capturar las señales de matar (9 y 15) ni puede emplear el teclado para emitir la orden **kill**. La solución es simple: conéctese utilizando otro terminal y emita una orden **kill** para terminar el guión bloqueo2 desde este terminal.

Especificando el mensaje de visualización   Tal como se mencionó anteriormente, puede mejorar el programa bloqueo2 dando al usuario la libertad de especificar el mensaje que se visualiza o escogiendo el mensaje prefabricado (por defecto). El mensaje especificado se debe pasar al programa en la línea de orden. Por ejemplo, escriba:

Introduzca su PALABRA CLAVE>_

Figura 12.4.   Petición del programa **bloqueo2**.

ESTE SISTEMA ESTÁ BLOQUEADO

Figura 12.5.   El mensaje del programa **bloqueo2**.

$ bloqueo3 La hora del café. Se volverá en cinco minutos [Retorno]

Tiene que modificar el programa bloqueo2 para acomodar los nuevos cambios en nuestro escenario. Con la nueva versión (llamada bloqueo3) puede introducir un mensaje en la línea de orden o ejecutar el programa como antes sin especificar un mensaje. El programa debe reconocer ambos casos y mostrar el mensaje apropiado. La Figura 12.6 muestra el código fuente del programa bloqueo3 y las explicaciones en las líneas que siguen clarifican como funciona.

Líneas 11 a 16: Estas líneas hacen la construcción **if-then-else**. La condición **if** comprueba el valor de la variable posicional *$#* que contiene el número de los argumentos de línea. Si *$#* es mayor que cero, indica que el usuario ha especificado un mensaje en la línea de orden y se ejecuta el cuerpo del **if**. La variable posicional *$@* mantiene el mensaje especificado,

```
1 #
2 # nombre: bloqueo3 (versión 3 de bloqueo)
3 # definición: Este programa bloquea el teclado, y debe escribir
4 # la contraseña para desbloquearlo
5 # lógica:
6 #     1- Pide al usuario que introduzca una contraseña
7 #     2- Bloquea el teclado hasta que se introduce la contraseña correcta
8 #
9 trap " " 2 3 4                                 # ignora las señales relacionadas
10 stty -echo                                    # prohibe la visualización de la
                                                   entrada
11 if [ $# -gt 0 ]                               # se especifica mensaje en línea
12   then
13       $MESG="$@"                              # almacena el mensaje especificado
14 else
15       $MESG="ESTE SISTEMA ESTA BLOQUEADO"
16 fi
17 tput clear                                    # borra la pantalla
18 tput 5 10 ; echo "Introduzca su CONTRASEÑA>"  # pide la contraseña
19 read ppalabra_1                               # lee la contraseña
20 tput clear                                    # borra la pantalla otra vez
21 tput cup 10, 20 ; echo "$MESG"               # visualiza el mensaje
22 ppalabra_2=                                   # declara una variable vacía
23 until [ "$ppalabra_1" = "$ppalabra_2" ]       # comienzo del bucle
24 do
25    read ppalabra_2                            # cuerpo del bucle
26 done                                          # final del bucle until
27 stty echo                                     # activa la visualización de los
                                                   caracteres de entrada

28 exit 0                                        # final del programa, salir
"lock3" 28 lines 166 characters
```

Figura 12.6. Tercera versión del programa **bloqueo**.

que se almacena en la variable *MESG*. Si $# no es mayor que cero, entonces se ejecuta el cuerpo del **else** y la variable *MESG* guarda el mensaje preestablecido.

Línea 21: Esta línea visualiza el contenido de la variable *MESG*, o el mensaje especificado por el usuario o el mensaje preestablecido.

Las restantes líneas son las mismas que tiene la versión bloqueo2 del programa y realizan las mismas funciones. Como antes, cambia el modo de acceso del programa bloqueo3 al modo ejecutable y después puede ejecutarlo con o sin especificar un mensaje en la línea de orden.

12.4. OTRAS ÓRDENES

En la próxima sección vamos a poner en juego todos nuestros conocimientos de programación del shell y escribimos una aplicación que consta de más de un guión. Sin embargo, antes de presentar el escenario para este programa de aplicación necesitamos examinar algunas órdenes más.

12.4.1. Bifurcación múltiple: la construcción *case*

El shell proporciona la construcción **case**, que permite ejecutar selectivamente un conjunto de órdenes. Puede emplear la construcción **if-elif-else** para lograr el mismo resultado, pero cuando tiene que utilizar demasiadas sentencias **elif** (por ejemplo más de dos o tres) es preferible la construcción **case**. La utilización de la construcción **case** en lugar de múltiples sentencias **elif** es una forma más elegante de programar.

La sintaxis de la construcción **case** es como sigue:

```
case variable in
  patrón_1)
     órdenes_1;;
  patrón_2)
     órdenes_2;;
  ....
  ....
  *)
  órdenes_por_defecto;;
esac
```

case, **in** y **esac** (**case** escrito al revés) son palabras reservadas (palabras claves). Las sentencias que hay entre las palabras claves **case** y **esac** se llaman el cuerpo de la construcción **case**.

Cuando el shell ejecuta la sentencia **case**, compara los contenidos de la variable con cada uno de los patrones hasta que se encuentra una concordancia o alcanza la contraseña **esac**. El shell ejecuta las órdenes asociadas con la secuencia de concordancia. La opción por defecto de **case**, representada por *), debe ser la última en el programa **case**. El final de cada **case** se indica por dos puntos y comas (;;).

Examinemos un sencillo programa de menú y exploremos la aplicación de la construcción **case**. Un sistema de menú proporciona una interfaz de usuario fácil y simple y la mayoría de los usuarios de computadores están familiarizados con este tipo de menús. Es sencillo implementar menús en los guiones del shell.

Normalmente se espera que un programa de menú realice las siguientes funciones:

- Visualizar las opciones posibles.
- Invitar al usuario a seleccionar una función.
- Leer la entrada del usuario.
- Llamar a otros programas de acuerdo con la entrada del usuario.
- Visualizar un mensaje de error si la entrada está equivocada.

El usuario introduce una selección, el programa del menú debe reconocerla y tomar la acción correspondiente. Este reconocimiento se puede lograr fácilmente utilizando la construcción **case**. Por ejemplo, suponga que tiene un guión llamado MENU. En la Figura 12.7 se muestra el código fuente del programa MENU. La siguiente secuencia de órdenes indica la ejecución y la salida de este programa.

Ejecute el programa MENU

    $ MENU [Retorno] .... Ejecuta el programa MENU

```
$ cat MENU
#
# Un programa de menú sencillo que demuestra el uso de la construcción case
#
echo " 0: Salir"
echo " 1: Mostrar fecha y hora"
echo " 2: Listar el directorio de conexión"
echo " 3: Visualizar calendario"
echo "Introduzca su elección: "          # visualiza la petición
read opción                               # lee la respuesta del usuario
case $opción in                           # comienzo de la construcción case
    0) echo adiós ;;                      # visualiza el mensaje
    1) date ;;                            # muestra fecha y hora
    2) ls $HOME ;;                        # visualiza el directorio de conexión
    3) cal ;;                             # muestra el calendario del mes actual
    *) echo "Entrada no válida. Adiós." ;; # muestra mensaje de error
esac                                      # final de la construcción case

$_
```

Figura 12.7. Código fuente de un programa de menú sencillo.

0: Salir

1: Mostrar fecha y hora

2: Listar el directorio de conexión

3: Visualizar calendario

Introduzca su elección: ....   Se queda esperando la entrada

Se visualiza el menú y se le invita a que introduzca su elección. La entrada se almacena en la variable llamada *opción*. La variable *opción* se pasa a la construcción **case**, que reconoce la selección efectuada y ejecuta las órdenes apropiadas.

Si introduce 0: La variable *opción* contiene 0, que concuerda con el patrón 0 (cero) de la construcción **case**. Así pues, se ejecuta la orden **echo** y se visualiza el mensaje **adiós.** Ningún otro patrón concuerda y el programa finaliza.

Si introduce 1: La variable *opción* contiene 1, que concuerda con el patrón 1 (uno) de la construcción **case**. Así pues, se ejecuta la orden **date** y se visualiza la fecha y la hora del día. Ningún otro patrón concuerda y el programa finaliza.

Si introduce2: La variable *opción* contiene 2, que concuerda con el patrón 2 (dos) de la construcción **case**. Así pues, se ejecuta la orden **ls** y se visualiza el contenido del directorio de conexión. Ningún otro patrón concuerda y el programa finaliza.

Si introduce 3: Similar a las selecciones previas. La variable *opción* concuerda con el caso 3, y se visualiza la salida de la orden **calendar**.

Si introduce 5: ¿Qué pasa si comete un error e introduce 5 ó 7? Si la construcción **case** tiene una opción por defecto (el * concuerda con todo) cuando todos los otros **case** fallan esta opción concuerda y se ejecutan sus órdenes asociadas. En este caso, visualiza el siguiente mensaje: **Entrada no válida. Adiós.**

12.4.2. Revisión del programa *saludos*

Escribamos otra versión del programa saludos (que se introdujo en el Capítulo11). En la nueva versión, en lugar del **if-elif-else** se utiliza la construcción **case**. La Figura 12.8 es una forma de escribir este programa.

La salida de esta versión es la misma que la de la versión anterior. Emite dos pitidos y dependiendo de la hora del día visualiza el saludo correspondiente. La variable *hora* (que contiene la hora del día) se pasa a la construcción **case**. El valor almacenado en *hora* se compara con cada uno de los patrones de **case** hasta que se encuentra una concordancia. Estos patrones necesitan alguna explicación más.

El primer patrón **0?** | **1[0-1]** comprueba las horas de la mañana (01 a 11). El **0?** representa cualquier número de dos dígitos que conste de un cero y cualquier otro dígito (0 a 9). Por tanto **0?** concuerda con los valores que van desde 00 a 09. El **1[0-1]** representa cualquier número de dos dígitos que conste de un 1 y otro dígito (0 a 1). Por tanto **1[0-1]** concuerda con los valores 10 y 11. El operador | es el signo del **or** lógico; de forma que la expresión completa es cierta si cualquiera de las dos secuencias concuerda con el valor de la variable *hora*. Si el valor de la variable *hora* está comprendido entre 01 y 11, la orden **echo** visualiza **Buenos días.**

```
$ cat saludos2
# saludos2: versión 2 del programa saludos
# Esta versión usa la construcción case para comprobar la hora del día y visualizar
# el saludo apropiado
#
bell=`tput bell`                    almacena el código del sonido
echo $bell$bell                     # emite dos bips
hora=`date+%H`                      # obtiene la hora del día
case $hora in
   0? | 1[0-1] ) echo "Buenos días" ;;
        1[2-7] ) echo "Buenas tardes" ;;
             * ) echo "Buenas noches" ;;
esac
exit 0
$_
```

Figura 12.8. Nueva versión del programa **saludos**.

El segundo patrón **1[2-7]** comprueba las horas de la tarde (12-17). Representa cualquier número de dos dígitos que conste de un 1 y otro dígito en el rango de 2 a 7. Por tanto, **1[2-7]** concuerda con valores desde (12 a 17). Si el valor en la variable *hora* está entre 12 a 17, la orden **echo** visualiza **Buenas tardes.**

El tercer patrón * (el valor por defecto) concuerda con cualquier valor. Si el valor de la variable *hora* está comprendido entre 18 y 23, fallan las secuencias primera y segunda y la orden echo visualiza **Buenas noches**.

12.5. APLICACIÓN DIRIGIDA POR MENÚ

Escenario Suponga que quiere escribir una aplicación dirigida por menú que le facilite el seguir la pista de sus libros de UNIX. Desea poder actualizar la lista de sus libros para saber si cualquier libro especificado está en su biblioteca (o no) y si lo ha prestado a quién lo ha hecho y cuándo.

Por supuesto, esta es una aplicación típica para una base de datos, pero el objetivo es practicar algunas de las órdenes de UNIX y que tenga una percepción de cómo puede poner juntas las órdenes y las construcciones para crear programas útiles.

12.5.1. Escritura jerárquica

La Figura 12.9 muestra la estructura jerárquica de un programa de biblioteca en UNIX dirigido por menús llamado ULIB. Cuando llama a ULIB se muestra el menú principal y espera a que se introduzca alguna opción. Cada entrada le transfiere a otro nivel de menús. Como la mayoría de las interfaces de usuario conducidas por menú, los niveles superiores de la estructura jerárquica de ULIB presenta la interfaz de usuario. En este caso, los tres programas

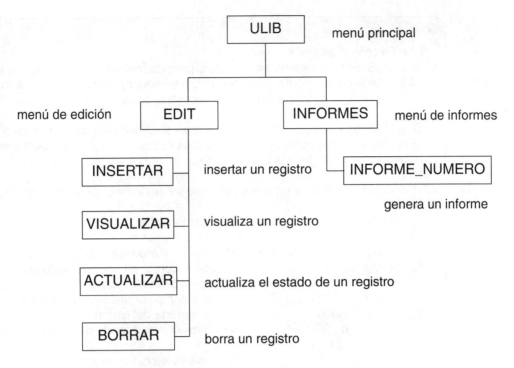

Figura 12.9. Estructura jerárquica del programa ULIB.

ULIB, EDIT e INFORMES simplemente muestran el menú apropiado y esperan a que el usuario haga la selección correspondiente.

Cada caja en la jerarquía representa un programa. Comencemos con el primero ULIB, que se encuentra en el nivel superior. La Figura 12.10 muestra una forma de escribir este programa. Los números de líneas no forman parte del código fuente. Siempre que sea necesario, estos números de líneas se referenciarán para dar más explicaciones sobre las órdenes o la lógica del programa.

Líneas 1-6: Estas líneas comienzan todas con el signo # y son, por tanto, líneas de comentario.

Línea 7: Esta línea almacena el código terminal para la visualización en negrita en una variable llamada *BOLD*.

Línea 8: Esta línea almacena el código terminal para la visualización normal en una variable llamada *NORMAL*.

Línea 9: Esta línea hace que las variables *BOLD* y *NORMAL* estén disponibles en los subshells.

Líneas 10-12: Estas líneas comienzan todas con el signo # y son, por tanto, líneas de comentario.

Línea 13: Esta línea borra la pantalla.

Línea 14: Esta línea posiciona el cursor en la línea 5 columna 15.

```
 1 #
 2 # Biblioteca en UNIX
 3 # ULIB: Este programa es el módulo principal del programa de aplicación de la
 4 #    biblioteca deUNIX. Muestra un breve mensaje de inicio y visualiza el menú
 5 #    principal. Llama al programa adecuado de acuerdo con la elección del usuario.
 6 #
 7 BOLD=`tput smso`          # almacena el código del modo en negrita en BOLD
 8 NORMAL=`tput rmso`        # almacena el código de final de negrita en NORMAL
 9 export BOLD NORMAL        # las hace reconocibles los subshells
10 #
11 # muestra el título y un breve mensaje antes de mostrar el menú principal
12 #
13  tput clear               # borra la pantalla
14 tput cup 5 15            # coloca el cursor en línea 5, columna 15
15 echo "${BOLD}Super Biblioteca UNIX"    # muestra el título en negrita
16 tput cup 12 10           # coloca el cursor en línea 12, columna 10
17 echo "${NORMAL}Esta es la aplicación de la biblioteca UNIX" # el resto del título
18 tput cup 14 10 ; echo "Por favor pulse cualquier tecla para continuar…_\b\c"
19 read respuesta           # lee la entrada del usuario
20 indicador_de_error=0     # inicializa el indicador de error, esto indica que no hay
                              error
21 while true               # el bucle se ejecuta siempre
22   do
23    if [ $indicador_de_error -eq 0 ]   # comprueba si existe error
24      then
26       tput clear          # borra la pantalla
27       tput cup  5  10
28       echo "Biblioteca en UNIX - ${BOLD}MENU PRINCIPAL${NORMAL}"
29       tput cup 7 20 ; echo "0: ${BOLD}SALIR${NORMAL} de este programa"
30       tput cup 9 20 ; echo "1: ${BOLD}EDITAR${NORMAL} Menú"
31       tput cup 11 20 ; echo "2: ${BOLD}INFORMES${NORMAL} Menú"
32       indicador_de_error=0 # reinicializa el indicador de error
33     fi
33       tput cup 13 10 ;echo "Introduzca su elección_\b\c"
34       read elección        # lee la elección del usuario
35 #
36 # construcción case para comprobar la selección del usuario
37 #
38       case $elección in              # comprueba la entrada del usuario
39        0 ) tput clear ; exit 0 ;;
40        1 ) EDIT ;;                    # llama al programa EDIT
41        2 ) INFORMES                   # llama al programa INFORMES
42        * ) ERROR 20 10                # llama al programa error
43         tput cup 20 1 ; tput ed       # borra el resto de la pantalla
44         indicador_de_error=1 ;;       # indica que existe error
45       esac                            # final de la construcción case
46 done                                  # final de la construcción while
```

Figura 12.10. Código fuente del programa **ULIB**.

Línea 15: Esta línea visualiza el mensaje **Super Biblioteca UNIX** en la pantalla. Se utiliza la variable *BOLD* para conseguir que el mensaje aparezca en negrita.

Línea 16: Esta línea posiciona el cursor en la línea 12 columna 10.

Línea 17: Esta línea visualiza el resto del mensaje **Esta es la aplicación de la biblioteca UNIX** en la pantalla. Utilizando la variable *NORMAL* desactiva el modo del terminal en negrita y el resto del mensaje aparece en forma normal.

Cuando se asigna un modo de terminal, permanece en activo hasta que se cancela. Así pues, si emplea la orden **tput smso**, el terminal visualiza texto en negrita hasta que cancela este modo escribiendo la orden **tput rmso**.

Línea 18: Esta línea consta de dos órdenes. La orden **tput** posiciona el cursor en la línea 14 columna 10, y la orden **echo** visualiza el mensaje del indicador.

Línea 19: Esta línea espera que se le introduzca una entrada desde el teclado. Cuando da una tecla el programa continúa.

Este es un buen punto en el programa para parar las explicaciones de las líneas y ejecutarlo para ver cual es la salida de esta parte (líneas 1 a 19). Si ejecuta este programa escribiendo la siguiente orden, el programa ULIB muestra la pantalla inicial y se queda esperando su entrada para continuar.

$ ULIB [Retorno]

La Figura 12.11 muestra la pantalla inicial. Después de la visualización de esta pantalla, el programa presenta el menú principal y espera a que el usuario especifique una selección del menú. Dependiendo de dicha selección, el programa ejecuta otros programas. Este proceso de mostrar el menú continúa hasta que selecciona la función salir del menú.

Línea 20: Esta línea inicializa a 0 el **indicador_de_error** que quiere decir que todavía no se ha producido ningun error. El objetivo de este indicador es dar a conocer si el usuario ha cometido un error. Dependiendo del valor que tome, el programa muestra el menú completo o simplemente aquella parte que es necesaria. Esto evita borrar la pantalla cada vez que el usuario comete un error.

Líneas 21,22 y 46: Estas líneas constituyen el bucle **while**. La condición del bucle **while** se fija a verdadera. La condición del bucle se satisface siempre y por tanto se continúa la ejecución. Esto quiere decir que el cuerpo del bucle se ejecuta siempre, y esto es exactamente

---

Super Biblioteca UNIX

Esta es la aplicación de la biblioteca UNIX
Por favor pulse cualquier tecla para continuar..._

Figura 12.11. Pantalla inicial del programa **ULIB**.

lo que se desea para mostrar continuamente el menú principal hasta que se selecciona la función de salir.

Líneas 23, 24 y 33: Estas líneas constituyen la construcción **if**. La condición **if** comprueba el estado del **indicador_de_error**. Si su valor es 0 no hay error y la condición es verdadera. Por tanto se ejecuta el cuerpo del **if**. Si el **indicador_de_error** no es 0 la condición **if** falla y se salta el cuerpo del **if**.

Línea 26: Esta línea borra la pantalla de forma que se pueda visualizar el menú principal. Recuerde que se visualiza la pantalla inicial antes del menú principal.

Líneas 28-31: Estas líneas muestran el menú principal en pantalla.

Línea 32: Esta línea pone el **indicador_de_error** a 0 otra vez inicializándolo para el siguiente bucle de iteración.

Líneas 33 y 34: Estas líneas visualizan el texto de la petición del programa al usuario y espera a que éste introduzca una selección.

Continuemos la ejecución de este programa. La Figura 12.12 muestra el menú principal. Se visualiza el indicador y el programa espera su entrada.

El texto en negrita en la pantalla se produce visualizando (la orden **echo***) el código almacenado en la variable BOLD.*

La entrada se guarda en la variable *elección* y *elección* se pasa a la construcción **case** para determinar la siguiente acción de acuerdo con la entrada.

Líneas 35-37: Estas líneas comienzan todas con el signo # y son, por tanto, líneas de comentario.

Líneas 38-57: Estas líneas constituyen la construcción **case**.

Si selecciona 0: El valor en la variable *elección* es 0, concuerda con el patrón 0 y ejecuta las órdenes asociadas. En este caso, borra la pantalla y sale del programa. Esta es la forma normal de finalizar este programa, eligiendo la opción 0 del menú principal.

Si selecciona 1: El valor en la variable *elección* es 1, concuerda con el patrón 1 y ejecuta las órdenes asociadas. En este caso, ejecuta el programa llamado EDIT. Cuando el programa EDIT termina, el control retorna al programa que ejecuta secuencialmente las siguientes

---

Biblioteca de UNIX - **MENU PRINCIPAL**

0: **SALIR** de este programa
1: Menú **EDITAR**
2: Menú **INFORMES**

Introduzca su elección >_

Figura 12.12. Pantalla del menú principal del programa **ULIB**.

líneas. La línea 45 indica el final de la construcción **case**. La línea 46 indica el final del bucle **while**, por tanto va a la línea 21 a comprobar la condición del bucle **while**. La condición es verdadera, porque se ejecuta el cuerpo del bucle y se muestra otra vez el menú principal. Este proceso se repite hasta que introduzca 0 desde el menú principal.

Si selecciona 2: El valor en la variable *elección* es 2; concuerda con el patrón 2 y ejecuta las órdenes asociadas. En este caso, ejecuta el programa llamado INFORMES. Análogamente a la función de la selección 1 que se explicó anteriormente, cuando finaliza el programa INFORMES, el control retorna al programa y se visualiza el menú principal que queda preparado para la próxima selección.

Si comete un error: Si comete un error en la selección presionando cualquier tecla salvo los valores válidos 0, 1 y 2, el valor de la variable *elección* concuerda con el patrón por defecto (el asterisco) y ejecuta las órdenes asociadas. En este caso, ejecuta un programa llamado ERROR. El programa ERROR muestra el mensaje de error en la pantalla, en la línea y columna indicada. La línea y la columna deseada se especifica en la línea de orden. Por tanto, **ERROR 20 10** significa mostrar el mensaje de error en la línea 20 columna 10. Como antes, se devuelve el control al programa cuando finaliza el programa ERROR.

Línea 43: Esta línea consta de dos órdenes **tput**. La orden **tput cup 20 1** coloca el cursor la línea 20 columna 1 y **tput ed** borra la parte de la visualización entre la posición del cursor y el final de la pantalla. En este caso, se borran las líneas 20, 21, 22, 23 y 24. Esto borra el mensaje de error, pero el texto del menú principal permanece en la pantalla del terminal.

Línea 44: Esta línea fija el **indicador_de_error** a 1, indicando que ha ocurrido un error.

 *Recuerde que el **indicador_de_error** se comprueba en la condición **if**. Como su valor es 1, la condición **if** falla y se salta el cuerpo de la construcción **if**. Esto significa que el texto del menú principal está ya en la pantalla y no hay necesidad de visualizarlo otra vez.*

La Figura 12.13 muestra la pantalla cuando comete un error al introducir la selección. El mensaje de error y el texto de invitación son salidas del programa ERROR. Cuando presiona una tecla para indicar la intención de continuar el programa, se borra el mensaje de error

---

Biblioteca de UNIX - **MENU PRINCIPAL**

0: **SALIR** de este programa
1: Menú **EDITAR**
2: Menú **INFORMES**

Introduzca su elección > 6
Entrada errónea. Inténtelo otra vez
Pulse cualquier tecla para continuar...

Figura 12.13. Pantalla con mensaje de error del programa **ULIB**.

y se le solicita otra vez que introduzca una selección del menú (tal como se mostró en la Figura 12.12).

12.5.2. El programa *ERROR*

El programa ERROR muestra un mensaje de error *prefijado* cada vez que se llama. Acepta los valores que indica la posición del cursor (línea y columna) desde la línea de orden. La Figura 12.14 muestra el código fuente de este programa.

Línea 6: Esta línea coloca el cursor en la posición especificada en la pantalla. Los valores de fila y columna se almacenan en las dos variables posicionales $1 y $2. Estas variables contienen los dos primeros parámetros que se le pasan al programa en la línea de orden. Por tanto, si llama a este programa escribiendo

        $ ERROR 10 15 [Retorno]

las variables posicionales $1 y $2 contienen respectivamente los valores 10 y 15, y el mensaje de error se visualizará en la fila 10 columna 15. El programa ULIB (Figura 12.10) llama al programa ERROR, cuando la entrada del usuario es errónea, para visualizar un mensaje de errror en la línea 20 columna 10.

Línea 7: Esta línea visualiza el mensaje de error.

Línea 8: Esta línea visualiza el mensaje de invitación al usuario.

```
 1 #
 2 # ERROR: Este programa visualiza un mensaje de error y espera la entrada
 3 #              del usuario para continuar. Visualiza el mensaje en la fila y
 4 #              columna especificada
 5 #
 6 tput cup $1 $2                                    # coloca el cursor en la pantalla
 7 echo "Entrada errónea. Inténtelo otra vez"        # muestra el mensaje de error
 8 echo "Pulse cualquier tecla para continuar... _\b\c" #visualiza la petición
 9 read respuesta                                    # lee la entrada del usuario
10 exit 0                                            # indica salida normal
```

Figura 12.14. Código fuente del programa **ERROR**.

Línea 9: Esta línea lee la entrada del usuario. No se efectúa ninguna comprobación de error de la entrada del usuario; puede presionar cualquier tecla para satisfacer la orden **read**. Así el control del programa está en la mano del usuario, quien puede continuar presionando una tecla.

```
 1 #
 2 # Biblioteca de UNIX
 3 # EDIT: Este programa es el módulo principal del programa EDIT
 4 #       Muestra el menú principal y llama al programa adecuado
 5 #       de acuerdo con la elección del usuario.
 6 #
 7 indicador_de_error=0              # inicializa el indicador de error, esto indica que no
                                      hay error
 8 while true                        # el bucle se ejecuta siempre
 9  do
10    if [ $indicador_de_error -eq 0 ]    # comprueba si existe error
11     then
12        tput clear ; tput cup 5 10       # borra la pantalla y coloca el cursor
13        echo "Biblioteca de UNIX - ${BOLD}MENU DE EDICION${NORMAL}"
14        tput cup 7 20                    # coloca el cursor
15        echo "0: ${BOLD}VOLVER${NORMAL} al Menú Principal"
16        tput cup 9 20 ; echo "1: ${BOLD}INSERTAR${NORMAL}"
17        tput cup 11 20 ; echo "2: ${BOLD}VISUALIZAR${NORMAL}"
18        tput cup 13 20 ; echo "3: ${BOLD} ACTUALIZAR ESTADO${NORMAL}"
19        tput cup 13 20 ; echo "4: ${BOLD} BORRAR${NORMAL}"
20    fi
21        indicador_de_error=0     # reinicializa el indicador de error
22        tput cup 17 10 ;echo "Introduzca su elección > _\b\c"
23        read elección            # lee la elección del usuario
24 #
25 # construcción case para comprobar la selección del usuario
26 #
27 case $elección in               # comprueba la entrada del usuario
28      0 ) exit 0 ;;              # vuelve al menú principal
29      1 ) INSERTAR ;;           # llama al programa INSERTAR
30      2 ) VISUALIZAR            # llama al programa VISUALIZAR
31      3 ) ACTUALIZAR            # llama al programa ACTUALIZAR
32      4 ) BORRAR                # llama al programa BBORRAR
33      * ) ERROR 20 10           # llama al programa error
34        tput cup 20 1 ; tput de # borra el resto de la pantalla
35        indicador_de_error=1 ;; # indica que existe error
36      esac                      # final de la construcción case
37 done                          # final de la construcción while
```

Figura 12.15. Código fuente del programa **EDIT**.

12.5.3. El programa *EDIT*

El programa EDIT se activa siempre que selecciona la función1 del menú principal. Este programa es un conductor para el menú de edición y es similar al programa del menú principal. Muestra el menú de edición y de acuerdo con la selección activa los programas adecuados. Consiste en un bucle **while** que abarca todo el programa.

Biblioteca de UNIX - **MENÚ DE EDICIÓN**

0: **VOLVER** al Menú Principal
1: **INSERTAR**
2: **VISUALIZAR**
3: **ACTUALIZAR ESTADO**
4: **BORRAR**

Introduzca su elección >_

Figura 12.16. Menú de edición.

El cuerpo del bucle **while** contiene el código que visualiza el menú de edición y una estructura **case** que determina qué órdenes se deben ejecutar para satisfacer la selección. Esencialmente esta es la lógica de cualquier programa de menú que escriba: mostrar el menú, leer la selección y actuar de acuerdo con la selección realizada.

La Figura 12.15 muestra el código fuente del programa EDIT. Este programa es similar al programa principal (ULIB) que se explicó en detalle en la sección anterior. La Figura 12.16 muestra el menú de edición. Este menú se visualiza cuando escoge la función 1 desde el menú principal.

12.5.4. El programa *INSERTAR*

Este programa añade un registro a su archivo de biblioteca y se ejecuta cuando selecciona la función insertar desde el menú de edición. Solicita que introduzca información, añade el nuevo registro al final del archivo de biblioteca y le pregunta si desea añadir algún registro más. Una respuesta afirmativa continúa con el programa añadiendo registros al archivo. Una respuesta negativa termina el programa y devuelve el control al programa de llamada, en este caso, el programa EDIT y ya está otra vez de vuelta en el menú de edición para realizar su próxima selección. Este programa asume que el archivo de biblioteca que almacena toda la información de sus libros de UNIX se llama ULIB_FILE; también supone que en el formato del registro se guarda la siguiente información para cada libro en el archivo ULIB_FILE. Cada elemento se almacena como un campo del registro cuyos nombres de campo se relacionan a continuación: se utiliza este libro de texto como un ejemplo para mostrar un posible valor para cada campo.

- Título: UNIX Unbound
- Autor: Afzal Amir
- Categoría: Libro_de_texto
  Se suponen tres categorías válidas

    - Libros del sistema: abreviado a *sis*
    - Libros de referencia: abreviado a *ref*
    - Libros de texto: abreviado a *lt*

- Estado: in
  El estado indica si el libro está fuera o en la biblioteca. El estado del libro lo determina el programa, y el campo de estado se fija a **in** (en la biblioteca) automáticamente cuando inserta un libro. El estado se cambia a **out** (fuera) cuando indica que un libro está prestado a alguien.

- Nombre del lector:
  Este campo permanece vacío si el campo de estado indica que el libro especificado está en la biblioteca (estado fijado a **in**) y se le asigna el nombre de la persona que tomó prestado el libro si el campo de estado vale **out**.

- Fecha:
  Este campo permanece vacío si el campo del estado indica que el libro especificado está en la biblioteca (estado fijado a **in**) y se le asigna la fecha en la que el libro se prestó si el campo de estado vale **out** (el libro está fuera de la biblioteca).

1. *La primera vez que se inserta el registro de un libro en el archivo ULIB_FILE, el campo de estado se fija a in y los campos del nombre del lector y de fecha permanecen vacíos.*

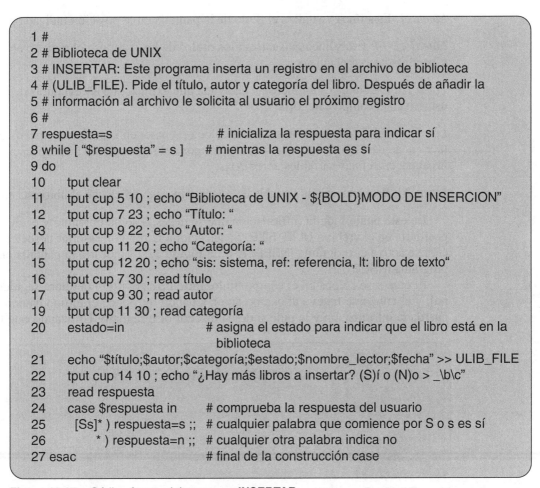

```
1 #
2 # Biblioteca de UNIX
3 # INSERTAR: Este programa inserta un registro en el archivo de biblioteca
4 # (ULIB_FILE). Pide el título, autor y categoría del libro. Después de añadir la
5 # información al archivo le solicita al usuario el próximo registro
6 #
7 respuesta=s                      # inicializa la respuesta para indicar sí
8 while [ "$respuesta" = s ]       # mientras la respuesta es sí
9 do
10    tput clear
11    tput cup 5 10 ; echo "Biblioteca de UNIX - ${BOLD}MODO DE INSERCION"
12    tput cup 7 23 ; echo "Título: "
13    tput cup 9 22 ; echo "Autor: "
14    tput cup 11 20 ; echo "Categoría: "
15    tput cup 12 20 ; echo "sis: sistema, ref: referencia, lt: libro de texto"
16    tput cup 7 30 ; read título
17    tput cup 9 30 ; read autor
19    tput cup 11 30 ; read categoría
20    estado=in               # asigna el estado para indicar que el libro está en la
                                biblioteca
21    echo "$título;$autor;$categoría;$estado;$nombre_lector;$fecha" >> ULIB_FILE
22    tput cup 14 10 ; echo "¿Hay más libros a insertar? (S)í o (N)o > _\b\c"
23    read respuesta
24    case $respuesta in        # comprueba la respuesta del usuario
25     [Ss]* ) respuesta=s ;;   # cualquier palabra que comience por S o s es sí
26         * ) respuesta=n ;;   # cualquier otra palabra indica no
27 esac                         # final de la construcción case
```

Figura 12.17. Código fuente del programa **INSERTAR**.

2. *Subsiguientemente, cuando alguien retira un libro, se modifica el estado de la biblioteca seleccionando la función actualizar desde el menú principal. A continuación se pide que se introduzca el nombre de la persona que tiene prestado el libro. El programa cambia el campo de estado a **out** (fuera de la biblioteca) y el campo fecha se fija a la fecha actual.*

La Figura 12.17 muestra el código fuente de este programa seguido por su explicación.

Líneas 1-6: Estas líneas comienzan todas con el signo # y son, por tanto, líneas de comentario.

Línea 7: Esta línea inicializa la variable *respuesta* con la letra *s*, que indica **sí**. Mientras esta variable indique **sí**, el bucle **while** continúa y en cada iteración añade un registro al archivo ULIB_FILE.

Líneas 8, 9 y 28: Estas líneas constituyen el bucle **while**. El cuerpo de este bucle se ejecuta mientras la condición del mismo es verdadera, en este caso, mientras el valor almacenado en la variable *respuesta* es la letra *s*.

Línea 10: Esta línea borra la pantalla.

Línea 11: Esta línea visualiza el título de la pantalla en la posición indicada por el cursor.

Líneas 12-14: Estas líneas visualizan los títulos de los campos del registro en las posiciones especificadas por el cursor.

Línea 15: Esta línea es un mensaje de ayuda que explica qué abreviaturas debe introducir el usuario en el campo categoría.

Líneas 16-20: Cada una de estas líneas coloca el cursor en la posición especificada en la pantalla (justo después de los textos de los campos del registro), lee las respuestas del usuario y las almacena en las variables apropiadas.

Línea 20: Esta línea fija la variable de estado a **in**, que indica que el libro está en la biblioteca.

En este punto toda la información que se necesita se ha obtenido y el siguiente paso es guardarla en el archivo ULIB_FILE. Si selecciona la función insertar desde el menú de edición se activa el programa INSERTAR. La Figura 12.18 muestra la pantalla que produce el programa INSERTAR.

El cursor se coloca en el campo título. Introduzca el título del libro seguido por [Retorno], y el cursor se mueve al campo autor. Cuando introduce el último campo, el programa guarda la información y le pide si desea insertar otro registro. Utilizando este libro de texto

Biblioteca de UNIX - **MODO DE INSERCION**

       Título :
       Autor :
    Categoría :
    sis: sistema, ref: referencia, lt: libro de texto

Figura 12.18. Formato de pantalla del programa **INSERTAR**.

Biblioteca de UNIX - **MODO DE INSERCION**

         Título :   UNIX Unbound
         Autor :   Afzal Amir
    Categoría :   lt
    sis: sistema, ref: referencia, lt: libro de texto

¿Hay más libros a insertar? (s)i ó (N)o >_

Figura 12.19.   Un ejemplo de rellenar la pantalla del programa **INSERTAR**.

como un ejemplo, la Figura 12.19 muestra la pantalla después de que la información haya sido introducida y el registro haya sido almacenado.

Línea 21: Esta línea almacena la información en el archivo ULIB_FILE. Cuando el programa INSERTAR llega a esta línea, las variables contienen los siguientes valores:

- La variable *título* contiene **UNIX Unbounded**.
- La variable *autor* contiene **Afzal Amir**.
- La variable *categoría* contiene **lt**.
- La variable *estado* contiene la palabra **in**.
- La variable *nombre_lector* está vacía.
- La variable *fecha* (fecha en la que se prestó el libro) está vacía.

Por defecto, la orden **echo** visualiza su salida en la pantalla del terminal. Sin embargo, la salida de la orden **echo** en la línea 21 se redirecciona al archivo ULIB_FILE. Por tanto, la información almacenada en las variables especificadas se guarda en el archivo ULIB_FILE.

1. *En el momento de insertar un registro las variables nombre_lector y fecha permanecen vacías.*

2. *El signo añadir (>>) se utiliza para escribir información en el archivo ULIB_FILE. Esto es necesario porque cada vez que se inserta un nuevo registro se añade al final del archivo y el resto de los registros del archivo permanece intacto.*

Carácter delimitador

Los campos en cada registro se almacenan uno después de otro. Sin embargo, este método de almacenamiento hace difícil recuperar cada campo cuando desea leer y visualizar un registro. Debe designar un delimitador de campo y separar los campos en el registro teniendo en cuenta el carácter seleccionado. Las teclas que usa UNIX como separadores de campo ([Tab], [Retorno] y [Barra_espaciadora]) no son buenas elecciones. Recuerde que el título de un libro o el nombre del autor pueden contener caracteres que son espacios en blanco. Si escoge como delimitador el espacio en blanco, entonces el nombre del autor que contiene un espacio entre el nombre y el apellido se considera como dos campos, mientras que lo que desea el programa es considerarlo como un único campo.

```
$ cat  ULIB_FILE
  UNIX Unbounded;Afzal Amir;lt;in;;
$_
```

Figura 12.20. Contenido del archivo **ULIB_FILE**.

Puede escoger [~] o [^] como carácter delimitador. En el programa ULIB, se utiliza con esta finalidad el carácter [;].

El archivo **ULIB_FILE** es un archivo de texto y puede emplear la orden **cat** para visualizar su contenido o usar el editor vi para modificarlo. Si el registro anterior es el único registro en el archivo, el contenido del archivo **ULIB_FILE** es el que se muestra en la Figura 12.20.

1. *Cada registro en el archivo es una línea y los campos están separados por puntos y comas.*

2. *Los dos puntos y comas al final de la línea son los contenedores de las dos variables nombre_lector (que cuando no está vacía contiene el nombre de la persona a la que se ha prestado el libro) y fecha (que cuando no está vacía contiene la fecha en la que se prestó el libro).*

Líneas 22 y 23: La orden **echo** visualiza el mensaje y la orden **read** espera la respuesta del usuario que se almacena en la variable *respuesta*.

Líneas 23 - 27: Estas líneas constituyen la construcción **case**. La estructura case comprueba la respuesta del usuario comparando el valor almacenado en *respuesta* con los patrones del **case**.

El primer patrón es [**Ss**]*. Este patrón coincide con todas las secuencias de caracteres que comienzan con [S] o [s]. Puede escribir cualquier palabra que comience con la letra *s* y el programa la interpreta como la respuesta **sí**. La variable *respuesta* se fija a la letra *s*, la condición de bucle (línea 8) es verdadera y el programa continúa.

El segundo patrón es [*]. Este patrón coincide con cualquier palabra que no comience con la letra *s* y el programa la interpreta como la respuesta **no**. La variable *respuesta* se fija a la letra *n*, la condición de bucle (línea 8) es falsa y el programa finaliza.

12.5.5. Recuperación de registros

Parte del código en cada uno de los programas restantes en la aplicación de la biblioteca necesita visualizar un registro existente en la pantalla. Con el fin de visualizar un registro, debe especificarlo. Por ejemplo, si especifica el nombre del autor, el archivo de la biblioteca se examina para comprobar si este nombre se encuentra allí. Si se localiza, se lee el registro (se recupera) y se visualiza. Si no se encuentra el registro se visualiza un mensaje de error.

12.5.6. El programa VISUALIZAR

El programa VISUALIZAR muestra un registro especificado del archivo ULIB_FILE en la pantalla y se ejecuta cuando se selecciona la función visualizar desde el menú de edición. En primer lugar le pide que introduzca el título del libro o el nombre del autor. A continuación se examina el archivo ULIB_FILE tratando de encontrar una concordancia con el libro especificado. Si se encuentra el registro, se visualiza en un formato presentable. Si no se encuentra se muestra un mensaje de error y se solicita la próxima entrada. Este proceso continúa hasta que se indica la intención de finalizar el programa. Cuando finaliza el programa visualizar, se devuelve el control al programa que lo llamó, en este caso el programa EDIT y se vuelve otra vez al menú de edición para realizar la siguiente selección.

La Figura 12.21 muestra el código fuente del programa VISUALIZAR. A continuación se da la explicación línea a línea de este programa.

Líneas 1 - 6: Estas líneas comienzan todas con el signo # y son, por tanto, líneas de comentario.

Línea 7: Esta línea copia el valor de la variable entorno IFS a *OLD_IFS*. Necesita guardar los valores antiguos antes de asignar el nuevo valor. Posteriormente debe ser capaz de restaurar la variable IFS a su configuración inicial.

Línea 8: Esta línea inicializa la variable *respuesta* a la letra *s*. En consecuencia fuerza la primera iteración del bucle **while**.

Líneas 9, 10 y 45: Estas líneas construyen el bucle **while**. El cuerpo del bucle está formado por todas las líneas que hay entre las líneas 10 y 45. Mientras la condición del bucle **while** es verdadera (la variable *respuesta* es igual a la letra *s*), se ejecuta el cuerpo del bucle.

Línea 11: Esta línea consta de tres órdenes. Borra la pantalla, coloca el cursor en la línea 5 columna 6 y le pide al usuario que introduzca el título o el autor del libro que se desea visualizar.

Línea 12: Esta línea espera a que el usuario introduzca y almacene la entrada en la variable *respuesta*.

Línea 13: Esta línea usa la orden **grep** (ver Capítulo 8) para encontrar todas las líneas del archivo ULIB_FILE que contienen la secuencia almacenada en la variable *respuesta* (la entrada del usuario) y la salida se redirecciona al archivo TEMP. Si el archivo TEMP no está vacío, significa que el registro del archivo especificado se encuentra y en caso contrario que no se encuentra.

Líneas 14, 15, 35 y 37: Estas líneas constituyen una construcción **if-then-else**. La condición **if** comprueba la existencia de un archivo de longitud no nula, en este caso el archivo TEMP. Si la condición es verdadera (TEMP existe y contiene algo), se ejecuta el cuerpo del **if** (líneas 16-18). Si la condición es falsa (TEMP es un archivo vacío) se ejecuta el cuerpo del **else** (línea 36).

Línea16: Esta línea fija el punto y coma (;) como el carácter delimitador. En esta aplicación, el punto y coma es el símbolo que separa los campos en los registros.

Línea 17: Esta línea lee cada campo del registro del libro especificado desde el archivo TEMP.

Líneas 18 y 19: Estas líneas colocan el cursor en la posición especificada y visualizan la cabecera del registro.

Línea 20: Esta línea consta de dos órdenes. Coloca el cursor en la línea 7 columna 2 y después visualiza el título del libro. La variable *título* contiene el título del libro tal como se leyó desde el archivo TEMP.

```
1 #
2 # Biblioteca de UNIX
3 # VISUALIZAR: Este programa visualiza un registro especificado de ULIB_FILE.
4 #              Pide el Autor/Título del libro y lo visualiza o muestra
5 #              un mensaje de error si no se encuentra en el archivo.
6 #
7 OLD_IFS="$IFS"                      # guarda el valor de IFS
8 respuesta=s                        # inicializa la respuesta para indicar sí
9 while [ "$respuesta" = s ]         # mientras la respuesta es sí
10 do
11   tput clear ; tput cup 3 5 ; echo "Introduzca el Título/Autor > _\b\c"
12   read respuesta
13 grep -i "$respuesta" ULIB_FILE > TEMP      # encontrar el libro en el archivo
14 if [ -s TEMP ]                            # si se encuentra
15   then                                    # entonces
16     IFS=";"                               # asigna a IFS un punto y coma
17     read título autor categoría estado nombre_lector date < TEMP
18     tput cup   5 10
19     echo "Biblioteca de UNIX - ${BOLD}MODO DE VISUALIZACION${NORMAL}"
20     tput cup 7 23 ; echo "Título: $título"
21     tput cup 8 22 ; echo "Autor: $autor"
22     case $categoría in                    # comprueba la categoría
23          [Ll][Tt] )   palabra=libro_de_texto ;;
24        [Ss][Ii][Ss] ) palabra=sistema ;;
25        [Rr][Ee][Ff] ) palabra=referencia ;;
26                * )    palabra=no_definida ;;
27     esac
28     tput cup 9 20 ; echo "Categoría: $palabra" # visualiza la categoría
29     tput cup 10 22 ; echo "Estado: $estado"    # visualiza el estado
30     if [ "$estado" = "out" ]                   # si está prestado
31       then                                     # entonces mostrar el resto de la información
32          tput cup 11 14 ; echo "Prestado a: $nombre_lector"
33          tput cup 12 24 ; echo "Fecha: $date"
34          fi
35   else                                    # si el libro no se encuentra
36       tput cup 7 10 ; echo "$respuesta no encontrada"
37 fi
38 tput cup 15 10 ; echo "¿Quiere mirar más libros? (S)í o (N)o > _\b\c"
39 read respuesta
40 case $respuesta in                        # comprueba la respuesta del usuario
41   [Ss]* ) respuesta=s ;;                   # cualquier palabra que comience por S o s es sí
42       * ) respuesta=n ;;                   # cualquier otra palabra indica no
43   esac
45 done                                      # final del bucle while
46 IFS=$OLD_IFS                              # restaura el valor de IFS a su valor original
47 exit 0                                    # salir
```

Figura 12.21. Código fuente del programa **VISUALIZAR**.

Línea 21: Esta línea consta de dos órdenes. Coloca el cursor en la línea 8 columna 22 y visualiza al autor del libro. La variable *autor* contiene el nombre del autor tal como se leyó del archivo TEMP.

Líneas 22 - 25: Estas líneas constituyen la construcción **case**. La estructura **case** comprueba la categoría del libro (almacenada en la variable *categoría*) y cambia la abreviatura de la categoría a una palabra completa. Por ejemplo, la abreviatura de categoría *sis* se cambia a *sistema*.

El patrón **[Ll] [Tt]** concuerda con cualquier combinación de letras mayúsculas y minúsculas que representan la abreviatura *lt* de la categoría libro_de_texto. La cadena **libro_de_texto** se almacena en la variable *palabra*.

El patrón **[Ss] [Ii] [Ss]** concuerda con cualquier combinación de letras mayúsculas y minúsculas que representan la abreviatura *sis* de la categoría sistema. La cadena **sistema** se almacena en la variable *palabra*.

El patrón **[Rr] [Ee] [Ff]** concuerda con cualquier combinación de letras mayúsculas y minúsculas que representan la abreviatura *ref* de la categoría referencia. La cadena **referencia** se almacena en la variable *palabra*.

Si no pertenece a ninguna de las categorías anteriores, concuerda con el valor asignado por defecto (asterisco) y la cadena **no_definida** se almacena en la variable *palabra*.

Línea 28: Esta línea coloca el cursor en la línea 9 columna 20 y visualiza el campo categoría del libro especificado (contenido de la variable *palabra*).

Línea 29: Esta línea coloca el cursor en la línea 10 columna 22 y visualiza el campo estado del libro especificado (contenido de la variable *estado*).

Líneas 30 y 34: Estas líneas constituyen una construcción **if-then**. Si la condición **if** es verdadera (el libro está prestado), se ejecuta el cuerpo del **if** (líneas 31-33). Si no, si el estado muestra que el libro está **in**, se salta el cuerpo del **if**.

Línea 32: Esta línea coloca el cursor en la línea 11 columna 14 y visualiza el nombre de la persona que ha pedido prestado el libro (contenido de la variable *nombre_lector*).

Línea 33: Esta línea coloca el cursor en la línea 12 columna 24 y visualiza la fecha en la que se prestó el libro (contenido de la variable *fecha*).

Línea 36: Esta línea se ejecuta cuando el archivo TEMP está vacío (no se encontró el libro especificado). Coloca el cursor en la línea 7 columna 10 y visualiza el mensaje de error.

De forma similar al programa INSERTAR, el resto del código es para comprobar la intención del usuario de visualizar otro registro o de volver al menú de edición.

Si ejecuta el programa ULIB y selecciona la función de visualización desde el menú de edición se muestra por pantalla la siguiente petición de información. La Figura 12.22 presenta lo que aparece en la pantalla en este momento.

```
Introduzca el Autor/Título >_
```

Figura 12.22. Petición del programa **VISUALIZAR**.

Biblioteca de UNIX - **MODO DE VISUALIZACIÓN**

Título :   UNIX Unbound
Autor :   Afzal Amir
Categoría :   libro_de_texto
Estado :   in

¿Quiere mirar más libros? (S)i ó (N)o >_

Figura 12.23.   Ejemplo de la pantalla del programa **VISUALIZAR**.

Introduzca el Autor/Título > XYZ

XYZ no encontrado

¿Quiere mirar más libros? (S)i ó (N)o >_

Figura 12.24.   Ejemplo de pantalla que muestra el mensaje de error.

Puede introducir el nombre del autor o el título del libro para especificar el registro del libro que desea visualizar. Si por ejemplo, introduce **UNIX Unbounded**. la Figura 12.23 muestra la pantalla que visualiza el registro solicitado. Esta pantalla es muy parecida a la pantalla de insertar que se representó en la Figura 12.19. El programa le pide que introduzca su intención de examinar más registros o de finalizar el programa VISUALIZAR. Cuando este programa acaba, se devuelve el control al programa EDIT, se visualiza otra vez el menú de edición y puede seleccionar la próxima función.

Si no se encuentra el registro especificado, se visualiza el mensaje de error. Suponiendo que no tiene en el archivo un libro con el título XYZ, la Figura 12.24 muestra el mensaje de error y la subsiguiente petición de información.

12.5.7. El programa *ACTUALIZAR*

El programa ACTUALIZAR cambia el estado de un registro especificado en el archivo ULIB_FILE y se activa cuando selecciona la función de actualizar el estado desde el menú de edición. Escoja esta opción cuando se presta un libro o cuando un libro que estaba prestado se devuelve. El programa ACTUALIZAR primero solicita que introduzca el título o el autor del libro cuyo estado desea cambiar. Efectúa una búsqueda en el archivo ULIB_FILE para encontrar una concordancia con el libro especificado. Si se encuentra el registro, se visualiza en un formato presentable. Si no se localiza se muestra un mensaje de error y se solicita la próxima entrada. Este proceso continúa hasta que indique su intención de finalizar el programa. Cuando el programa **ACTUALIZAR** termina se devuelve el control al programa que lo llamó, en este caso el programa EDIT y se está otra vez en el menú de edición donde puede realizar su próxima selección.

La Figura 12.25 muestra el código fuente del programa **ACTUALIZAR** y a continuación una explicación línea a línea del mismo. El código fuente del programa **ACTUALIZAR** es más largo que el de los programas anteriores, pero la mayoría de las líneas están copiadas del programa **VISUALIZAR**. Las líneas de código que están al comienzo y al final de los programas **VISUALIZAR**, **ACTUALIZAR** y **BORRAR** son todas iguales. Todos estos programas le piden que especifique el autor o título del libro deseado y el programa o encuentra el registro y lo visualiza o no lo hace y muestra un mensaje de error. Al final se le solicita que indique su intención de continuar el programa o de finalizar. Por tanto sólo se van a explicar ahora las nuevas líneas o aquellas que se cambian.

Línea 12: Esta línea declara tres variables vacías. Estas variables almacenan nuevos valores cuando el estado del libro se cambia de **in** a **out** (prestado) y las reasigna para que vuelvan a estar vacías cuando el estado de un libro se modifica en sentido inverso de **out** a **in** (devuelto).

- La variable *nuevo_nombre_de_lector* almacena el nombre del lector o está vacía.
- La variable *nuevo_estado* almacena el nuevo estado que es la palabra *in* o *out*.
- La variable *nueva_fecha* almacena la fecha actual o está vacía.

Líneas 33-45: Estas líneas constituyen la construcción **if-then-else**. Si la condición **if** es verdadera (la variable *estado* contiene la palabra *in* que indica que el libro está en la biblioteca), se ejecuta el cuerpo del **if** (líneas 35-39). Si la condición **if** es falsa (la variable *estado* contiene la palabra *out* que indica que el libro está prestado), se ejecuta el cuerpo del **else** (líneas 41-44).

```
 1 #
 2 # Biblioteca de UNIX
 3 # ACTUALIZAR: Este programa actualiza el estado de un libro especificado. Pide
 4 #             el Autor/Título del libro y cambia el estado del libro especificado
 5 #             de in (devuelto) a out (prestado) o de out a in.
 6 #             Si no se encuentra en el archivo se visualiza un mensaje de error.
 7 #
 8 OLD_IFS="$IFS"            # guarda el valor de IFS
 9 respuesta=s               # inicializa la respuesta para indicar sí
10 while [ "$respuesta" = s ]    # mientras la respuesta es sí
11 do
12   nuevo_estado=; nuevo_nombre_de_lector=; nueva_fecha=  # declara variables
       vacías
10   tput clear                # borra la pantalla
11    tput clear ; tput cup 3 5 ; echo "Introduzca el Título/Autor > _\b\c"
12   read respuesta
13     grep -i "$respuesta" ULIB_FILE > TEMP   # encontrar el libro en el archivo
```

Figura 12.25.Parte 1 Código fuente del programa **ACTUALIZAR**.

```
17 if [ -s TEMP ]                        # si se encuentra
18   then                                # entonces
19     IFS=";"                           # asigna a IFS un punto y coma
20     read título autor categoría estado nombre_lector date < TEMP
21     tput cup  5  10
22   echo "Biloteca de UNIX - ${BOLD}MODO DE ACTUALIZACION${NORMAL}"
23   tput cup 7 23 ; echo "Título: $título"
24   tput cup 8 22 ; echo "Autor: $autor"
25   case $categoría in            # comprueba la categoría
26         [Ll][Tt] ) palabra=libro_de_texto ;;
27    [Ss][li][Ss] ) palabra=sistema ;;
28    [Rr][Ee][Ff] ) palabra=referencia ;;
29             * ) palabra=no_definida ;;
30     esac
31   tput cup 9 20 ; echo "Categoría: $palabra"        # visualiza la categoría
32   tput cup 10 22 ; echo "Estado: $estado"           # visualiza el estado
33   if [ "$estado" = "in" ]              # si está devuelto
34     then                              # entonces mostrar el resto de la información
35        nuevo_estado=out               # indica el nuevo estado
36        tput cup 15 18 ; echo "Nuevo estado: $nuevo_estado"
37        tput cup 12 24 ; echo "Prestado a: _\c"
38        read nuevo_nombre_lector
39        nueva_fecha=`date +%D `
40     else
41        nuevo_estado=in
42        tput cup 11 24 ; echo "Prestado a: $nombre_lector"
43        tput cup 12 24 ; echo "Fecha: $date"
44        tput cup 15 18 ; echo "Nuevo estado: $nuevo_estado"
45     fi
46     grep -iv "$título;$autor;$categoría;$estado;$nombre_lector;$date" ULIB_FILE > TEMP
47     mv TEMP  ULIB_FILE
48   echo "$título;$autor;$categoría;$nuevo_estado;$nuevo_nombre_lector;$nueva_fecha" >> ULIB_FILE
49 else                                  # si el libro no se encuentra
50        tput cup 7 10 ; echo "$respuesta no encontrada"
51 fi
51 tput cup 15 10 ; echo "¿Quiere actualizar más libros? (S)í o (N)o > _\b\c"
52 read respuesta
53 case $respuesta in                    # comprueba la respuesta del usuario
54    [Ss]* ) respuesta=s ;;             # cualquier palabra que comience por S o s es sí
55        * ) respuesta=n ;;             # cualquier otra palabra indica no
56   esac
57 done                                  # final del bucle while
58 IFS=$OLD_IFS                          # restaura el valor de IFS a su valor original
59 exit 0                                # salir
```

Figura 12.25.Parte 2 Código fuente del programa **ACTUALIZAR**.

Líneas 35-39: Estas líneas son el cuerpo del **if** y cambian el estado del registro de **in** a **out**. El único elemento de información que se necesita es el nombre de la persona a quien se prestó el libro.

Línea 35: Esta línea almacena la palabra *out* en la variable *nuevo_estado* que indica que el libro está prestado.

Línea 36: Esta línea coloca el cursor en la línea y columna especificada y visualiza el nuevo estado. En este caso, el nuevo estado es **out**.

Línea 37: Esta línea solicita que el usuario introduzca el nombre de la persona a quien se prestó el libro.

Línea 38: Esta línea lee la respuesta del usuario y la guarda en la variable *nuevo_nombre_lector*.

Línea 39: Esta línea almacena la fecha actual en la variable *nueva_fecha*. La opción **%D** indica sólo la fecha y no la hora en la cadena fecha (ver Capítulo 11).

Líneas 41-44: Estas líneas son el cuerpo del **else** y modifican el estado del registro de **out** a **in.**

Línea 41: Esta línea almacena la palabra *in* en la variable *nuevo_estado* que indica que el libro se ha devuelto.

Línea 42: Esta línea coloca el cursor en la línea y columna especificada y visualiza el contenido de la variable *nombre_lector* que es el nombre de quien solicitó el libro en préstamo.

Línea 43: Esta línea coloca el cursor en la línea y columna especificada y visualiza el contenido de la variable *fecha*, que es la fecha en que se prestó el libro.

Línea 44: Esta línea coloca el cursor en la línea y columna especificada y visualiza el contenido de la variable *nuevo_estado,* en este caso la palabra *in* indica que el libro se ha devuelto.

Línea 46: Esta línea guarda (copia) cada registro del archivo ULIB_FILE en el archivo TEMP excepto el registro especificado en la pantalla. Realiza esta función utilizando la orden **grep** con las opciones **i** y **v** (ver Capítulo 8) y redireccionando la salida de **grep** desde la pantalla del terminal al archivo TEMP . La opción **i** provoca que **grep** ignore la diferencia entre letras mayúsculas y minúsculas. La opción **v** origina que **grep** tome todas las líneas que no concuerdan con la secuencia especificada.

Línea 47: Esta línea utiliza la orden **mv** (ver Capítulo 5) para renombrar el archivo TEMP como archivo ULIB_FILE. De este modo el archivo ULIB_FILE contiene todos los registros excepto aquél cuyo estado acaba de ser modificado.

Línea 48: Esta línea añade el registro cambiado al archivo ULIB_FILE. Ahora este archivo contiene el registro especificado con su estado actualizado.

 Continuemos la ejecución del programa. La visualización del terminal le ayuda a asociar las explicaciones de las líneas con la salida actual por pantalla.

La Figura 12.26 muestra la salida del programa ACTUALIZAR, suponiendo que se selecciona la función *actualizar_estado* desde el menú de edición y que el libro especificado es **UNIX Unbounded**.

```
        Biblioteca de UNIX - MODO DE ACTUALIZACIÓN

            Título:   UNIX Unbounded
            Autor:    Afzal Amir
        Categoría:    libro_de_texto

            Estado:   in
     Nuevo estado:    out
       Prestado a:    Steve Fraser

¿Quiere actualizar más libros? (S)í o (N)o > _
```

Figura 12.26   Ejemplo de la pantalla del programa **ACTUALIZAR**

```
$ cat   ULIB_FILE
  UNIX Unbounded; Afzal Amir;lt;out;Steve Fraser;12/12/99
$_
```

Figura 12.27.   Contenido del archivo **ULIB_FILE**.

```
        Biblioteca de UNIX - MODO DE VISUALIZACIÓN

            Título:   UNIX Unbound
            Autor:    Afzal Amir
        Categoría:    libro_de_texto
            Estado:   out
       Prestado a:    Steve Fraser
            Fecha:    12/12/99

¿Quiere mirar más libros? (S) í ó (N)o > _
```

Figura 12.28.   Ejemplo de visualización de un registro.

1. *El cambio del estado se refleja en la pantalla mostrando los campos de los estados antiguo y nuevo.*

2   *Se solicita que introduzca el nombre de la persona a quién se prestó el libro especificado. Se supone que se introdujo el nombre* **Steve Fraser** *como respuesta a la solicitud de* **Prestado a:**

La Figura 12.27 muestra el archivo ULIB_FILE después del cambio de estado. Si la compara con la de la Figura 12.20 observará los cambios en los campos del registro especificado.

La Figura 12.28 muestra la salida que produce el programa ACTUALIZAR, mostrando el mismo registro.

Compare esta salida (donde el estado indica que el libro está prestado) con la representada en la Figura 12.23 (donde el estado indica que el libro está devuelto)

12.5.8. El programa *BORRAR*

El programa BORRAR suprime un registro especificado del archivo ULIB_FILE y se activa cuando selecciona la función de borrar desde el menú de edición. En primer lugar se le pide que introduzca el título del libro o el nombre del autor. A continuación busca en el archivo ULIB_FILE para encontrar una concordancia con el libro especificado. Si se encuentra el registro se muestra en un formato presentable y se visualiza la solicitud de confirmación. Le permite decidir si el registro que se muestra en pantalla es el registro que desea suprimir. Si no se encuentra el registro se visualiza un mensaje de error y se le pide la próxima entrada. Este proceso continúa hasta que indique su intención de finalizar el programa. Cuando el programa BORRAR acaba se le devuelve el control al programa que le llamó, en este caso el programa EDIT y se está otra vez en el menú de edición para que pueda realizar su próxima selección.

La Figura 12.29 muestra el código fuente del programa BORRAR. La longitud del programa no debería preocuparle. La parte de comienzo y de final del programa BORRAR es similar a la de los programas VISUALIZAR y ACTUALIZAR. Las mayores diferencias están en el código para la comprobación de confirmación antes de suprimir el registro y el código para la eliminación efectiva del registro especificado del archivo ULIB_FILE.

Después que se encuentra y se visualiza el registro, se visualiza la petición de confirmación. En este punto el programa está en la línea 36.

Línea 36: Esta línea coloca el cursor en la línea y columna especificada y visualiza la petición.

Línea 37: Esta línea lee la respuesta del usuario y la almacena en la variable *respuesta*.

Líneas 38-42: Estas líneas constituyen la construcción **if**. Si la condición **if** es verdadera, se ejecuta el cuerpo del **if** (líneas 40 y 41). La condición **if** comprueba si hay [S] o [s] y se borra

```
1 #
2 # Biblioteca de UNIX
3 # BORRAR:  Este programa borra un registro especificado de ULIB_FILE.
4 #          Pide el Autor/Título del libro y visualiza el libro especificado
5 #          y lo suprime después de la confirmación o muestra un mensaje de error
6 #          si el libro no se encuentra en el archivo.
7 #
8 OLD_IFS="$IFS"          # guarda el valor de IFS
```

Figura 12.29.Parte 1 Código fuente del programa **BORRAR**.

```
 9 respuesta=s                              # inicializa la respuesta para indicar sí
10 while [ "$respuesta" = s ]               # mientras la respuesta es sí
11 do
12   tput clear ; tput cup 3 5 ; echo "Introduzca el Título/Autor > _\b\c"
13   read respuesta
14 grep -i "$respuesta" ULIB_FILE > TEMP    # encontrar el libro en el archivo
15 if [ -s TEMP ]                           # si se encuentra
16   then                                   # entonces
17     IFS=";"                              # asigna a IFS un punto y coma
18     read título autor categoría estado nombre_lector date < TEMP
19     tput cup  5 10
20     echo "Biblioteca de UNIX - ${BOLD}MODO DE BORRADO${NORMAL}"
21     tput cup 7 23 ; echo "Título: $título"
22     tput cup 8 22 ; echo "Autor: $autor"
23     case $categoría in         # comprueba la categoría
24          [Ll][Tt] ) palabra=libro_de_texto ;;
25        [Ss][Ii][Ss] ) palabra=sistema ;;
26        [Rr][Ee][Ff] ) palabra=referencia ;;
27                  * ) palabra=no_definida ;;
28     esac
29     tput cup 9 20 ; echo "Categoría: $palabra"        # visualiza la categoría
30     tput cup 10 22 ; echo "Estado: $estado"           # visualiza el estado
31     if [ "$estado" = "out" ]   # si está prestado
32       then                     # entonces mostrar el resto de la información
33         tput cup 11 14 ; echo "Prestado a: $nombre_lector"
34         tput cup 12 24 ; echo "Fecha: $date"
35     fi
36     tput cup 9 20 ; echo "¿Suprime este libro? (S)í o (N)o > _\b\c"
37     read respuesta
38     if [ $respuesta=s -o $respuesta=S ]       # comprobación de S o s
39       then
40         grep -iv "$título;$autor;$categoría;$estado;$nombre_lector;$date"
           ULIB_FILE > TEMP
41         mv  TEMP   ULIB_FILE
42     fi
43 else                              # si el libro no se encuentra
44      tput cup 7 10 ; echo "$respuesta no encontrada"
45 fi
46     tput cup 15 10 ; echo "¿Quiere suprimir más libros? (S)í o (N)o > _\b\c"
47     read respuesta
48     case $respuesta in       # comprueba la respuesta del usuario
49      [Ss]* ) respuesta=s ;;  # cualquier palabra que comience por S o s es sí
40          * ) respuesta=n ;;  # cualquier otra palabra indica no
51     esac
52   done                       # final del bucle while
53 IFS=$OLD_IFS                  # restaura el valor de IFS a su valor original
54 exit 0                       # salir
```

Figura 12.29.Parte 2 Código fuente del programa **BORRAR**.

```
                    Biblioteca de UNIX - MODO DE BORRADO

                          Título:      UNIX Unbound
                          Autor:       Afzal Amir
                       Categoría:      libro_de_texto
                          Estado:      out
                     Prestado a:       Steve Fraser
                          Fecha:       12/12/99

                      ¿Suprime este libro? (S)í o (N)o > S

                      ¿Quiere suprimir más libros? (S)í o (N)o > _
```

Figura 12.30. Ejemplo de visualización del programa **BORRAR**.

el registro. Cualquier otra letra hace que la comprobación falle, se salta el cuerpo del **if** y no se suprime el registro.

Línea 40: Esta línea guarda (copia) cada registro del archivo ULIB_FILE en el archivo TEMP excepto el registro especificado que está actualmente especificado. Realiza esta acción utilizando la orden **grep** con las opciones **i** y **v** y redireccionando la salida de **grep** desde el terminal al archivo TEMP.

Línea 41: Esta línea utiliza la orden **mv** para renombrar el archivo TEMP como ULIB_FILE. Ahora ULIB_FILE contiene todos los registros excepto el que se ha suprimido.

La Figura 12.30 muestra un ejemplo de la salida del programa BORRAR, suponiendo que se selecciona la función de borrado desde el menú de edición y que el libro especificado existe en el archivo ULIB_FILE.

12.5.9. El programa *INFORMES*

La otra rama de la estructura jerárquica (Figura 12.9) gestiona los informes producidos utilizando la información almacenada en el archivo ULIB_FILE. El programa INFORMES se activa siempre que selecciona la función 2 desde el menú principal. Este programa es un conductor del menú de informes y es similar al programa EDIT. Muestra el menú de informes y de acuerdo con la selección efectuada ejecuta los programas adecuados para producir el informe deseado. Consiste en un bucle **while** que abarca a todo el programa. El cuerpo del bucle **while** consta del código para generar el menú de informes y una construcción **case** que determina qué órdenes se deben ejecutar para satisfacer la selección realizada.

La Figura 12.31 muestra el código fuente del programa INFORMES. No hay necesidad de una explicación línea a línea. ¡Ya lo sabe todo! Sin embargo hay otro programa involucrado. El programa denominado INFORME_NUMERO se llama para generar los informes deseados. Dependiendo de la selección de informes que se haga, se especifica un número de informe dife-

```
1 #
2 # Biblioteca de UNIX
3 # INFORMES:  Este programa es el módulo principal del menú de INFORMES
4 #                  Muestra el menú de informes y llama al programa adecuado de
5 #                  acuerdo con la elección del usuario.
6 #
7 indicador_de_error=0                    # inicializa el indicador de error, esto indica no
                                          hay error
8 while true                              # el bucle se ejecuta siempre
9   do
10    if [ $indicador_de_error -eq 0 ] # comprueba si existe error
11      then
12        tput clear ; tput cup 5 10    # borra la pantalla y coloca el cursor
13        echo "Biblioteca de UNIX: ${BOLD}MENU DE INFORMES${NORMAL}"
14        tput cup 7 20                 # coloca el cursor
15        echo "0: ${BOLD}VOLVER${NORMAL} al Menú Principal"
16        tput cup 9 20 ; echo "1: $Ordenado por {BOLD}TITULO${NORMAL}"
17        tput cup 11 20 ; echo "2: $Ordenado por {BOLD}AUTOR${NORMAL}"
18        tput cup 13 20 ; echo "3: $Ordenado por {BOLD}CATEGORIA${NORMAL}"
19      fi
20        indicador_de_error=0          # reinicializa el indicador de error
21        tput cup 17 10 ;echo "Introduzca su elección_\b\c"
22        read elección                 # lee la elección del usuario
23 #
24 # construcción case para comprobar la selección del usuario
25 #
26    case $elección in                 # comprueba la entrada del usuario
27        0 ) exit 0 ;;                  #vuelve al menú principal
28        1 ) INFORME_NUMERO 1;;        # llama al programa INFORME_NUMERO
                                          pasándole como parámetro 1
29        2 ) INFORME_NUMERO 2;;        # llama al programa INFORME_NUMERO
                                          pasándole como parámetro 2
30        3 ) INFORME_NUMERO 3;;        # llama al programa INFORME_NUMERO
                                          pasándole como parámetro 3
31        * ) ERROR 20 10               # llama al programa error
32          tput cup 20 1 ; tput ed     # borra el resto de la pantalla
33          indicador_de_error=1 ;;     # indica que existe error
34    esac                              # final de la construcción case
35 done                                 # final de la construcción while
```

Figura 12.31. Código fuente del programa **INFORMES**.

Biblioteca de UNIX - **MENU DE INFORMES**

    0: **VOLVER** al Menú Principal
    1: Ordenado por **TITULO**
    2: Ordenado por **AUTOR**
    3: Ordenado por **CATEGORIA**

Introduzca su elección > _

Figura 12.32. El menú de **INFORMES**.

rente en la línea de orden. Este número de informe (1, 2 ó 3) se almacena en la variable posicional *$1* y se accede al programa INFORME_NUMERO para identificar el informe deseado.

La Figura 12.32 muestra el menú de informes, suponiendo que se ha seleccionado la función correspondiente desde el menú principal.

12.5.10. El programa *INFORME_NUMERO*

El programa INFORME_NUMERO se activa siempre que seleccione un número de informe desde el menú informe. Este programa comprueba el valor en la variable posicional *$1* y ordena ULIB_FILE de acuerdo con este valor. Si el valor de *$1* es 1, se ordena ULIB_FILE según el campo *título* que es el primer campo del registro. Si el valor de *$1* es 2, se ordena según el campo *autor* que es el segundo campo del registro, etc.

Los registros ordenados se guardan en el archivo denominado TEMP, y es este archivo el que se pasa a la orden **pg** o **pr** (ver Capítulo 8) para que se visualice. Sin embargo, el informe no está dispuesto de forma agradable y los campos de cada registro están separados por puntos y comas de forma similar a la Figura 12.27. Para hacer que la salida sea presentable, se leen los registros del archivo TEMP, se formatean y se almacenan en PTEMP que se pasa como parámetro a la orden **pg** para que lo visualice.

La Figura 12.33 muestra el código fuente del programa INFORME_NUMERO. La explicación línea a línea de algunas nuevas líneas de código del programa se dan a continuación.

Líneas 9, 10 y 11: Estas líneas son el cuerpo de la construcción **case**. Cada una de estas líneas ejecuta una orden **sort** (ver Capítulo 8) para ordenar el archivo ULIB_FILE de acuerdo con un campo especificado. La salida de la orden **sort** se almacena en el archivo TEMP. Examinemos las opciones de **sort** utilizadas en cada orden.

- La opción **-f** considera que todas las minúsculas son mayúsculas.
- La opción **-d** ignora todos los blancos o caracteres no alfanuméricos.
- El número de opción (**+2** y **+3**) ordena el archivo por el campo especificado mediante el número de campo. En ULIB_FILE, el campo 1 es el campo *título*, el campo 2 es el campo *autor* y el campo 3 es el campo *categoría*. Estos son los tres campos de interés en el programa INFORME_NUMERO.

Líneas 17-33: Estas líneas constituyen el bucle **while** que continúa hasta que todos los registros del archivo TEMP han sido leídos. Se comprueba el estado de retorno de la orden **read** que es 0 (cero) mientras hay registros en el archivo TEMP y es 1 (uno) cuando alcanza el final del archivo. El cuerpo del bucle es muy similar al del programa visualizar pero la salida de las órdenes **echo** se redireccionan desde el terminal al archivo PTEMP.

Línea 33: Esta línea es el final del bucle **while** y **< temp** redirecciona la entrada desde el dispositivo estándar al archivo TEMP. Esto se denomina redirección del bucle y el shell Bourne ejecuta un bucle redireccionado en un subshell. Cuando se finaliza el bucle PTEMP contiene el informe ordenado y formateado que se puede visualizar utilizando una serie de órdenes. Aquí se utiliza la orden **pg**.

Línea 37: Esta línea visualiza el archivo PTEMP. La orden **pg** muestra el informe en una pantalla completa todo de una vez y utilizando las opciones de **pg** (ver Capítulo 8) puede examinar el informe.

```
1 #
2 # Biblioteca de UNIX
3 # INFORME_NUMERO:Este programa produce informes del archivo ULIB_FILE.
4 #                        Comprueba el número del informe que se le pasa en la
5 #                        línea de orden, lo ordena y genera el informe
6 #
7   IFS=";"                                   # fija el delimitador a ;
8   case $1 in                                # comprueba el contenido de $1
9      1) sort -f -d ULIB_FILE > TEMP ;;      # ordena por el campo título
10     2) sort -f -d+1 ULIB_FILE > TEMP ;;    # ordena por el campo autor
11     3) sort -f -d+2 ULIB_FILE > TEMP ;;    # ordena por el campo categoría
12   esac                                     # final de case
13 #
14 # lee registros del archivo TEMP ordenado. Le da formato y lo almacena en PTEMP
15 #
16 #
17  while read título autor categoría estado nombre_lector date   # lee un registro
       do
18         echo "       Título: $título" >> PTEMP   # formato de título
19         echo "       Autor: $autor" >> PTEMP     # formato de autor
20         case $categoría in                       # comprueba la categoría
21            [Ll][Tt] ) palabra=libro_de_texto ;;
22            [Ss][li][Ss] ) palabra=sistema ;;
23            [Rr][Ee][Ff] ) palabra=referencia ;;
24                  * ) palabra=no_definida ;;
25         esac
26         echo "       Categoría: $palabra" >> PTEMP     # formato de categoría
27         echo "       Estado: $estado" >> PTEMP         # formato de estado
28  if [ "$estado" = "out" ]                              # si está prestado
29     then                                               # entonces
30         echo "Prestado a: $nombre_lector" >> PTEMP     # formato de nombre de
                                                          # lector
31         echo "       Fecha: $date\n\n" >> PTEMP        # formato de fecha
32     fi
33  done < TEMP                                           # final del bucle while
34 #
35 # preparado para visualizar los registros formateados en PTEMP
36
37  pg -c -p "page %d:" PTEMP                # visualiza PTEMP página a página
38  rm TEMP PTEMP                            # elimina archivos
39  exit 0                                   # salir del programa
```

Figura 12.33. Código fuente del programa **INFORME_NUMERO**.

Examinemos las opciones utilizadas en esta orden.

- La opción **-c** borra la pantalla antes de visualizar cada página.
- La opción **-p** coloca la cadena especificada en el fondo de la pantalla en lugar del indicador por defecto de dos puntos. Aquí la cadena especificada es **Página %d:**. La secuencia de caracteres *%d* representa el número de pantalla actual.

Línea 38: Se suprimen los dos archivos TEMP y PTEMP.

La Figura 12.34 muestra un ejemplo producido seleccionando la opción 2 del menú de informes. El informe se ordena por el segundo campo, el autor de los libros.

 *El mensaje en el fondo de la pantalla muestra el número de la página. Puede presionar [Retorno] para visualizar la página siguiente o escribir cualquier otra orden de **pg** para ver la parte deseada del informe.*

```
Título: UNIX Unbound
        Autor:  Afzal Amir
    Categoría:  libro_de_texto
       Estado:  out
   Prestado a:  Steve Fraser
        Fecha:  1/12/99

Título: UNIX For All
        Autor:  Brown David
    Categoría:  referencia
       Estado:  in
   Prestado a:  Steve Fraser
        Fecha:  1/12/99

Título: A Brief UNIX Guide
        Autor:  Redd Emma
    Categoría:  referencia
       Estado:  out
   Prestado a:  Steve Fraser
        Fecha:  1/12/99

Page 1:
```

Figura 12.34. Ejemplo del informe generado por el programa **INFORME_NUMERO**.

Resumen de las órdenes

En este capítulo se introdujeron las siguientes órdenes

trap
Esta orden asigna y reinicializa las señales de interrupción. La siguiente tabla muestra algunas de las señales que puede utilizar para controlar la terminación de un programa

Número de señal	Nombre	Significado
1	Desconexión	La conexión con el terminal está perdida
2	Interrupción	Una de las teclas de interrupción está pulsada
3	Abandonar	Una de las teclas de abandonar está pulsada
9	Matar	Se emite la orden kill -9
15	Terminación	Se emite la orden de matar

stty
Esta orden fija opciones que controlan las capacidades del terminal. Hay más de cien asignaciones diferentes y la siguiente tabla relaciona sólo algunas de ellas

Opción	Operación
echo [-echo]	Devuelve [no devuelve] los caracteres escritos, el valor por defecto es echo
raw [-raw]	Desactiva [activa] el significado especial de los metacaracteres, el valor por defecto es -raw
intr	Genera una señal de interrupción, normalmente se utiliza la tecla [Del]
erase	(retroceso) Borra el carácter precedente, normalmente se utiliza la tecla [#]
kill	Borra la línea entera, normalmente se utiliza la tecla [@] o [Ctrl-u]
eof	Genera la señal de fin de archivo desde el terminal, normalmente se utiliza la tecla [Ctrl-d]
ek	Reinicializa las teclas de borrar y matar a [#] y [@] respectivamente
sane	Asigna la característica del terminal a los valores por defecto

tput

Esta orden se utiliza con la base de datos terminfo, que contiene los códigos de las características de los terminales y facilita la manipulación de las mismas tales como texto en negrita, borrar pantalla, etc.

Opción	Operación
bell	Devuelve el carácter bell del terminal
blink	Efectúa la visualización parpadeando
bold	Realiza la visualización en negrita
clear	Borra la pantalla
cup r c	Mueve el cursor a la fila r y columna c
dim	Atenúa la visualización
ed	Borra desde la posición del cursor hasta el final de la pantalla
el	Borra desde la posición del cursor hasta el final de la línea
smso	Comienza el modo de realce
rmso	Finaliza el modo de realce
smul	Comienza el modo de subrayado
rmul	Finaliza el modo de subrayado
rev	Muestra en vídeo inverso, negro sobre blanco

Ejercicios de repaso

1   ¿Para qué es la orden **trap**?

2   ¿Cómo termina un proceso?

3. ¿Dónde utiliza la orden **trap**?

4. ¿Cuál es la orden que visualiza los parámetros del terminal?

5. ¿Qué es la base de datos terminfo? ¿Qué información almacena?

Sesión con el ternimal

La siguiente sesión con el terminal le da la oportunidad de practicar alguna de las órdenes y escribir y modificar los programas de este capítulo.

1. ¿De qué tipo es su terminal?

2. Visualice un listado parcial de los parámetros de su terminal.

3. Visualice un listado completo de los parámetros de su terminal.

4. Cambie la asignación de la tecla eliminar. Compruebe si se modifica.

5. Cambie la asignación de la tecla borrar. Compruebe si se modifica.

6. Inicialice las teclas de borrar y eliminar a # y @ respectivamente.

7. Compruebe si tiene la utilidad **tput** en su sistema.

8. Utilice la orden **tput** para borrar la pantalla.

9. Escriba un guión llamado CLS que borra la pantalla cuando se llama.

10. Escriba un guión similar al programa MENU. Haga que su menú muestre algunas de las órdenes que utiliza con frecuencia pero con las que tiene problemas de recordar la sintaxis exacta o de aquellas que son largas y tediosas de escribir.

11. Modifique el programa de la biblioteca de UNIX de este capítulo para almacenar más información de cada libro, por ejemplo, el precio del libro, la fecha de publicación, etc.

12. Haga el programa INFORMES más sofisticado. Por ejemplo, de al usuario una elección de informes que hay que imprimir o visualizar en el terminal.

13. Hay muchas posibilidades para mejorar el programa ULIB. Por ejemplo, no se ha considerado el problema de tener más de un libro del mismo autor o algún título con diferentes autores. ¿Puede consideralos?

14. El programa de la biblioteca de UNIX se puede utilizar como un prototipo para otros programas similares. Por ejemplo, puede adaptarse para almacenar nombres, direcciones y números de teléfono de sus amigos (creando así un listín telefónico) o hacer una base de datos para recordar sus discos y compacts de música. Utilice su imaginación, y escriba el código para crear una aplicación análoga al programa de biblioteca de UNIX que sea útil y que pueda utilizar en su entorno.

Capítulo **13**

Adiós a UNIX

Ahora que hemos cubierto los fundamentos de UNIX y conoce un poco la programación del shell, es el momento de añadir algunas florituras. Las órdenes que se presentan esn este capítulo incluyen órdenes de disco, órdenes de manipulación de archivos y órdenes de ortografía. Ya ha aprendido determinadas órdenes de manipulación de archivos y las nuevas órdenes que se introducen en este capítulo complementan este conocimiento previo. El capítulo concluye con unas pocas órdenes sobre seguridad y administración del sistema para ayudarle a comprender más acerca del sistema UNIX y hacer que se sienta cómodo cuando trabaje con su sistema.

En este capítulo

13.1. *ESPACIO DE DISCO*

Hay un número máximo de archivos que se pueden almacenar en un disco o en un sistema de archivos. Ese máximo depende de dos cosas:

- La cantidad total de espacio de almacenamiento disponible
- La cantidad de espacio asignada a los i-nodos

A cada archivo del sistema se asigna un número de i-nodo (tratado en al Capítulo 7); estos números se almacenan en la lista de i-nodo. Un i-nodo contiene información específica del archivo, tal como su localización en el disco, su tamaño, etc.

13.1.1. Determinación del espacio de disco disponible: la orden *df*

Puede utilizar la orden **df** (disk free) para determinar la cantidad total de espacio de disco o el espacio disponible en un sistema de archivos concreto. Si no especifica un sistema de archivo en particular en la línea de orden, la orden **df** informa del espacio libre para todos los sistemas de archivo.

Encontrar la cantidad total de espacio de disco disponible.

```
$ df [Retorno] .................................  No se especifica ningún nombre
        /         ( /dev/dsk/c0d0s0 ).   14534  blocks    2965  i-nodes
      /usr        ( /dev/dsk/c0d0s2 ).  203028  blocks   51007  i-nodes
$_ ....................................................  Preparado para la orden siguiente.
```

La salida muestra que este sistema tiene dos sistemas de archivo. El primer valor es el número de bloques libres y el segundo es el número de i-nodos libres. Cada bloque tiene normalmente 512 bytes, algunos sistemas usan bloques de 1024 bytes para este informe.

Opción -t Utilizar la opción **-t** hace que la orden **df** incluya en su salida el número total de bloques en el sistema de archivo.

Invocar la orden **df** con la opción **-t**.

```
$ df -t [Retorno] .............................  Utilización de la opción -t
        /         ( /dev/dsk/c0d0s0 ).   14534  blocks    2965  i-nodes
                               total:    31552  blocks    3936  i-nodes
      /usr        ( /dev/dsk/c0d0s2 ).  203028  blocks   51007  i-nodes
                               total:   539136  blocks   65488  i-nodes
$_ ....................................................  Indicador de shell.
```

Ver página XXII para una explicación de los iconos utilizados para resaltar información en este capítulo.

*Puede querer colocar la orden **df** en su archivo .profile, de manera que reciba un informe tan pronto como se conecte al sistema.*

13.1.2. Informe sobre la utilización del disco: la orden *du*

Puede utilizar la orden **du** (disk usage) para obtener un informe que incluya cada directorio del sistema de archivo, el número de bloques utilizados por los archivos en ese directorio y sus subdirectorios. Esta orden es útil cuando desea saber como se está utilizando el espacio en un sistema de archivo.

Obtener un informe de la utilización del disco en el directorio actual y sus subdirectorios.

$ du [Retorno] ....   Informe sobre la utilización del disco en el directorio actual.

22	./source/basic
35	./source/c
26	./source
122	./memos
997	.

$_ ....   Indicador del shell.

El directorio actual se indica por un punto (.). En el ejemplo /source/basic ocupa 22 bloques, /source/c ocupa 35 bloques, etc.

*La orden **du** se puede utilizar para obtener informes sobre cualquier estructura de directorios.*

Opciones du

La Tabla 13-1 resume las opciones de la orden **du**. A continuación se dan ejemplos y explicaciones para cada opción.

Opción -a   La opción **-a** visualiza el espacio utilizado por cada archivo en el directorio especificado así como el directorio.

Tabla 13.1.   Las opciones de la orden **du**

Opción	Operación
-a	Visualiza los tamaños de los directorios y archivos
-s	Visualiza sólo los bloques totales del directorio especificado: no se listan los subdirectorios

Suponiendo que su directorio actual es **source**, encuentre el espacio utilizado por el directorio especificado. También dé una relación de todos los archivos que hay en el directorio.

```
$ du -a basic [Retorno] .................. Utilización de la opción -a.
    2            ./basic/first.bas
    65           ./basic/basic.doc
    16           ./basic/menu.bas
    26           ./basic
    5            .
$_ ..................................... Preparado para la próxima orden.
```

Opción -s   La opción **-s** hace que la orden **du** informe de la cantidad total de almacenamiento utilizado por un directorio y suprima los informes acerca de los subdirectorios.

Encuentre el tamaño total del directorio actual sin dar una relación de los subdirectorios.

```
$ du -s [Retorno] ........................... Utilización de la opción -s.
2634
$_ ..................................... Preparado para la próxima orden.
```

13.2. MANIPULACIÓN DE ARCHIVOS

Las órdenes siguientes facilitan la búsqueda para localizar un archivo específico en una jerarquía amplia de directorio y visualiza una parte especificada de un archivo para una consulta rápida.

13.2.1. Localización de archivos: la orden *find*

Puede utilizar la orden **find** para localizar archivos que coinciden con un conjunto dado de criterios en una jerarquía de directorios. El criterio puede ser un nombre de archivo o una propiedad específica de un archivo (tal como su fecha de modificación, tamaño o tipo). Puede también dirigir la orden para eliminar, imprimir o cualquier otra cosa que actúe sobre el archivo. La orden **find** es una orden muy útil e importante que no se utiliza en toda su potencia. Quizá su formato de orden un tanto inusual es lo que desanima a utilizarla.

El formato de la orden **find** es diferente del de las otras órdenes de UNIX. Examinemos su sintaxis:

```
find _ nombre_camino opciones de_búsqueda   opción_de_acción
```

donde *nombre_camino* indica el nombre del directorio en el que **find** comienza su búsqueda continuando por toda la jerarquía de subdirectorios a partir de este punto. Este proceso de búsqueda ramificada se llama *búsqueda recursiva*. La parte *opción_de_búsqueda* identifica en que archivo está interesado y la *opción_de_acción* dice que hacer con el archivo una vez que se localice. Veamos un ejemplo sencillo:

$ find . -print [Retorno]

Esta orden visualiza los nombres de todos los archivos en el directorio especificado y en todos sus subdirectorios.

1. *El directorio especificado se indica por un punto, que significa el directorio actual.*

2. *Las opciones después del nombre_de_camino siempre comienzan con un guión (-). La parte de la opción_de_acción indica que hacer con los archivos. En este caso* **-print** *significa visualizarlos.*

No olvide la clave de acción **-print**. Sin ella **find** no visualiza ningún nombre de archivo.

Opciones de búsqueda

La Tabla 13-2 muestra una lista parcial de las opciones de búsqueda. A continuación se dan las explicaciones de algunas opciones.

Opción -name Utilice la opción de búsqueda para encontrar un archivo dando su nombre. Escribe **-name** seguido del nombre del archivo deseado. El nombre del archivo puede ser un nombre simple o utilizar el carácter de comodín del shell: [ ], ? y *. Si utiliza estos caracteres especiales, coloque el nombre del archivo entre comillas simples.

Tabla 13.2. Las opciones de búsqueda de la orden **find**

Operador	Descripción
-name *nombre_de_archivo*	Encuentra archivos con el *nombre_de_archivo* dado
size ± n	Encuentra archivos con el tamaño *n*
-type *tipo_de_archivo*	Encuentra archivos con el modo de acceso especificado
-atime ±n	Encuentra archivos que fueron accedidos hace *n* días
-mtime ±n	Encuentra archivos que fueron modificados hace *n* días
-newer *nombre_de_archivo*	Encuentra archivos que fueron modificados más recientemente que *nombre_de_archivo*

La notación **+n** en la Tabla 13-2 un número decimal que puede especificarse como **+n** (lo que quiere decir mayor que *n*) o **-n** (que significa menor que *n*) o **n** (es decir, exactamente *n*).

Encontrar algunos archivos por su nombre.

$ find . -name first.c -print [Retorno] .... Encuentra los archivos llamados *first.c*.

$ find . -name ".c" -print [Retorno] .... Encuentra todos los archivos cuyos
nombres finalizan en *.c*.

$ find . -name ".?" -print [Retorno] .... Encuentra todos los archivos cuyos
nombres finalizan con un carácter simple
precedido por un punto.

1. *En todas las órdenes precedentes, el nombre del directorio es el directorio actual.*

2. *La opción **-name** identifica el nombre del archivo. El carácter comodín se puede utilizar para generar el nombre del archivo.*

3. *La parte de acción **-print** permite visualizar el nombre del archivo encontrado.*

Opción -size +n   Utilice esta opción de búsqueda para encontrar un archivo por su tamaño en bloques. Escriba **-size** seguido por el número de bloques que indica el tamaño del archivo que se desea localizar. El signo mas o menos delante del número de bloques indica respectivamente mayor que o menor que. Veamos algunos ejemplos.

Encontrar algunos archivos por tamaños.

$ find . -name ".c" -size 20 -print [Retorno] ... Encuentra los archivos que tienen
exactamente 20 bloques.

Esta orden encuentra todos los archivos que tienen nombres de archivos que finalizan con *.c* y que tienen exactamente un tamaño de 20 bloques.

$ find . -name ".c" -size +20 -print [Retorno]. Encuentra los archivos que tienen
más de 20 bloques.

$ find . -name ".c" -size -20 -print [Retorno] . Encuentra los archivos que tienen
menos de 20 bloques.

Opción -type   Utiliza esta opción de búsqueda para encontrar un archivo por su tipo. Escriba **-type** seguido por una letra que especifica el tipo de archivo. Los *tipos de archivo* son los que siguen:

- b: un archivo especial de bloque (tal como su disco)
- c: un archivo especial de carácter (tal como su terminal)
- d: un archivo directorio (tales como sus directorios)
- f: un archivo ordinario (tales como sus archivos)

Encontrar archivos utilizando la opción **type**

$ find $HOME -type f -print [Retorno] ...... Utilización de la opción **-type**.

Esta orden encuentra todos los archivos ordinarios y visualiza sus nombres de archivos.

Opción -atime   Utilice esta opción de búsqueda para encontrar un archivo por su última fecha de acceso. Escriba **-atime** seguido por el número de días desde que el archivo fue accedido por última vez. El signo mas o menos delante del número de días indica respectivamente mayor que o menor que. Veamos algunos ejemplos.

Encontrar archivos por su última fecha de acceso.

$ find . -atime 10 -print [Retorno] ..   Encuentra y visualiza los últimos archivos accedidos hace exactamente 10 días.

Esta orden visualiza el nombre de los archivos que no han sido leídos exactamente durante 10 días.

$ find . -atime -10 -print [Retorno] ..   Encuentra y visualiza los archivos accedidos hace menos de 10 días.

$ find . -atime +10 -print [Retorno] ..   Encuentra y visualiza los archivos accedidos hace más de 10 días.

Opción -mtime   Utiliza esta opción de búsqueda para encontrar un archivo por su última fecha de modificación. Escribe **-mtime** seguido por el número de días desde que el archivo fue modificado por última vez. El signo más o menos delante del número de días indica respectivamente mayor que o menor que. Veamos algunos ejemplos.

Encontrar archivos por su última fecha de modificación.

$ find . -mtime 10 -print [Retorno] ....   Encuentra y visualiza los archivos modificados hace exactamente 10 días.

Esta orden visualiza el nombre de los archivos que tienen exactamente 10 días de antigüedad.

$ find . -mtime -10 -print [Retorno] ..   Encuentra y visualiza los archivos modificados hace menos de 10 días.

$ find . -mtime +10 -print [Retorno]..   Encuentra y visualiza los archivos modificados hace más de 10 días.

Opción -newer   Utilice esta opción de búsqueda para encontrar un archivo modificado más recientemente que un nombre de archivo especificado.

Veamos un ejemplo.

$ find . -newer first.c -print [Retorno]..   Encuentra y visualiza los archivos modificados más recientemente que *first.c*.

Opciones de acción

Las opciones de acción le dicen a **find** qué hacer con los archivos una vez que se localizan. La Tabla 13-3 resume las tres opciones de acción.

Opción -print   La opción de acción **-print** visualiza el nombre del camino de los archivos encontrados que coinciden con el criterio especificado.

Encontrar los nombres de camino de los archivos llamados first.c, comenzando desde el directorio de conexión.

```
$ find $HOME -name first.c -print [Retorno]  ...  Encuentra first.c y visualiza los
                                                   nombres de camino.

/usr/david/first.c
/usr/david/source/first.c
/usr/david/source/c/first.c

$_ ....................................................... Indicador del shell.
```

La salida muestra que hay tres instancias del archivo first.c en la jerarquía de directorios de david.

Opción -exec   La opción de acción **-exec** le permite dar una orden que se aplica a los archivos encontrados. Escriba **-exec** seguido por la orden especificada, un espacio, un \ y a continuación un punto y coma. Puede usar un conjunto de llaves ({ }) para representar el nombre de los archivos encontrados. Un ejemplo ayudará a clarificar la secuencia.

Encontrar y borrar todas las instancias del archivo first.c que tienen una antigüedad de 90 días.

```
$ find . -name first.c -mtime +90 -exec rm {}\; [Retorno]
$_ ....................................................... Indicador del shell.
```

La búsqueda comienza desde su directorio actual (representado por un .) y se continúa a través de la jerarquía de directorios. La orden **find** localiza y elimina las instancias de **first.c** que tienen 90 días de antigüedad.

Tabla 13.3. Las opciones de acción de la orden **find**

Operador	Descripción
-print	Imprime la ruta de acceso para cada archivo encontrado
-exec *orden*\;	Le permite dar *órdenes* que se aplican a los archivos
-ok *orden*\;	Pide la confirmación antes de aplicar la orden

Están activas opciones de búsqueda que son efectivas: las opciones **-name** y **-mtime**. Eso significa que **find** está buscando archivos que satisfacen simultáneamente estas dos categorías de búsqueda.

La orden está compuesta de muchas partes, y su sintaxis es peculiar:

1. La opción **-exec** seguida por la orden (en este caso **rm**)
2. Un conjunto de llaves {} seguidas por un espacio
3. Una \ seguido por un punto y coma

Todas las instancias de first.c se borran. No se da ningún aviso ni se visualiza ningún mensaje. Cuando ve el indicador del shell ($) la tarea ya está hecha.

Opción -ok   La opción de acción **-ok** es como la opción **-exec**, excepto porque pide su confirmación antes de aplicar la orden al archivo.

Encontrar y borrar todas las instancias del archivo first.c, pero antes de suprimir cualquier archivo pedir confirmación.

> $ **find . -name first.c +90 -ok rm {}\; [Retorno]**

> $_ .... Indicador del shell.

Si un archivo, por ejemplo first.c, satisface el criterio, entonces se visualiza la siguiente indicación:

> <rm... ./source/first.c> ?

Si responde con [Y] o [y], la orden se ejecuta (en este caso first.c se suprime), si no su archivo permanece intacto.

Puede utilizar también los operadores lógicos **or**, **and** *y* **not** *para combinar las opciones de búsqueda. La búsqueda comienza desde su directorio actual y se continua a través de la jerarquía de los directorios.*

13.2.2. Visualización del final de un archivo: la orden *tail*

Puede usar la orden **tail** para visualizar la última parte (la cola final) de un archivo especificado. La orden **tail** le proporciona una forma rápida de comprobar los contenidos de un archivo.

Por ejemplo, para visualizar la última parte del archivo llamado MEMO en su directorio actual escriba lo siguiente:

> $ **tail MEMO [Retorno]**

Por defecto, **tail** muestra las últimas diez líneas del archivo especificado. Puede inhibir el valor por defecto empleando una de las opciones disponibles.

Opciones tail   Las opciones **tail** se resumen en la Tabla 13-4 y originan que dicha orden cuente por bloques, caracteres o líneas.

Tabla 13.4. Las opciones de la orden **tail**

Opción	Operación
b	Esta opción origina que tail cuente por bloques
c	Esta opción origina que tail cuente por caracteres
l	Esta opción origina que tail cuente por líneas

1. Si un signo mas precede a la opción, **tail** cuenta desde el comienzo del archivo.
2. Si un guión precede a la opción, **tail** cuenta desde el final del archivo.
3. Si un número precede a la opción, **tail** usa ese número en lugar del valor por defecto de diez líneas.

Las siguientes secuencias de órdenes demuestran el uso de la orden **tail**.

$ **tail MEMO [Retorno]** .... Visualiza las últimas 10 líneas (**no opción**).

$ **tail +l MEMO [Retorno]** .... Visualiza las últimas 10 líneas (**+l**).

$ **tail -4 MEMO [Retorno]** .... Visualiza las últimas 4 líneas (**-4**).

$ **tail -10c MEMO [Retorno]** .... Visualiza los últimos 10 caracteres (**-10c**).

Puede especificar solamente un nombre de archivo como argumento.

13.3. OTRAS ÓRDENES DE UNIX

Esta sección añade a su repertorio de órdenes algunas nuevas que le ayudan a manipular ciertos aspectos del entorno UNIX, crear encabezamientos y obtener información necesaria acerca del estado de los programas.

13.3.1. Visualización de encabezamientos: la orden *banner*

Puede usar la orden **banner** para producir salida en letras más grandes. Visualiza sus argumentos (10 caracteres o menos) en la salida estándar, un argumento por línea. Esto es útil para crear encabezamientos, marcas, títulos de informes, etc.

Hacer un encabezamiento con **feliz cumpleaños**.

$ **banner feliz cumpleaños | lp [Retorno]**....... Prepara un encabezamiento y lo envía
a la impresora.

$_ .... Indicador del shell.

El operador tubería (|) encamina la salida a la impresora. Cada palabra (argumento) se imprime en una línea separada. Puede usar comillas para hacer que dos o más palabras constituyan un único argumento.

Realizar un encabezamiento **IR A CASA**, con todas las palabras en la misma línea.

$ banner "IR A CASA" | lp [Retorno]

$_ .... Indicador del shell.

13.3.2. Ejecución diferida de órdenes: la orden *at*

Utiliza la orden **at** para ejecutar una orden o lista de órdenes en un instante posterior. Esto es útil si desea ejecutar sus programas cuando el computador está menos ocupado, o cuando necesita enviar correo en una fecha determinada. Puede especificar la parte de fecha y hora de la orden en diferentes formatos y la sintaxis es bastante flexible.

En cualquier sistema UNIX dado pueden existir restricciones sobre quien puede usar la orden **at**. El administrador del sistema puede limitar el acceso a la orden **at** a algunos usuarios. Puede intentarlo, si no está autorizado se visualiza el siguiente mensaje:

at: You are not authorized to use at. Sorry.

1. *Especifique en la línea de orden, la hora y fecha en la que desea que se ejecute su orden.*

2. *No tiene que estar conectado cuando las órdenes se planifican para su ejecución.*

Especificación de la hora

Si la parte de hora de la orden **at** es uno o dos dígitos (formato HH), se interpreta como la hora expresada en horas. Así pues, 04 y 4 significan ambos las cuatro de la mañana. Si la parte de la hora tiene cuatro dígitos (formato HHMM), se interpreta como horas y minutos. Así 0811 es 08:11. También puede especificar la hora escribiendo la palabra *noon*, *midnight* o *now* en esa parte hora de la orden.

UNIX asume un reloj de 24 horas, a menos que se especifique el sufijo am o pm. De esta forma, 2011 es 08:11 pm.

Especificación de la fecha

La parte de fecha de la orden **at** puede ser un día de la semana tal como Wednesday (Miércoles) o Wed (abreviatura de tres letras), puede estar en el formato mes, día y año tal como Aug (Agosto) 10, 2001. Puede también consistir en la palabra especial *today* o *tomorrow*. Aquí están algunos ejemplos de formatos de fecha y horas legales de la orden **at**.

$ **at 1345 Wed [Retorno]**	Ejecuta una tarea el Miércoles a las 1:45 pm
$ **at 0145 pm Wed [Retorno]**	Ejecuta una tarea el Miércoles a las 1:45 pm
$ **at 0925 am Sep 18 [Retorno]**........	Ejecuta una tarea el 19 de Septiembre a las 9:25 am
$ **at 11:00 pm tomorrow [Retorno]**..	Ejecuta una tarea mañana a las 11 pm.

Las siguientes secuencias de órdenes muestran como usar la orden **at** y especificar la hora y la fecha en diferentes formatos.

Ejecutar una tarea a las 4 am de mañana.

$ **at 04 tomorrow [Retorno]**	Especifica hora y fecha.
$ **sort BIG_FILE [Retorno]**	Ordena BIG_FILE.
$ **[Ctrl-d]**	Indica final de la entrada.
user=david 75969600.a	Wed Jan 26 14:32:00
$_	Preparado para la próxima orden.

La orden **sort** se invoca mañana por la mañana a las 4 horas. El número ID de la tarea es (75969600.a).

¿Qué hace **at** con la posible salida producida por su orden —en este caso, la salida de **sort**? Si no especifica un archivo de salida, la salida se le envía por correo y puede encontrarla en su buzón.

Ejecutar una tarea utilizando redirección de la salida.

$ **at 04 tomorrow [Retorno]**	Especifica hora y fecha.
$ **sort BIG_FILE > BIG_SORT [Retorno]**	Guarda la salida en BIG_SORT.
$ **[Ctrl-d]**	Indica final de la lista de orden.
user=david 75969600.a	Wed Jan 26 14:32:00
$_	Indicador del shell.

La salida de la orden **sort** se redirecciona a BIG_SORT.

Puede utilizar **cat***,* **vi** *o cualquiera de las órdenes de paginación para mirar el archivo* BIG_SORT.

Ejecutar una tarea utilizando redirección de la entrada.

$ **at noon Wed [Retorno]**	El miércoles por la mañana.
mailx david < memo [Retorno]	Envía a **david** el archivo memo.
$ **[Ctrl-d]**	Indica final de la lista de órdenes.
user=david .... 75969600.a..................	Wed Jan 26 14:32:00 2001
$_	Indicador del shell.

Esto envía el archivo memo a **david** el jueves por la mañana. Antes del jueves por la mañana debe haber en el directorio actual un archivo llamado memo.

Ejecutar el script llamado cmd_file el viernes a las 3:30 pm.

$ at 1530 Fri < cmd_file [Retorno] . La entrada viene de cmd_file.

user=david .... 75969601.a .... Fri Jan 28 14:32:00 2001

$_ .... Preparado para la próxima orden.

Opciones de la orden at La Tabla 13-5 resume las opciones de la orden **at**.

Mostrar la lista de las tareas que están planificadas para ejecutarse más tarde (enviado a **at**).

$ at -l [Retorno] .... Lista todas las tareas.

75969601.a .... at Fri Jan 26 14:32:00 2001

$_ .... Indicador del shell.

Eliminar una tarea de la cola de tareas en **at**.

$ at -r 75969601.a [Retorno] .... Elimina la tarea.

$ at -l [Retorno] .... Comprueba la cola de **at**.

$_ .... Nada en la cola.

Debe especificar el ID del proceso de la tarea que desea eliminar de la cola. Puede suprimir más de una tarea de la cola especificando los ID's de los procesos de las tareas en la línea de orden separados por un espacio.

Tabla 13.5. Las opciones de la orden **at**

Opción	Operación
-l	Lista todas las tareas que se envían con **at**
-m	Envía un mensaje corto de confirmación a la finalización de la tarea
-r	Elimina los números de las tareas especificadas de la cola de tareas planificadas por **at**

13.3.3. Información sobre el tipo de orden : la orden *type*

La orden **type** es útil cuando desea conocer más acerca de una orden. Muestra si la orden especificada es un programa del shell o una orden propia del shell. *Las órdenes propias* son parte del shell y no se crea ningún proceso hijo cuando se llama a cualquiera de ellas.

Veamos algunos ejemplos.

$ **type pwd [Retorno]** .... Más acerca de la orden **pwd**.

pwd is a shell built-in

$ **type ls [Retorno]** .... Y de la orden **ls**.

ls is /bin/ls

$ **type cat [Retorno]** .... La orden **cat**.

cat is a shell built-in

$_ .... Indicador del shell.

13.3.4. Temporización de programas: la orden *time*

Puede utilizar la orden **time** para obtener información acerca del tiempo de computador que emplea su orden. Informa del tiempo real, tiempo de usuario y tiempo del sistema. Escribe **time** seguido por el nombre de la orden que desea temporizar.

Tiempo real es el tiempo actual (*tiempo pasado*) desde el momento en que introduce la orden hasta que finaliza. Esto incluye tiempo de E/S, el tiempo que se emplea en esperar a otros usuarios, etc. El tiempo real puede ser algunas veces mayor que el tiempo total de CPU.

Tiempo de usuario es el tiempo de CPU dedicado a la ejecución de la orden.

Tiempo del sistema es el tiempo que se gasta ejecutando rutinas del núcleo de UNIX que dan servicio a su orden.

Tiempo de CPU es el tiempo en segundos y fracciones de segundos que la CPU utiliza para ejecutar su orden.

Informe del tiempo que lleva ordenar BIG_FILE.

$ **time sort BIG_FILE > BIG_FILE.SORT [Retorno]**

60.8 real   11.4 user   4.6 sys

$_ .... Preparado para la orden siguiente.

El informe muestra que el programa se ejecutará durante 60,8 segundos de tiempo real, empleando 11,4 segundos de tiempo de usuario y 4,6 segundos de tiempo del sistema, lo que da un total de 16 segundos de tiempo de CPU.

13.3.5. Servicio de agenda: la orden *calendar*

Puede emplear la orden **calendar** para recordar sus citas y otras cosas que necesita hacer. Para usar este servicio, debe crear un archivo llamado calendar en su directorio de conexión o en el directorio actual. Visualiza aquellas líneas en el archivo calendar que contiene la fecha de hoy o mañana. Si su sistema está preparado para ejecutar de forma automática la orden **calendar**, le envía un e-mail que contiene líneas apropiadas de su archivo calendar. Puede también ejecutar la orden **calendar** desde el indicador del shell ($) para visualizar líneas de su archivo calendar.

La fecha en cada línea se puede expresar en diferentes formatos. La Figura 13-1 muestra un ejemplo de un archivo calendar, con cada línea conteniendo un formato diferente de la cadena fecha.

Ejecutar la orden **calendar**, suponiendo que hoy es 22 de enero.

    $ calendar [Retorno] .... Ejecuta la orden.

    1/22 Tiene una cita con el dentista.

    Encontrarse con su consejero el 22 de enero.

    La GRAN REUNIÓN es el 23 de enero.

    $_ .... Indicador del shell.

Cualquier línea en el archivo calendar que contiene la fecha 1/22 ó 1/23 se visualiza.

Puede colocar la orden **calendar** *en el archivo .profile (archivo de arranque) de manera que se le informa de su planificación tan pronto como se conecta.*

```
$ cat calendar
20/1 llamar a David
Reunirse con su tutor el 22 de enero
22/1 Tienes hora con el dentista
El 23 de enero es la GRAN REUNIÓN
21/3 Es el día de limpiar la mesa
$_
```

Figura 13.1. Ejemplo de un archivo **calendar**.

13.4. *CORRECCIÓN DE ERRORES ORTOGRÁFICOS*

Puede usar la orden **spell** para comprobar la ortografía de las palabras en su documento. La orden **spell** compara las palabras en un archivo especificado con un archivo diccionario. Visualiza las palabras que no se encuentran en el diccionario. Puede especificar más de un archivo, pero cuando no especifica ninguno, **spell** obtiene su entrada del dispositivo de entrada por defecto que es el teclado.

Ejecutar la orden **spell** sin especificar ningún nombre de archivo.

$ spell [Retorno] .... No se especifica argumento.

lookin goood [Retorno] .... La entrada es desde el teclado.

[Ctrl-d] .... Fin de la entrada.

lookin
goood

$_ .... Indicador del shell.

Marque el final de la entrada pulsando [Ctrl-d] al comienzo de una línea. La orden **spell** no sugiere cuál es la ortografía correcta, simplemente visualiza las palabras sospechosas de estar mal escritas. La salida es una palabra por línea.

La orden **spell** es sensible a las letras mayúsculas: funciona bien con *David* pero se queja si se escribe *david*.

Suponiendo que tiene un archivo llamado mi_doc compruebe su ortografía y guarde la salida en otro archivo.

$ spell mi_doc > palabras_malas [Retorno]
.... Comprueba la ortografía de mi_doc.

$_ .... Indicador del shell.

La salida de la orden **spell** se redirecciona al archivo palabras_malas. Puede emplear la orden **cat** para mirar este archivo.

Puede especificar más de un archivo como argumento de la orden **spell**. Los nombres de los archivos especificados están separados al menos por un espacio.

Suponiendo que está en el editor vi, llame al comprobador ortográfico.

:!spell [Retorno] .... Llama al comprobador ortográfico.

pervious .... Escribe la palabra sobre cuya ortografía tiene duda.

[Ctrl-d] .... Indica el final de la entrada.

pervious .... Palabra mal escrita.

[Pulse retorno para continuar]

Tabla 13.6. Las opciones de la orden **spell**

Opción	Operación
-b	Comprueba la ortografía inglesa
-v	Visualiza palabras que no están en la lista ortográfica y sus derivadas
-x	Visualiza derivados plausibles de cada palabra que se comprueba

Puede llamar a cualquier orden desde dentro del editor vi pulsando [!] a continuación del indicador del editor (:) seguido por el nombre de la orden (véase Capítulo 6).

Opciones spell

La Tabla 13-6 muestra las opciones de la orden **spell**. A continuación se dan explicaciones y ejemplos para cada una de las opciones.

Opción -b Esta opción hace que la orden **spell** compruebe el archivo con la ortografía inglesa. Palabras como *colour*, *centre*, *programme*, etc., se aceptan.

Opción -v Esta opción muestra todas las palabras que no están literalmente en el diccionario y sus derivados plausibles. Los derivados se indican por el signo más.

Ejecutar la orden **spell** con la opción **-v**. La entrada es desde el teclado.

```
$ spell -v [Retorno] ........................   Se espera la entrada desde el teclado.
```

appointment looking worked preprogrammed [Retorno]

```
[Ctrl-d] ...........................................   Señala el final de la entrada.
+ ment          appointment
+ ing           looking
+ de            worked
+ pre           preprogrammed
$_ ...................................................   De vuelta al indicador.
```

Opción -x Esta opción visualiza derivados plausibles de cada palabra hasta que se encuentra una coincidencia o se acaba la lista. Los derivados se prefijan por el signo igual.

Ejecutar la orden **spell** con la opción **-x** y la entrada desde el teclado.

$ spell -x [Retorno] .... Se espera la entrada desde el teclado.

appointment looking worked preprogrammed [Retorno]

[Ctrl-d] .... Señala el final de la entrada.

= appointment
= appoint
= looking
= looke
= look
= worked
= worke
= work
= preprogrammed
= programmed

$_ .... De vuelta al indicador.

13.4.1. Creación de su propio diccionario ortográfico

La mayoría de los sistemas UNIX, puede crear su propio archivo de diccionario que complementa al diccionario estándar con palabras adicionales. Por ejemplo, puede crear un archivo que contiene la ortografía correcta de las palabras y términos especiales que son específicas en su lugar de trabajo o proyecto. Utilizando la opción del signo más, especifica su archivo diccionario en la línea de orden. La orden **spell** primero examina su propio diccionario y a continuación comprueba las palabras en el suyo. Puede usar el editor vi para crear sus propias listas ortográficas.

1. Cada palabra en su diccionario debe escribirse en una línea.

2. El diccionario que crea debe estar ordenado alfabéticamente.

Suponiendo que ha creado su propio archivo de diccionario llamado mi_propio, especificar ese archivo en la línea de orden usando la opción del signo más.

$ spell +mi_propio BIG_FILE > PALABRAS_ERRONEAS [Retorno]
$_ .... Indicador del shell.

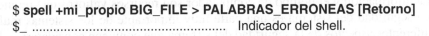

*La opción +mi_ propio indica que desea usar su propio archivo de diccionario llamado mi_ propio. La orden **spell** da una lista de las palabras que no se encuentran en uno de los dos diccionarios, el suyo propio y el suyo. La salida se redirecciona al archivo llamado PALABRAS_ERRONEAS.*

Escenario La lista ortográfica por defecto (diccionario) no contiene las órdenes del shell u otras palabras específicas de UNIX. Por tanto, si en su texto tiene palabras tales como **grep** y **mkdir** se presentarán como palabras sospechosas.

```
$ cat U_DICTIONARY
grep
i-node
ls
mkdir
pwd
```

Figura 13.2. Ejemplo de un archivo dictionary.

Puede crear un archivo similar al representado en la Figura 13-2, que contiene las órdenes del shell o palabras UNIX con la ortografía correcta.

 Ejecutar la orden **spell** con y sin su diccionario.

$ spell +U_DICCIONARIO [Retorno] .	Con su diccionario.
grep pwd mkdir ls [Retorno]	Su entrada.
$_	No hay errores ortográficos, devuelve el indicador.
$ spell [Retorno]	Sin su diccionario.
grep pwd mkdir ls [Retorno]	Su entrada, la misma que antes.
grep	
ls	
mkdir	
pwd	
$_	Se devuelve el indicador.

13.5. SEGURIDAD EN UNIX

La información y el tiempo de computador son recursos valiosos que requieren protección. La seguridad del sistema es una parte muy importante de los sistemas multiusuarios. Hay diferentes aspectos de la seguridad del sistema que conviene considerar:

- Impedir que personas no autorizadas puedan acceder al sistema
- Regular el acceso que un usuario autorizado puede tener a los archivos del sistema o de otro usuario
- Proporcionar a algunos usuarios ciertos privilegios

La seguridad en los sistemas UNIX se implementa utilizando órdenes simples y puede ser tan laxa o estricta como desee. Examinemos algunos de los mecanismos que hay disponibles para proteger su sistema.

13.5.1. Contraseñas

Toda la información que el sistema necesita conocer de cada usuario se guarda en un archivo llamado /etc/passwd. Este archivo incluye la contraseña de cada usuario; sin embargo, está encriptada usando un método de codificación que hace que su descifrado sea una tarea muy difícil. (La encriptación se analiza con más detalle posteriormente en esta sección).

El archivo passwd contiene una entrada para cada usuario. Cada entrada es una línea que consta de siete campos separados por dos puntos (:). La línea siguiente muestra el formato de cada línea en el archivo passwd, seguida de la explicación de cada campo en la línea.

nombre-login:palabra-clave:ID-usuario:ID-grupo:info-usuario:directorio:programa

nombre-login: *Este es su nombre de login, el nombre que introduce como respuesta al indicador de login.*

contraseña: Esta es su contraseña encriptada. En UNIX System V release 4, la contraseña encriptada no se almacena en el archivo passwd; en lugar de ello se almacena en un archivo llamado /etc/shadow y la letra *x* se utiliza como el contenedor del campo contraseña en el archivo passwd.

 Puede imprimir el archivo /etc/passwd, pero el archivo /etc/shadow no es legible por usuarios ordinarios.

ID-usuario: Este campo contiene el número de ID del usuario. El ID del usuario es un número único asignado a cada usuario, y el ID de usuario 0 indica el *super-usuario*.

ID-grupo: Este campo contiene el ID de grupo. El ID de grupo identifica al usuario como un miembro de un grupo.

info-usuario: Este campo se utiliza para identificar aún más al usuario. Normalmente contiene el nombre del usuario.

directorio: Este campo contiene la ruta de acceso absoluta del directorio de conexión asignado al usuario.

programa: Este campo contiene el programa que se ejecuta después que el usuario se conecta. Normalmente es el programa del shell. Si no se identifica el programa, se asume

```
$cat /etc/passwd
root:x:0:1:admin:/:/usr/bin/sh
david:x:110:255:David Brown:/home/david:/usr/bin/sh
emma:x:120:255:Emma Redd:/home/emma:/usr/bin/sh
steve:x:130:255:Seteve Fraser:/home/steve:/usr/bin/csh
$_
```

Figura 13.3. Ejemplo del archivo **password**.

que es /usr/bin/sh. Puede cambiar su shell o /usr/bin/csh para conectarse a cshell, o a cualquier otro programa.

La Figura 13-3 muestra algunos ejemplos de entradas en el archivo passwd. Este archivo lo puede imprimir cualquier usuario conectado al sistema.

13.5.2. Seguridad de los archivos

La seguridad de los archivos limita el acceso a los mismos. El sistema UNIX le proporciona órdenes para especificar quien puede acceder a un archivo, y una vez accedido qué tipo de operaciones se puede hacer sobre el mismo.

La orden **chmod** se presentó en el Capítulo 11; aquí exploraremos la otra forma de asignar los permisos de los archivos. Cuando utiliza la orden **ls** con la opción **-l** (véase Capítulo 5), obtiene el listado de su directorio con todos los detalles. Parte de esta información detallada es la estructura de **rwx** de cada entrada del directorio, que representa los permisos del archivo. La orden **chmod** se emplea para cambiar el modo de acceso al archivo (permiso). Por ejemplo, si desea dar permiso de ejecución de mi_archivo a todos los usuarios, escriba lo siguiente:

$ **chmod a=x mi_archivo [Retorno]**

Sin embargo, puede especificar el nuevo modo como un número de tres dígitos que se calcula sumando los equivalentes numéricos de los permisos deseados. La Tabla 13-7 muestra el valor numérico asignado a cada una de las letras de los permisos.

Suponiendo que tiene un archivo llamado mi_archivo en su directorio actual, los ejemplos siguientes usan la orden **chmod** para cambiar los permisos del archivo. Puede emplear la orden **ls -l** para verificar los cambios.

Cambiar los permisos de mi_archivo para dar permiso (acceso) de **lectura** , **escritura** y **ejecución** a todos los usuarios.

$ **chmod 777 mi_archivo [Retorno]** ...   Cambia el modo de acceso a mi_archivo.

$_ ....   Hecho, se devuelve el indicador.

El número 777 es el resultado de sumar cada uno de los valores numéricos de las columnas (propietario, grupo u otros). Cada uno de los dígitos representa una de las columnas.

Tabla 13.7. Las opciones de la orden **spell**

propietario	grupo	otros
r w x	r w x	r w x
4 2 1	4 2 1	4 2 1

Cambiar los permisos de mi_archivo de forma que todos tengan acceso de **lectura** y sólo el propietario de **escritura** y **ejecución**.

> **$ chmod 744 mi_archivo [Retorno]** .. Cambia el modo de acceso a *mi_archivo*.
> **$_** .... Hecho, se devuelve el indicador.

El dígito 7 autoriza todos los accesos al propietario. El primer dígito 4 permite sólo acceso de **lectura** al grupo y el segundo dígito 4 hace lo mismo para otros.

Autorizar todos los permisos al propietario y al grupo, pero sólo permiso de **ejecución** para otros.

> **$ chmod 771 mi_archivo [Retorno]** .. Cambia el modo de acceso a mi_archivo.
> **$_** .... Hecho, se devuelve el indicador.

El dígito *1* da sólo permiso de **ejecución** a otros.

13.5.3. Permiso para el acceso a directorios

Los directorios tienen modos de permiso que funcionan de una forma similar al de los archivos. Sin embargo, los permisos de acceso a directorios tienen significados diferentes:

lectura: El permiso de lectura (**r**) en un directorio significa que puede usar la orden **ls** para obtener la lista de los nombres de archivo.

escritura: El permiso de escritura (**w**) en un directorio significa que puede añadir y eliminar archivos de ese directorio.

ejecución: El permiso de ejecución (**x**) en un directorio significa que puede usar la orden **cd** para cambiar a ese directorio o usar el nombre del directorio como parte de un nombre de camino.

Dar permiso de acceso a todos los usuarios en el directorio llamado mi_bin.

> **$ chmod 777 mi_bin [Retorno]** .... Cambia el modo de acceso de un directorio.
> **$_** .... Hecho, se devuelve el indicador.

Como con los permisos de archivos, cada dígito representa uno de los grupos de usuarios (propietario, grupo y otros). El dígito 7 significa autorizar el acceso de escritura, lectura y ejecución a un grupo particular de usuarios.

13.5.4. El super-usuario

Es el momento de saber quién es el *super-usuario*, ya que algunas de las órdenes explicadas en este capítulo sólo pueden estar disponibles para el super-usuario del sistema. El *super-usuario* es un usuario que tiene una autoridad privilegiada y no está restringido por los permisos de los archivos. El administrador del sistema debe ser un super-usuario con el fin de realizar tareas administrativas tales como dar de alta a los nuevos usuarios, cambiar las palabras claves, etc. Normalmente el super-usuario se conecta como **root** y puede leer, escribir o eliminar cualquier archivo del sistema, e incluso apagarlo. La condición de super-usuario se da normalmente al personal que administra el sistema.

13.5.5. Cifrado de archivos: la orden *crypt*

El super-usuario puede acceder a cualquier archivo sin tener en cuenta sus permisos de acceso. ¿Cómo puede proteger sus archivos críticos de otros (sea o no super-usuario)? UNIX proporciona la orden **crypt**, que encripta los archivos y los hace ilegibles a otros. La orden **crypt** cambia cada carácter en su archivo de una forma reversible, de forma que posteriormente puede obtener el archivo original. El mecanismo de codificación descansa en una simple sustitución. Por ejemplo, la letra A en su archivo se cambia al símbolo ~. La orden **crypt** usa una clave para mezclar su entrada estándar en un texto ilegible que se envía a la salida estándar.

La orden **crypt** se emplea tanto para la encriptación como para la desencriptación. De hecho, para la desencriptación de un archivo, debe proporcionar la misma clave que especificaba su encriptación. Examinemos algunos ejemplos.

 Encriptar un archivo llamado nombres localizado en su directorio actual.

$ cat nombres [Retorno]	Visualiza el contenido de nombres.
David Emma Daniel Gabriel Susana María	
$ crypt xyz < nombres > nombres	
crypt [Retorno]	Utiliza xyz como clave de encriptación.
$ rm nombres [Retorno]	Eliminar nombres.
$ crypt xyz < nombres > nombres [Retorno].	Decodifica nombres.crypt.
$ cat nombres [Retorno]	Comprueba el contenido de nombres.
David Emma Daniel Gabriel Susana María	
$_	Vuelta al indicador del shell.

xyz es la clave usada para encriptar el archivo. La clave es realmente una contraseña que se emplea posteriormente para decodificar el archivo.

Utilizando la redirección de entrada/salida, la entrada a la orden es nombres y la salida se almacena en nombres.crypt.

Normalmente, después de la encriptación del archivo, se elimina la copia original y se queda sólo la versión encriptada de manera que la información en el archivo es sólo accesible a alguien que conozca la clave de encriptación.

Encriptar el archivo nombres, sin especificar la clave de encriptación en la línea de orden.

$ crypt < nombres > nombres.crypt [Retorno]
.... No se especifica clave de encriptación.
Key. .... Indicador para introducir la clave.
$_ .... Vuelta al indicador $.

Si no especifica la clave de encriptación en la línea de orden, **crypt** *le pide que introduzca una. La clave que se introduce no se devuelve y por tanto este método es preferible al de escribir la clave en la línea de orden.*

Si escribe el código equivocado mientras introduce la contraseña (clave), la primera vez que encripta un archivo, no será capaz de desencriptar el archivo posteriormente. Como una comprobación de seguridad, podría desear intentar desencriptar el archivo encriptado antes de que elimine el original.

Resumen de las órdenes

En este capítulo se han estudiado y explorado las siguientes órdenes.

df
Esta orden informa de la cantidad total de espacio de disco o espacio disponible en un sistema de archivo especificado.

du
Esta orden informa del espacio total ocupado por cualquier directorio, sus subdirectorios o cada archivo.

Opción	Operación
-a	Visualiza los tamaños de los directorios y archivos
-s	Visualiza sólo los bloques totales del directorio especificado: no se listan los subdirectorios

find
Esta orden localiza los archivos que coinciden con un criterio dado en una jerarquía de directorios. Con las opciones de acción puede decir qué hacer con los archivos una vez los ha localizado.

Operador	Descripción
-name *nombre_de_archivo*	Encuentra archivos con el *nombre_de_archivo* dado
size ± n	Encuentra archivos con el tamaño *n*
-type *tipo_de_archivo*	Encuentra archivos con el modo de acceso especificado
-atime ±n	Encuentra archivos que fueron accedidos hace *n* días
-mtime ±n	Encuentra archivos que fueron modificados hace *n* días
-newer *nombre_de_archivo*	Encuentra archivos que fueron modificados más recientemente que *nombre_de_archivo*

La notación **+n** en la Tabla 13-2 un número decimal que puede especificarse como **+n** (lo que quiere decir mayor que *n*) o **-n** (que significa menor que *n*) o **n** (es decir, exactamente *n*).

Operador	Descripción
-print	Imprime la ruta de acceso para cada archivo encontrado
-exec *orden*\;	Le permite dar *órdenes* que se aplican a los archivos
-ok *orden*\;	Pide la confirmación antes de aplicar la orden

banner

Esta orden visualiza su argumento, la cadena especificada, con letras grandes.

tail

Esta orden visualiza la última parte (cola final) de un archivo especificado. Esto es una forma rápida de comprobar el contenido de un archivo. Las opciones dan la flexibilidad de especificar la parte que se desea del archivo.

Opción	Operación
b	Esta opción origina que tail cuente por bloques
c	Esta opción origina que tail cuente por caracteres
l	Esta opción origina que tail cuente por líneas

spell

Esta orden comprueba la ortografía del documento especificado o de las palabras introducidas desde el teclado. Solamente visualiza las palabras no encontradas en el diccionario y no sugiere cuál es la ortografía correcta.

Opción	Operación
-b	Comprueba la ortografía inglesa
-v	Visualiza palabras que no están en la lista ortográfica y sus derivadas
-x	Visualiza derivados plausibles de cada palabra que se comprueba

calendar

Esta orden es un servicio de agenda y lee su planificación del archivo `calendar` en el directorio actual.

at

Esta orden ejecuta los programas en una hora o fecha posterior. Puede especificar la hora y la fecha en diferentes formatos. Ejecuta las órdenes en la hora especificada incluso aunque no se esté conectado.

Opción	Operación
-l	Lista todas las tareas que se envían con **at**
-m	Envía un mensaje corto de confirmación a la finalización de la tarea
-r	Elimina los números de las tareas especificadas de la cola de tareas planificadas por **at**

chmod
Esta orden cambia las autorizaciones de accesos de los archivos o directorios (véase Capítulo 9).

crypt
Esta orden encripta o desencripta el archivo especificado de acuerdo con una clave dada. El archivo especificado no es legible, y debe utilizar la misma clave empleada para encriptarlo para poder desencriptarlo.

type
Esta orden indica si la orden especificada viene incorporada en el shell o es un proceso del shell.

time
Esta orden temporiza los programas. Informa del tiempo real, tiempo de usuario y tiempo del sistema para el programa especificado.

Ejercicios de repaso

1   Explicar el sistema de seguridad de UNIX. ¿Cuales son las formas de proteger el sistema de archivos?

2. ¿Puede el super-usuario borrar sus archivos?

3. ¿Puede el super-usuario leer sus archivos encriptados?

4. ¿Es la orden **cd** una orden incorporada? ¿Cómo lo sabe?

5. ¿Cuál es la orden para localizar un archivo y eliminarlo una vez que se encuentra?

6. Explicar el *tiempo pasado*, *tiempo de usuario* y *tiempo del sistema.*

7. ¿Cuál es la orden para mirar las últimas 10 líneas de un archivo?

8. ¿Cuál es la orden que informa del espacio que hay en el disco?

9. ¿Puede llamar a la orden **spell** desde dentro del editor vi? Si es así ¿cómo?

10. ¿Cuál es la orden que hay que utilizar si necesita ejecutar un programa en un instante de tiempo posterior?

11. ¿Significan la misma cosa los modos de acceso de archivos y directorios?

Sesión con el terminal

Practique las siguientes órdenes en su sistema.

1. Ordene un archivo a las 13:00 horas de mañana.

2. Envíe correo a otro usuario a las 6 pm del miércoles.

3. Muestre las últimas 10 líneas de un archivo.

4. Visualice las primeras 5 líneas de un archivo.

5. Guarde los últimos 30 caracteres de un archivo en otro archivo.

6. Utilice la orden **time** con unas pocas órdenes tales como **sort**, **spell,** etc. y observe los informes de los tiempos.

7. Cambie el modo de acceso de su directorio de forma que sólo el propietario pueda **leer**, **escribir** y **ejecutar**.

8. Compruebe la ortografía en uno de sus archivos de texto.

9. Cree su propio archivo diccionario y haga que la orden **spell** lo utilice.

10. Determine el espacio que hay disponible en el disco.

11. Calcule cuántos bloques están ocupados en su directorio de conexión, en sus subdirectorios y en los archivos que hay en ellos.

12. Coloque las órdenes **du** y **df** en su archivo .profile. Observe el informe cuando se conecte.

13. Encripte un archivo (si está autorizado). Visualice el archivo encriptado en su terminal. Desencripte el archivo y visualícelo otra vez.

14. Haga un título que muestre sus iniciales en la pantalla.

15. Envíe el título de sus iniciales a la impresora.

16. ¿Puede hacer que el sistema muestre sus iniciales nada más conectarse?

17. Modifique el programa saludos (del Capítulo 12) para mostrar las salutaciones en letras grandes.

18. Guarde la lista de todos los archivos que tienen más de 7 días comenzando desde su directorio de conexión.

19. Haga un archivo calendar en su directorio de conexión, y escriba su planificación.

20. Utilice la orden **calendar** para visualizar su planificación actual.

21. Coloque la orden **calendar** en su archivo .profile. Observe el informe cuando se conecte.

Apéndices

Apéndices

Apéndice A

Índice de órdenes

Este apéndice es un índice rápido de las órdenes tratadas en este libro. Las órdenes están dispuestas en orden alfabético. Los números después de cada orden indican el número de la página del libro donde aparecen.

Índice de órdenes por categorías

Este apéndice es un índice rápido de las órdenes tratadas en este libro. Las órdenes se organizan de acuerdo con sus funciones y en orden alfabético. Los números después de cada orden indican el número de la página del libro donde aparecen.

Órdenes de archivos y directorios

Órdenes de comunicación

Órdenes de ayuda

Órdenes de control de proceso

Órdenes de impresión

Órdenes de manejo de información

Órdenes del terminal

Órdenes de seguridad

Comienzo/finalización de sesiones

Editores de UNIX

Apéndice C

Resumen de órdenes

A continuación se da una lista de las órdenes de UNIX (utilidades) en orden alfabético. Los números que siguen a las órdenes indican la página del libro donde aparecen. Para que sirva de recordatorio se repite el formato de la línea de orden.

$ orden[-opciones] [argumentos]

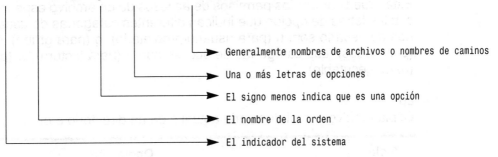

Generalmente nombres de archivos o nombres de caminos

Una o más letras de opciones

El signo menos indica que es una opción

El nombre de la orden

El indicador del sistema

at

Esta orden ejecuta los programas en una hora o fecha posterior. Puede especificar la hora y la fecha en diferentes formatos. Ejecuta las órdenes en la hora especificada incluso aunque no se esté conectado.

Opción	Operación
-l	Lista todas las tareas que se envían con **at**
-m	Envía un mensaje corto de confirmación a la finalización de la tarea
-r	Elimina los números de las tareas especificadas de la cola de tareas planificadas por **at**

banner
Esta orden visualiza su argumento, la cadena especificada, con letras grandes.

cal
Visualiza el calendario del año especificado o el mes de un año.

calendar
Esta orden es un servicio de agenda y lee su planificación del archivo calendar en el directorio actual.

cancel (cancelar peticiones de impresión)
Permite cancelar las peticiones de impresión que están esperando en la cola para ser impresas o que están actualmente en impresión.

cat (concatenate)
Concatena/visualiza archivo(s)

cd (cambiar directorio)
Cambia su directorio actual a otro directorio

chmod
Esta orden cambia los permisos de accesos de un archivo especificado de acuerdo con las letras de opción que indican diferentes categorías de usuarios. Las categorías de usuario son: u (para usuario/propietario), g (para grupo), o (para otros) y a (para todos). Las categorías de acceso son: r (para lectura), w (para escritura) y x (para ejecutable).

cp
Copia archivos en el directorio actual o de un directorio a otro.

Tecla	Operación
-i	Pide confirmación si el archivo destino ya existe
-r	Copia directorios a un nuevo directorio

crypt
Esta orden encripta o desencripta el archivo especificado de acuerdo con una clave dada. El archivo especificado no es legible, y debe utilizar la misma clave empleada para encriptarlo para poder desencriptarlo.

date
Visualiza el día de la semana, el mes, la fecha y la hora.

df
Esta orden informa de la cantidad total de espacio de disco o espacio disponible en un sistema de archivo especificado.

. (punto)

Esta orden le permite ejecutar un proceso en el entorno del shell actual y el shell no crea un proceso hijo para ejecutar la orden.

du

Esta orden informa del espacio total ocupado por cualquier directorio, sus subdirectorios o cada archivo.

Opción	Operación
-a	Visualiza los tamaños de los directorios y archivos
-s	Visualiza sólo los bloques totales del directorio especificado: no se listan los subdirectorios

echo

Visualiza (devuelve) sus argumentos en el dispositivo de salida

Carácter de escape	Significado
\n	Retorno de carro y alimentación de línea (nueva línea).
\t	Tabulador.
\b	Retroceso.
\r	Retorno de carro sin alimentación de línea.
\c	Inhibe el retorno de carro.

exit

Esta orden termina el guión del shell siempre que se ejecuta. Puede devolver un código de estado (RC) para indicar el éxito o fracaso de un programa. También termina su conexión al sistema si se escribe a continuación del indicador $.

export

Exporta la lista especificada de variables a otros shells

find

Esta orden localiza los archivos que coinciden con un criterio dado en una jerarquía de directorios. Con las opciones de acción puede decir qué hacer con los archivos una vez los ha localizado

Operador	Descripción
-name *nombre_de_archivo*	Encuentra archivos con el *nombre_de_archivo* dado
size ± n	Encuentra archivos con el tamaño *n*
-type *tipo_de_archivo*	Encuentra archivos con el modo de acceso especificado
-atime ±n	Encuentra archivos que fueron accedidos hace *n* días
-mtime ±n	Encuentra archivos que fueron modificados hace *n* días
-newer *nombre_de_archivo*	Encuentra archivos que fueron modificados más recientemente que *nombre_de_archivo*

La notación **+n** en la Tabla 13-2 un número decimal que puede especificarse como **+n** (lo que quiere decir mayor que *n*) o **-n** (que significa menor que *n*) o **n** (es decir, exactamente *n*).

Operador	Descripción
-print	Imprime la ruta de acceso para cada archivo encontrado
-exec *orden*\;	Le permite dar *órdenes* que se aplican a los archivos
-ok *orden*\;	Pide la confirmación antes de aplicar la orden

grep (Global Regular Expression Print)

Busca una secuencia especificada en los archivos. Si se encuentra la secuencia especificada, la línea que la contiene se muestra en su terminal.

Opción	Operación
-c	Visualiza sólo el número de las líneas que concuerdan en cada archivo que contiene la coincidencia.
-i	Ignora las mayúsculas y minúsculas en la secuencia de búsqueda.
-l	Visualiza los nombres de los archivos que tienen una o mas líneas de coincidencia y no las propias líneas.
-n	Visualiza un número de línea delante de cada línea de salida.
-v	Visualiza sólo aquellas líneas que no coinciden con la secuencia.

help

Trae a la pantalla una serie de menús y preguntas que le dirigen en la descripción de las órdenes de UNIX utilizadas más frecuentemente.

APÉNDICE C 419

kill
Finaliza los procesos que no se necesitan o que están fuera de control. Tiene que especificar el número ID del proceso. El PID 0 finaliza todos los programas asociados con su terminal.

learn
Arranca un programa de instrucción asistido por computador que está organizado en una serie de cursos y lecciones. Visualiza el menú de los cursos y le permite seleccionar la lección que desee.

ln
Crea enlaces entre un archivo existente y otro nombre de archivo o directorio. Le permite tener más de un nombre para un archivo.

lp (impresora de línea)
Imprime (proporciona copia impresa) el archivo especificado

Opción	Operación
-d	Imprime en una impresora específica.
-m	Envía el correo al buzón del usuario a la finalización de la petición de impresión.
-n	Imprime un número especificado de copias del archivo.
-s	Suprime los mensajes de aviso o realimentación.
-t	Imprime un título especificado en una página de encabezamiento.
-w	Envía un mensaje al terminal del usuario al finalizar la petición de impresión.

lpstat (Estado de la impresora de línea)
Proporciona información respecto de sus peticiones de impresión, incluyendo el número id de la petición de impresión que puede utilizarlo para cancelarla

ls (listar)
Lista los contenidos de su directorio actual o de cualquier directorio que especifique

Opción	Operación
-a	Lista todos los archivos, incluidos los ocultos.
-C	Lista los archivos en formato multicolumna. Las entradas se ordenan por columnas.
-F	Pone una barra inclinada a la derecha (/) después de cada nombre de archivo, si ese archivo es un directorio, y un asterisco (*) si se trata de un archivo ejecutable.
-l	Lista los archivos en formato largo y muestra información detallada sobre ellos.
-m	Lista los archivos a lo largo de la página separados por comas.
-p	Pone una barra inclinada a la derecha (/) después de cada nombre de archivo si es un nombre de directorio.
-r	Lista los archivos en orden alfabético inverso.
-R	Lista recursivamente los contenidos de los subdirectorios.
-s	Muestra el tamaño de cada archivo en bloques.
-x	Lista los archivos en formato multicolumna. Las entradas son ordenadas por líneas.

mailx
Esta utilidad proporciona a los usuarios el sistema de correo electrónico. Puede enviar mensajes a otros usuarios en el sistema, sin tener que preocuparse de si están o no conectados.

Opción	Operación
- f [*nombre_de_archivo*]	Lee el correo desde el *nombre_de_archivo* especificado en lugar del buzón del sistema. Si no se especifica archivo, lee de *wbox*.
-H	Visualiza la lista de las cabeceras de los mensajes
-s *tema*	Asigna la cadena *tema* al campo subject

mailx, órdenes de escape con tilde de

Cuando ejecuta **mailx** para enviar correo a otros, el sistema se coloca en el modo de entrada, preparado para que componga el mensaje. Las órdenes en este modo comienzan con una tilde (≥) y se llaman órdenes de escape con tilde.

Orden	Operación
~?	Visualiza una lista de todas las órdenes de escape con *tilde*
~! *orden*	Llamamos a la *orden* del shell especificada mientras se compone su mensaje
~e	Llama a un editor. El editor que se utiliza se define en la variable de correo llamada EDITOR; el valor por defecto es vi
~p	Visualiza el mensaje que se va a componer
~q	Abandona el modo de entrada. Guarda su mensaje parcialmente compuesto en el archivo llamado *dead.letter*
~r *nombre_de_archivo*	Lee el *nombre_de_archivo* especificado y añade su contenido en su mensaje
~< *nombre_de_archivo*	Lee el *nombre_de_archivo* especificado (utilizando el operador de redirección) y añade su contenido en el mensaje
~< ! *orden*	Ejecuta la orden especificada; coloca su salida en el mensaje
~v	Llama al editor por defecto, el editor vi, o utiliza el valor de la varaible de correo VISUAL que se puede asignar a otros editores
~w *nombre_de_archivo*	Escribe el mensaje compuesto actualmente en el *nombre_de_archivo* especificado

man

Esta orden muestra las páginas del sistema de documentación en línea.

mesg

Esta orden se asigna a *n* para prohibir la recepción de mensajes **write** no necesitados. Se fija a *y* para recibir mensajes.

mkdir (crear directorio)

Crea un nuevo directorio en su directorio de trabajo o en cualquier otro directorio que especifique

Opción	Operación
-p	Le permite crear niveles de directorios en una única línea de orden

mv

Renombra archivos o mueve archivos desde una posición a otra.

news
Esta orden se utiliza para mirar las últimas noticias en el sistema. El administrador del sistema la utiliza para informar a otros de los sucesos que acontecen.

Opción	Operación
-a	Visualiza todas las noticias, antiguas o nuevas
-n	Lista sólo el nombre de los archivos (encabezamientos)
-s	Visualiza el número de los elementos de la noticia actual

nohup
Evita la finalización del proceso en segundo plano cuando se desconecta

passwd
Esta orden cambia la contraseña de conexión.

pg
Visualiza una pantalla de los archivos cada vez. Puede introducir las opciones u otras órdenes cuando **pg** muestra el signo del indicador.

Opción	Operación
-n	No requiere [Retorno] para completar las órdenes de una única letra
-s	Visualiza mensajes e indicadores en vídeo inverso
-num	El número entero num establece el número de líneas que se mostrarán en la pantalla. El valor por defecto es 23 líneas
-pstr	Cambia el indicador : (dos puntos) a la cadena especificada como str
+línea-num	Comienza la visualización del archivo desde la línea especificada en línea-num
+/patrón/	Comienza la visualización en la línea que contiene la primera ocurrencia del patrón especificada

pr
Formatea el archivo antes de imprimirlo o de verlo por pantalla.

Opción	Operación
+*página*	Comienza la visualización de la *página* especificada. El valor por defecto de página es 1
-*columnas*[1]	Visualiza la salida en el número especificado de *columnas*. El valor por defecto de columnas es 1
-**a**[2]	Visualiza la salida en columnas a través de la página, una línea por columna
-**d**	Visualiza la salida a doble espacio
-**h**str	Reemplaza el nombre del archivo en el encabezamiento con la cadena especificada *str*
-**l**número	Fija la longitud de la página al *número* especificado de líneas. El **cat** por defecto es 66 líneas.
-**m**[1]	Visualiza todos los archivos especificados en múltiples columnas
-**p**	Hace una pausa al final de cada página y suena la campana del terminal
-*Carácter*	Separa columnas con un único *carácter* especificado. Si no se especifica ningún *carácter* se utiliza el tabulador
-**t**	Suprime las 5 líneas del encabezamiento y del final
-**w**número	Fija la anchura de línea al *número* de caracteres especificados. El valor por defecto es 72

1. Las opciones **-m** ó **-columnas** se utilizan para generar salidas multi-columnas
2. La opción **-a** puede utilizarse solamente con la opción **-columna** y no con **-m**

ps (estado del proceso)
Visualiza el ID del proceso de los programas asociados con su terminal

Opción	Operación
-**a**	Visualiza el estado de todos los procesos activos, no sólo los del usuario.
-**f**	Visualiza una lista completa de información, incluyendo la línea de orden completa.

pwd (imprimir directorio de trabajo)
Visualiza la ruta de acceso de su directorio de trabajo

read
Esta orden lee la entrada del dispositivo de entrada y almacena la cadena en una o más variables especificadas como argumentos de la orden.

rm (eliminar)
Elimina (borra) archivos en su directorio actual o en cualquier otro directorio que especifique

Opción	Operación
-i	Pide confirmación antes de eliminar cualquier archivo.
-r	Borra el directorio especificado y todos los archivos y subdirectores que se encuentren en él.

set
Visualiza las variables de entorno/shell en el dispositivo de salida. La orden **unset** elimina las variables que no se necesitan.

sh
Esta orden invoca una nueva copia del shell. Puede ejecutar guiones utilizando esta orden. Sólo se mencionan tres de las numerosas opciones.

Opción	Operación
-n	Lee órdenes, pero no las ejecuta
-v	Imprime la entrada al shell cuando éste la lee
-x	Imprime las líneas de órdenes y sus argumentos cuando se ejecutan. Esta opción se utiliza fundamentalmente para depuración.

sleep
El proceso se va a dormir (espera) durante el tiempo que se especifica en segundos.

sort
Ordena archivos de texto con diferentes criterios.

Opción	Operación
-b	Ignora los espacios en blanco iniciales
-d	Utiliza el orden alfabético para la ordenación. Ignora los signos de puntuación y los caracteres de control
-f	Ignora la distinción entre mayúsculas y minúsculas
-n	Los números se ordenan por sus valores aritméticos
-o	Almacena la salida en el archivo especificado
-r	Invierte el orden de la ordenación de ascendente a descendente

spell
Esta orden comprueba la ortografía del documento especificado o de las palabras introducidas desde el teclado. Solamente visualiza las palabras no encontradas en el diccionario y no sugiere cuál es la ortografía correcta.

Opción	Operación
-b	Comprueba la ortografía inglesa
-v	Visualiza palabras que no están en la lista ortográfica y sus derivadas
-x	Visualiza derivados plausibles de cada palabra que se comprueba

stty

Esta orden fija opciones que controlan las capacidades del terminal. Hay más de cien asignaciones diferentes y la siguiente tabla relaciona sólo algunas de ellas

Opción	Operación
echo [-echo]	Devuelve [no devuelve] los caracteres escritos, el valor por defecto es echo
raw [-raw]	Desactiva [activa] el significado especial de los metacaracteres, el valor por defecto es -raw
intr	Genera una señal de interrupción, normalmente se utiliza la tecla [Del]
erase	(retroceso) Borra el carácter precedente, normalmente se utiliza la tecla [#]
kill	Borra la línea entera, normalmente se utiliza la tecla [@] o [Ctrl-u]
eof	Genera la señal de fin de archivo desde el terminal, normalmente se utiliza la tecla [Ctrl-d]
ek	Reinicializa las teclas de borrar y matar a [#] y [@] respectivamente
sane	Asigna la característica del terminal a los valores por defecto

tail

Esta orden visualiza la última parte (cola final) de un archivo especificado. Esto es una forma rápida de comprobar el contenido de un archivo. Las opciones dan la flexibilidad de especificar la parte que se desea del archivo.

Opción	Operación
b	Esta opción origina que tail cuente por bloques
c	Esta opción origina que tail cuente por caracteres
l	Esta opción origina que tail cuente por líneas

tee

Desdobla la salida. Se visualiza una copia en su terminal, el dispositivo de salida y otra copia se guarda en un archivo.

Opción	Operación
-a	Añade la salida al archivo, no sobreescribe un archivo existente.
-i	Ignora las interrupciones, no responde a las señales de interrupción.

test

Esta orden comprueba la condición de la expresión dada como argumento y devuelve verdadero o falso dependiendo del estado de la expresión. Permite la comprobación de diferentes tipos de expresiones.

time

Esta orden temporiza los programas. Informa del tiempo real, tiempo de usuario y tiempo del sistema para el programa especificado.

tput

Esta orden se utiliza con la base de datos terminfo, que contiene los códigos de las características de los terminales y facilita la manipulación de las mismas tales como texto en negrita, borrar pantalla, etc.

Opción	Operación
bell	Devuelve el carácter bell del terminal
blink	Efectúa la visualización parpadeando
bold	Realiza la visualización en negrita
clear	Borra la pantalla
cup *r c*	Mueve el cursor a la fila *r* y columna *c*
dim	Atenúa la visualización
ed	Borra desde la posición del cursor hasta el final de la pantalla
el	Borra desde la posición del cursor hasta el final de la línea
smso	Comienza el modo de realce
rmso	Finaliza el modo de realce
smul	Comienza el modo de subrayado
rmul	Finaliza el modo de subrayado
rev	Muestra en vídeo inverso, negro sobre blanco

trap
Esta orden asigna y reinicializa las señales de interrupción. La siguiente tabla muestra algunas de las señales que puede utilizar para controlar la terminación de un programa

Número de señal	Nombre	Significado
1	**Desconexión**	La conexión con el terminal está perdida
2	**Interrupción**	Una de las teclas de interrupción está pulsada
3	**Abandonar**	Una de las teclas de abandonar está pulsada
9	**Matar**	Se emite la orden kill -9
15	**Terminación**	Se emite la orden de matar

type
Esta orden indica si la orden especificada viene incorporada en el shell o es un proceso del shell.

who
Lista los nombres de conexión, líneas de acceso al terminal y tiempos de conexión de los usuarios que están actualmente conectados al sistema.

Opción	Operación
-q	El **who** rápido; simplemente visualiza los nombres y números de usuarios
-H	Visualiza una cabecera encima de cada columna
-b	Da la fecha y la hora del último rearranque
-s	Visualiza simplemente las clumnas de nombre, línea de acceso al terminal y fecha

wc
Cuenta el número de caracteres, palabras o líneas en el archivo especificado.

Opción	Operación
-l	Informa del número de líneas
-w	Informa del número de palabras
-c	Informa del número de caracteres

wall

Esta orden se utiliza fundamentalmente por el administrador del sistema para avisar a los usuarios de algunos sucesos inminentes.

write

Esta orden se utiliza para la comunicación terminal a terminal. El usuario receptor debe estar conectado.

Apéndice **D**

Resumen de las órdenes del editor vi

Este apéndice contiene un resumen de todas las órdenes del editor vi tratadas en este libro. Para más información consulte los Capítulos 4 y 6.

Los modos de operación del editor vi

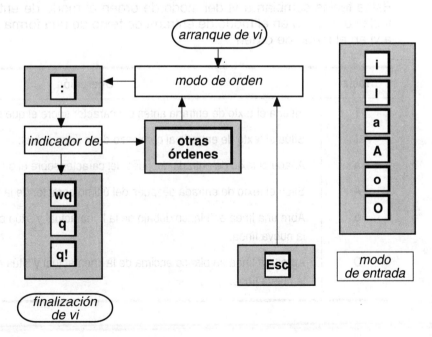

El editor vi

vi es un editor de pantalla que puede utilizar para crear archivos. vi tiene dos modos: el modo de orden y el modo de entrada de texto. Para arrancar vi, escriba **vi** presione [Barra Espaciadora], y escriba el nombre del archivo. Algunas teclas colocan a vi en el modo de entrada de texto y [Esc] devuelve a vi al modo de orden.

Las órdenes de guardar y salir

Con la excepción de la orden ZZ, el resto de estas órdenes comienzan con [:] y debe finalizar su línea de orden con [Retorno].

Tecla	Operación
[w] [q]	Escribe (guarda) los contenidos del buffer y sale del editor vi.
[w]	Escribe (guarda) los contenidos del buffer pero permanece en el editor.
[q]	Sale del editor.
[q] [!]	Sale del editor y abandona los contenidos del buffer.
[Z] [Z]	Escribe (guarda) los contenidos del buffer y sale del editor vi.

Las teclas de cambio de modo

Estas teclas cambian a vi del modo de orden al modo de entrada de texto. Cada tecla coloca a vi en el modo de entrada de texto de una forma diferente. [Esc] sitúa a vi en el modo de orden.

Tecla	Operación
i	Inserta el texto de entrada antes del carácter sobre el que se encuentra el cursor.
I	Sitúa el texto de entrada al comienzo de la línea actual.
a	Añade el texto de entrada después del carácter sobre el que se encuentra el cursor.
A	Sitúa el texto de entrada después del último carácter de la línea actual.
o	Abre una línea en blanco debajo de la línea actual y sitúa el cursos al comienzo de la nueva línea.
O	Abre una línea en blanco encima de la línea actual y sitúa el cursos al comienzo de la nueva línea.

Teclas de movimiento del cursor
Estas teclas son todas aplicables solamente en el modo de orden.

Tecla	Operación
[h] o [Flecha hacia la izquierda]	Mueve la posición del cursor un espacio hacia la izquierda.
[j] o [Flecha hacia abajo]	Mueve la posición del cursor una línea hacia abajo.
[k] o [Flecha hacia arriba]	Mueve la posición del cursor una línea hacia arriba.
[l] o [Flecha hacia la derecha]	Mueve la posición del cursor un espacio hacia la derecha.
[$]	Mueve la posición del cursor al final de la línea actual.
[w]	Mueve la posición del cursor una palabra hacia delante.
[b]	Mueve la posición del cursor una palabra hacia atrás.
[e]	Mueve la posición del cursor al final de la palabra.
[0] (cero)	Mueve la posición del cursor al comienzo de la línea actual.
[Retorno]	Mueve la posición del cursor al comienzo de la línea siguiente.
[Barra Espaciadora]	Mueve la posición del cursor un espacio a la derecha.
[Tecla de Retroceso]	Mueve la posición del cursor un espacio a la izquierda.

Las órdenes de búsqueda
Estas teclas le permiten buscar una secuencia de caracteres en un archivo hacia adelante o hacia atrás.

Tecla	Operación
[/]	Busca hacia adelante un patrón de caracteres especificado
[?]	Busca hacia atrás un patrón de caracteres especificado

Teclas de cortar y pegar

Estas teclas se utilizan para reordenar el texto de un archivo.
Son aplicables en el modo de orden de vi.

Tecla	Operación
[d]	Borra una parte especificada del texto y la almacena en un buffer temporal. A este buffer se puede acceder utilizando una orden insertar
[y]	Copia una parte especificada del texto en un buffer temporal. A este buffer se puede acceder utilizando la orden insertar
[p]	Inserta el contenido de un buffer especificado por debajo de la posición del cursor
[P]	Inserta el contenido de un buffer especificado por encima de la posición del cursor
[c]	Borra texto y sitúa a vi en el modo de entrada de texto. Esto es una combinación de los operadores de borrar e insertar

Teclas de ámbito

La utilización de las órdenes de vi en combinación con las teclas de ámbito permite obtener un mayor control en la tarea de edición.

Ámbito	Operación
[$]	El ámbito es desde la posición del cursor hasta el final de la línea actual
[0]	(cero) El ámbito va desde la posición anterior a la situación del cursor hasta el principio de la línea actual
[e]	El ámbito es desde la posición del cursor hasta el final de la palabra actual
[b]	El ámbito es desde la letra anterior al cursor hacia atrás hasta el comienzo de la palabra actual

Teclas para corrección de texto

Estas teclas son todas aplicables solamente en el modo de orden.

Tecla	Operación
[x]	Borra el carácter especificado por la posición del cursor.
[d][d]	Borra la línea especificada por la posición del cursor.
[u]	Deshace el cambio más reciente.
[U]	Deshace todos los cambios en la línea actual.
[r]	Sustituye el carácter sobre el que se encuentra el cursor.
[R]	Sustituye los caracteres comenzando desde la posición del cursor. También entra en el modo de texto.
[.]	Repite el último cambio del texto.

Teclas de paginación

Las teclas de paginación se emplean para desplazar una parte de un archivo largo

Tecla	Operación
[Ctrl-d]	Desplaza el cursor hacia abajo hasta el final del archivo, normalmente 12 líneas cada vez
[Ctrl-u]	Desplaza el cursor hacia arriba hasta el comienzo del archivo, normalmente 12 líneas cada vez
[Ctrl-f]	Desplaza el cursor hacia abajo hasta el final del archivo, normalmente 24 líneas cada vez
[Ctrl-b]	Desplaza el cursor hacia arriba hasta el comienzo del archivo, normalmente 24 líneas cada vez

Preparación del entorno de vi

Puede personalizar el comportamiento del editor vi fijando las correspondientes opciones de entorno de vi. Utilice la orden set para cambiar los valores de las opciones.

Opción	Abreviatura	Operación
autoindent	ai	Alinea las nuevas líneas con el comienzo de las previas
ignorcase	ic	Ignora la diferencia entre mayúsculas y minúsculas en operaciones de búsqueda
magic	-	Permite la utilización de caracteres especiales en la búsqueda
number	nu	Visualiza el número de línea
report	-	Informa del número de líneas que están afectadas por la última orden
scroll	-	Fija el número de líneas que hay que desplazar cuando se da la orden [Ctrl-d]
shiftwidth	sw	Fija el número de espacios que hay que sangrar. Se utiliza con la opción autoindent
showmode	smd	Visualiza los modos del editor vi en el ángulo derecho de la pantalla
terse	-	Acorta los mensajes de error
wrapmargin		Fija el margen derecho al número especificado de caracteres

Tabla ASCII

Carácter/Tecla	Decimal	Hex	Octal	Binario
CTRL-1 (NULO)	0	00	000	0000 0000
CTRL-A	1	01	001	0000 0001
CTRL-B	2	02	002	0000 0010
CTRL-C	3	03	003	0000 0011
CTRL-D	4	04	004	0000 0100
CTRL-E	5	04	005	0000 0101
CTRL-F	6	05	006	0000 0110
CTRL-G (PITIDO)	7	06	007	0000 0111
CTRL-H (RETROCESO)	8	07	010	0000 1000
CTRL-I (TABULADOR)	9	09	011	0000 1001
CTRL-J (NUEVA LÍNEA)	10	0A	012	0000 1010
CTRL-K	11	0B	013	0000 1011
CTRL-L	12	0C	014	0000 1100
CTRL-M (RETORNO)	13	0D	015	0000 1101
CTRL-N	14	0E	016	0000 1110
CTRL-O	15	0F	017	0000 1111
CTRL-P	16	10	020	0001 0000
CTRL-Q	17	11	021	0001 0001

Carácter/Tecla	Decimal	Hex	Octal	Binario
CTRL-R	18	12	022	0001 0010
CTRL-S	19	13	023	0001 0011
CTRL-T	20	14	024	0001 0100
CTRL-U	21	15	025	0001 0101
CTRL-V	22	16	026	0001 0110
CTRL-W	23	17	027	0001 0111
CTRL-X	24	18	030	0001 1000
CTRL-Y	25	19	031	0001 1001
CTRL-Z	26	1A	032	0001 1010
CTRL-[(ESCAPE)	27	1B	033	0001 1011
CTRL-\	28	1C	34	0001 1100
CTRL-]	29	1D	035	0001 1101
CTRL-^	30	1E	036	0001 1110
CTRL-_	31	1F	037	0001 1111
SP (BARRA ESPACIADORA)	32	20	040	0010 0000
! (SIGNO DE ADMIRACION)	33	21	041	0010 0001
" (SIGNO DE DOBLES COMILLAS)	34	22	042	0010 0010
# (ALMOHADILLA, SIGNO DE NÚMERO)	35	23	043	0010 0011
$ (SIGNO DÓLAR)	36	24	044	0010 0100
% (SIGNO DE TANTO POR CIENTO)	37	25	045	0010 0101
& (AMPERSAND)	38	26	046	0010 0110
' (COMILLA SIMPLE)	39	27	047	0010 0111
((PARÉNTESIS IZQUIERDO)	40	28	050	0010 1000
) (PARÉNTESIS DERECHO)	41	29	051	0010 1001
* (ASTERISCO)	42	2A	052	0010 1010
+ (SIGNO MÁS)	43	2B	053	0010 1011
, (COMA)	44	2C	054	0010 1100
– (SIGNO DE GUIÓN-MENOS)	45	2D	055	0010 1101
. (PUNTO)	46	2E	056	0001 1110

Carácter/Tecla	Decimal	Hex	Octal	Binario
/ (BARRA INCLINADA)	47	2F	057	0001 1111
0	48	30	060	0011 0000
1	49	31	061	0011 0001
2	50	32	062	0011 0010
3	51	33	063	0011 0011
4	52	34	064	0011 0100
5	53	35	065	0011 0101
6	54	36	066	0011 0110
7	55	37	067	0011 0111
8	56	38	070	0011 1000
9	57	39	071	0011 1001
: (DOS PUNTOS)	58	3A	072	0011 1010
; (PUNTO Y COMA)	59	3B	073	0011 1011
< (SIGNO MENOR QUE)	60	3C	074	0011 1100
= (SIGNO IGUAL)	61	3D	075	0011 1101
> (SIGNO MAYOR QUE)	62	3E	076	0011 1110
? (INTERROGACIÓN)	63	3F	077	0011 1111
@ (SIGNO ARROBA)	64	40	100	0100 0000
A	65	41	101	0100 0001
B	66	42	102	0100 0010
C	67	43	103	0100 0011
D	68	44	104	0100 0100
E	69	45	105	0100 0101
F	70	46	106	0100 0110
G	71	47	107	0100 0111
H	72	48	110	0100 1000
I	73	49	111	0100 1001
J	74	4A	112	0100 1010
K	75	4B	113	0100 1011

Carácter/Tecla	Decimal	Hex	Octal	Binario
L	76	4C	114	0100 1100
M	77	4D	115	0100 1101
N	78	4E	116	0100 1110
O	79	4F	117	0100 1111
P	80	50	120	0101 0000
Q	81	51	121	0101 0001
R	82	52	122	0101 0010
S	83	53	123	0101 0011
T	84	54	124	0101 0100
U	85	55	125	0101 0101
V	86	56	126	0101 0110
W	87	57	127	0101 0111
X	88	58	130	0101 1000
Y	89	59	131	0101 1001
Z	90	5A	132	0101 1010
[(CORCHETE IZQUIERDO)	91	5B	133	0101 1011
\ (BARRA INVERTIDA)	92	5C	134	0101 1100
] (CORCHETE DERECHO)	93	5D	135	0101 1101
^ (CIRCUNFLEJO)	94	5E	136	0101 1110
_ (SUBRAYADO)	95	5F	137	0101 1111
' (CIERRE DE COMILLA SIMPLE)	96	60	140	0110 0000
a	97	61	141	0110 0001
b	98	62	142	0110 0010
c	99	63	143	0110 0011
d	100	64	144	0110 0100
e	101	65	145	0110 0101
f	102	66	146	0110 0110
g	103	67	147	0110 0111
h	104	68	150	0110 1000

Carácter/Tecla	Decimal	Hex	Octal	Binario
i	105	69	151	0110 1001
j	106	6A	152	0110 1010
k	107	6B	153	0110 1011
l	108	6C	154	0110 1100
m	109	6D	155	0110 1101
n	110	6E	156	0110 1110
o	111	6F	157	0110 1111
p	112	70	160	0111 0000
q	113	71	161	0111 0001
r	114	72	162	0111 0010
s	115	73	163	0111 0011
t	116	74	164	0111 0100
u	117	75	165	0111 0101
v	118	76	166	0111 0110
w	119	77	167	0111 0111
x	120	78	170	0111 1000
y	121	79	171	0111 1001
z	122	7A	172	0111 1010
{ (LLAVE IZQUIERDA)	123	7B	173	0111 1011
I (LÍNEA VERTICAL)	124	7C	174	0111 1100
} (LLAVE DERECHA)	125	7D	175	0111 1101
~ (TILDE)	126	7E	176	0111 1110
DEL (TECLA DE BORRADO)	127	7F	177	0111 1111

Apéndice F

Libros de referencia

Lo que sigue es una lista de libros que puede leer para convertirse en un experto en UNIX. Tengo una deuda de gratitud hacia estos autores por haberme enseñado UNIX, ayudado a preparar mis clases y a escribir este libro.

A Practical Guide to the Unix System V, second edition, by Mark G. Sobell (The Benjamin/Cummings Publishing Company, Inc., ISBN 0-8053-7560-0).

UNIX for Programmers and Users: A Complete Guide by Graham Glass (Prentice-Hall, Inc., ISBN 0-13-480880-0).

LIFE WITH UNIX: A Guide For Everyone by Done Libes and Sandy Ressler (Prentice-Hall, Inc., ISBN 0-13-536657-7).

UNIX POWER TOOLS by Jerry Peek, Tim O'Reilly, and Mike Loukides (O'Reilly & Associates, Inc., ISBN 0-553-35402-7).

UNIX System V Bible: Commands and Utilities by The Waite Group's Stephen Prata and Donald Martin (SAMS, ISBN 0-672-22562-X).

UNIX System Architecture by Prabhat K. Andleigh (Prentice-Hall, Inc., ISBN 0-13-949843-5).

UNIX Shell Programming, revised edition, by Stephen G. Kochan and Patrick H. Wood (Hayden Books, 06-672-48448-X).

UNIX Application Programming: Mastering the Shell by Ray Swart (SAMS, ISBN 0-672-22715-0).

Índice analítico